Guido Knopp
History

Guido Knopp

History

Geheimnisse des 20. Jahrhunderts

In Zusammenarbeit mit Alexander Berkel, Stefan Brauburger, Christian Deick, Friederike Dreykluft, Anja Greulich, Rudolf Gültner, Peter Hartl, Annette von der Heyde, Sönke Neitzel, Patrick Obrusnik, Karl-Walter Reinhardt, Friedrich Scherer, Mario Sporn, Annette Tewes

Dokumentation: Annette von der Heyde, Mario Sporn

C. Bertelsmann

Umwelthinweis:
Dieses Buch und der Schutzumschlag wurden auf chlorfrei
gebleichtem Papier gedruckt. Die Einschrumpffolie
(zum Schutz vor Verschmutzung) ist aus umweltschonender
und recyclingfähiger PE-Folie.

1. Auflage
© 2002 by C. Bertelsmann Verlag, München,
einem Unternehmen der Verlagsgruppe Random House GmbH
Umschlaggestaltung: Design Team München
Satz: Uhl + Massopust, Aalen
Druck und Bindung: Ernst Uhl, Radolfzell
Printed in Germany
ISBN 3-570-00665-4
www.bertelsmann-verlag.de

Inhalt

Vorwort 9

1901
Das Geheimnis der Queen Victoria 13

1907
Die Legende Rasputin 23

1914
Wie es zum Ersten Weltkrieg kam 33

1933
Die Hammerstein-Papiere 43

1937
Der letzte Flug der »Hindenburg« 53

1938
Das tödliche Schweigen der Magda Goebbels 65

1938
Das Geheimnis des Heinz Rühmann 75

1938
Neckermann macht´s möglich 85

1939
Hitlers lästige Familie 97

1939
Hitlers Helfer IBM 109

1941
»Fanta« und die Nazis 121

1941
Die Legende vom Präventivkrieg 131

1942
Das Geheimnis von U 166 143

1944
Die Wahrheit über Nemmersdorf 155

1944
Die Legende von den »Wunderwaffen« 167

1945
Die deutschen »Kamikaze« 179

1945
Hitlers Ende 191

1945
Die rote Fahne auf dem Reichstag 203

1946
Die Gehlen-Story 213

1948
Das D-Mark-Wunder 227

1953
Ein Aufstand für die Freiheit 241

1962
Countdown zum Dritten Weltkrieg 255

1963
Der Mord an John F. Kennedy 267

1964
Mit Dr. Kimble auf der Flucht 281

1967
Wer verriet Ché Guevara? 291

1974
Der Sturz des Willy Brandt 305

1986
Die Stasi-Verschwörung 317

1990
Der Militärputsch fand nicht statt 327

Textnachweis 340

Literaturverzeichnis 342

Personenregister 348

Bildnachweis 352

Vorwort

Detektive der Geschichte – das sind unsere *History*-Reporter. Ob sie das jahrzehntelang verschollene geheime Gutachten über die Herkunft Hitlers ausfindig machen oder die Stasi als Urheber der Umweltkatastrophe bei Sandoz 1986 ins Visier nehmen; ob sie das Geheimnis um die Hammerstein-Papiere lüften, die bereits im Februar des Jahres 1933 Hitlers kriegerische Pläne offenbarten; oder ob sie sich auf die Spuren jener Sowjetgeneräle begeben, die schon 1990 einen Militärputsch gegen Gorbatschow planten, der die deutsche Einheit wohl verhindert hätte: Am Beginn einer guten Geschichte stehen immer mühsame Recherchen – nicht nur Kärrnerarbeit in Archiven, sondern ebenso auch intensive Gespräche mit Zeit- und Augenzeugen.

Nur so lässt sich gelegentlich der Schleier lüften, der über manchen Mythen und Legenden des vergangenen 20. Jahrhunderts liegt. Dieses spannende, bewegende Zentennium ist wahrhaftig reich an solchen rätselhaften Fällen der Geschichte. Denn es war ganz sicher ein Jahrhundert, das der Menschheit ihre schlechtesten und schönsten Möglichkeiten offenbart hat. Ein Jahrhundert der Kontraste: Hitler und Mutter Teresa; Stalin und die Beatles; Auschwitz und die Mondlandung. Es hat gezeigt, was dieser schöne blaue Planet sein kann, wenn nicht nur Mut und wissenschaftliche Vernunft regieren, sondern obendrein auch Menschlichkeit und Liebe. Aber es hat auch gezeigt, wozu die Menschheit technisch und moralisch fähig ist: zu allem – auch dazu, sich auszulöschen.

Viele bislang unbekannte und geheimnisträchtige Geschichten hinter der Geschichte dieses faszinierenden und furchtbaren Jahrhunderts sind es wert, erforscht und aufgeklärt zu werden.

Drei Beispiele, die mehr als zufällig mit der Sowjetunion zu tun haben, belegen dies. Die verblichene Supermacht war immer ein bewährter Lieferant von Stoffen, die Geheimnisse und Mythen in sich bargen. Nehmen wir zum Beispiel den Fall Sandoz – eine Umweltkatastrophe sondergleichen. In der Nacht zum 1. November 1986 explodierte in der Chemiefabrik bei Basel eine Lagerhalle.

13 Millionen Liter kontaminiertes Löschwasser mit gefährlichen Chemikalien flossen in den Rhein – inklusive 200 Kilogramm hochgiftiges, krebserregendes reines Quecksilber. Sie färbten Deutschlands meistbesungenen Fluss stellenweise blutrot, machten ihm auf Jahre hinaus beinahe den Garaus. Wer war schuld? Sechs Jahre lang forschten die Schweizer Behörden nach den Ursachen der Katastrophe – ohne Ergebnis.

14 Jahre später brachten *History*-Reporter einen Mann zum Reden, der es wissen musste: Vincent Cannistraro, vormals Chef der Terrorabwehr beim US-Geheimdienst CIA, offenbarte, was ihm nach dem Ende der Sowjetunion ein KGB-Offizier in Moskau verraten hatte: Der Chemieunfall bei Sandoz war Staatsterrorismus, ausgedacht vom sowjetischen Geheimdienst KGB und durchgeführt von der Staatssicherheit der DDR, der Stasi.

Cannistraro: »Die Stasi handelte auf Anweisung des KGB. Die Russen wollten damit von der Kritik an der Tschernobyl-Katastrophe ablenken.« Das Desaster um den sowjetischen Atommeiler hatte sich im April 1986 ereignet – und war ein Wendepunkt der Weltgeschichte, den die Sowjetunion trotz »Glasnost« gern im Verborgenen gehalten hätte.

Ganz im Gegenteil zu einem anderen Wendepunkt im Jahr 1945. Manche Wenden der Geschichte nämlich brauchen mythenträchtige Symbole. Wenn die Wirklichkeit ein wenig schäbig ist, müssen Profis dem erhofften Mythos eben auf die Sprünge helfen. So geschehen bei der fotografischen Ikone für den Sieg im Zweiten Weltkrieg. Sie entstand am 2. Mai des Jahres 1945. Berlin hatte kapituliert, Hitler hatte sich in seinem Bunker schon zwei Tage zuvor erschossen. Doch allein mit einem toten Tyrannen war kein Staat zu machen – zumal der Überrest zu diesem Zeitpunkt weder auffindbar noch präsentabel war. Der tags zuvor gerade angereiste Fotograf Jewgenij Chaldej war ein Profi, und er wusste, dass Legenden einer sorgfältigen Vorbereitung bedürfen. Am Abend vor seiner Abreise aus Moskau hatte er aus dem Speisesaal der Agentur TASS ein paar rote Tischtücher mitgehen lassen. Sein Onkel, der Schneider Israel Israelitsch Tschejitzer, nähte sie noch in der Nacht zusammen und versah sein Werk mit Hammer und Sichel. Am Vormittag des 2. Mai stand Chaldej auf dem Dach des Reichstags und drückte auf den Auslöser.

Aber warum musste es der Reichstag sein? Der war doch seit dem Brand von 1933 streng genommen Hitlers erste richtige Ruine – streng genommen ein geschändetes Symbol der deutschen Demokratie. Doch das störte damals niemanden: Man brauchte ein Symbolbild für den Sieg – und bekam es auf dem halbwegs imposantesten Gebäude in der Mitte von Berlin. Dass die legendäre »rote Fahne auf dem Reichstag« allerdings, wie wir jetzt wissen, von einem jüdischen Schneider zusammengenäht worden war (und dass ein jüdischer Fotograf für ihren Eintritt in die Weltgeschichte sorgte) – das zählt zu jenen Arabesken, die uns hoffen lassen, die Geschichte sei am Ende doch gerecht.

Das war sie wohl dann auch am Ende des Jahrhunderts – in jenem legendären Jahr zwischen Mauerfall und deutscher Einheit, als die Welt zu glauben schien, jetzt gelänge diesen Deutschen einfach alles – von der Fußballweltmeisterschaft bis zur Wiedervereinigung.

Diese wäre um ein Haar verhindert worden. Generäle der Sowjetunion, die in der DDR die starke »Westgruppe der Streitkräfte« unterhielt, haben sich im Sommer 1990 mit Offizieren der Nationalen Volksarmee der DDR zusammengetan, um zu verhindern, was vielleicht noch zu verhindern war. Beide Gruppen hatten gute Gründe für ihr »Bündnis der Verlierer«. Die NVA-Generäle wussten genau, dass sie bei einer deutsch-deutschen Vereinigung in den Ruhestand geschickt – bestenfalls – und ihre Truppe sang- und klanglos aufgelöst würde. Die Sowjetgeneräle fürchteten um ihre Kriegsbeute, die DDR, den Preis des Sieges über Hitler-Deutschland; sie fürchteten ganz generell um das Ende ihres guten Lebens in der DDR – und last, but not least um den Bestand der Sowjetunion. Das Ziel war, Gorbatschow zu stürzen. Der Plan: den Kreml-Füh-

rer in die DDR einladen, verhaften und dann einen legendären Kriegshelden als Nachfolger einsetzen: Marschall Achromejew. Doch der zögerte: Ja, es sei dringend notwendig zu retten, was zu retten war. Aber nicht so. Nein, er sei kein Putschist.

Am Ende fand der Putsch nicht statt. Und die deutsche Einheit kam.

Ein Jahr später kam es dann zum Putsch – mit Marschall Achromejew. Und er scheiterte. Der unglückliche Marschall erhängte sich am 23. August 1991. Wer zu spät kommt…

Solche und noch viele andere Geschichten hinter der Geschichte sind in diesem Buch zu lesen. *History*-Reporter, unsere Detektive der Geschichte, haben sie recherchiert. Es lohnt sich nicht nur, unsere Filme anzusehen. Es lohnt sich ebenso, die aufgeschriebenen Geschichten nachzulesen.

Ihr Name steht für ein ganzes Zeitalter – und eine Haltung: »Viktorianisch« heißt im Volksmund »prüde«. Doch Queen Victorias Leben erstarrte nicht in Konventionen. Nach dem frühen Tod ihres Gatten Prinz Albert fand sie Trost bei ihrem Stallmeister. Ein intimes Detail aus dem Tagebuch des königlichen Leibarztes, Sir James Reid, gibt Victorias Geheimnis preis.

1901 Das Geheimnis der Queen Victoria

Als sauertöpfisch blickende Matrone in schwarzer Robe mit Pausbacken und spitzer Nase ging Queen Victoria in die Geschichte ein. Schon zu Lebzeiten verkörperte sie für viele jenen »fanatisch prinzipientreuen« Frauentyp, wie ihn – nach dem Urteil des französischen Schriftstellers Guy de Maupassant – besonders »England in großer Zahl hervorbringt, solche halsstarrigen, unerträglichen ältlichen Jungfern«. Für die Nachwelt galt der Mensch Victoria als Inbegriff der Prüderie, das Wort »viktorianisch« als Synonym für strenge Moralvorstellungen. Doch als die große alte Dame am 22. Januar 1901 in den Armen ihres Enkels, des deutschen Kaisers Wilhelm II., entschlief, da hinterließ sie ein Geheimnis, das so gar nicht zur Legende der freudlosen Witwe passen wollte.

Schon mit 18 Jahren hatte Victoria den Thron bestiegen. Während ihrer 64 Herrschaftsjahre war aus dem britischen Kolo-

»Er ist ein Engel«: Königin Victoria und ihr Gemahl Prinz Albert im Jahr 1851

nialimperium ein Weltreich geworden, in dem die Sonne tatsächlich niemals unterging. Als »Königin von Großbritannien und Irland« und »Kaiserin von Indien« herrschte sie am Ende ihres Lebens über ein Viertel der Menschheit. Betreten hatte sie freilich keine ihrer fernen Kolonien, nur der kleinen, widerspenstigen Nachbarinsel Irland kurz vor ihrem Tod einen Besuch abgestattet.

Victorias Kindheit war streng und behütet, ihre Erziehung deutsch. Englisch lernte sie nur als zweite Sprache und sprach es zeitlebens mit Akzent. »I will be good!«, gelobte sie bereits als Kind, als sie zum ersten Mal von ihrer künftigen Rolle für England hörte. Kurz nach ihrem 18. Geburtstag 1837 starb ihr Onkel König William IV., der sich mit Mühe und unter großem medizinischen Aufwand bis zu Victorias Volljährigkeit am Leben erhalten hatte, um eine Regentschaft der ehrgeizigen deutschen Mutter Victorias, Prinzessin Viktoria von Sachsen-Coburg-Saalfeld, zu verhindern.

Die junge Queen fand sich schnell in

ihre neue Rolle. In ihrem Tagebuch, das sie seit frühester Jugend führte, vergewisserte sie sich selbst: »Ich bin sehr jung und vielleicht in vielen, aber nicht in allen Dingen unerfahren; doch bin ich sicher, dass nur wenige wirklich mehr guten Willen und wirklich mehr Verlangen haben, das zu tun, was gut und richtig ist, als ich.«

Eine ihrer ersten Amtshandlungen war, ihr Bett aus dem gemeinsamen Schlafzimmer mit ihrer Mutter zu verbannen, mit der sie seit ihrer Geburt das Zimmer geteilt hatte. Victoria wollte die neu gewonnene Unabhängigkeit genießen, sich unter keinen Umständen zu früh binden: »Heiraten ist ein Lotteriespiel. Selbst wenn es ein glückliches Spiel ist, ist doch die arme Frau die Sklavin des Mannes«, schrieb sie nieder. Aber dann entwickelten die Dinge ihre eigene Dynamik. König Leopold von Belgien, Lieblingsonkel und Ersatzvater nach dem frühen Tod ihres leiblichen Vaters, riet der Nichte zwecks Festigung der Dynastie zur Eheschließung. Die Wahl fiel auf Albert aus dem Hause Sachsen-Coburg – dem »Gestüt Europas«, wie Bismarck die Coburger bezeichnete, die auf mehr Thronen saßen als jedes andere Adelsgeschlecht in Europa. Victoria ließ ihren deutschen Cousin nicht ohne Vorbehalte anreisen. Der Gedanke ans Heiraten ängstige sie, vertraute sie ihrem Premier an. »Ganz abgesehen von meiner Jugend und meinem großen Widerwillen, meine jetzige Situation gegen eine andere einzutauschen, besteht in diesem Land keinerlei Verlangen nach einem solchen Ereignis«, ließ sie ihren Lieblingsonkel in Belgien wissen.

Doch dann konnte es gar nicht schnell genug gehen. Der schmucke Albert erregte sogleich das Wohlgefallen der jungen Queen.

»Sauertöpfische Matrone«: Als strenge Witwe in schwarzer Robe ging Victoria ins kollektive Gedächtnis ein

Nach den monarchischen Regeln musste Victoria als die höher Stehende um Alberts Hand anhalten – ein Umstand, der zeitgenössische Karikaturisten zur Hochform auflaufen ließ.

Albert ist wirklich ganz bezaubernd und sieht so überaus gut aus. ... Mein Herz verlangt nach ihm.

<small>VICTORIA</small>

Albert zierte sich nicht lange und fand sich bereitwillig in die ihm zugedachte Rolle. »Er ist solch ein Engel, solch ein großer Engel. Kein Liebespaar könnte glücklicher sein als wir!«, vertraute die frisch Verliebte schwärmerisch ihrem Tagebuch an. Tatsächlich war dies der Beginn einer großen Liebesgeschichte. Nicht einmal vier Monate später fand die Hochzeit statt. Am Morgen nach der Hochzeitsnacht notierte Victoria begeistert: »Als der Tag anbrach – denn wir schliefen nicht viel – und ich dieses schöne Engelsgesicht an meiner Seite sah, war dies mehr, als ich sagen kann! Er sieht so schön aus, wenn er nur das Hemd anhat und sein schöner Hals sichtbar wird.« An ihren sinnlichen Freuden ließ sie ganz und gar nicht viktorianisch auch ihren Premier Lord Melbourne teilhaben: »… eine höchst befriedigende und verwirrende Nacht« habe sie verbracht, gab sie ihm mit Genugtuung zu verstehen.

Die junge Victoria vergötterte ihren Albert: »Der Schöpfer hätte gar kein vollkommeneres Wesen in diese unruhige Welt schicken können als meinen geliebten Albert. Ich fühle, dass ich ohne ihn nicht leben kann.« Das königliche Paar genoss das Eheleben, von Prüderie keine Spur. Zu Geburts- oder Hochzeitstagen schenkte man sich gegenseitig Kunstwerke mit erotischer Ausstrahlung: Aktzeichnungen oder Statuen nackter Körper à la »Neptun huldigt Britannia« oder einer nackten Lady Godiva auf einem Pferderücken. Nur die vielen Schwangerschaften geboten dem ehelichen Zusammensein Einhalt und ärgerten die junge Ehefrau. Nach dem damaligen Stand der Medizin erforderten andere Umstände sexuelle Enthaltsamkeit. Später würde sie ihrer ältesten Tochter Victoria, der Mutter von Wilhelm II., raten, sich in der Ehe »Zeit« zu lassen. »Mich machte es elend und unglücklich, dass meine ersten beiden Ehejahre so vollkommen verdorben wurden durch diese Beschäftigung [sprich: die vielen Schwangerschaften]! Kei-

nerlei Vergnügungen waren mir noch vergönnt.«

Das junge Paar mit der fast alljährlich anwachsenden Kinderschar – Victoria und Albert hatten neun Kinder – suchte die offiziellen Königsresidenzen zu meiden. Buckingham Palace lag inmitten des nebligstickigen industriellen Molochs London, Windsor dagegen sei »steif einförmig, hofmäßig und sogar etwas gefängnisartig«, meinte die Queen, die sich für ihre junge Familie ein gesundes und ungezwungenes Leben wünschte. Am wohlsten fühlten sich die Royals in den Refugien Osborne House auf der Insel Wight, wo Victoria 1901 auch starb, und Schloss Balmoral in Schottland. Noch heute sind dies erste Adressen für das Privatleben der Windsors: Mit der Einladung Dianas in die königliche Fluchtburg Balmoral begann 1980 ihre Romanze mit dem britischen Thronfolger Charles. Und wenn im Sommer Buckingham Palace seine Tore für Touristen öffnet, dann zieht sich die königliche Familie auch jetzt noch gern nach Schottland zurück.

Osborne und Balmoral hatte Prinz Albert am Anfang ihrer Ehe erstanden und nach seinen Vorstellungen umbauen lassen. Sie sollten für Victoria auch in ihren Witwenjahren feste Wohnstätten bleiben, sehr zum Leidwesen ihrer Minister, die dorthin zitiert wurden. Balmoral lag immerhin 500 Kilometer weit vom Regierungssitz weg. Das Landleben, fern der Londoner Metropole und ihrer aristokratischen Zirkel, bedeutete bürgerliche Freiheiten für Victoria und Albert. Vor allem in den schottischen Hochlanden unternahmen sie oft weite Ausflüge und amüsierten sich bei Inkognito-Reisen : »Wir hatten beschlossen, uns Lord und Lady

15

Churchill mit Begleitung zu nennen.« Unter den wenigen Bediensteten, die diese Fahrten begleiteten, war ein gewisser John Brown, Pferdeknecht und Diener seiner Herrschaften in Balmoral. Von ihm sollte man später noch hören.

Du vergisst, teuerster Geliebter, dass ich die Herrscherin bin und dass die Arbeit um nichts auf der Welt hintangestellt werden oder ruhen kann.

VICTORIA

Während der permanenten Schwangerschaften Ihrer Majestät übernahm Prinz Albert die königlichen Regierungsgeschäfte. Er bereitete alle Unterlagen auf, beriet die Queen und brachte eigene Vorschläge ins Spiel. Das Empire wuchs Jahr um Jahr um ein Vielfaches des Mutterlandes. England stand politisch und ökonomisch an der Spitze der Nationen, diskret geleitet von dem deutschen Prinzgemahl. Die von ihm organisierte Erste Weltausstellung 1851 mit dem legendären Londoner Kristallpalast war sein Meisterstück und brachte ihm die Anerkennung der Briten. Victoria ließ ihren pflichtbewussten Gatten gern walten: »Albert findet von Tag zu Tag mehr Gefallen an der Politik und den Geschäften und ist zu beiden ganz wunderbar befähigt«, schrieb sie ihrem väterlichen Onkel König Leopold von Belgien und fuhr fort: »Wir Frauen sind nicht zum Regieren gemacht – und wenn wir gute Frauen sind, müssen uns diese männlichen Tätigkeiten missfallen. Doch gibt es Zeiten, die einen zwingen, sich dafür zu interessieren, und dann tue ich es natürlich mit aller Intensität.«

Diese Zeiten kamen früher als erwartet. 1861 starb überraschend Albert im Alter von 42 Jahren an Typhus. Erste Anzeichen einer ernsthaften Erkrankung hatte der pflichtbewusste Gatte lange ignoriert. Noch im Krankenbett hatte er mit zittriger Schrift mäßigend auf die Regierung in London eingewirkt, um ein Hineingleiten des Empires in den amerikanischen Bürgerkrieg zu vermeiden. Bis zuletzt hatten die Ärzte Victoria versichert, dass der Kranke genesen werde. Mit seinem Tod brach für die Königin eine Welt zusammen. Mit der gleichen Leidenschaft, mit der sie zu Lebzeiten ihren Gemahl vergöttert hatte, trauerte sie jetzt um ihn: »Wie kann ich noch leben nach dem, was ich erleben musste? … Mein Leben, so wie ich es verstand, ist nun vorbei, vergangen, abgeschlossen! Freude, Vergnügen – alles für immer vorbei.«

Ich beugte mich über ihn und sagte: »Es ist kleines Fräuchen«, und er neigte den Kopf; ich fragte ihn, ob er mir »einen Kuss« geben wolle, und er tat es. Er schien halb vor sich hin zu dösen. … Ich stand auf, küsste seine liebe, himmlische Stirn und rief in bitterer Agonie: »Oh, mein teurer Liebster!«

VICTORIA AM STERBEBETT VON ALBERT,
14. DEZEMBER 1861

Victoria machte ihren Verlust zum Gegenstand eines exzessiven Trauerkults. Bis zum Ende ihres Lebens trug sie von nun an nur noch strengen Witwenhabit im Stil der Mode um 1861: einen schwarzen, voluminösen Reifrock und einen Witwenschleier. Alberts Zimmer wurde gepflegt, als würde er jederzeit zurückkehren, sein Nachttopf täglich gereinigt, das heiße Wasser für die Rasur hineingetragen und frische Kleidung bereitgelegt. Über Jahre schlief die trauernde Witwe neben dem Schlafanzug ihres Allerliebsten und fragte sein Porträt um Rat bei wichtigen

Entscheidungen. Ihr Leben stand fortan unter seinem unsichtbaren Regiment: »Es ist mein fester Entschluss, meine unwiderrufliche Entscheidung, dass nämlich seine Wünsche – seine Pläne – zu allem, alle seine Ansichten mir Gesetz sein sollen! Keine menschliche Macht wird mich dazu bringen, von dem abzuweichen, was er beschlossen hatte und wünschte.«

Was soll bloß werden aus uns, aus diesem unglücklichen Land, aus Europa, aus der Welt?

VICTORIA NACH ALBERTS TOD
AN TOCHTER VIKTORIA IN BERLIN

Die Schreibtischarbeit erledigte Victoria mit eiserner Disziplin. Repräsentativen Pflichten nachzukommen, lehnte die königliche Witwe jedoch strikt ab: keine Empfänge, keine Bälle, keine Visiten. Jahrelang musste das Parlament bei der Eröffnungszeremonie mit dem königlichen Hermelin auf dem Thron vorlieb nehmen. Die Monarchie war in der Krise. Die Republikaner witterten bereits Morgenluft. Manche stellten infrage, ob die Queen noch das Geld wert sei, das der Staat ihr zahle. Nur wenn es landauf, landab eine Albert-Statue einzuweihen galt, vergaß »die verschwundene Königin« für einen Moment ihre Vorbehalte und zeigte sich dem Volk. Noch heute kündet das pompöse vergoldete Albert Memorial im Hyde Park von der großen Liebe der kleinen Königin.

»We are not amused«, schien seither der Wahlspruch Ihrer Majestät zu sein. Das Klischee von der moralinsauren Gebieterin des Britischen Empires, die in ihrer Gegenwart keine unbeschwerte Fröhlichkeit duldete, stammt aus jenen Jahren der institutionalisierten Trauer.

»Sohn der schottischen Berge«: Victorias Stallmeister John Brown im Jahr 1865

Dabei loderte noch immer eine Flamme der Leidenschaft in ihr. »Ich bin – zu meinem Leide! – nicht alt, und meine Gefühle sind stark und heiß, meine Liebe ist glühend«, klagte sie ein Jahr nach Alberts Tod ihrer ältesten Tochter und Vertrauten. Ob dies nur Albert galt? Wir sind nicht sicher.

Denn 1865 trat ein gut aussehender, kräftiger Mann an ihre Seite, der so gar nicht standesgemäß war und ihr doch so unendlich gut tat: der Schotte John Brown, diskre-

Ich habe nun meinen ausgezeichneten Hochland-Diener ernannt, auf dass er mich immer und überall draußen begleite, sei es beim Reiten oder Ausfahren oder Spazierengehen.

VICTORIA ÜBER JOHN BROWN, 1865

ter Schatten ihrer Ausflüge mit Albert während der unbeschwerten Aufenthalte auf Schloss Balmoral. Mit dem Befehl, der Queen auf allen Unternehmungen außer Hause zur Seite zu stehen, wurde er ihr ständiger Begleiter. »Er ist mir so ergeben – so schlicht, so intelligent, so anders als ein normaler Diener und so gut gelaunt und aufmerksam. … Ach! Das Leben geht weiter.« Brown pflegte mit seiner »wuman«, wie er sie gelegentlich mit schottischem Akzent ansprach, einen rau-herzlichen und vertrauten Umgang. Sie schätzte seine ehrliche Art, die frei war von Schmeicheleien und falscher Unterwürfigkeit. Der Hof reagierte mit Entsetzen. Gerüchte kursierten, Victoria und John Brown hätten heimlich geheiratet, führten bereits eine nicht standesgemäße Ehe. Von der »Affäre Brown« war die Rede, viel sagend adressierten Satirezeitschriften die Queen als »Mrs. Brown«. Doch die so Verspottete ließ sich nicht beirren: »Er ist für mich ein wirklicher Schatz, und ich wünschte, höher stehende Menschen hätten seinen Verstand und seine Diskretion«, schrieb sie zu ihrer Verteidigung Tochter Viktoria ins kaiserliche Berlin. Sie stand zu Brown auch in der Öffentlichkeit. 1867 ließ sie sich mit ihrem »Domestiken« malen und in der Royal Academy ausstellen: Victoria hoch zu Ross, John Brown mit den Zügeln ihres Pferdes fest in der Hand.

»Affäre Brown?« Die Königin und ihr Vertrauter, 1865

> **Es gibt keine Freude für Sie, arme Königin, und Sie tun mir Leid – aber was kann ich für Sie tun? Ich könnte für Sie sterben.**
>
> JOHN BROWN ZU QUEEN VICTORIA

Als einziger Mann hatte Brown auch Zutritt zum königlichen Schlafzimmer. Man muss schon sehr naiv sein, um hier keine Liaison zu unterstellen. Sicherlich, am Anfang war der königliche Stallmeister Teil ihres maßlosen Trauerkults um Albert. »Ihrer Majestät Hochland-Diener«, so sein offizieller Titel, fand für die Trauer seiner romantischen Königin den richtigen Ton. Nach einem Besuch im königlichen Mausoleum am Grabmal des Prinzgemahls offenbarte er ihr, er könne für sie sterben, so sehr fühle er mit ihrer Trauer um den geliebten Albert. Victoria war tief ergriffen: »Es tut meinem Herzen gut zu sehen, dass mein Kummer so schlicht und bewegend gewürdigt wird, und es ist besonders anrührend, dies bei einem starken, robusten Mann, einem Sohn der Berge, zu sehen.« Doch bald schon schien die Beschwörung des großen Verlustes in den Hintergrund zu rücken.

18 Jahre lang fand Victoria tagtäglich in ihrem »Sohn der schottischen Berge« einen zuverlässigen Freund, Vertrauten und Beschützer. Einmal rettet er ihr sogar das Leben, als er eigenhändig einen Attentäter entwaffnete. Mit Brown an ihrer Seite wandte sich die Queen wieder irdischen Genüssen zu: Sie begann zu reisen, in die Schweiz, nach Frankreich und Italien. Sie nahm wieder Paraden ab, zeigte sich dem Volk, interessierte sich mehr und mehr auch für die Belange der Unterschichten. Ihre neuen Erkenntnisse über die Unterschiede zwischen oben und unten wünschte sie auch auf die Erziehung ihres »teuren« ältesten Enkels, des späteren deutschen Kaisers Wilhelm II., anzuwenden: »Fürsten und Fürstinnen sollten immer vollkommen freundlich und hilfsbereit sein; sie dürfen nicht glauben, sie seien aus anderem Fleisch und Blut als die Armen, die Bauern, Arbeiter und Bediensteten«, riet sie seiner Mutter, ihrer Tochter Victoria. Später würde sie gegenüber ihrem »hitzköpfigen, eingebildeten und sturen« Enkel, seinen ungestümen Reden und »kolonialen Eseleien« eine reserviertere Haltung einnehmen.

Doch auch mit einem Mann aus dem Volke an ihrer Seite blieb Victoria die Brisanz der sozialen Frage verborgen. Während in London ein gewisser Karl Marx seine Theorien zu Papier brachte, während Kinderarbeit in den Bergwerken die Regel war, während das Stadtproletariat in feuchten Kellerwohnungen dahinsiechte, kratzte sie mit ihrem sozialen Engagement nur an der Oberfläche.

So versuchte sie 1880 in einem Brief an ihren Premier, zusätzliche Steuern von den »Leuten mit kleinen Einkommen« fern zu halten: »Die Königin bedauert die Steuer auf Bier, da die Armen nie Wein trinken und sie den Verzicht auf Bier tief fühlen werden. Die Armen können sich eine zusätzliche Steuer auf das, das vielerorten ihr einziges Getränk ist, nur schwerlich leisten.« Sie selbst genoss mehr und mehr auch härtere Getränke, nachdem der Schotte Brown sie überzeugt hatte, dass Whisky bekömmlicher sei als Rotwein.

Es entsprach gewiss nicht den Schicklichkeitsregeln der Zeit, zu einem Untergebenen eine solch innige Beziehung zu pflegen. Doch Victoria bestimmte eben selbst, was »viktorianisch« war. Natürlich schweigt das Tagebuch der jungen Witwe zu der Frage, ob es Liebe war zwischen ihr und ihrem Diener. Doch vielleicht ist hier gerade das Schweigen

»Die Mutter des Empire«: Victoria vier Jahre vor ihrem Tod, Frühling 1897

besonders beredt. Wahrscheinlich hatte Tochter Beatrice, von ihrer Mutter beauftragt, nach deren Tod die Tagebücher bereinigend abzuschreiben und die Originale zu verbrennen, allzu gründlich die Spuren John Browns getilgt. Prinz Michael von Kent, Ururenkel der Queen, ist sich da sicher: »Beatrice hat viel mehr verbrannt, als Victoria verfügt hatte.« Erst Ende der Neunzigerjahre tauchte bei den Nachfahren Browns eine Briefsammlung auf, die darauf schließen lässt, dass sich die vermeintliche Statthalterin viktorianischer Moral und ihr Stallmeister »sehr, sehr nahe waren und eine innige Beziehung« hatten.

Als der pflichtbewusste Brown 1883 an einer nicht auskurierten Erkältung plötzlich starb, war Victoria fassungslos: »Ich bin völlig durcheinander durch diesen Verlust, der mir einen nimmt, der so ergeben war und sich meinem Dienst gewidmet hat und der so viel für mein persönliches Wohlbefinden getan hat. Dies ist der Verlust nicht nur eines Dieners, sondern eines wirklichen Freun-

Er war Teil meines Lebens. … Sein Verlust ist unersetzlich.

<small>QUEEN VICTORIA ÜBER JOHN BROWN</small>

des.« Wie bei der ersten großen Liebe ihres Lebens kümmerte sich die Queen höchstpersönlich um die Erinnerungswerke für ihren Vertrauten. Im Park von Balmoral ließ sie eine überlebensgroße Statue von Brown aufstellen, in Alberts Mausoleum zu seinen Ehren sogar eine Gedenktafel anbringen: »In liebevoller und dankbarer Erinnerung an John Brown, den treuen und ergebenen persönlichen Begleiter und Freund der Königin Victoria«. Bis zum Ende ihres Lebens legte sie an zwei Gräbern Blumen nieder: an Alberts Grabstätte und an der von John Brown.

»Teurer Enkel«: Kaiser Wilhelm II. (3. von rechts) mit Victoria und vieren ihrer Kinder während eines Besuchs in Coburg, 1894

Nach ihrem Tod versuchte ausgerechnet der notorische Womanizer Edward, ältester Sohn und Thronerbe, die Zeugnisse der Zuneigung seiner Mutter zu einem nicht standesgemäßen Höfling zu zerstören. Königliche Briefe an John Brown ließ er verbrennen, Büsten vernichten. Die große Statue Browns im Park von Balmoral verbannte er hinter die königliche Molkerei. Die vereinten Bemühungen der Geschwister Beatrice und Edward hätten sich beinahe als erfolgreich erwiesen, wäre da nicht das Tagebuch des Leibarztes, der den letzten Willen Victorias nicht nur ausführte, sondern obendrein auch für die Nachwelt dokumentierte.

Mitte Januar 1901 trat der Fall ein, für den die Queen lange vorgesorgt hatte. Für alle am Hof offensichtlich, neigte sich das Leben Ihrer Majestät dem Ende zu. Enkel »Willy« in Berlin wurde informiert und reiste umgehend nach Osborne, wohin sich die Queen nach der Jahrhundertwende zurückgezogen hatte. Als die »Mutter des Empire« am 22. Januar um 18.30 Uhr entschlief, umstanden neben Wilhelm II. fünf ihrer Kinder das Bett der Sterbenden. Für den Fall ihres Ablebens hatte die ewige Witwe detaillierte Anweisungen gegeben. Erstens: kein Bestattungsunternehmen! Also musste die Familie selbst zur Tat schreiten und die Umbettung in den Sarg vornehmen. Zweitens: keine schwarze Beerdigung! Obwohl Victoria im Leben 40 Jahre Schwarz getragen hatte, wollte sie ihre letzte Reise in Weiß antreten, mit ihrem Hochzeitsschleier. Soweit das offizielle Testament.

Was Victoria selbst vor der engsten Familie verbergen wollte, hatte sie ihrem königlichen Leibarzt James Reid anvertraut, und der zögerte nicht, ihrer Bitte zu entsprechen.

»Letzte Reise in Weiß«: Königin Victoria auf dem Sterbebett, 22. Januar 1901

Bevor der Sarg geschlossen wurde, um mit der königlichen Yacht »Alberta« zum Festland zurückgebracht zu werden, schickte er alle Familienmitglieder aus dem Sterbezimmer. Seine Mission war heikel, aber allzu menschlich. Die alte Dame hatte in ihrem letzten Vermächtnis festgelegt, was der Arzt ihres Vertrauens ihrem Leichnam beigeben sollte. Im Gedenken an den früh verstorbenen Prinzgemahl legte Reid Alberts Morgenmantel, einen Gipsabdruck seiner Hand und einige Fotos in den Sarg. »In die linke Hand der Queen aber«, so vermerkte der gewissenhafte Leibarzt Victorias in seinem Tagebuch, »klemmte ich ein Foto von John Brown und ein kleines Etui mit einer Locke seines Haares, ganz so, wie es sich die Verstorbene gewünscht hatte. Dann bedeckte ich alles mit Blumen.« Den trauernden Angehörigen sollte der letzte Liebesbeweis der romantischen Queen zu ihrem Stallmeister verborgen bleiben. Sie würden es sowieso nicht verstanden haben. »Keiner war so lieb zu mir wie er«, hatte Queen Victoria zu Lebzeiten über John Brown geäußert. Im Tode fühlte sie sich vereint mit den beiden großen Lieben ihres Lebens.

Er war eine der rätselhaftesten Gestalten des 20. Jahrhunderts, der Frauenheld und »Wundermönch« Grigorij Rasputin. Mit der Heilung des russischen Thronfolgers Alexej 1907 gewann er das Vertrauen der Zarenfamilie – und erregte den Argwohn seiner Widersacher. Alsbald kursierte das Gerücht, Rasputin sei Spion in deutschen Diensten.

1907 Die Legende Rasputin

Es war eine seltsame Prozession, die an jenem 14. April 1918 vor einem Bauernhaus in einem kleinen sibirischen Dorf Halt machte. Über der Gruppe, offensichtlich Städter, lag eine seltsame Stimmung. »Gegen 12.00 Uhr kamen Wir nach Pokrowskoje. Wir standen lange vor dem Haus Unseres Freundes. Sahen seine Angehörigen, wie sie Uns durchs Fenster anschauten«, notierte später Alexandra Fjodorowna, Russlands letzte Zarin. Noch einmal umwehte der Geist des toten Magiers die kleine, verlorene Gruppe. Dann hieß es weiterziehen in die Verbannung für »Bürger Romanow« und seine Familie.

Grigori Jefimowitsch Rasputin, der ungeschlachte Bauernsohn aus den Weiten des russischen Reiches, engster Vertrauter des letzten Zaren Nikolaus II. und seiner deutschen Frau Alexandra, hatte alles vorhergesagt: das Ende der Romanow-Dynastie und seine eigene Ermordung. »Russischer Zar!«, hatte er Ende 1916 an Nikolaus geschrieben, »ich fühle, dass ich noch vor dem 1. Januar aus dem Leben scheiden werde. Wenn mich gedungene Mörder töten werden, dann brauchst du, russischer Zar, niemanden zu fürchten. Aber wenn deine Verwandten den Mord begehen werden, dann wird keiner aus deiner Familie länger als zwei Jahre leben.« Nicht einmal drei Monate nach Rasputins Tod musste Nikolaus II. abdanken. Ein Jahr später erlitt die gesamte Zarenfamilie einen grausamen Tod in einem Keller im sibirischen Jekaterinburg, erschossen von Bolschewisten auf Lenins Befehl.

Was trieb ihn an, den Mann mit dem hypnotischen Blick? Einen Mann, der kaum lesen und schreiben konnte und dem doch die höchsten Gesellschaftskreise Russlands zu Füßen lagen. Was war das Geheimnis seines Erfolges? Eine Mischung aus Menschenkenntnis und Bauernschläue? Woher hatte er das Geld für seinen ausschweifenden Lebensstil? Ein böser Verdacht kam auf, der Rasputin ein Leben lang begleiten sollte: Der Mann

Ein »Wundertäter«: Grigori Rasputin, um 1910

23

»Meist weibliche Anhängerschaft«: Rasputin im Kreise seiner adeligen Verehrerinnen, 1911

im Bauernkittel soll Spion gewesen sein, in deutschen Diensten. Das Geheimnis des Rasputin – heute wissen wir mehr.

Der Blick auf Rasputin blieb lange verstellt durch Legenden und Mythen. Schon sein Geburtsjahr 1869 war lange ungesichert. Er selbst liebte es, sich älter zu geben, als er war, sah er sich doch als »Starez«, als »alten heiligen Mann«. Nach einer wilden Jugend in Pokrowskoje, wo Grigori Rasputin hauptsächlich durch übermäßigen Alkoholkonsum, Prügeleien mit Dorfbewohnern und Pferdediebstähle auffiel, traf er im Frühling 1903 in Petersburg ein. Auf seiner langen Wanderschaft dorthin von Kloster zu Kloster hatte er sich seine eigene Mischung aus christlicher Heilslehre und heidnischen Bräuchen gebraut. Im mondänen Petersburg war Rasputin eine malerische Erscheinung. Sein schlanker, durchtrainierter Körper steckte in einem langen Bauernhemd, das mit einem Gürtel in der Taille zusammengehalten wurde. Zur Pluderhose trug er hohe Stiefel. Sein sonnengegerbtes Gesicht, mit einer markanten Ausbeulung auf der Stirn, wurde umrahmt von langen gescheitelten Haaren und einem zerzausten Vollbart. Durchdringende Augen über einer großen Nase waren nicht nur Blickfang, sondern offenkundig auch die Quelle seiner hypnotischen Kunst. Andere körperliche Vorzüge habe er nicht gehabt, erklärte 1917 Rasputins Verleger Filippow. Das Geschlechtsteil des Frauenhelden, über dessen angeblich sagenhafte Größe später diverse Gerüchte kursierten, sei keineswegs auffällig gewesen, wie er bei gemeinsamen Saunabesuchen habe feststellen können. Er habe einfach einen jugendlichen Körper gehabt, »ohne Hängebauch und Muskelschlaffheit«.

Ich erfreue mit dem Licht der Liebe. Das ist mein Leben.

GRIGORI RASPUTIN

Der Fremde erregte Aufmerksamkeit in der Stadt. Schnell gelang es Rasputin, zu aristokratischen Zirkeln Zugang zu finden. Man fand ihn unterhaltsam und lauschte gern seinen kryptischen Prophezeiungen. Seine meist weibliche Anhängerschaft wuchs schnell und hofierte ihn in exaltierter Manier. Sie habe gesehen, wie »wichtige Damen ihm die Fingernägel abschnitten und sich selbst zur Erinnerung annähten«, schilderte eine Zeugin jene Zusammenkünfte.

1906 schickte Rasputin an den Zaren ein Telegramm: »Väterchen Zar, aus Sibirien in diese Stadt gekommen, möchte ich dir die Ikone des heiligen Simeon von Werchoturje, des Wundertäters, darreichen … im Glauben, dass der Heilige dich alle Tage deines Lebens beschützen wird.« Am 16. Oktober 1906 empfing Nikolaus zum ersten Mal den frommen Dörfler, der »auf Ihre Majestät und auf mich einen bemerkenswert starken Eindruck machte«, wie Nikolaus seinem Ministerpräsidenten Stolypin schrieb. Die Zeit war offenkundig reif für eine Art von »Wunder«, das die königliche Familie bis zu ihrem Untergang mit Rasputin verbinden sollte.

Die Zarin hatte vier Mädchen das Leben geschenkt, bis endlich der ersehnte Thronerbe Alexej folgte. Doch über seiner Geburt lag ein Schatten: Der Zarewitsch war Bluter. Jede Verletzung konnte seinen Tod bedeuten. Die grausame Diagnose wurde wie ein Staatsgeheimnis behandelt. Nach außen durfte nicht dringen, wie unsicher die Zukunft der Romanow-Dynastie war. Die Angst um ihr jüngstes Kind hatte die tief religiöse Zarengattin aus hessischem Adelsgeschlecht empfänglich gemacht für Quacksalber und Okkultisten, die auch schon vor Rasputin in ihrem Palast ein und aus gingen. Als der fremde Gottesmann nun bat, den Jungen zu sehen, ließ sie ihn zu ihrem schwachen Sprössling, der sich in seinem Bett unruhig hin und her wälzte. Rasputin berührte das Kind nicht, sondern betete nur. Der Junge schlief ein, um am nächsten Morgen gesund aufzuwachen. Ein erstes »Wunder« war geschehen! Die »Zaren«, wie Rasputin in Zukunft seine kaiserlichen Freunde betiteln sollte, waren tief beeindruckt. Nur zu gern wollten sie Grigoris Vorhersage glauben, »dass der Junge mit der Zeit ganz gesund und aus seiner Krankheit herauswachsen« werde. Alexandra empfing »Unseren Freund«, wie

Rasputin war mächtiger als jeder amtliche Würdenträger.

ARON SIMANOWITSCH, SEKRETÄR RASPUTINS

sie ihn nannte, nun regelmäßig am Hof im Kreise ihrer Familie. Verwundert bemerkte das Personal, dass der Mann Gottes sogar in den Schlafzimmern der Großfürstinnen, der Töchter des Herrschers, auftauchte.

Im Oktober 1907 geschah die Katastrophe, die auch alle Vorsicht nicht verhindern konnte: Der kleine Alexej verletzte sich beim Spielen. Entsetzt stellt seine Mutter fest, dass sich unter der Haut ein großes Ödem bildete. Die königlichen Leibärzte verschrieben warme Schlammbäder – ohne Erfolg. In ihrer Verzweiflung ließ Alexandra Rasputin rufen, der sofort an den Hof eilte. Eindringlich schaute er dem Knaben in die Augen und meditierte lange mit ihm. Später behaupteten manche seiner Anhänger, er könne durch

Identifikation das Leid anderer auf seinen starken Körper ziehen. So, hieß es, sollen die »Schamanen« verfahren, die traditionellen Zauberpriester Sibiriens. Tatsächlich schlief der Junge wiederum entspannt ein. Am nächsten Tag hatte sich das Ödem zurückgebildet. Die Zarin sah Rasputins Heilerfähigkeiten bestätigt. Von nun an war sie ihm verfallen. Wenn er nicht in ihrer Nähe weilte, wurde die labile Kaiserin unruhig: »Mein geliebter und unvergesslicher Lehrer, Retter und Ratgeber. Wie verschmachte ich ohne dich. … Ich bin erst dann im Herzen ruhig und entspanne mich, wenn du, mein Lehrer, bei mit sitzest und ich deine Hände küsse und meinen Kopf gegen deine gesegneten Schultern neige. Oh, wie leicht mir dann wird. … Wirst du bald wieder bei mir sein? Komm schnell. Ich warte auf dich, ich verzehre mich nach dir. Ich bitte dich um deinen heiligen Segen und küsse deine gesegneten Hände. Deine dich ewig liebende M[ama].« Ein Liebesbrief? Eher ein Dokument überspannter Mutterliebe und Verzweiflung.

Kein Zarengünstling hat je in Russland solche Macht erreicht wie er.

ARON SIMANOWITSCH, SEKRETÄR RASPUTINS

Der machtbewusste Bauer aus Sibirien begann seine Stellung bei den »Zaren« zu genießen. Er suggerierte ihnen, dass er die Verbindung darstelle zwischen der Herrscherfamilie und ihrem einfachen gläubigen Volk, über intrigante Hofzirkel und opportunistische Minister hinweg. Mit Rasputins zunehmendem Einfluss wuchs aber auch die Zahl seiner Feinde. Der Innenminister ließ ihn rund um die Uhr bewachen. Polizeispitzel notierten jeden Schritt, den er tat, und

jeden Besuch, den er erhielt. Die Berichte konnten sich sehen lassen. Da war von Orgien die Rede, von Vergnügungen mit Prostituierten, aber auch von sexuellen Übergriffen auf Dienstmädchen und Damen der

Jeder hat sein Kreuz. Er hat dieses.

RASPUTINS FRAU ZU SEINEN SEXUELLEN ABENTEUERN

besten Kreise. Der Zar wurde mit den Agentenmeldungen konfrontiert, doch nach dem Prinzip, dass nicht sein kann, was nicht sein darf, schlug jeder Versuch der Entmachtung Rasputins fehl. Nikolaus weigerte sich, in den Spitzelberichten etwas anderes zu sehen als die Machenschaften missgünstiger Feinde. Schließlich verbat er sich ähnliche Maßnahmen.

Selbst uneigennützige Ratschläge von Vertrauten schlug der Zar in den Wind. Sophija Tjutschewa, Hofdame Ihrer Majestät und empört über die Verletzung der Standeswürde der Kinder durch den intimen Umgang mit dem »heiligen Mann«, beschwor Nikolaus, diesen vom Hof zu verbannen. »Also glauben auch Sie nicht an die Heiligkeit von Grigori Jefimowitsch?«, fragte sie verzweifelt das Oberhaupt der Romanows. »Und was würden Sie sagen, wenn ich Ihnen gestehen würde, dass ich diese schwierigen Jahre nur dank seiner Gebete überlebte?«

Rasputins Stellung am Hof war gesichert. Während der Familienmensch Nikolaus mit den Seinen das »verderbte« Petersburg mied und vom königlichen Sommersitz Zarskoje Selo aus das Land regierte, genoss sein Wunderheiler das Leben in der Hauptstadt in vollen Zügen. Nur von Zeit zu Zeit kehrte er mit einigen auserwählten adligen Anhängerinnen in sein sibirisches Dorf

Pokrowskoje zurück, wo immerhin seine angetraute Frau und seine drei Kinder auf ihn warteten.

In ebenjenem Pokrowskoje wollte Rasputins Tochter Maria nach eigenem Bekunden einer »Fernheilung« beigewohnt haben. Rasputin war auf »Heimurlaub«, als sich der Gesundheitszustand des Thronfolgers dramatisch verschlechterte. Ein Telegramm der Zarin beschwor ihn: »Ärzte hoffnungslos. Ihre Gebete sind unsere einzige Hoffnung.« Mit der Depesche in der Hand sei Rasputin umgehend zu den Ikonen in seinem Wohnzimmer gegangen, berichtete Maria, sei dort auf die Knie gefallen und habe gebetet: »Heile deinen Sohn Alexej, wenn es dein Wille ist! Gib ihm meine Kraft, o Gott, damit er sie zu seiner Genesung verwenden kann.« Während er sprach, sei er von Zuckungen hin und her geworfen worden, unendliche Schmerzen schienen ihn zu überwältigen. Dann sei er schweißgebadet auf dem Holzboden aufgeschlagen. »Er schien gegen eine entsetzliche Agonie anzukämpfen«, schrieb Rasputins Tochter später, »ich glaubte, er werde sterben. Nach einer Ewigkeit schlug er die Augen auf und lächelte. Ich reichte ihm eine Tasse kalten Tees, und er trank sie gierig aus. Ein paar Augenblicke später war er wieder er selbst geworden.« Der Zarewitsch genas schnell.

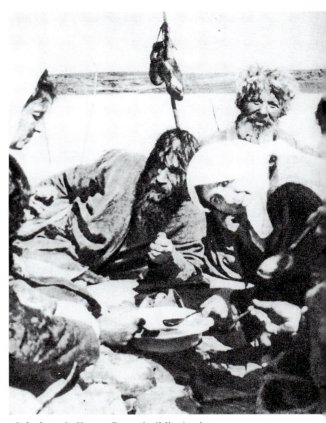

»Jeder hat sein Kreuz«: Rasputin (Mitte) neigte zu Ausschweifungen

> **Lieber Freund! Ich sage es noch einmal, ein schreckliches Gewitter bedroht Russland. Es ist ein Unglück. Unsäglich viel Leid. ... Ein ganzes Meer von Tränen. Und wie viel Blut? ... Ich weiß, alle verlangen den Krieg von dir, selbst die Treuen, sie sehen nicht ein, dass sie dem Verhängnis zueilen. Schwer ist die Strafe Gottes ...«
>
> RASPUTIN AN DEN ZAREN NACH AUSBRUCH DES ERSTEN WELTKRIEGS

Mit Ausbruch des Ersten Weltkriegs erreichte Rasputins Einfluss eine neue Dimension. 1914 gelang es ihm, mit einem Telegramm an den Zaren die schon angeordnete Mobilisierung der gewaltigen russischen Armee zu stoppen: »Ich weiß, alle wollen von dir den Krieg, aber Gottes Strafe wird schlimm. Alles wird in einem großen Blutbad enden.« Für einen kurzen Moment der Weltgeschichte schienen Krieg oder Frieden in der Hand eines russischen »Muschik« zu liegen. Doch dann folgte Nikolaus dem Rat seiner Militärs und setzte den Mobilisierungsbefehl erneut in Kraft.

Fortan weilte Nikolaus im Hautquartier, die Zarin verkörperte als Regentin das »Herrscherauge« im Hinterland, wie Rasputin ihr einredete. Die gläubige Alexandra sorgte dafür, dass auch an der Front Nikolaus niemals ohne Empfehlungen des Gottesmannes blieb. Manche Nachrichten waren eher allgemeiner Natur: »Er sagt, dass wir bald angenehmere Nachrichten vom Kriegsschauplatz erhalten werden« (Brief vom 14. Dezember 1914), andere ganz konkret: »Ich muss dir eine Botschaft Unseres Freundes vermitteln, die ihm eine nächtliche Vision eingegeben hat. Er bittet dich, bei Riga unverzüglich zu einer Offensive überzugehen« (Brief vom 15. November 1915). Oftmals folgte der Zar den Anregungen des »Starez«. In der Hysterie des opferreichen Kriegs verfielen Rasputin und Alexandra vollends dem Aberglauben. Mitte 1915 schenkte Grigori dem Zaren einen kleinen Kamm. Prompt ermahnte ihn seine Frau: »Vergiss nicht, vor jedem schwierigen Gespräch oder jeder Entscheidung deine Haare zu kämmen. Dieser kleine Kamm wird dir helfen.«

Über den engen Kontakt zur Zarin nahm Rasputin Einfluss bei der Ministerwahl. Innerhalb von nur zehn Monaten erhielt Russland so fünf Innenminister und drei Kriegsminister. Sein spektakulärster Coup gelang ihm aber 1915. Auf Rasputins Drängen entließ Nikolaus den damaligen Oberbefehlshaber des russischen Heeres, Nikolai Nikolajewitsch, seinen eigenen Onkel, einen erbitterten Rasputin-Gegner, und machte sich selbst zum Generalissimus. Rasputin hatte für den Fall einer Nichtbefolgung seiner »Empfehlung« vor einem drohenden Umsturz gewarnt und zufrieden die Entmachtung seines Intimfeindes kommentiert:

»Mutterliebe und Verzweiflung«: Rasputin (Mitte), Zarin Alexandra (rechts) und Thronfolger Alexej (links neben Rasputin)

»Wenn unser Nikolaus nicht an Nik-Niks [Spitzname der Zarenfamilie für Nikolai Nikolajewitsch] Stelle getreten wäre, hätte er dem Thron Lebewohl sagen können.« Mit diesem Schritt sollte der militärisch unerfahrene Nikolaus das Vertrauen seines Volkes vollends verspielen.

13 Millionen Russen standen im dritten Kriegsjahr unter Waffen. Mehr als zwei Millionen Tote und viele Millionen Verletzte waren bereits zu beklagen. Das infernalische Blutvergießen erforderte einen Sündenbock, der schnell gefunden wurde in der deutschstämmigen Zarengemahlin und ihrem Berater und Intimus, der mitten im Krieg mit

> **Du bist Zar, Vater des Volkes. Lass nicht die Verrückten triumphieren und sich selbst und das Volk ins Verderben stürzen! Man wird vielleicht Deutschland besiegen. Was aber kommt mit Russland? Wenn man so nachdenkt, hat es nie ein so großes Martyrium gegeben. Russland ertrinkt im Blut. Groß ist das Unglück, grenzenlos die Trauer. Grigori**

RASPUTIN AN DEN ZAREN NACH AUSBRUCH DES
ERSTEN WELTKRIEGS

Geld nur so um sich warf. Sollte da alles mit rechten Dingen vor sich gehen? In der aufgepeitschten Atmosphäre einer verwundeten Nation fielen Verdächtigungen auf fruchtbaren Boden. »Die Deutsche«, wie Alexandra jetzt in der Bevölkerung hieß, wurde der Spionage für ihre Heimat bezichtigt – und mit ihr ihr trinkfester Gottesmann. Nachdem all die Anschuldigungen wegen seines liederlichen Lebenswandels nicht zu seiner Entmachtung geführt hatten, unterstellte man ihm jetzt ganz konkret, militärische Geheimnisse, von denen er durch die Zarin erfahren habe, an Emissäre Wilhelms II. zu verkaufen.

In der Tat war Rasputin Geheimnisträger, er wusste von militärischen Operationen. Ausdrücklich schrieb Alexandra an ihren Mann im fernen Hauptquartier, als sie Kenntnis von geheimen Marschbefehlen erhielt: »Ich sage niemandem ein Wort darüber, nur Unserem Freund, damit er dich überall beschützt.« Auch ließ der raffinierte Mönch durchaus konkrete Erkundigungen anstellen: »Mein teurer Engel«, adressierte die Kaiserin ihren Mann in einer ihrer täglichen Depeschen, »wie sehr möchte ich dir tausend Fragen stellen über deine Pläne wegen Rumänien. Unser Freund will es sehr gerne wissen.« Rasputins Ohr reichte über

die Zarin bis in die Zentrale des militärischen Hauptquartiers.

Doch Rasputin ein Verräter? Ein Komplott zwischen der »Deutschen« und ihrem bösen Genius gegen das russische Volk? Solche Vermutungen passten in die aufgeheizte Stimmung zwischen drohender Hungersnot und dem sich anbahnenden Fiasko um die damals numerisch größte Streitmacht der Welt. Eine Krankenschwester aus dem Winterpalast wollte sogar ein Geheimkabel für die Gespräche mit Berlin gesehen haben. Hatte Rasputin nicht als Einziger in der euphorischen Stimmung des Sommers 1914 gegen den Krieg plädiert?

Und tatsächlich: Russland müsse »sobald wie möglich mit Deutschland Frieden schließen«, forderte Rasputin offen im Kreis seiner Anhängerschaft. Er, der Mann vom Land, glaubte das russische Volk und sein Leiden besser zu kennen als die regierende Oberschicht. Spätestens seit 1916 machte er aus seiner Kriegsgegnerschaft keinen Hehl mehr.

Was nun folgte, war der letzte Akt im russischen Drama um Glaube und Macht:

Angehörige der russischen Hocharistokratie sahen in dem Emporkömmling eine Gefahr für die Monarchie und beschlossen, sich seiner zu entledigen. Rasputins Schwäche für schöne Frauen war stadtbekannt, und so fasste Felix Jussupow, Spross der wohl reichsten Familie Russlands, den Entschluss, seine eigene Frau als Köder anzubieten. Entgegen aller oftmals bewiesenen intuitiven Menschenkenntnis ließ sich Rasputin auf das Treffen ein. Statt der schönen Irina, die sich der »schmutzigen Geschichte« dann doch entzog, warteten auf den alternden Frauenhelden vergiftete Törtchen und mit Zyankali

29

> **Meine Stunde wird bald schlagen. Ich habe keine Angst, weiß aber, dass diese Stunde bitter sein wird. Ich werde große Martern erdulden.**
>
> RASPUTIN AN SEINE ANGEHÖRIGEN KURZ VOR SEINEM TOD

versetzter Schnaps. Aber das Gift wirkte nicht. Die Attentäter hatten übersehen, dass Rasputin nie Süßes aß und die tödlichen Leckereien unangetastet liegen ließ. Also griff der mit Waffen unerfahrene Lebemann Jussopow zur Pistole und schoss. Und wieder stellte sich das gewünschte Ergebnis nicht ein: Rasputin brach zwar stöhnend zusammen, rappelte sich aber bald wieder auf und versuchte zu fliehen. Jetzt kamen die Mitverschwörer zum Einsatz: Großfürst Dimitri, ein Neffe des Zaren, traf den Schwerverletzten ein weiteres Mal. Dann versenkten die Attentäter ihr Opfer in der eisigen Newa. Drei Tage später fand man die grässlich entstellte Leiche. Laut Autopsiebericht war Rasputin ertrunken.

Die Geschichte von den Umständen um Rasputins Tod machte schnell die Runde. Die nahezu übernatürlichen Kräfte, mit denen der »heilige Teufel« den Attacken seiner Feinde getrotzt hatte, ließen seine Mitmenschen vor Grauen erschaudern. Die Verschwörer wurden zu ihrer »patriotischen Tat« beglückwünscht und gingen straffrei aus.

> **Niemandem ist das Recht zum Mord gegeben.**
>
> ZAR NIKOLAUS NACH DER ERMORDUNG VON RASPUTIN DURCH ADLIGE

Auch über Rasputins Tod hinaus fielen Spekulationen bezüglich seiner Spionagetätigkeit immer wieder auf fruchtbaren Boden, bis Mitte der Neunzigerjahre auf einer Sotheby's-Auktion überraschend eine russische Dokumentensammlung mit Vernehmungsprotokollen von Rasputins Freunden und Feinden auftauchte. Im Revolutionsjahr 1917 hatte die provisorische Februarregierung eine Kommission eingesetzt mit dem Ziel, »gesetzeswidrige Handlungen von Ministern und anderen Amtspersonen des Zarenregimes« aufzudecken. Darunter fiel auch das Thema Spionage des umstrittenen Gottesmannes und seiner deutschstämmigen Zarin, wobei der Vorwurf des Hochverrats aufs Engste verbunden war mit Anschuldigungen, heimlich einen Separatfrieden auszuhandeln. Die Untersuchungen bewiesen eindeutig die Unschuld der Verdächtigten. Ende 1916 hatte das Herrscherpaar ein deutsches Friedensangebot abgelehnt. Alexandra

»Rasputin muss verschwinden«: Felix Jussupow und seine Frau Irina, Nichte von Zar Nikolaus II., 1910

hatte bis zuletzt auf Seiten des russischen Volkes gestanden. Auch Grigori Rasputin, dessen sexuelle Gewohnheiten in jenem spektakulären Dossier aus erster Hand zu er-

> Der einzige Punkt, wo wir damit rechnen können, dass er [Nikolaus II.] fest bleibt, ist die Kriegsfrage. Umso mehr, als die Kaiserin, die Russland faktisch regiert, felsenfest entschlossen ist, den Krieg, koste es, was es wolle, fortzusetzen.

DER ENGLISCHE GESANDTE GEORGE BUCHANAN
IN SEINEN MEMOIREN

fahren sind, konnte ebenfalls keine Spionagetätigkeit nachgewiesen werden. Er wollte Frieden, aber einen gerechten Frieden. Einer von seinen »Sekretären«, mit denen er sich am Ende seines Lebens umgab, zitierte einen Ausspruch Rasputins: »Da man nun den Krieg angefangen hat, muss man ihn zu Ende führen. Wenn man Streit hat, soll man streiten, ein halber Streit wird wieder Streit geben.«

Aus finanziellen Gründen mit den Deutschen zu paktieren, hatte Rasputin nicht nötig. Sein Geld, das er mit beiden Händen ausgab, kam von wohl situierten Anhängerinnen und reichen Bittstellern, die es ihm für seine Fürsprachen bei Hofe überließen. Bei Hausdurchsuchungen unter Rasputins Sekretären stieß man auf einen offenbar florierenden Handel mit Empfehlungsschreiben aus Rasputins Feder. Alle Briefe waren neben dem Kreuz mit der gleichen Textzeile versehen: »Guter, lieber Mann, höre an und hilf, Grigori.« Man brauchte nur noch den Namen des Adressaten einzutragen und auf Rasputins Einfluss zu hoffen. Nur sich selbst wusste der geschäftstüchtige Gottesmann aus Sibirien letztlich doch nicht zu helfen.

*Der Erste Weltkrieg war die »Urkatastrophe«
des 20. Jahrhunderts. Was mit großer Euphorie in jenen heißen Sommertagen 1914 begann, endete 1945 auf dem Scheiterhaufen
der Geschichte. Im Rückblick war der Erste
Weltkrieg nur die Ouvertüre zum Zweiten.
Die Frage nach der Schuld am Fiasko traumatisierte eine ganze Generation. Wer trägt
die Verantwortung am Kriegsausbruch?*

1914 Wie es zum Ersten Weltkrieg kam

Der 28. Juni 1914 war ein herrlicher Sommertag. »Kaiserwetter« für den Besuch des österreichischen Thronfolgers Franz Ferdinand in der bosnischen Hauptstadt Sarajewo. Die Bevölkerung war aufgefordert worden, die Straßen zu säumen und dem künftigen österreichisch-ungarischen Kaiser zuzujubeln. Vielen Bosniern war allerdings nicht nach jubeln zumute. Ihr Land war 1908 von Österreich-Ungarn annektiert worden, seitdem herrschte hier ein rigides Besatzungsregime. Gerade die jungen bosnischen Serben lebten in Armut und Perspektivlosigkeit. Sie wollten zu einem großserbischen Staat gehören, nicht zu einem von Deutschen und Ungarn dominierten Vielvölkerstaat. Für sie war Franz Ferdinand kein Gast, für sie war er ein Feind. Sechs junge Bosnier waren fest dazu entschlossen, dem verhassten Staat, in dem sie leben mussten, einen schweren Schlag zu versetzen. Sie wollten den Thronfolger töten.

»Nibelungentreue«: Wilhelm II. und der Generalstabschef des österreichisch-ungarischen Heeres, Franz Freiherr Conrad von Hötzendorf, Dezember 1914

Der serbische Geheimdienst hatte sie mit vier Revolvern und sechs Bomben versorgt. Nun postierten sie sich an der allseits bekannten Route durch die Innenstadt und warteten. Natürlich rechneten die offiziellen Stellen mit der Möglichkeit eines Attentats. Dennoch waren die Sicherheitsvorkehrungen erstaunlich lax. Franz Ferdinand bestieg am Bahnhof sein offenes Automobil und fuhr in Richtung Rathaus – den Attentätern entgegen. Bereits nach wenigen Augenblicken gelang es dem Ersten von ihnen, eine Bombe auf das Fahrzeug zu schleudern. Franz Ferdinand riß instinktiv seinen Arm hoch, der Sprengkörper prallte von ihm ab, fiel auf das geöffnete Faltdach und dann auf die Straße, wo er explodierte. Der Thronfolger war haarscharf dem Tod entronnen und noch einmal mit dem Schrecken davongekommen. Der Chauffeur begriff sofort den Ernst der Situation, gab Vollgas und raste zum Rathaus. Hier fand der Empfang durch den Gouverneur von Bosnien-Herzegowina, General Oskar Potiorek, wie geplant statt.

»Besuch des Thronfolgers«: Sarajewo, 28. Juni 1914: Franz Ferdinand und seine Gattin Sophie verlassen das Rathaus

Das weitere Besuchsprogramm hatte sich aufgrund der dramatischen Ereignisse jedoch verändert. Franz Ferdinand stand nicht mehr der Sinn nach »Sightseeing«. Er wollte stattdessen den von der Bombe verletzten Oberstleutnant Erik von Merizzi im örtlichen Krankenhaus besuchen. Die Wagenkolonne brauste aufs Neue los, Franz Ferdinands Chauffeur war über die Änderung des Programms allerdings nicht informiert. Er bog an einer Straßenecke falsch ab. Der mitfahrende Potiorek klärte den Mann über seinen Irrtum auf, der stoppte sofort den Wagen und legte den Rückwärtsgang ein.

Gavrilo Princip stand mit seinem Revolver seit Stunden in der Menge und hatte bis dahin vergebens auf die Wagenkolonne des Thronfolgers gewartet. Auf ein fahrendes Auto hätte er kaum schießen können, so ungünstig stand er. Aber jetzt hielt der Thronfolger genau vor ihm. Dies war seine Chance: Er sprang auf den Wagen zu und gab mehrere Schüsse ab. Eine Kugel traf die Frau von Franz Ferdinand in den Unterleib, die daraufhin sterbend in den Schoß ihres Mannes sank. Vom zweiten Schuss tödlich getroffen, rief dieser noch: »Sopherl! Sopherl! Stirb nicht! Bleib am Leben für unsere Kinder!« Dann sackte auch er zusammen. Eine Viertelstunde später war er tot.

Der Mord von Sarajewo hat in der öffentlichen Meinung Europas tiefe Empörung ausgelöst. Mochten die Menschen über Österreich-Ungarn denken, was sie wollten, solche Bluttaten konnte man nur verurteilen. Immerhin: Die Attentäter waren gefasst. Es war also möglich, den Schuldigen den Prozess zu machen und alsbald wieder zur Tagesordnung überzugehen. In diesen Sommertagen des Jahres 1914 hatten die Großmächte

»Laxe Sicherheitsvorkehrungen«: Verhaftung des Attentäters Gavrilo Princip nach den Schüssen auf Franz Ferdinand

ohnehin ihre eigenen Sorgen. Großbritannien stand kurz vor einem Bürgerkrieg in Irland, und in Frankreich tobten innenpolitische Affären und Skandale. In Wien war man jedoch nicht gewillt, es bei einem simplen Prozess gegen junge Männer im Alter von 19 bis 23 Jahren zu belassen. Diese Burschen konnten kaum allein gehandelt haben! Obgleich es noch keine Beweise gab, war ganz Wien davon überzeugt, dass nur Serbien dahinter stecken konnte. Bei der politischen Führung der Donaumonarchie war schon vor dem Mordanschlag der Entschluss herangereift, die endlosen Streitereien mit Serbien durch Gewalt zu lösen. Denn: Belgrad hatte sein Territorium in den Balkankriegen 1912/13 erheblich ausdehnen können. Lautstark wurde die Errichtung Großserbiens proklamiert. Für den Vielvölkerstaat Österreich-Ungarn hatte die großserbische Propaganda etwas Bedrohliches: Hier lebten rund zehn Prozent so genannter »Südslawen«, also Kroaten, Serben und Slowenen. Schlossen diese sich erst einmal mit Serbien zu einem neuen Staat zusammen, so würden die ande-

> Wir werden ewig hinter diesem schwachen Staat herhinken und unsere jugendliche Kraft an die Verzögerung seines Verfalles setzen müssen.
>
> _{KURT RIEZLER, SEKRETÄR VON REICHSKANZLER BETHMANN HOLLWEG, ÜBER ÖSTERREICH-UNGARN, 23. JULI 1914}

ren Minderheiten das Gleiche versuchen. Die Habsburgermonarchie würde zerfallen. Also galt: Wehret den Anfängen! Die lodernde Glut des serbischen Nationalismus musste gelöscht werden, bevor sie das ganze Haus in Brand steckte.

Allerdings stand hinter dem kleinen Serbien das große und mächtige Russland.

> **Mit etwas gutem Willen ist diese serbische Angelegenheit leicht zu ordnen. Aber sie könnte auch ebenso leicht ausarten. Serbien hat sehr warme Anhänger im russischen Volke. Und Russland hat einen Bundesgenossen, Frankreich. Was können sich da für Verwicklungen ergeben!**

DER FRANZÖSISCHE PRÄSIDENT POINCARÉ AM 21. JULI 1914 IN SANKT PETERSBURG ZUM ÖSTERREICHISCH-UNGARISCHEN GESANDTEN GRAF SZÁPÁRY

Zar Nikolaus II. sah sich im Sinne der panslawistischen Propaganda als Beschützer der kleinen Brudernation. Der österreichisch-ungarische Kaiser Franz Joseph I. konnte das Serbienproblem somit nicht isoliert betrachten. Ein Angriff auf das kleine Land würde mit großer Wahrscheinlichkeit einen Krieg mit Russland provozieren, einem Gegner der eine Nummer zu groß war. Aber auch Wien hatte mächtige Bündnispartner: Das Deutsche Reich war die stärkste Landmacht der Welt – und obendrein die zweitgrößte Seemacht. Anfang Juli entsandte Franz Joseph I. einen Diplomaten nach Berlin, um die deutsche Haltung im Falle eines Konflikts auf dem Balkan auszuloten. In der Tat gab Berlin »grünes Licht«: Es liege »an Österreich-Ungarn«, verdeutlichte Reichskanzler Bethmann Hollweg, »zu beurteilen, was geschehen muss, um das Verhältnis zu Serbien zu klären«. Wien könne »hierbei – wie auch immer [die] Entscheidung ausfallen möge – mit Sicherheit darauf rechnen, dass Deutschland als Bundesgenosse und Freund der Monarchie« hinter ihm stehe. Er betonte weiterhin, dass ein sofortiges Einschreiten Österreich-Ungarns gegen Serbien die beste Lösung sei, zumal die internationale Lage für einen solchen Schritt zum damaligen Zeitpunkt günstiger scheine als in Zukunft. Dies

war der viel zitierte »Blankoscheck«, mit dem Berlin den auf einen lokalen Krieg fixierten Bündnispartner »losließ«.

In Wien arbeitete der Ministerrat nun fieberhaft an einer Eskalation: An irgendwelchen politischen Ränkespielen war man hier nicht interessiert. Es musste der Krieg gegen Serbien her, um das Land als Machtfaktor auszuschalten, so wie es Franz Joseph I. gefordert hatte. Einzig der ungarische Ministerpräsident Stephan Tiza sprach sich gegen eine militärische Auseinandersetzung aus. Am 14. Juli war aber auch sein Widerstand gebrochen. Immerhin hatte er durchgesetzt, dass die Forderungen nach einem schnellen Angriff auf Serbien fallen gelassen wurden. Der Aktion sollte nunmehr ein Ultimatum vorgeschaltet werden, dessen als sicher geltende Ablehnung dann den Vorwand für den Einmarsch bieten würde.

Am Abend des 23. Juli übergab der österreichische Gesandte in Belgrad die Demarche, die binnen 48 Stunden eine vollständige Annahme vorschrieb. Die serbische Regierung wurde aufgefordert, die Propaganda gegen die Habsburgermonarchie aus allen Bereichen des öffentlichen Lebens zu verbannen. Entscheidend waren die Punkte 5. und 6.: Serbien sollte Regierungsorgane Österreich-Ungarns »bei der Unterdrückung der gegen die territoriale Integrität der Monarchie gerichteten subversiven Bewegungen« sowie an der gerichtlichen Untersuchung des Attentats beteiligen. Diese Klauseln machten das Ultimatum unannehmbar, da sie die Aufgabe eines Stücks der serbischen Staatssouveränität verlangten.

Joseph Redlich, Mitglied des österreichischen Herrenhauses, schrieb freudig in sein Tagebuch, als ein Freund ihm die Nach-

36

richt von dem Ultimatum mitteilte: »Wir sind also noch fähig zu wollen! Wir wollen und dürfen kein kranker Mann sein, lieber rasch zugrunde gehen! So bricht heute ein großer Tag an: Hoffentlich führt er zu einer Gesundung Österreichs.«

In den Hauptstädten Europas war die Aufregung über das Attentat von Sarajewo längst verflogen und der Alltag zurückgekehrt. Die Nachricht vom österreichisch-ungarischen Ultimatum an Serbien schlug daher ein wie eine Bombe. Der russische Außenminister Sasonow war außer sich: »C'est la guerre européenne!«, rief er erregt. Der britische Außenminister Grey sprach gar von dem furchtbarsten Schriftstück, das je an einen unabhängigen Staat gerichtet worden sei. Schlagartig geriet Europa in helle Aufregung. Jedermann war bewusst, dass nun ein Krieg drohte.

Die serbische Regierung antwortete überaus geschickt auf das Ultimatum. Sie versprach, alle Forderungen bedingungslos zu erfüllen, lehnte die Beteiligung österreichischer Behörden bei der Verfolgung des Attentats aber ab. Wien brach daraufhin die diplomatischen Beziehungen ab, mobilisierte einen Teil der Truppen und erklärte Serbien am 28. Juli 1914 den Krieg. Einen Tag später beschoss österreichische Artillerie Belgrad. Die serbische Regierung hatte in Erwartung dieser Ereignisse ihre exponiert gelegene Hauptstadt bereits am 25. Juli verlassen und ihrerseits erste Mobilisierungsmaßnahmen angeordnet.

Wir müssen daher, um die allgemeine Katastrophe aufzuhalten oder jedenfalls doch Russland ins Unrecht zu setzen, dringend wünschen, dass Wien Konversation [mit St. Petersburg] beginnt.

REICHSKANZLER BETHMANN HOLLWEG, 29. JULI 1914

Der von deutscher Seite so munter empfohlene Krieg gegen Serbien war da. Allerdings hatte Reichskanzler Bethmann Hollweg in Wien immer wieder darauf gedrängt, die Welt rasch vor vollendete Tatsachen zu stellen und Serbien zu besetzen. Zu einem »fait accompli« war die Armee Österreich-Ungarns allerdings nicht in der Lage. Aufgrund der langen Mobilmachungszeit konnte sie vor dem 12. August nicht angreifen.

Unterdessen waren alle Bemühungen der Briten gescheitert, den drohenden Konflikt auf einer internationalen Konferenz beizulegen. Die Chancen, den großen Krieg in letzter Minute doch noch zu verhindern, sanken von Tag zu Tag.

Bereits am 26. Juli hatte das Zarenreich die »Kriegsvorbereitungsperiode« proklamiert. Am 30. Juli verkündete Sankt Petersburg die Teilmobilmachung. Damit war der Stein ins Rollen geraten. In einer Zeit aufgeheizter nationalistischer Emotionen galt die Mobilmachung des Heeres als eindeutige Kriegsabsicht, die schnelle Reaktionen verlangte. Denn: Wer zuerst seinen Gegner angriff – so glaubten die Generäle –, hätte alle Vorteile auf seiner Seite. Bald war auch der Widerstand des zaudernden Reichskanzlers Bethmann Hollweg gebrochen, der in den letzten Julitagen noch halbherzige Versuche unternommen hatte, den »Weltbrand« abzuwenden. Am 30. Juli hatte die Reichsleitung beschlossen, am nächsten Tag, 12.00 Uhr, den Zustand der »drohenden Kriegsgefahr« zu proklamieren und damit die Mobilmachung de facto zu beginnen. Am 31. Juli traf dann wenige Minuten vor 12.00 Uhr in Berlin eine heiß ersehnte Nachricht ein: Russland hatte die Generalmobilmachung verkündet! Endlich! Die Russen waren der eigenen Proklamation zuvorgekommen. Nun konnte man sich vor aller Welt als den Angegriffenen hinstellen, als ein friedliebendes Land, das sich gegen eine russische Offensive würde verteidigen müssen. Und jetzt ging alles ganz schnell: Der Kriegsplan sah vor, zuerst das mit Russland verbündete Frankreich anzugreifen und sich nach einem Sieg im Westen nach Osten zu wenden. Am 1. August erklärte Deutschland Russland den Krieg, am 2. August rückten die ersten deutschen Truppen in Luxemburg ein, einen Tag später in Belgien.

> **Wir sollen Österreich sitzen lassen, urgemein und mephistophelisch, aber recht englisch!**
>
> KAISER WILHELM II. ÜBER DIE BRITISCHEN DROHUNGEN, IN DEN KRIEG EINZUTRETEN, 29. JULI 1914

Am 3. August erfolgte auch die Kriegserklärung an Frankreich. Großbritannien verlangte von Berlin ultimativ, seine Truppen aus Belgien zurückzuziehen. Als dies nicht geschah, erklärte London am 4. August Berlin den Krieg. Zwei Tage später erfolgte die österreichische Kriegserklärung an Russland. Damit war der Kreis geschlossen. Einer der furchtbarsten Kriege der Menschheitsgeschichte nahm seinen Lauf. »In Europa gehen die Lichter aus«, bemerkte der britische Außenminister Edward Grey in düsterer Ahnung.

Zu unbegreiflich war, was damals geschah, zu unheilvoll waren die Folgen, als dass man jene Tage einfach hätte vergessen können. Erst später wurde sichtbar, dass im Sommer 1914 die »Urkatastrophe« des 20. Jahrhunderts über Europa hereinbrach – eine Schreckenszeit, die 1918 keineswegs beendet war, sondern eigentlich erst 1945 ihren Abschluss fand. Also machten sich Heerscha-

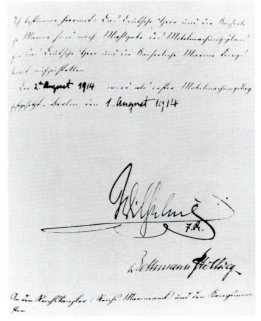

»Gott mit uns«: Die von Kaiser Wilhelm II. und Reichskanzler Bethmann Hollweg unterzeichnete deutsche Mobilmachungsorder

ren von Historikern, Publizisten und Politikern daran, zu erklären, warum 1914 der Erste Weltkrieg ausgebrochen war. In der Zwischenkriegszeit und in den ersten Jahren nach dem Zweiten Weltkrieg gingen seriöse Historiker davon aus, dass die Großmächte in den Krieg »hineingeschlittert« seien. In einer Zeit rivalisierender Machtblöcke, eines exzentrischen Nationalismus und eines gewaltigen Prestigedrangs nutzten die Mächte das Attentat von Sarajewo zu einer Risikopolitik, die ihnen einen außenpolitischen Prestigeerfolg bringen sollte. Irgendwie sei dabei dann aber die »Direktion verloren gegangen« – wie Bethmann Hollweg dies selbst Ende Juli 1914 hatte zugeben müssen. Niemand hatte den Krieg von langer Hand geplant, schon gar nicht die Deutschen, die noch nicht einmal ein Kriegsziel hatten und sich letztlich nur gegen eine stetig wachsende Zahl von Feinden behaupten wollten.

> Dieser Krieg wird sich zu einem Weltkriege auswachsen, in den auch England eingreifen wird. Nur wenige können sich eine Vorstellung über den Umfang, die Dauer und das Ende dieses Krieges machen. Wie das alles enden soll, ahnt heute niemand.
>
> HELMUTH VON MOLTKE, 31. JULI 1914

1959 trat der Hamburger Historiker Fritz Fischer erstmals mit aufsehenerregenden Thesen an die Öffentlichkeit. Er bestritt vehement, dass die Regierungen in den Krieg hineingeschlittert seien. Vielmehr sei davon auszugehen, dass Deutschland die Hauptschuld an der Katastrophe treffe und Berlin spätestens seit dem Dezember 1912 gezielt auf die Provokation eines Krieges im Sommer 1914 hingearbeitet habe, um die Hegemonie über Europa zu erkämpfen. Eine entscheidende Stellung in seiner Theorie nahm der kaiserliche »Kriegsrat« vom 8. Dezember 1912 ein, bei dem angeblich der Krieg für den Sommer 1914 beschlossen worden war. Wilhelm II. hatte die Verwicklung des Reiches in die Balkankriege befürchtet und seine Spitzenmilitärs um sich versammelt. Generalstabschef Moltke sagte bei dieser Gelegenheit: »Ich halte einen Krieg für unvermeidlich und: je eher desto besser.« Marinechef Tirpitz wies jedoch darauf hin, dass die Flotte noch nicht fertig und es deshalb besser sei, den großen Kampf erst in anderthalb Jahren zu führen – im Sommer 1914!

Fischer hat seine Thesen 1961 und 1969 mit seinen beiden Büchern »*Griff nach der Weltmacht*« und »*Krieg der Illusionen*« materialreich untermauert. Er gab damit den Anstoß zu einer großen Debatte, der so genannten »Fischer-Kontroverse«, die in ihrer Heftigkeit und in ihrer Dauer dem von Ernst Nolte Mitte der Achtzigerjahre ausgelösten »Historikerstreit« über die Frage nach der Einzigartigkeit der NS-Verbrechen, aber

»Mobilmachung!«: Ein preußischer Offizier verkündet den Zustand drohender Kriegsgefahr, Berlin, 31. Juli 1914

»Augusterlebnis«: Begeistert ziehen deutsche Soldaten in den Krieg

auch der Goldhagen-Debatte des Jahres 1996 über die Rolle der »gewöhnlichen« Deutschen bei der Ermordung der Juden zumindest gleichkommt.

Von Fischers überspitzten Thesen ist nur wenig übrig geblieben: Kaum jemand nimmt heute noch an, dass die Reichsleitung Ende 1912 beschlossen habe, im Sommer 1914 als Ausdruck eines offensiven, aggressiven Imperialismus einen Krieg zu beginnen – so wie Fischer dies behauptete. So sehr er indes für seine Thesen kritisiert worden ist und sich diese – zumindest in großen Teilen – heute als unhaltbar herausgestellt haben, so sehr hat Fischer doch dafür gesorgt, dass mit den alten Vorstellungen über den Kriegsausbruch aus der Zwischenkriegszeit endgültig aufgeräumt wurde. Mittlerweile ist unstrittig, dass sich das Deutsche Reich ganz bewusst auf das Risiko eines Krieges eingelassen hat und ihm ein großer Teil der Schuld am Kriegsausbruch zukommt. Neuere Forschungen haben allerdings darauf verwiesen, dass die Verantwortung Österreich-Ungarns nicht minder schwer wiegt. Man kann heute somit davon sprechen, dass dem Zweibund die Hauptschuld am Krieg zukommt, ohne dabei die Verantwortung der Triple-Entente, und hier insbesondere Russlands, außer Acht zu lassen. Zudem gilt es, sorgfältig zwischen den Ereignissen der Julikrise, die dann zum Ausbruch des Krieges führte, und den langfristigen Ursachen wie dem Hochimperialismus oder der Veränderung der Staatenkonstellation um 1900 zu unterscheiden. In dem letzten Punkt haben neuere Untersuchungen insbesondere die Rolle Großbritanniens kritisch hervorgehoben.

Obgleich man sich unter den Historikern mittlerweile einig ist, dass Deutschland

> **Ohne davor zurückzuscheuen, dass wir durch unsere Vorbereitungen den Krieg herausforderten, sei es daher besser, wenn wir uns sorgfältig mit diesen Vorbereitungen befassten, anstatt aus Furcht, einen Vorwand zum Kriege zu geben, unvorbereitet von ihm überrascht zu werden.**
>
> Der russische Aussenminister Sasonow zu Zar Nikolaus II., 30. Juli 1914

ein großer Teil der Schuld am Ausbruch des Ersten Weltkriegs zugesprochen werden muss, gibt es noch immer unterschiedliche Auffassungen, warum das Reich überhaupt den »Sprung ins Dunkle« – wie Bethmann Hollweg seine Politik bezeichnet hat – gewagt hat. Die einen vertreten die Ansicht, dass die Reichsleitung in den Jahren von 1912 bis

> **Unter den Herrschern und Staatsmännern, wie man jetzt deutlich sieht, hat kein Einziger den Krieg gewollt.**
>
> David Lloyd George, 1933

1914 keine Eskalationspolitik betrieb, sondern vielmehr um Entspannung der aufgeheizten internationalen Beziehungen bemüht war. Der Ausbruch des Krieges wird nicht als lange vorbereiteter Akt zur Umsetzung von Weltherrschaftsplänen gesehen, sondern als letztlich fehlgeschlagene Konzeption eines kalkulierten Risikos zur Durchsetzung begrenzter machtpolitischer Veränderungen unter Ausnutzung internationaler Krisensituationen. Der Kriegsausbruch wird somit als Resultat außenpolitischer Überlegungen gewertet. Andere Historiker sehen die Ursachen für die deutsche Risikopolitik in den gewaltigen innenpolitischen Spannungen. Die agrarischen und aristokratischen Machteliten seien unfähig gewesen, sich dem

Wandel der Gesellschaft anzupassen. Sie hätten daher versucht, durch die kriegerische Expansion den Verlust ihrer privilegierten Stellung in letzter Minute zu verhindern. Auch Fritz Fischer hat 1979 seine Thesen um die Theorie einer innenpolitisch motivierten Politik der Reichsleitung in der Julikrise ergänzt. In der Tat gibt es viele Studien, welche die explosive Lage im Inneren des Reiches nach der Reichstagswahl von 1912 herausgearbeitet haben. Zweifellos haben Teile der konservativen Eliten einen Krieg als letzten Ausweg zur Lösung der festgefahrenen Situation im Reich betrachtet. Indes fehlen bislang die Beweise, dass diese Interpretation die Haltung von Reichskanzler Bethmann Hollweg in der Julikrise beeinflusst hat, zumal von ihm überliefert ist, dass er eine derartige Motivation zum Krieg als »Unsinn« bezeichnet hat.

Jenseits des Streits von Fachgelehrten drängt sich somit die Interpretation auf, dass die enormen innenpolitischen Probleme des wilhelminischen Deutschland sich *indirekt* sehr wohl auf die Reichsleitung und damit auf deren Risikopolitik ausgewirkt haben. Man denke nur an den nicht mehr zu bändigenden Einfluss der Presse. Für das *konkrete* Handeln von Reichskanzler Bethmann Hollweg im Juli 1914 – und dies ist letztlich der für den Kriegsausbruch entscheidende Faktor – war jedoch dessen fatalistische Perzeption der außenpolitischen Lage maßgebend: So passierte im Juni 1914 eine Heeresvorlage die russische Duma, die eine Aufstockung der zaristischen Armee auf 1,8 Millionen Mann vorsah, mehr als doppelt so viel wie die deutsche. Im selben Monat erfuhren die Deutschen auch von geheimen Verhandlungen über ein Militärbündnis zwischen London und Sankt Petersburg. Damit war der Versuch

»Vive la France!«: Mobilmachung auch in Paris

Bethmann Hollwegs, Großbritannien als neutralen Vermittler zwischen den Fronten zu bewahren, gescheitert. London hatte offenbar eindeutig Stellung bezogen. In Zukunft würde es nicht mehr willens sein, französische und russische Heißsporne vor einem offensiven Vorgehen gegen Deutschland abzuhalten. Die deutschen Militärs prophezeiten nach Abschluss der russischen Aufrüstungen für das Jahr 1916/17 einen Zangenangriff aus Ost und West. Also hieß die Devise: Krieg lieber jetzt als später, wenn das Übergewicht der Gegner noch größer sein wird. Diese pessimistische Lageanalyse hatte mit der Realität gewiss nicht viel gemein. Zu nüchternem Denken war man in Berlin in diesen Tagen aber nicht mehr in der Lage. So meinte der preußische Kriegsminister Erich von Falkenhayn am 4. August 1914: »Und wenn wir auch darüber zugrunde gehen – schön war's doch!«

Im Februar 1933 enthüllte Hitler vor Generälen der Reichswehr seine Kriegspläne. Schon drei Tage später kannte Moskau den Text der Rede. Wie konnte das geheime Manuskript so schnell in den Kreml gelangen?

1933 Die Hammerstein-Papiere

Alles, was in der Reichswehr Rang und Namen hatte, war der Einladung gefolgt. Pünktlich fanden sich die goldbetressten Herren am Abend des 3. Februar 1933 in der Dienstwohnung des Chefs der Heeresleitung, General von Hammerstein-Equord, ein. Auf dem Programm stand immerhin ein Abendessen mit Adolf Hitler – jenem Mann, der seit vier Tagen Kanzler des Deutschen Reiches war. Dass er ihnen schon so kurz nach Amtsantritt die Aufwartung machte, schmeichelte den Generälen durchaus. Dennoch verhielten sich die meisten Uniformträger reserviert und kühl, als Hitler eintraf – für sie war er immer noch der sprichwörtliche »böhmische Gefreite«, der seit kurzem den Staatsmann markierte und sich dafür in einen Frack gezwängt hatte. »Hitler machte überall bescheidene linkische Verbeugungen und blieb verlegen«, erinnerte sich ein Zeuge an dieses Zusammentreffen von politischem Parvenü

»Frühe Liaison«: Hitler im Gespräch mit Reichswehrminister von Blomberg, September 1933

und standesbewusster Militärelite. Arrangiert hatte die Einladung ein Offizier, der sich als Mittelsmann zwischen diesen beiden Welten empfand – Pour-le-Mérite-Träger General Werner von Blomberg, der in Hitlers neuem Kabinett zum Reichswehrminister berufen worden war.

Das Essen wurde rasch zur Nebensache, als Hitler sich anschickte, zum eigentlich bedeutsamen Programmpunkt des Abends überzugehen. Der erfahrene Agitator – von der ungewohnten Atmosphäre anfangs gehemmt – begann seinen Vortrag stockend. Dann aber redete er sich in Rage, unterstrich seinen Vortrag heftig gestikulierend – und zog etliche seiner Zuhörer rasch in seinen Bann. Der neue Reichskanzler nahm kein Blatt vor den Mund: »Aufbau der Wehrmacht« sei eines der Ziele – mit Wohlgefallen notierte einer der Anwesenden, Generalleutnant Liebmann, Stichworte zu dem, was Hitler zu sagen hatte: »Ausrottung des Marxismus mit Stumpf und Stiel, Kampf gegen Versailles.« Und schließlich: »Vielleicht Erkämpfung neuer Exportmöglichkeiten, vielleicht – wohl besser – Eroberung neuen Lebensraumes im Osten und dessen rücksichtslose Germanisierung.«

Dass diese Rede sofort nach der Machtergreifung stattfand, bei der ersten und besten Gelegenheit, zeigt, wie wichtig es Hitler war, die Reichswehr für sich und seine Pläne zu gewinnen.

Reinhard Müller, Historiker und Entdecker der Geheimrede in Moskau

Liebmanns Stichwortprotokoll ist Historikern seit langem bekannt – das Papier gilt als Zeugnis für die frühe Liaison zwischen Nationalsozialismus und Wehrmacht. Und doch war dieses Beweisstück von zweifelhaftem Wert – ein Gedächtnisprotokoll, bruchstückhafte Notizen eines Generals, der nur festhielt, was ihn interessierte, der nur hörte, was er hören wollte. Ein überraschender Fund in Moskau belegt seit kurzem den genauen Wortlaut von Hitlers Rede vor der Reichswehrführung und wirft ein bezeichnendes Licht auf die Haltung der deutschen Militärs kurz nach der Machtergreifung. Im Moskauer Staatsarchiv für Sozialpolitische Studien kämpfte sich der Hamburger Historiker Reinhard Müller durch die Bestände des Parteiarchivs der KPdSU – und stieß auf ein brisantes Fundstück: Über sechseinhalb Jahrzehnte dem Besuch des »Führers« im Hause Hammerstein fand Müller die vollständige Abschrift von Hitlers geheimer Rede – in der Akte 495 des Sekretärs der Komintern, Jossif Pjatnitzki. Kein Gedächtnisprotokoll, sondern Originalton Adolf Hitler, die Abschrift einer stenografischen Aufzeichnung. Titel des »streng vertraulichen« Papiers: »Betr. Programm des Faschismus«. Die Lektüre ließ den deutschen Historiker aufmerken – in voller Länge ist hier zu lesen, was Hitler den Generälen mitteilte. Monströse Pläne, präzise und detailliert. Und es zeigt, wie gut Stalins Geheimdienst über die aggressiven Ambitionen des neuen deutschen Kanzlers informiert war: Das Schlüsseldokument aus dem Moskauer Archiv enthält Hitlers Kriegspläne im Klartext. Nicht minder überraschend: Bereits am 6. Februar 1933, eine Woche nach Hitlers Machtübernahme, ging das Papier in Moskau ein. Das neu aufgetauchte Dokument wirft nicht nur ein Schlaglicht auf die Vereinnahmung der konservativen Reichswehr durch einen skrupellosen Ideologen – es erzählt auch eine bizarre Spionagegeschichte.

General Liebmann war nicht der Einzige, der sich an diesem Abend im Speisezimmer des Generals Hammerstein-Equord Notizen machte. Anwesend waren neben den

»Betont friedfertig«: Hitler bei seiner Rundfunkansprache am 1. Februar 1933

»Der rote General«: Kurt von Hammerstein-Equord (2. von links) bei einer Abendgesellschaft, 1931

geladenen Offizieren auch Marie-Louise und Helga von Hammerstein, die Töchter des Gastgebers. Die beiden jungen Damen sollten, ganz offiziell, die Rede stenografieren. Ihr vollständiges Steno-Protokoll offenbart die ganze Tragweite der Brandrede, die Hitler an diesem Abend im kleinen Kreis hielt. »Wie kann Deutschland nun gerettet werden?«, fragte er und lieferte gänzlich unbescheiden seine Patentlösung: »Durch groß angelegte Siedlungspolitik, die eine Ausweitung des Lebensraumes des deutschen Volkes zur Voraussetzung hat.« Doch dieses Ziel, das schon in seinem Polit-Pamphlet »Mein Kampf« eine große Rolle spielte, könne nur erreicht werden, wenn innenpolitisch »Demokratie« und »Pazifismus« zerschlagen würden: »Jede zersetzende Meinung ist auf das Schärfste zu unterdrücken.« Er diente den Generälen den nationalsozialistischen Unterdrückungsstaat als Wegbereiter einer geistigen Wehrhaftmachung des deutschen Volkes an: »Erst muss der Marxismus ausgerottet werden. Dann wird das Heer durch die Erziehungsarbeit meiner Bewegung ernsthaftes Rekrutenmaterial haben. ... Ich setze mir eine Frist von sechs bis acht Jahren, um den Marxismus vollständig zu vernichten. Dann wird das Heer fähig sein, eine aktive Außenpolitik zu führen, und das Ziel der Ausweitung des Lebensraums des deutschen Volkes wird auch mit bewaffneter Hand erreicht werden. Das Ziel würde wahrscheinlich der Osten sein. Doch eine Germanisierung der Bevölkerung des annektierten beziehungsweise eroberten Landes ist nicht möglich. Man kann nur Boden germanisieren.« Erstaunlich: Genau sechs Jahre später wagte Hitler den Angriff auf Polen, acht Jahre nach seiner Geheimrede befahl der Diktator den Angriff auf die Sowjetunion.

Für einen solchen Schritt lieferte er am 3. Februar 1933 vor den Reichswehrgenerä-

»Der Tag von Potsdam«: Am 21. März 1933 wurde die Verbindung von alten Eliten und neuer Regierung deutlich

len Handlungsanweisungen, die frösteln lassen: Die Menschen im zu erobernden Osten beschrieb er gleichsam als Ballast, den es zu entsorgen gelte. Mit derartigen Ausführungen entlarvte sich Hitler schon drei Tage nach Amtsantritt – und machte die Militärs zu Mitwissern seiner mörderischen Angriffspläne. Geschickt wickelte er seine Zuhörer mit Versprechungen ein: Die Armee werde eigenständig bleiben; die braunen Bataillone der SA würden ihr nicht zur Konkurrenz erwachsen, die Reichswehr werde zu einstiger Größe zurückfinden: »Wir werden der Armee zur Seite stehen und mit der Armee und für die Armee arbeiten. Die ruhmreiche deutsche Armee, in der noch derselbe Geist herrscht wie während ihrer Heldenzeit im Weltkrieg, wird selbstständig ihre Aufgaben erfüllen. ... Für den inneren Kampf habe ich mir meine eigene Waffe geschaffen, die Armee ist nur da für außenpolitische Auseinandersetzungen«, kündigte er an. Gekoppelt war die Verwirklichung dieser hochtrabenden Pläne jedoch an die Person und »Schaffenskraft« des NS-Führers: »Sie werden nicht wieder einen Mann finden, der sich so mit ganzer Kraft für sein Ziel, für die Errettung Deutschlands, einsetzte wie ich.« Sein abschließender Appell an die Generäle zeugt von dem wahnhaft messianischen Selbstbewusstsein, das ihn beseelte: »Nun gut, so nutzen wir mein Leben aus!«

Seine uniformierten Zuhörer protestierten an diesem Abend nicht – die meisten waren geblendet von dem, was der neue Mann ihnen anbot: Große Aufgaben für die seit Versailles arg zurechtgestutzte Armee – genau das hatten sie seit Jahren gewünscht. Detaillierte Aufrüstungspläne lagen bereits in den Schubladen der Stäbe, die jüngere Generalität träumte davon, für den »wirtschaft-

Die Armee Schulter an Schulter mit dem neuen Kanzler!

Völkischer Beobachter, 5./6. FEBRUAR 1933

lich-technisierten Krieg« der Zukunft alle menschlichen und materiellen Ressourcen einer modernen Industrienation zu bündeln. Generalleutnant Liebmann war beeindruckt von dem Vortrag, den er soeben gehört hatte, und notierte: »Beim Sprechen tritt starker Wille und idealer Schwung hervor, und man hat den Eindruck eines Mannes, der weiß, was er will, und der entschlossen ist, seine Ideale mit äußerster Energie in die Tat umzusetzen.« Andere Anwesende waren skeptischer als Liebmann. Und es gab Zuhörer, die zutiefst alarmiert waren: Die Hammerstein-Töchter, die das stenografische Protokoll geführt hatten, erkannten sofort die Brisanz von Hitlers Worten. Als politisch wache Zeitgenossinnen wussten sie, was sie tun hatten: Während Helga ihren Steno-Block weisungsgemäß sofort an einen Adjutanten ablieferte, gab Marie-Louise von Hammerstein ihre Mitschrift erst nach zwei Stunden aus der Hand. Zeit genug für eine Abschrift.

Was niemand der Anwesenden ahnte – die braven Generalstöchter arbeiteten mit dem illegalen »Nachrichtendienst« der KPD zusammen. Beide waren mit deutschen Kommunisten liiert – Marie-Louise, geboren 1908, hatte während des Jurastudiums den kommunistischen Reichstagsabgeordneten

Werner Scholem, Jahrgang 1895, kennen gelernt, der nach einer turbulenten Politkarriere 1928 an die Universität zurückgekehrt war. Ob er sie liebte oder ob er im Auftrag Moskaus zum »Romeo«, zum skrupellosen kommunistischen Liebesagenten, geriet, lässt sich heute nicht mehr klären. Fest steht, dass er die Generalstochter für den KPD-Nachrichtendienst gewann und sie als Quelle im Umfeld der Reichswehrführung nutzte. Leiter des geheimen Nachrichtendienstes in Deutschland war 1933 der erst 22-jährige Leo Roth – auch er pflegte Beziehungen zu einer Hammerstein-Tochter. Er hatte Helga von Hammerstein 1929 bei einer Wanderfahrt des »Sozialistischen Schülerbundes« kennen gelernt und sich in das Mädchen verliebt. Als 18-Jährige war sie 1930 insgeheim der KPD beigetreten. Gemeinsam mit ihrer Schwester versorgte Helga ihren Geliebten mit Materialien und Informationen aus dem Arbeitszimmer des Vaters, der als Chef der Heeresleitung für die Kommunisten von enormem Interesse war. Am Abend des 3. Februar 1933 erwies sich die Quelle im Hause Hammerstein für den kommunistischen Nachrichten-

Nach der Meinung der Generäle sehr logisch und theoretisch gut, überzeugend betreffend der innenpolitischen Probleme. Außenpolitisch wenig klar.

KPD-SPION LEO ROTH IN EINEM FUNKSPRUCH NACH MOSKAU ÜBER DIE REAKTION DER GENERÄLE

dienst als besonders ergiebig. Die Abschrift des zurückgehaltenen stenografischen Protokolls wurde sofort an Leo Roth weitergereicht, der sie in chiffrierter Form schnellstens per Funk nach Moskau an Pjatnitzki übermitteln ließ.

> *Seine ganze jugendliche Spannkraft, seinen enormen Drang zu revolutionärer Aktivität, seine außergewöhnliche Auffassungsgabe für politische Nuancen stellte er in den Dienst dieser Arbeit, in der er aufging.*

HERBERT WEHNER 1936 IM MOSKAUER EXIL
ÜBER LEO ROTH

Für Roth war klar, dass die Neuigkeiten aus Berlin in der sowjetischen Hauptstadt für Unruhe sorgen mussten: Vier Tage nach Amtsantritt teilte Hitler mit, dass er den »Marxismus mit Stumpf und Stiel ausrotten« und im Osten »Boden germanisieren« wolle. Das war nicht mehr das abstruse Programm des kleinen Agitators, der 1923 in »*Mein Kampf*« Ähnliches verkündet hatte. Das war die programmatische Rede des deutschen Reichskanzlers vor Topmilitärs. Doch die Rede ließ im Kreml keineswegs sämtliche Alarmsignale aufleuchten. Stalin nahm die Pläne seines Kontrahenten nicht ernst genug. Ideologisches Geschwätz – das kannte der rote Diktator aus den eigenen Reihen zur Genüge. Die ausbleibende Reaktion auf die Geheimrede wirft ein entscheidendes Licht auf die Fehleinschätzung Hitlers durch Stalin. Sie gipfelte 1939 im deutsch-sowjetischen Nichtangriffspakt. Der Jahrhundertverbrecher Stalin hatte 1933 längst gezeigt, wozu er fähig war. Der deutsche Jahrhundertverbrecher stand damals noch am Anfang. Offenbar dachte der Kremlherr, seinem Kontrahenten an Skrupellosigkeit überlegen zu sein. Erst 1941, mit dem Überfall auf die Sowjetunion, überzeugte ihn der NS-Diktator vom Gegenteil.

Zu einer ähnlich naiven Fehleinschätzung wie die Sowjets kam auch die deutsche Generalität – sie erkannten den Hitler-Vortrag nicht als entlarvende Brandrede eines außenpolitischen Vabanque-Spielers. Zwar hatte Hitler mit verblüffendem Freimut bekannt, dass er eine Außenpolitik mit hohem Risiko betreiben wollte, doch die Militärs hörten nur das heraus, was ihnen unmittelbar interessant erschien. Hitler hatte innenpolitisch scheinbar Ordnung und Überschaubarkeit zu bieten, den Linken wollte er energisch entgegentreten, die Armee wollte er mit einer »wehrfreudigen« Jugend und der Wiederherstellung der deutschen Macht beglücken. »Wir haben wieder einen Kanzler«, hieß es in Armeekreisen erfreut, während das NS-Parteiblatt, der *Völkische Beobachter*, am 5. Februar jubelte: »Die Armee Schulter an Schulter mit dem neuen Kanzler!« Das Reichswehrministerium gab – kaum weniger euphorisch – das Kompliment zurück: »Niemals war die Wehrmacht identischer mit den Aufgaben des Staates als heute«, verkündete der neu ernannte Chef des Ministeramtes im Reichswehrministerium, Oberst Walther von Reichenau.

Die Mehrzahl der Generäle schien die kriegerische Rhetorik, die sie am 3. Februar zu hören bekamen, nicht im Geringsten zu befremden. Kaum einen der ehrbedachten Offiziere störte es, dass dieser Hitler offenbar mit zwei Zungen sprach – immerhin hatte sich der neu ernannte Kanzler in seiner ersten Radioansprache zwei Tage zuvor betont friedfertig gegeben: »Die nationale Regierung ist dabei von dem Wunsch erfüllt, für die Erhaltung und Festigung des Friedens einzutreten. So wären wir doch beglückt, wenn die Welt durch eine Beschränkung ihrer Rüstungen eine Vermehrung unserer eigenen Waffen niemals mehr erforderlich machen würde«, klang es aus Radioapparaten im ganzen Reich.

Schnell vergessen war bei den Generälen, dass Hitlers Weg in die Reichskanzlei geprägt war von hemmungsloser Demagogie, steter Agitation und brutalem Straßenterror. »Ordnung« sollte in den Augen der Militärs ein Politrabauke bringen, der die alte Republik – gemeinsam mit der extremen Linken – bewusst ins Chaos gestürzt hatte. Vergessen war auch, dass elitäre, selbstherrliche Intriganten im Umkreis des greisen Reichspräsidenten Hindenburg die Macht an einen

Wenn wir einmal die Macht bekommen, dann werden wir sie, so wahr uns Gott helfe, behalten. Wegnehmen lassen wir sie uns dann nicht mehr.

HITLER IN EINER REDE IM OKTOBER 1932

Herrn Hitler ausgeliefert hatten, den sie selbst insgeheim verachteten und zu »zähmen« gedachten. »Zähmen« ließ sich dieser Hitler nicht – er drehte den Spieß um und zähmte die deutschen Eliten. So war es Hitler schon mit seinem Auftritt am 3. Februar 1933 gelungen, Teile der Reichswehrführung gefügig zu machen – mit autoritärer Rhetorik und großen Versprechungen gewann er viele hohe Offiziere für sein Regime.

Es gab Ausnahmen, gerade unter der älteren Generalität. General Kurt Freiherr von Hammerstein-Equord, in der Weimarer Republik wegen seiner Kontakte zu Gewerkschaftern auch als »der rote General« bezeichnet, ahnte am 3. Februar 1933 zwar nicht, was seine Töchter trieben, doch dass der Gast eine äußerst beunruhigende Rede gehalten hatte, war ihm klar. Der Sohn des Gastgebers, Franz von Hammerstein, hatte Hitlers Ankunft an jenem Abend neugierig beobachtet. Wie sein Vater auf Hitlers Auftritt reagierte, schildert er 67 Jahre später im

ZDF-Interview: »Er war eindeutig der Überzeugung, dass Hitler für Deutschland ein Unglück, eine Gefahr ist, dass er Deutschland in den Abgrund bringt.« Schon in den Wochen zuvor hatte General von Hammerstein bei Hindenburg interveniert, um die Ernennung Hitlers zum Reichskanzler zu verhindern. Der damalige Reichskanzler Brüning war davon überzeugt, dass Hammerstein als Chef der Heeresleitung der einzige Mann sei, »der Hitler verhindern kann«. Doch genau das war nicht gelungen, und Hitlers Besuch im Hause Hammerstein schien nun die schlimmsten Vorahnungen des Generals zu bestätigen.

Kurt von Hammerstein-Equord ließ sich vom Demagogen Hitler nicht blenden. Er reichte noch im Jahr 1933 seinen Abschied ein und übergab das Amt des Chefs der Heeresleitung an General von Fritsch. Noch im Ruhestand hegte er Pläne, Hitlers Herrschaft zu beseitigen, und suchte Kontakt zu Persönlichkeiten des militärischen Widerstands. Als er 1939 mit Ausbruch des Krieges reaktiviert wurde, sah er eine letzte Chance gekommen. Als Oberbefehlshaber der Armeegruppe A, die den Westwall besetzt hielt, wollte er Hitler in seinen Stab einladen, um ihn dann zu verhaften. Der »Führer« aber war mit dem Feldzug im Osten, den er bereits 1933 so frei-

Ich setze mir die Frist von sechs bis acht Jahren, um den Marxismus vollständig zu vernichten. Dann wird das Heer fähig sein, eine aktive Außenpolitik zu führen.

HITLER AM 3. FEBRUAR 1933
VOR REICHSWEHRGENERÄLEN

mütig angekündigt hatte, voll und ganz beschäftigt und folgte der Einladung nicht.

»Drang zu revolutionärer Aktivität«: Leo Roth, Freund und Geliebter von Helga von Hammerstein

»Politisch wache Zeitgenossin«: Helga von Hammerstein (rechts)

Schon im Oktober 1939 wurde Hammerstein-Equord wieder seines Kommandos enthoben. Im April 1943 starb er in Berlin an Krebs. Dass seine beiden ältesten Söhne Kunrat und Ludwig aktiv an den Vorbereitungen des Attentats vom 20. Juli 1944 teilnahmen, erlebte er nicht mehr.

Seine Tochter Marie-Louise, die 1933 aus Überzeugung und Liebe zur Verräterin geworden war, wurde wegen ihrer Verbindungen zu Kommunisten 1935 von der Gestapo vorgeladen, aber als Tochter des früheren Chefs der Heeresleitung nicht weiter verfolgt. Nach Kriegsende verkaufte sie ihre Westberliner Villa und siedelte nach Ostberlin über, wo sie als Rechtsanwältin praktizierte und der SED beitrat. Ihre jüngere Schwester Helga blieb ihrer großen Liebe Leo Roth treu und ging mit ihm in den Untergrund: 1933 brachten die beiden den aus dem KZ Dachau geflohenen KPD-Reichstagsabgeordneten Hans Beimler über die Grenze nach Prag. Als Leo Roth 1936 nach Moskau abberufen wurde, pendelte sie weiter

> Über Jahre hinweg stahlen und fotografierten sie Dokumente, die sie auf dem Tisch ihres Vaters fanden. Sie hörten bei allen Gesprächen zu, die im Hause ihres Vaters geführt wurden, und berichteten loyal alles an ihre Auftraggeber. Sie waren die besten Agenten des kommunistischen Nachrichtendienstes innerhalb der deutschen Armee.
>
> KARL VOLK, LEITER DES KPD-PRESSEDIENSTES, ÜBER DIE HAMMERSTEIN-TÖCHTER

zwischen Deutschland und der Tschechoslowakei und lieferte dem dortigen KPD-Verbindungsmann mehr oder weniger interessantes »Material«. Schließlich löste sie sich aus dem konspirativen Umfeld. 1939 heiratete sie einen politisch unauffälligen Mann, mit dem sie die NS-Zeit überlebte, ohne von der Gestapo behelligt zu werden. Ihre Rettung war, dass die deutschen Genossen ihr 1936 verboten hatten, ebenfalls nach Moskau zu fliehen. Das bewahrte sie davor, ein Opfer der Stalinschen Säuberungen zu werden – ganz anders als Leo Roth, den eine grausame Ironie 1937 das Leben kostete: Aus seiner Verbindung zur Hammerstein-Tochter und seinem Zugriff auf die geheime Hitler-Rede im Hause Hammerstein drehten ihm Kommissare des Sowjetgeheimdienstes NKWD einen Strick. Sie unterstellten ihm, für die Reichswehrspitze spioniert zu haben. Am 10. November 1937 wurde er durch ein Militärkollegium des Obersten Gerichts in Moskau wegen »Spionage« zum Tode verurteilt und am selben Tag erschossen.

Die Bilder vom verheerenden Unglück des Luftschiffes »Hindenburg« haben sich in das kollektive Gedächtnis eingebrannt. Beim Landemanöver über Lakehurst explodierte das stolze Flaggschiff der deutschen Luftschiffflotte. In der Flammenhölle starben 35 Menschen. Für die Zukunft der luxuriösen Zeppeline war dies der Todesstoß. Doch die Katastrophe hatte politische Ursachen.

1937 Der letzte Flug der »Hindenburg«

Die Explosion, die das Inferno ankündigte, war nicht einmal besonders laut. Nur wenige Menschen an Bord hörten sie. Als Kommandant Max Pruss in der Führergondel einen Stoß verspürte, glaubte er zunächst, eines der Haltetaue sei gerissen. Doch da schrie auch schon ein Offizier, der sich weit aus dem Fenster gelehnt hatte: »Das Schiff brennt!« Ausgangspunkt war das Heck. Pruss und seine vier Offiziere in der Führergondel blieben zunächst ruhig. »Für Panik war keine Zeit«, schilderte Eduard Boetius, als Dritter Offizier Höhensteuermann und letzter Überlebender aus der Führungscrew, die dramatischen Sekunden später, »keiner von uns sagte ein Wort. Alle waren fassungslos. Ich war in diesem Moment ein völlig von seinem Instinkt beherrschtes Wesen. … Hinter mir rief jemand: ›Spring, Eddi!‹ Aber wir waren noch viel zu hoch.«

In Sekundenschnelle entzündeten sich

»Das ist grauenhaft!«: Die Explosion der »Hindenburg« am 6. Mai 1937

rund 150 000 Kubikmeter Wasserstoffgas. Zuerst schlug das Heck auf den Boden. Dabei schleuderte der Bug nach oben und katapultierte Menschen aus dem Schiff. Die Bodenmannschaft wich zurück und musste hilflos mit ansehen, wie Personen aus großer Höhe herunterfielen. Kameraleute und Fotografen hielten wie in Trance fest, wie unfassbar schnell sich die Flammen ausbreiteten. Murray Becker von der Agentur Associated Press drückte immer wieder auf den Auslöser seiner Kamera. Eines seiner Fotos wurde weltberühmt. Und Rundfunkreporter Herbert Morrison sprach die beste Reportage seines Lebens: »Es geht in Flammen auf…, hier, Charlie, versperr mir nicht die Sicht, oh, nein, das ist grauenhaft – oh, nein, geh mir aus dem Weg, bitte! Es brennt, wird von Flammen umtost und stürzt auf den Ankermast und all die Leute…, das ist eine der schlimmsten Katastrophen der Welt. … Das gibt einen schrecklichen Absturz, meine Damen und Herren! Oh, die Menschheit und all die Passagiere.« Dann ging Morrisons

»Überlegenheit deutscher Ingenieurskunst«: LZ 129 schwebt über der Südspitze Manhattans, 1936

Stimme in ein Schluchzen über. Und Amerika weinte mit.

An jenem 6. Mai 1937 ereignete sich eine der spektakulärsten Katastrophen in der Geschichte der Luftfahrt. Der deutsche Zeppelin LZ 129 »Hindenburg«, das größte und luxuriöseste Luftfahrtzeug der Welt, explodierte bei der Landung in Lakehurst, 80 Kilometer südlich von New York. Über die Unglücksursachen wird bis heute spekuliert. Sabotage? Technische Pannen? Ein Funkenschlag? Der wahre Grund liegt tiefer.

13 Passagiere und 22 Mann Besatzung kamen in den Flammen um oder erlagen kurze Zeit darauf ihren Verletzungen. Ein Mitglied der Bodencrew starb durch herabstürzende Metallteile. 62 Menschen überlebten. Nur einige leben noch heute. Einer von ihnen ist Alfred Grözinger. Die Erinnerung an den 6. Mai 1937 fällt ihm immer wieder schwer. 20 Jahre alt war er damals, arbeitete als Koch im Luftschiff, das nach dem früheren Reichspräsidenten Paul von Hindenburg benannt war. Mit 245 Metern war der silberne Riese beinahe so lang wie die »Titanic« und mit 41 Meter Durchmesser so hoch wie ein 14-stöckiges Gebäude. Es war das größte steuerbare Flugobjekt, das Menschen je gebaut hatten. Für einen Jungkoch ein Traumjob, an einem geradezu himmlischen Arbeitsplatz.

»Alles war wunderbar an diesem Tag«, erinnert sich der 85-Jährige. »Wir schwebten knapp 300 Meter über Manhattan. Die Aussicht war traumhaft. Ich hatte es mir an einem kleinen Fenster im Bug gemütlich gemacht. Unten jubelten uns die Menschen zu. Das Hupkonzert der Autos und die Sirenen der Schiffe schallten bis zu uns herauf. Dann nahmen wir Kurs auf unseren Landeplatz in Lakehurst.«

An Bord: 61 Mann Besatzung und 36 Passagiere, die am 3. Mai abends um 20.16 Uhr in Frankfurt eingestiegen waren – und zigtausend Kubikmeter Wasserstoff, die den Zeppelin an Höhe gewinnen ließen. Zwar wusste man, wie leicht entzündlich dieses Gas war. Doch glaubten die Verantwortlichen, das Problem lösen zu können, indem sie alles Feuergefährliche vom Luftschiff fern hielten. So musste jeder Passagier vor Reiseantritt Feuerzeuge und Streichhölzer abgeben. Rauchen war ausschließlich in einem speziell eingerichteten Salon erlaubt, in den man – aus Sicherheitsgründen – nur durch eine Luftschleuse gelangen konnte. Solche Extravaganzen hatten ihren Preis. Die Strecke von Frankfurt nach New York kostete 1000 Reichsmark – eine Summe, die seinerzeit nur gut betuchte Geschäftsleute, Diplomaten oder Prominente wie Max Schmeling zu zahlen in der Lage waren.

Wie immer hatte Kommandant Max Pruss noch eine Ehrenrunde über seinem Haus in der Zeppelinstraße von Neu-Isenburg nahe dem Frankfurter Flughafen gedreht. So verabschiedete sich der mit 900 Fahrten mehr als erfahrene Luftschiffer von seiner Frau Eleonore, ehe er Kurs auf den Atlantik nahm. Bei gutem Wetter konnte die »Hindenburg« die Reise nach New York in 66 Stunden zurücklegen. Ihre Spitzengeschwindigkeit betrug 130 Stundenkilometer. Doch starke Gegenwinde hatten diesmal für eine zehnstündige Verspätung gesorgt. Eine vorüberziehende Schlechtwetterfront bei New York verzögerte den Flug zusätzlich. Am Marine-Luftschiffhafen in Lakehurst warteten deshalb die zahlreichen Zuschauer und Pressevertreter schon ungeduldig.

Endlich schwebte sie heran, die silbergraue Zigarre aus Deutschland, drei Tage nach dem Start in Frankfurt. Es war 19.21 Uhr Ortszeit, als Kommandant Pruss den Befehl gab, zwei Haltetaue abzuwerfen. Unten griffen sich Marineleute und zivile Helfer die schweren Seile. Danach, so sah es die Routine vor, sollte die Bugspitze am Ankermast fixiert und das Heck an einem Gondelwagen verankert werden. Der fuhr auf einem Schienenkreis, damit das Schiff in die jeweilige Windrichtung einschwenken konnte. Anschließend wären aus dem Zeppelin zwei Treppen ausgefahren und die Passagiere aus etwa vier Meter Höhe ausgestiegen.

Doch so weit kam es nicht. Die »Hindenburg« stand jetzt in etwa 60 Meter Höhe über dem Landeplatz – ruhig, reglos, imposant. Tief beeindruckt kommentierte der junge Radioreporter Herbert Morrison vom Chicagoer Sender WLS, der zusammen mit seinem Toningenieur Charlie Nehlson in einer kleinen Flugzeughalle hockte: »Was für ein Anblick, ein überwältigender, ein wunderbarer Anblick, dieser große schwebende Palast. Ich erkenne die Passagiere oben an den Fenstern, wie sie erwartungsvoll nach unten schauen. Einige von ihnen winken. Jetzt sehe ich den Kapitän…« Max Pruss lehnte sich aus einem der Fenster auf der linken Seite der Führergondel und rief Charles Rosendahl, dem Kommandanten der Marine-Luftschiffbasis Lakehurst, einen fröhlichen Gruß zu. Rosendahl winkte zurück. Nieselregen hatte eingesetzt. Doch weit hin-

55

»Begeisterter Luftschiffer«: Dr. Hugo Eckener (2. von rechts), ein Verfechter des deutschen Luftschiffbaus

ten im Westen klarte der Himmel schon wieder auf. Dunkle Wolken und Sonnenstrahlen sorgten für schillernde Lichtwechsel. Reporter Morrison wurde geradezu schwärmerisch: »Die Sonne taucht jetzt die Fenster in helles Licht, und die Scheiben glänzen und funkeln wie Juwelen auf schwarzem Samt...« Derweil gab Funkoffizier Willy Speck eine Meldung ab, dass die »Hindenburg« sicher gelandet sei.

Bis dahin durften sich die Passagiere wie in einem fliegenden Luftschloss fühlen.

Die Doppel- und Einzelkabinen in der »Hindenburg« waren mit fließendem Wasser ausgestattet, kalt und warm, versteht sich. Um mehr Platz zu schaffen, konnte man Waschbecken und Schreibplatte hochklappen. Wer abends seine Schuhe vor die Kabinentür stellte, fand sie am anderen Morgen blitzblank gewienert vor. Die beiden Decks, direkt hinter der Führergondel im Rumpf gelegen, erinnerten in Komfort und Ausstattung an ein Fünf-Sterne-Hotel. An beiden Seiten der Decks gab es je eine Promenade mit bequemen Sitzen und schräg nach unten gestellten Fenstern, die eine fantastische Aussicht gewährleisteten. Die weiß gedeckten Tische im edel eingerichteten Speisesaal waren mit geschmackvollem Silber der Deutschen Zeppelin-Reederei und mit eigens für die »Hindenburg« entworfenem Porzellan dekoriert: elfenbeinfarben, mit verziertem Goldrand, blau abgesetzt, und einem Zeppelin-Wappen der Reederei. Auf der Speisenkarte standen Köstlichkeiten wie »Mastente, bayerische Art, mit Blaukraut« und »Wildbretkotelett Beauval mit Berny-Kartoffeln«, dazu erlesene Weine aus Burgund und von der Mosel. Da die Flaschen bei einer Schräglage von zehn Grad umfielen, musste der Höhensteuermann dafür sorgen, dass sich das Luftschiff auch bei heftigem Sturm nicht mehr als fünf Grad neigte. Das war nicht einmal besonders schwierig, Zeppeline von dieser Größe schwebten auch bei starkem Sturm recht ruhig, trotzten selbst Hurrikanen. Im Salon stand ein Leichtmetallflügel aus Aluminium und wartete auf Hobbypianisten. Auf einer Weltkarte, welche die ganze Wand beanspruchte, waren die Reiserouten berühmter Weltumsegler markiert – von der ersten Kolumbus-Reise bis hin zu Hugo Eckeners

Weltfahrt mit der »Graf Zeppelin«. Im Lese- und Schreibraum befand sich ein Briefkasten, der zweimal täglich geleert wurde. Das Spezialgetränk in der Bar war »Geeister Cocktail LZ 129« – Gin mit etwas Orangensaft.

> **Plötzlich herrschte eine seltsame Stille. Die Motoren schwiegen, und es war, als halte die ganze Welt den Atem an. Man hörte kein Kommando, keinen Ruf, keinen Laut.**
>
> <small>LEONHARD ADELT, DEUTSCHER JOURNALIST UND »HINDENBURG«-PASSAGIER, SEKUNDEN VOR DER KATASTROPHE</small>

Die Explosion traf Passagiere und Besatzung völlig unvermittelt. Und sie ereignete sich wie im Zeitraffer, so unvorstellbar schnell.

Die Szenen, die sich in Lakehurst der Bodencrew und den Zuschauern boten, waren entsetzlich. Menschen mit verbrannten Gesichtern stolperten aus den Wrackteilen, Haare und Kleider waren versengt. Schreie von Verletzten drangen aus der Flammenhölle. In der Luft hing der Geruch verbrannten Fleisches. Burtis Dolan, ein Parfümimporteur aus Chicago, hatte seiner Frau versprochen, nie mehr zu fliegen. Doch er wollte sie rechtzeitig zum Muttertag überraschen, verzichtete auf die einwöchige Schiffspassage und buchte stattdessen für die »Hindenburg«. Seine Frau sah ihn nie wieder. Auch die Stewardess Emilie Imhof, das erste weibliche Besatzungsmitglied auf einem Zeppelin überhaupt, überlebte die Katastrophe nicht.

»Es war alles Routine…«: Crewmitglieder stabilisieren die »Hindenburg« während einer Landung

Margaret Mather, eine 55 Jahre alte, etwas exzentrische Amerikanerin, die sich in Frankfurt noch lautstark beklagt hatte, dass sie für ihr überschweres Gepäck einen Nachschlag zahlen musste, schlitterte auf der linken Seite das ganze Promenadendeck entlang, bis sie auf eine Schar von Passagieren prallte. Alle kamen schnell wieder auf die Beine, rannten Richtung Bug. Nur Margaret Mather blieb stumm sitzen, blickte wie erstarrt und fasziniert zugleich in die Flammenhölle. Später schrieb sie ihre Erlebnisse auf: »Es waren lange Flammenzungen, leuchtend rot und sehr schön anzusehen. Ein Mann schrie auf Deutsch: ›Das ist das Ende!‹ Manche sprangen aus den Fenstern, andere rannten gegen die Wände, um sie einzudrücken. Aber ich blieb einfach sitzen, wo ich war, zog mir den Mantelkragen über das Gesicht und spürte, wie die Flammen meinen Hut, mein Haar, meinen Rücken versengten. Ich versuchte sie auszuschlagen und sah die entsetzten Gesichter meiner Mitreisenden, die vor mir wilde Tänze aufführten. Es war wie eine Szene aus einer mittelalterlichen Höllendarstellung.«

Als der Mittelteil der brennenden »Hindenburg« auf den Boden krachte, saß Margaret Mather noch immer wie gelähmt an der Wand und schützte sich mit hochgezogenem Mantelkragen vor der Feuersbrunst. Draußen, vor den Promenadenfenstern, winkten ihr Helfer, sie möge schnell herauskommen. Mrs. Mather rührte sich immer noch nicht. Da rief ihr einer der Männer mit formvollendeter Höflichkeit zu: »Bitte kommen Sie doch heraus, meine Dame!« Endlich erhob sich die kleine Amerikanerin. Als sie nach ihrer Handtasche suchen wollte, mahnte die Stimme noch einmal: »Wollen Sie nicht

kommen?« – »Erst in diesem Augenblick«, erinnerte sich Margaret Mather später, »wurde ich wieder klar im Kopf und rannte aus dem brennenden Wrack.«

Die Führungscrew tat, was sie konnte. Eduard Boetius hatte abgewartet, bis er einen Sprung aus dem Fenster riskieren konnte. »Wir sprangen aus etwa zweieinhalb Meter Höhe. Amerikanische Soldaten wollten uns sofort aus der Gefahrenzone bringen. Aber als wir sahen, dass sich in den brennenden Passagierräumen noch Menschen befanden, rissen wir uns los und rannten zurück, um sie herauszuholen. Durch die zerborstenen Scheiben des Promenadendecks gelangten wir in das Wrack und holten noch mindestens drei Opfer aus dem Feuer.«

Ich war mit Pruss befreundet. Wie furchtbar musste es für ihn sein, sein Schiff, auf das er so stolz war, verloren zu haben.

HANS VON SCHILLER, KAPITÄN AUF DER »GRAF ZEPPELIN«

Kommandant Max Pruss kroch mit völlig verbranntem Gesicht auf allen vieren zu Funkoffizier Willy Speck, um den Eingeklemmten aus einem glühenden Gewirr von Drähten und Trägern zu befreien. Kapitän Albert Sammt, der Erste Offizier, brannte lichterloh und wälzte sich minutenlang im feuchten Gras, um die Flammen zu ersticken. Als er zum Wrack schaute, sah er einen Mann im Offiziersmantel auf sich zuwanken, das Haar verbrannt, das Gesicht entstellt. »Pruss, sind Sie das?«, sprach Sammt ihn an. »Ja«, erwiderte der andere, »mein Gott, wie Sie aussehen!« – »Aber Sie sehen auch nicht viel besser aus!«, rief Sammt zurück. Den Kapitän Ernst Lehmann, als Beobachter an Bord, traf

»Eine der schlimmsten Katastrophen der Welt«: Die »Hindenburg« geht in Flammen auf

ein Feuerstrahl im Rücken. Tags darauf starb er im Krankenhaus.

Nahezu unverletzt entkam fast niemand dem Inferno. Zu den Ausnahmen zählten der deutsche Journalist Leonard Adelt und seine Frau Gertrud. Beide sprangen Hand in Hand aus drei Meter Höhe aus dem Fenster. Später konnten sie sich nicht mehr an den Sprung erinnern, nur an das Gefühl, mit den Füßen »in weichem Gras und Sand« aufzukommen. Auch der Londoner Passagier George Grant sprang aus dem Fenster und landete unverletzt und ohne Verbrennungen am Boden. Als er aufstehen wollte, traf ihn ein herabstürzender Passagier mit solcher Wucht am Rücken, dass der Brite mehrere Monate im Krankenhaus verbringen musste. Lakehurst-Kommandant Charles Rosendahl verfolgte, wie eine ältere Reisende »wie eine Schlafwandlerin eine von allein ausgefahrene Klapptreppe hinunterschritt und fast unverletzt durch die Flammen und umherfliegende Metallteile hindurchging«.

Alfred Grözinger, der junge Koch, ein kräftiger Bursche und fast 1,90 Meter groß, spürte, dass er nur eine einzige Chance hatte: »Ich musste aus dem Bugfenster klettern und abspringen. Die Flammen kamen immer näher, aber wir waren noch viel zu hoch«, schildert er 65 Jahre später die Situation. Zehn Kameraden gerieten in Panik und rannten Richtung Mittelteil. Sie kamen alle ums

Leben. Als das Schiff noch etwa 25 Meter über dem Boden stand, kletterte Grözinger aus dem Fenster und klammerte sich von außen am Rahmen fest. Er wartete noch ein paar Sekunden, dann ließ er los und sich aus etwa 15 Metern in die Tiefe fallen. »Der Boden war tief und weich, und ich landete fast unverletzt. Ich rannte sofort los, um nicht vom herabstürzenden Bug erschlagen zu werden. Dann fielen mir die Kameraden ein. Ich drehte mich um, um zurückzulaufen. Inzwischen war das Schiff auf den Boden geknallt. Da packten mich zwei Marinesoldaten und zerrten mich aus der Gefahrenzone zu einem Krankenwagen. Plötzlich konnte ich mich nicht mehr bewegen, ich war wie gelähmt – der Schock.« Zusammen mit zwei anderen Überlebenden ging es in rasender Fahrt zum nächsten Krankenhaus. Grözinger: »Der Fahrer schien nervlich angespannter zu sein als wir. Er fuhr so schnell, dass wir auf zwei Rädern durch die Kurven jagten. Jetzt bekam ich erst richtig Angst. Und ich stellte mir vor, es wäre ja wohl ein absolut schlechter Witz, wenn ich durch einen Autounfall ums Leben kommen würde…« Die Schock-Lähmung hielt nicht lange an. Mit ein paar leichten Prellungen wurde der Koch kurze Zeit später entlassen. »Aus dieser großen Höhe zu springen war die klügste Entscheidung meines Lebens.«

All diese Ereignisse und persönlichen Schicksale spielten sich innerhalb einer unvorstellbar kurzen Zeitspanne ab: Zwischen dem ersten Feuerschein am Heck und dem endgültigen Aufprall des brennenden Luftschiffs lagen nur 34 Sekunden. Um 19.21 Uhr hatte Max Pruss den Befehl gegeben, die Haltetaue abzuwerfen. Um 19.25 Uhr blieb die Borduhr mit verschmorten Zeigern stehen:

Sie befindet sich heute im Neu-Isenburger Zeppelin-Museum. Um 19.30 Uhr lag das völlig ausgebrannte Wrack wie das Gerippe eines schwarzen Riesenwals auf dem regennassen Boden.

Kommandant Max Pruss hatte tagelang in einer New Yorker Klinik mit dem Tod gerungen. Dass er überlebte, verdankte er nicht zuletzt dem ungewöhnlichen Einsatz eines jüdisch-deutschen Arztes, der vor den Nazis aus Deutschland geflohen war. Als Pruss' Arbeitgeber, die Deutsche Zeppelin-Reederei,

Wir haben die Arme nach einer großen Hoffnung ausgestreckt, doch in unserer Hand liegt Asche.

»Hindenburg«-Kommandant Max Pruss

die Rechnung begleichen wollte, winkte der Arzt ab: »In einer Notlage des deutschen Volkes sind meine Dienste gratis.« Die Verbrennungen hatten das Gesicht des Kommandanten für immer entstellt. New Yorker Chirurgen hatten zwar Hautteile des Oberschenkels ins Gesicht verpflanzt, doch die kosmetische Chirurgie unternahm seinerzeit gerade die ersten Gehversuche. Jahrelang musste Max Pruss mit offenen Augen schlafen, da ihm die Augenlider fehlten. »Dennoch blieb mein Schwiegervater bis zu seinem Tode im Jahr 1960 ein charmanter, lebensfroher Mann«, beschreibt ihn heute seine Schwiegertochter Else Pruss: »Als ich ihm zum ersten Mal gegenübertrat, erschrak ich fürchterlich. Mein Mann hatte mich nicht vorgewarnt. Doch als Max Pruss mich dann begrüßte, strahlte er so viel Wärme und Herzlichkeit aus, dass er für mich von einer Sekunde zur anderen zu einem attraktiven Mann wurde.« Else Pruss' Haus in Langen, nur ein paar Kilometer vom ehemaligen Zeppelin-Flughafen

Frankfurt entfernt, birgt noch zahlreiche Erinnerungsstücke. Auf dem Wohnzimmerschrank steht ein herrliches Modell der »Hindenburg«. An den Wänden hängen zahlreiche Zeppelin-Bilder und Fotos, ebenso eine Grußkarte, unterschrieben von den »Hindenburg«-Passagieren Max Schmeling, dem legendären Boxweltmeister, und Douglas Fairbanks jr., dem berühmten US-Schauspieler.

Bitte weisen Sie die Zeppelin-Gesellschaft in Frankfurt am Main darauf hin, dass man dort vor jeder Fahrt des Zeppelins »Hindenburg« sämtliche Postsendungen öffnen und überprüfen soll. Der Zeppelin wird während der Fahrt in ein anderes Land von einer Zeitbombe zerstört werden.

KATHIE RAUCH AUS MILWAUKEE IN EINEM BRIEF
AN DIE DEUTSCHE BOTSCHAFT
IN WASHINGTON, D.C., VOM 8. APRIL 1937

Pruss war zunächst fest davon überzeugt, dass ein Sabotageakt die Katastrophe verursacht hatte. Anlass dazu gab der Brief einer Frau aus Milwaukee an die Deutsche Zeppelin-Reederei, in dem sie vor einer Bombe an Bord gewarnt hatte. Eine zwischen den Wrackteilen gefundene Pistole, aus der ein Schuss abgefeuert worden war, hatte die Sabotage-Spekulationen verstärkt. Auch Hugo Eckener, neben Ferdinand Graf von Zeppelin der bekannteste Luftschiffer in Deutschland und als Leiter der deutschen Untersuchungskommission nach Amerika geeilt, erschien ein Attentat durchaus plausibel. Zeppelinfahren galt bis dahin als ausgesprochen sicher. Nie zuvor in der Geschichte der Luftschifffahrt waren Passagiere zu Tode gekommen. Ein Unglück, durch technische Pannen verursacht, konnte sich der populäre Luftschiffer Eckener kaum vorstellen. Doch als er seine Gedanken in New York öffentlich

äußerte, wurde er von Reichsluftfahrtminister Hermann Göring zurückgepfiffen. Der verlangte gar, dass Nazi-Gegner Eckener im amerikanischen Rundfunk seine Sabotage-Idee widerrufen sollte. Die Nazis hatten kein Interesse an solchen Gerüchten. Sie wollten im Ausland nicht den Eindruck erwecken, das Regime habe es womöglich mit einer zu allem entschlossenen Opposition zu tun. Für die Nazis symbolisierte die »Hindenburg« den Wiederaufstieg der Großmacht Deutschland. In ihren Augen repräsentierten deutsche Zeppeline über New York, Rio oder Tokio die Überlegenheit deutscher Ingenieurskunst. Die neue Verkehrstechnik wurde deshalb mit Millionensummen gefördert. Allein mit fünf Millionen Reichsmark hatten die Nazis den Bau der »Hindenburg« unterstützt. Fünf weitere Schiffe vom gleichen Typ waren bereits bewilligt. Als Gegenleistung musste die Betreibergesellschaft, die Deutsche Zeppelin-Reederei, für diverse Propagandaauftritte herhalten. So forderte das NS-Regime die »Hindenburg« und ihr Schwesterschiff »Graf Zeppelin« etwa zum Auftakt der Olympischen Sommerspiele 1936 in Berlin an. LZ 129 begrüßte die staunenden Athleten und Besucher aus aller Welt dicht über dem Olympiastadion mit einem artigen Diener, indem es die Bugnase nach unten senkte. Dazu mussten sich Teile der Besatzung in der Mitte der »Hindenburg« sammeln und auf Kommando möglichst so schnell wie Jesse Owens nach vorn und gleich wieder zurück laufen.

Sabotage als Unglücksursache ließ sich bei den Experten der Untersuchungskommission, zu der auch Lakehurst-Kommandant Rosendahl gehörte, nicht lange aufrecht erhalten. Professor Max Dieckmann, Fach-

»Glück im Unglück«: Diese Besatzungsmitglieder überlebten die Katastrophe

mann für elektrostatische Erscheinungen, entwickelte die bis heute glaubwürdigste Version: Bei der Fahrt durch ein Gewitter sei die »Hindenburg« statisch aufgeladen worden. Ein Funkenschlag, verursacht durch ein Haltetau, habe Schiffshülle und Wasserstoff entflammt.

Wie das Unglück der »Titanic«, so lässt auch die »Hindenburg«-Katastrophe die Menschen bis heute nicht los. Im März 2000 meldete sich in den USA ein Zeitzeuge mit einer neuen Version, nach der es Treibstoffdämpfe waren, die sich entzündet hätten.

Der eigentliche Grund, warum es überhaupt zur »Hindenburg«-Katastrophe kommen konnte, hatte indes mit der politischen Situation der damaligen Zeit zu tun: Das Inferno konnte sich nur deshalb ereignen, weil die »Hindenburg« mit hochexplosivem Wasserstoff statt mit dem nicht brennbaren Helium gefüllt war. Das Monopol für Helium aber hatten die Vereinigten Staaten. Sie verfügten über Unmengen dieses Gases. Doch weil ihnen die aggressive Politik der Nazis nicht gefiel, zögerten sie Heliumlieferungen an Deutschland hinaus. Zwar hatte Hugo Eckener in zähen Verhandlungen mit den Amerikanern erreicht, dass 1937 in Texas die ersten Behälter für Heliumtransporte nach Deutschland bereitstanden. Doch der Deal wurde nie vollzogen. Alle Pläne zunichte machte letztlich der Einmarsch deutscher Truppen in Österreich. Die USA behielten ihr Helium für sich.

Spätestens nach der Katastrophe von Lakehurst hatte auch Göring jegliche Lust

> Ich habe den Zeppelin als Kriegswaffe stets geringer eingeschätzt als fast alle anderen Beobachter. Ich war der Meinung, diese enorme, mit brennbarem, explosivem Gas gefüllte Blase werde sich als leicht zerstörbar erweisen.

WINSTON S. CHURCHILL NACH DEM ERSTEN WELTKRIEG

an den Luftschiffen verloren, zumal sie für Kriegszwecke ohnehin ungeeignet waren. Im Ersten Weltkrieg waren aus deutschen Zeppelinen Bomben auf England geworfen worden. Doch für die britischen Jagdflugzeuge waren die ungelenken Schiffe eine leichte Beute. 1940, fast ein Jahrhundert nach dem Flug des ersten künstlich angetriebenen Luftschiffs durch den Franzosen Henri Giffard im Jahr 1852, wurden die letzten Zeppeline verschrottet und die großen Luftschiffhallen auf dem Frankfurter Flughafen gesprengt. Die Katastrophe von Lakehurst war das Ende einer stolzen Ära.

Aber nicht das Ende der Erinnerungen. Einmal im Jahr, immer zu Weihnachten, setzt sich Else Pruss, die Schwiegertochter des »Hindenburg«-Kommandanten, mit ihrem Sohn Wolfgang an den festlich gedeckten Tisch und isst und trinkt vom Originalgeschirr des größten Luftschiffs aller Zeiten – von elfenbeinfarbenen Tellern, Untertellern und Tassen mit verziertem Goldrand, blau abgesetzt, mit dem eindrucksvollen runden Zeppelin-Wappen. Und sie freut sich, dass ihr Schwiegervater das Inferno um Jahrzehnte überlebt hat.

Sie war das Idealbild der »arischen Frau«, die »Mutter der Nation« und eine gläubige Anhängerin Hitlers. Doch in ihrer Familiengeschichte gab es ein Geheimnis. Ihr Stiefvater Richard Friedländer war Jude. An der Seite des Propagandachefs Joseph Goebbels brach Magda mir ihrer Vergangenheit und lieferte den Mann, in dessen Obhut sie aufgewachsen war, einem grausamen Schicksal aus.

1938 Das tödliche Schweigen der Magda Goebbels

Magda Goebbels war vollauf beschäftigt an diesem Februartag des Jahres 1939. Das frisch erworbene Landhaus am Bogensee bei Berlin wollte standesgemäß eingerichtet sein, und der Geburtstag der zweitjüngsten Tochter Holde stand unmittelbar bevor. Hinzu kam das übliche Programm mit Empfängen, Tanz, Gesellschaftsleben. »Langes Palaver mit Magda«, notierte ihr Gatte, NS-Chefpropagandist Joseph Goebbels, am 18. Februar 1939 seufzend in sein Tagebuch. »Sie erzählt mir von ihren Bällen, Gesellschaften und weiß ich, was.« Es war der Tag, an dem ihr Stiefvater einen einsamen Tod starb.

Für die Frau des Ministers gab es keinen Trauerfall. Magda Goebbels hatte den Mann, in dessen Obhut sie einst aufgewachsen war, vollständig aus ihrem Leben und ihrem Bewusstsein verbannt. Mit Leib und Seele hatte sie sich einem Regime verschrieben, das den Judenhass zur Staatsräson er-

»Erste Dame des Reiches«: Magda Goebbels nimmt eine Spende Hitlers entgegen

hob. Und ihr Stiefvater, der ihr in Jugendjahren ein Zuhause gab, war Jude.

Für ihn bedeutete dies das Todesurteil. Am 18. Februar 1939 erlag Richard Friedländer dem nationalsozialistischen Rassenwahn. Auf dem jüdischen Friedhof in Berlin-Weißensee fand er seine letzte Ruhe. Das Grab ist so anonym wie das Leben des Mannes, dessen sterbliche Überreste es birgt. Magda Goebbels hat die Trauerstätte nie besucht – geradezu undenkbar für die Vorzeigefrau des »Dritten Reiches«. Sie hat sich der Rassendoktrin des Regimes gebeugt und wollte nichts mehr wissen von ihrem jüdischen Stiefvater und der gemeinsamen Vergangenheit, die sie mit diesem Mann verband – eine Geschichte, die viel erzählt von den Brüchen und Wendungen im Leben der NS-Repräsentantin.

Sie führt zurück nach Belgien in die Zeit vor dem Ersten Weltkrieg.

Die gerade schulpflichtige Johanna Maria Magdalena, geboren am 1. November 1901 in Berlin, erfuhr zu dieser Zeit eine streng katholische Erziehung an einer ehr-

65

würdigen Klosterschule in der Nähe von Brüssel. Dies war der Wunsch ihres leiblichen Vaters, der als Ingenieur in Belgien tätig war. Doch seine Beziehung zu Magdas Mutter hatte nur für kurze Zeit Bestand. Ein neuer Lebensgefährte stand schon zur Nachfolge bereit: Richard Friedländer, ein Angestellter aus Berlin, war Magdas Mutter eigens aus Berlin nach Brüssel nachgereist, um ihr die Ehe anzutragen, die 1908 standesamtlich geschlossen wurde.

Für Magda war Richard Friedländer mehr als nur der Ehemann ihrer Mutter. Er war die Vaterfigur ihrer Jugendjahre. Sie trug seinen Namen und wuchs unter seiner Obhut auf. Mit ihm kehrte sie, zu Beginn des Ersten Weltkriegs als Deutsche aus Belgien vertrieben, nach Berlin zurück, wo die Familie zunächst ein bescheidenes Flüchtlingsdasein fristete. Durch ihn erhielt das katholische Mädchen Zugang zur Welt des assimilierten Judentums, wenngleich Friedländer nicht streng religiös gebunden war.

Diese Vertrautheit mit der jüdischen Lebenswelt war es auch, die in jener Zeit eine folgenreiche Begegnung begünstigte: Magda lernte den jungen Emigranten Victor Arlosoroff kennen und lieben. Wie für die Friedländers begann auch für die Familie Arlosoroff ein neuer Lebensabschnitt in der fremden Heimat. Auch sie war hierher geflohen, aber unter umgekehrten Vorzeichen: Als Untertanen des russischen Zaren wurden die Arlosoroffs 1914 aus der zur Festung erklärten ostpreußischen Hauptstadt Königsberg gewiesen und fanden Zuflucht in Berlin. Zu der Tochter des Hauses, ihrer Klassenkameradin Lisa, knüpfte Magda eine enge Freundschaft. Im weltoffenen Haus der russischen Emigranten fand sie ein Ersatzzuhause und eine familiäre Geborgenheit, die ihr bis dahin nicht zuteil geworden waren. Dort begegnete sie auch Lisas älterem Bruder Victor. Er wurde Magdas erste große Jugendliebe.

Wenn man dieses Leben verfolgt, dann war Magda Goebbels eine Frau, die immer irgendwo Männern folgte, bei denen sie das Gefühl hatte: »Aha, die sind was Besonderes!« Oder sie projizierte es in sie hinein, dass sie was Besonderes sind.

MARGARETE MITSCHERLICH, PSYCHOANALYTIKERIN

Der in der Ukraine geborene und in Königsberg aufgewachsene Flüchtlingsjunge meinte, nach deutsch-patriotischem Überschwang zu Beginn des Ersten Weltkriegs zu seiner eigentlichen Identität gefunden zu haben: »Ich bin Jude«, schrieb Victor Arlosoroff 1917 an seinen Lehrer für deutsche Literatur, »und fühle mich stark und stolz als Jude. Ich emp-

»Vertrautheit mit der jüdischen Lebenswelt«: Die junge Magda Friedländer

finde meine Art anders als die eigentlich deutsche und verschleiere das nie. Ich empfinde, wie viel Orient, wie viel Zwiespalt der Nichtbodenständigkeit, wie viel Sehnsucht nach Ganzheit in mir lebt, das der Stammdeutsche nicht besitzt.«

Mit großem Eifer lernte der 18-Jährige Hebräisch, vertiefte sich in das Studium der Idee und Geschichte des Zionismus und scharte einen Kreis junger Gesinnungsgenossen – Juden wie Nichtjuden – um sich, der über Fragen des Zionismus und Judentums ebenso diskutierte wie über deutsche Literatur. Von der Begeisterung für eine Zukunft in Palästina ihres jugendlichen Liebhabers ließ auch Magda Friedländer sich anstecken. Aus Sympathie trug die Nichtjüdin – nach Lisa Arlosoroffs Bericht – bald einen Davidstern an ihrer Halskette und schien entschlossen, eines Tages selbst in die palästinensische Heimstatt der Zionisten auszuwandern. Wie später noch so oft ließ sich das allein und ohne leiblichen Vater aufgewachsene Mädchen vollständig in den Bann eines entschlossenen, zielbewussten Mannes an ihrer Seite ziehen. So hätte nicht viel gefehlt, und der Lebensweg der begeisterungsfähigen jungen Frau hätte in einen Kibbuz im Gelobten Land geführt.

Doch dazu kam es nicht. Die Jugendliebe blieb eine Episode. Die Wege wichen voneinander. Magda wandte sich anderen Vorlieben zu. Chaim, wie Victor Arlosoroff sich nun nannte, fand eine jüdische Gefährtin, mit der er eine Tochter hatte und 1924, nach dem Abschluss seines Studiums, nach Palästina zog. In seiner neuen Heimat Tel Aviv wurde der 25-Jährige einer der brillantesten und wirkungsvollsten Zionistenführer, bis er 1933 unter bis heute nie ganz geklärten Umständen einem Attentat zum

»Ich fühle mich stark und stolz als Jude«: Victor (Chaim) Arlosoroff war die Jugendliebe von Magda Goebbels

Opfer fiel. Eine Tatversion, für die jedoch nur spärliche Indizien, keine Beweise sprechen, mutmaßt gar Goebbels selbst als Drahtzieher hinter dem Anschlag. Er habe so das für ihn unangenehme Vorleben seiner Gattin zu vertuschen versucht.

> Mit Magda schwere Kämpfe um unser Glück. Sie war in ihrem früheren Leben sehr leichtsinnig und unbedacht. Und nun haben wir beide das abzubüßen. Unser Schicksal hängt an einem seidenen Faden. Gebe Gott, dass wir nicht zerbrechen an ihrem Verhängnis.
>
> JOSEPH GOEBBELS, TAGEBUCHEINTRAG, JULI 1932

Nach der Trennung von Victor lernte Magda den millionenschweren Industriellen Günther Quandt kennen und nahm den Heiratsantrag des 20 Jahre älteren, verwitweten Unternehmers an – in der begründeten Aussicht auf künftigen gesellschaftlichen Glanz und materielle Sorglosigkeit. Als Mitgift für die Ehe war sie bereit, ihren jüdisch klingenden Nachnamen Friedländer abzulegen, und damit auch ihre Verbundenheit mit dem Stiefvater. Und ihre Mutter, die durch die lukrative Ehe ihrer Tochter nun finanziell abgesichert war, entfremdete sich ebenfalls von ihrem Mann. 1921 reichte sie die Scheidung ein. Richard Friedländer hatte ausgedient.

Seine Stieftochter hingegen erlebte einen rasanten Aufstieg. Wie so oft bei ihr begann der neue Lebensabschnitt mit einem Bruch. 1929 verließ die Millionärsgattin Quandts goldenen Käfig – per Seitensprung, der die Scheidung provozierte, aber mit einer großzügigen Abfindung versehen. Ihr neues Betätigungs- und Bestätigungsfeld fand sie am rechten Rand des politischen Spektrums, in einem exklusiven gutbürgerlichen Zirkel, in dem es als schick galt, sich an der radikalen Rhetorik der braunen Volkstribunen um Hitler und Goebbels zu ergötzen. Die national gesinnte Sympathisantin beschränkte sich nicht darauf, Parteiversammlungen zu verfolgen und sich in das Schriftgut der Nationalsozialisten zu vertiefen. Sie trat der NSDAP bei und suchte direkt den Kontakt zu Hitlers Statthalter in Berlin, um ihm ihre Mitarbeit anzutragen. Gauleiter Joseph Goebbels nahm das Angebot der eleganten und polyglotten Dame gern an und betraute sie mit der Zusammenstellung seines Privatarchivs. Zugleich mühte sich der kleine Doktor umgehend, die Parteigenossin in den Reigen seiner Amouren und Affären einzureihen.

Doch die Umworbene hatte mehr im Sinn als eine flüchtige Liaison. Mit zielsiche-

»Goldener Käfig«: Die Ehe mit dem Industriellen Günther Quandt enthob Magda Goebbels aller materieller Sorgen

»Radikale Rhetorik«: Joseph Goebbels im Jahr 1928

»Mutter der Nation«: Ihre repräsentativen Pflichten im NS-Regime erfüllte sie perfekt. Mit Joseph Goebbels 1933

rem Instinkt suchte Magda die feste Verbindung mit dem Mann, an dem sie die Aura von Charisma und Macht erspürt hatte. Mit ihrer Hochzeit Ende 1931 geriet die frisch vermählte Frau Goebbels rasch in den inneren Zirkel der braunen Partei. Ihre feudale Wohnung in Berlin wurde zum beliebten Treffpunkt der Führungsriege, und auch Hitler fand Gefallen an der gläubigen Anhängerin, die einen Hauch von Bildung und Eleganz in den dumpfen Männerverein brachte. Am rasanten Aufschwung der Partei hatte Magdas Ehegatte Joseph Goebbels nicht unerheblichen Anteil. Als Propagandachef Hitlers verstand er es geschickt, die plumpen Botschaften der Republikfeinde mit den modernsten Methoden werbewirksam zu verbreiten. Als Hitler 1933 an die Macht gelangte, erhielt Goebbels ein eigenes Ministerium für seine Kunst der kollektiven Gehirnwäsche.

Auch der Ministergattin eröffnete sich nun ein neues Aufgabenfeld. Als inoffizielle Frauenführerin des Regimes durfte sie zum

> Sie war närrisch, von Hitler anerkannt zu werden. Sie wollte immer seine Anerkennung. Weil sie ja die »Erste Dame« des Reiches war und weil Hitler keine Gattin hatte.
>
> ARIANE SHEPPARD, MAGDA GOEBBELS' STIEFSCHWESTER

Muttertag den Frauen ihr neues Leitbild verkünden, Richtlinien für eine »deutsche Mode« vorgeben und öffentlich Wohltätigkeit für Notleidende zelebrieren. Vor allem aber gelang es Magda Goebbels in die Lücke vorzudringen, die sich mangels einer Kanzlergattin oder anderer geeigneter Frauen an der Spitze des Männerstaates anfangs auftat: Als »Erste Dame des Reiches« durfte sie Hitlers Regime im In- und Ausland mit Eleganz und Grazie repräsentieren.

Diese Rolle lag Magda Goebbels umso mehr, als sie das Idealbild der gläubigen Nationalsozialistin mit Leib und Seele zu verkörpern schien. Äußerlich entsprach sie dem verordneten Schönheitsideal einer »arischen Frau«. In dieser Vorstellungswelt zählte es zu den vorrangigsten weiblichen Pflichten, dem »Führer« eine Vielzahl von Kindern »zu schenken«. Auch diesem Gebot kam Magda Goebbels vorbildlich nach. Im Kreise ihrer insgesamt sieben liebreizenden Sprösslinge wurde sie zur Mutter der Nation stilisiert.

Die Tatsache, dass sie in der Ehe mit Goebbels sechs Kinder zur Welt gebracht hat, entsprach genau der Weltanschauung der Nationalsozialisten. Und sie war eine überzeugte Nationalsozialistin.

Ariane Sheppard, Magda Goebbels' Stiefschwester

Zugleich hatte sie Hitlers Glaubensbekenntnis verinnerlicht und ließ keinen Zweifel an ihrer Bekenntnistreue. Im Reigen der weiblichen Prominenz des »Dritten Reiches« zählte sie zu den scharfsinnigsten, aber auch entschiedensten Verfechtern der NS-Ideologie. Da waren für sie weder zionistische Neigungen der Jugendjahre opportun noch ein jüdischer Stiefvater. Magda Goebbels schwieg ihn buchstäblich tot.

Das Schicksal dieses Mannes lag bislang völlig im Dunkeln. Außer dem Nachnamen war kaum etwas über ihn bekannt. Magdas Mutter erwähnte nach dem Krieg lediglich ihre Hochzeit mit Friedländer und ihre Scheidung von ihm; danach verlor sich seine Spur. Allein Legenden blieben bestehen.

Eine von ihnen wollte glauben machen, dass Friedländer dank der Fürsprache seiner Stieftochter die NS-Judenverfolgung in Berlin überlebt haben sollte.

Unsere Recherchen haben nun zum ersten Mal Dokumente und Zeugenaussagen zutage gefördert, die es ermöglichen, den Lebens- und Leidensweg von Magdas Stiefvater bis zum Ende zu erschließen. Sein Werdegang, so belegen es die Unterlagen, stand im Zeichen eines stetigen Abstiegs. Unter dem Joch des Hakenkreuzes wurde Richard Friedländer wie alle Juden im Lande nach und nach seiner Rechte, seiner Würde und seines Besitzes beraubt, am Ende auch seines Lebens.

Das Regime, dem sich seine Stieftochter verschrieben hatte, trieb ihn immer weiter in die Enge, nahm dem einst durchaus situierten Mann seinen Beruf und seine soziale Stellung. Als Oberkellner in einer Gartenwirtschaft im Berliner Tiergartenpark dienstverpflichtet, hatte er Mühe, sich und seine neue Frau Erna Charlotte über die Runden zu bringen. Dennoch wies er wie viele Juden den Gedanken an eine Auswanderung von sich,

»Der Jude Friedländer«: Richard Friedländer (Mitte) als Kellner in Berlin

in der irrigen Annahme, dass sich sein Land ihm als Frontsoldaten des Ersten Weltkriegs doch erkenntlich zeigen müsse.

Doch von diesem Regime hatte der Verfolgte keine Hilfe zu erwarten, und schon gar nicht von dessen Vorzeigefrau Magda Goebbels, die in einem Brief einmal allein schon den »Verdacht, mich in einem jüdischen Modehaus einzukleiden«, als »untragbar« bezeichnete.

Es ist mir persönlich unangenehm und für mich untragbar, in den Verdacht zu kommen, mich in einem jüdischen Modehaus einkleiden zu lassen.

MAGDA GOEBBELS

Im Gegenteil: Als die Diskriminierung der deutschen Juden in blanken Terror umschlug, gehörte Richard Friedländer zu den ersten Opfern. 1938 gaben Hitlers Behörden ihre taktische Zurückhaltung in der »Judenpolitik« endgültig auf. Nach Diskriminierung, Entrechtung und Vertreibung aus dem Beruf sollten die deutschen Juden nun durch gezielte Repressionsmaßnahmen ins Ausland getrieben werden, unter Hinterlassung ihres Vermögens. Diese groß angelegte Erpressungsaktion begann, was kaum bekannt ist, bereits im Juni 1938 mit einer ersten systematischen Verhaftungswelle. Öffentlichkeitswirksam als Kampagne gegen »Arbeitsscheue« und Vorbestrafte deklariert, wurden auch 2000 Juden festgenommen, die meisten von ihnen in Goebbels' Gau. Unter dem Deckmantel der Rekrutierung von Zwangsarbeitern, in Wirklichkeit aber aus rein antisemitischen Beweggründen wurden sie ihrer Freiheit beraubt.

Zu den Festgenommenen gehörte auch Richard Friedländer. In den Morgenstunden des 15. Juni wurde er an seinem Arbeitsplatz verhaftet. Sein »Vergehen«: Er war dem Zwang zum Arbeitsdienst für Juden mehrmals nicht nachgekommen, aus welchen Gründen auch immer. Schon die geringfügigste Ordnungswidrigkeit genügte den NS-Behörden als Vorwand, um ihr Plansoll an Verhaftungen zu erreichen.

Zusammen mit anderen Leidensgenossen wurde Friedländer im Zug nach Weimar und von dort im Lastwagen in das nahe gelegene Konzentrationslager Buchenwald verfrachtet. Was den Neuankömmlingen, meist älteren Ärzten, Anwälten, Geschäftsleuten oder Arbeitern, dort widerfuhr, schilderte ein Überlebender später: »Unsere Ankunft im Konzentrationslager Buchenwald gestaltete sich zu einem Spießrutenlauf schlimmster Art. Wieder traktierte uns SS mit Faustschlägen und Fußtritten.« Zu 500 Mann wurden sie in einen ehemaligen Schafstall gepfercht. »Wir hatten keinen Platz. Kein Tisch, kein Stuhl, kein Bett war für uns da. Wir mussten nachts auf dem bloßen Boden liegen, ausstrecken konnten wir uns nicht, dazu war es viel zu eng.« In den ersten Tagen erhielten die Gefangenen weder Gelegenheit, sich zu waschen, noch etwas zu essen. Dafür gab es stundenlange Appelle, Exerzierübungen, Prügel, Folter und öffentliche Auspeitschungen, allein schon, wenn ein Sträfling beim Rauchen ertappt wurde.

Schließlich mussten die KZ-Häftlinge zur Sklavenarbeit im Steinbruch und Straßenbau antreten, jeden Tag von 6 bis 20 Uhr, am Sonntag bis 16 Uhr. »Als wir zu unserer Arbeit marschierten, waren Männer von 65 Jahren unter uns. Der SS-Mann, mit einem Stock in der Hand, jagte oder besser gesagt

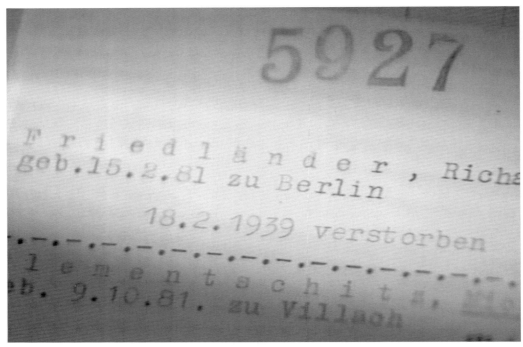

»Buchstäblich zu Tode geschunden«: Die Sterbeurkunde von Richard Friedländer aus dem KZ Buchenwald

peitschte uns zu unserer neuen Arbeitsstätte, dem berüchtigten Steinbruch. Hier wurden uns – 80 Prozent unter uns hatten niemals vorher körperlich gearbeitet – Steinblöcke von solchem Gewicht aufgeladen, dass selbst qualifizierte Arbeiter ihre Not damit gehabt hätten, sie zu schleppen. Manche darunter waren so schwer, dass mehrere sie heben mussten, um sie einem anderen auf die Schulter zu legen. Dann mussten wir die Steine auf eine etwa 1500 Meter entfernte Chaussee schleppen, die ebenfalls von Gefangenen gebaut wurde. Die Chaussee ging steil hinauf, und hier wurden wir die letzten 500 Meter von den auf dem Weg verteilten SS-Posten im Dauerlauf gejagt, Fußtritte und Kolbenstöße wurden verteilt. Besonders die Alten, die einfach nicht mehr konnten, hatten am schlimmsten zu leiden. Dann ging es jedesmal im Dauerlauf zurück zum Steinbruch. Und die Jagd begann von neuem.«

Als diese Schikanen ruchbar und in britischen Zeitungen angeprangert wurden, gestattete sich Propagandaminister Joseph Goebbels auf dem Parteitag in Nürnberg eine launige Bemerkung: »Die armen Juden«, höhnte er in seiner Rede am 10. September 1938, »mussten angeblich morgens um vier Uhr aufstehen und abends bis acht Uhr arbeiten. Daran sind sie dann gestorben.« Das Publikum antwortete mit schallendem Gelächter. Doch das zynische Wort traf die brutale Wahrheit. Allein von Juni bis Oktober 1938 gingen mehr als 100 Häftlinge an den Qualen zugrunde. Seuchenepidemien, die in der Folgezeit unter den ausgezehrten und unterernährten Gefangenen grassierten, vervielfachten die Todesrate.

Auch Häftling Nummer 5927 überstand die unmenschlichen Bedingungen in Buchenwald nicht. »Herzmuskelentartung bei Lungenentzündung« verzeichnete Richard Friedländers Sterbeschein vom 18. Februar 1939 lapidar. Doch in Wirklichkeit war es die Tortur des Lageralltags, die der 58-Jährige nicht überlebte. Die Schergen hatten ihn buchstäblich zu Tode geschunden. Jahre vor dem industriellen Massenmord fiel Magda Goebbels' Stiefvater dem nationalsozialistischen Rassenwahn zum Opfer.

Aus den Unterlagen des Standesamts von Weimar geht hervor, dass Richard Friedländer eine Witwe hinterließ, die er nach der Scheidung von Magdas Mutter geheiratet hatte. Mit wöchentlichen Zuwendungen in der erlaubten Höhe von fünf Reichsmark hatte Lotte Friedländer seine Gefangenschaft zu lindern versucht. Nun erhielt sie nur noch seinen Sarg – gegen Gebühr. Sie schenkte ihm ein anonymes Grab.

Weitere Nachforschungen ergaben, dass ein Enkelsohn von ihr heute noch lebt. Viel weiß Michael Tutsch allerdings nicht über den Großvater zu berichten, der lange vor seiner Geburt ums Leben kam. Aber ein Foto von Richard Friedländer hat er sich bewahrt. Mit einem Mal erhält der bislang Unbekannte ein Gesicht: ein frühzeitig gealterter Mann mit runder Brille, illusionslosem Blick und schütterem Haar, aufgenommen an seinem Arbeitsplatz in dem Berliner Gartenlokal.

> Wir sind einmal zusammen nach Capri gefahren, mit unserem Vater. Und da sind wir auf eine hohe Klippe gestiegen, und da haben wir so runtergeguckt auf das Wasser, und da hat Magda gesagt: »Weißt du Vater, so ist das wie mit meinem Leben: Wenn ich an der Spitze angekommen bin, dann will ich auch runterfallen und nicht mehr existieren. Denn dann habe ich alles gehabt, was ich wollte!«

ARIANE SHEPPARD, MAGDA GOEBBELS'
STIEFSCHWESTER

Und dann kommt dem Enkel doch noch eine Begebenheit in den Sinn, die ihm seine Mutter einmal erzählte: Es muss um 1933 gewesen sein, als sein Großvater allen Mut zusammennahm, um direkt in der Höhle des Löwen, in Goebbels' Propagandaministerium, vorstellig zu werden. Er hoffte auf die Hilfe des Mannes, den seine inzwischen prominente Stieftochter geheiratet hatte. Doch schon im Vorzimmer wurde er harsch abgefertigt. »Fragen Sie den Juden Friedländer, was er hier will«, soll Goebbels seinen Adjutanten in vernichtendem Tonfall angebellt haben. Damit war offenkundig, dass jede Familienbindung unter der Herrschaft des organisierten Antisemitismus endgültig zerrissen war. Persönliche Loyalitäten zählten nicht mehr, nun, da eine perfide Rassenlehre den Lebenswert eines Menschen bestimmte. Richard Friedländer bezahlte sie mit seinem Leben.

Der Schauspieler Heinz Rühmann sah sich zeit seines Lebens als unpolitischen Menschen. Doch seine erste Ehe mit der Jüdin Maria Bernheim brachte auch ihn in Konflikte mit dem NS-Regime. 1938, zehn Tage nach der »Reichskristallnacht«, ließ sich Heinz Rühmann scheiden. War er doch nur ein Opportunist?

1938 Das Geheimnis des Heinz Rühmann

Die meisten Zuhörer kannten die Melodie. Hans Brausewetter, Josef Sieber und Heinz Rühmann schmetterten genauso fröhlich, wie sie es im Film »Paradies der Junggesellen« getan hatten. Schon nach den ersten Takten begann der eine oder andere im Publikum mitzusummen: »Das kann doch einen Seemann nicht erschüttern…« Doch die strammen Sänger hatten einen neuen Text parat. Im Dezember 1939 – zwei Monate nach Beginn des Zweiten Weltkriegs – traten sie beim »Wunschkonzert der Wehrmacht« auf, und ihr harmloser Schlager erhielt eine merkwürdige Stoßrichtung. »Das wird den ersten Seelord doch erschüttern, lügt er auch, lügt er auch wie gedruckt«, war da deutlich zu hören. Das war unverkennbar ein Propagandalied gegen den britischen Premierminister Churchill. Heinz Rühmann – ein Sprachrohr nationalsozialistischer Propaganda?

»Jahrhundertschauspieler«: Die Deutschen liebten Heinz Rühmann

Fast alle großen deutschen Stars des 20. Jahrhunderts haben sich der Frage nach ihrer Haltung in den Jahren zwischen 1933 und 1945 stellen müssen, und nur wenige konnten sie völlig unbelastet beantworten. Ihre Rolle in der Zeit des Nationalsozialismus wurde vielen nach dem Krieg zum Verhängnis. Bei Heinz Rühmann ist das nicht so gewesen. Sicher – auch er hatte wegen seiner offensichtlich guten Bekanntschaft zu ranghohen Nationalsozialisten nach 1945 zunächst eine Durststrecke zu überwinden. In manchen seiner Filme glaubte man einen verdächtigen »staatspädagogischen« Unterton herauszuhören. Doch wirklich geschadet hat ihm diese Kritik nicht. Rühmann war sicherlich der beliebteste deutsche Schauspieler des vergangenen Jahrhunderts.

Das Publikum mochte ihn vor allem wegen seines großartigen komödiantischen Talents und des harmlos unterhaltsamen Tenors seiner Filme. In der heilen Welt des Heinz Rühmann führten Probleme immer zielsicher zu einem »Happy End«.

> **Heinz Rühmann hatte zeit seines Lebens ein Problem mit dem Lachen. Eigentlich hasste er es, wenn man über ihn lachte.**
>
> Fred Sellin, Rühmann-Biograf

Der private Heinz Rühmann aber war ein anderer. Als ernst und in sich gekehrt beschreiben ihn viele, die mit ihm auf der Bühne und vor der Kamera standen. Seine Filmpartnerin Bruni Löbel stellte bei ihrem ersten Treffen mit dem Schauspieler fest, dass dieser im Alltag nur wenig Spaß verstand. Rühmann wahrte Distanz und erwartete, dass man ihn respektvoll behandelte. Kamen ihm Menschen zu nah, konnte er auch durchaus unangenehm werden. »Er ist dann regelrecht geschrumpft und wurde ganz eisig«, erzählt Bruni Löbel, »viele haben das dann als arrogant empfunden.«

Die Kino- und Theaterbesucher aber kannten nur einen lustigen Rühmann: als Pennäler »Pfeiffer mit drei f« in der »Feuerzangenbowle« oder »Quax, der Bruchpilot«. Er spielte die »kleinen« Männer, die braven Bürger und die gutmütigen Spießer – schlechthin Prototypen. Vielleicht war es gerade das, was das deutsche Publikum an ihm mochte. Die Brüche und Tiefpunkte seines Lebens haben nur die wenigsten wahrgenommen. Heinz Rühmann selbst gewährte in Interviews und Büchern kaum einen Einblick in den Menschen hinter der Maske. Fragen, die ihm unangenehm waren, beantwortete er gar nicht oder lediglich ausweichend. Dazu gehörte ein Kapitel in seinem Leben, von dem nur die wenigsten Fans überhaupt wussten: Vor seiner Ehe mit der bekannten Schauspielerin Hertha Feiler war Rühmann bereits verheiratet gewesen. Seine erste Ehe wurde im November 1938 vor dem Berliner Landgericht geschieden. Es war wenige Tage nach der »Reichskristallnacht«, welche die nationalsozialistischen Machthaber als vorläufigen Höhepunkt der Verfolgung von Juden und politisch Andersdenkenden inszeniert hatten. Rühmanns Ehefrau Maria Bernheim war Jüdin. War der Topstar des deutschen Kinos ein blinder Opportunist, der auf seine Karriere mehr Wert legte als auf seine Ehe? Entzog er seiner Frau bewusst den Schutz, den die Ehe mit einem »arischen« Filmstar 1938 bot, und überließ sie den nationalsozialistischen Schergen? Bei genauerem Hinsehen ergibt sich ein anderes Bild.

»Sie hat mir sehr geholfen«: Heinz Rühmann 1932 in Fliegermontur mit seiner ersten Frau Maria Bernheim

Heinz Rühmann hatte Maria Bernheim bereits zu Beginn der Zwanzigerjahre in München kennen gelernt. Für den angehenden Schauspieler war die gut vier Jahre ältere Maria eine Herausforderung. Auch andere Kollegen interessierten sich für die attraktive Schauspielerin. Eine Wette auf Maria habe Rühmann mit einige anderen Schauspielern abgeschlossen, munkelte man hinter den Kulissen. Rühmann gewann offensichtlich. 1924 stand er mit Maria Bernheim vor dem Traualtar. Eine stürmische Leidenschaft war ihre Beziehung wohl nie. Maria, wie Rühmann Bühnenschauspielerin, überragte ihren klein gewachsenen Gatten um fast zehn Zentimeter und war ein eher mütterlicher Typ, in dem der angehende Star einen verlässlichen Rückhalt fand. »Sie hat mir sehr geholfen«, war eine nichts sagende Antwort, mit der Rühmann auf Nachfragen nach seiner ersten Frau meist reagierte. Maria managte den Haushalt des jungen Paares in München und studierte mit Heinz Rühmann Rollentexte ein. Ihre eigenen Ambitionen als Schauspielerin stellte sie zurück. Sie unterstützte ihren Mann nach Kräften, auch als der nach seiner Berufung ans Deutsche Theater mehr in Berlin als in München arbeitete und sie ihn immer seltener zu Gesicht bekam.

Rühmanns Bühnenkarriere nahm Ende der Zwanzigerjahre einen steilen Verlauf. Ob als »Mustergatte« Billy Bartlett, eine Paraderolle, in der er zeit seines Lebens mehrere tausendmal auf der Bühne stand, oder als »Charley's Tante« – Rühmann war ein begnadeter Komödiant, der die inszenierte Komik ebenso beherrschte wie den improvisierten Witz. Seine schmächtige Gestalt und der schüchterne Lausbubencharme verliehen ihm stets eine Grundsympathie beim Publi-

> **Wo gibt es in der Welt noch eine Regierung, die den belohnt, der das Lachen lehrt und das Schmunzeln schenkt? Damals, vor drei Jahren, dachten viele in Deutschland, »dass es nun vorbei mit dem Lachen sei«. ... Der Witz jener Tage war verkrampft, der Humor glitschig, die lustige Laune war Zweideutigkeit. Im neuen Deutschland kann man wieder lachen.**

Licht-Bild-Bühne VOM 19. OKTOBER 1936

kum, und den Kritikern blieb nicht verborgen, dass sich hinter allem Klamauk ein wirkliches Schauspieltalent verbarg. Seine erste Rolle in einem Tonfilm war der direkte Durchbruch. In »Die Drei von der Tankstelle« spielte er mit Willy Fritsch und Oskar Karlweis ein Freundestrio, das alle Schwierigkeiten des Lebens mit einem Lachen und einem fröhlichen Lied meisterte. »Ein Freund bleibt immer Freund, auch wenn die ganze Welt zusammenfällt...«, solche Lieder wollten die Menschen hören, die unter der Weltwirtschaftskrise litten. Der Film war ein Kassenknüller, das ideale Genre für Rühmann gefunden: harmlose Komik, kombiniert mit viel Musik und nach Möglichkeit mit einem schönen Mädchen, um das mehrere Männer wetteifern. Ein Film jagte jetzt den anderen. Rühmann war ein Star, wenn auch die Schöne im Film meist in den Armen des Konkurrenten landete. Im Film »Ich und die Kaiserin« stand Rühmann 1932 mit Lilian Harvey, dem blonden Superstar des frühen Tonfilms, vor der Kamera. Sie spielte die Rolle der Friseuse einer Kaiserin, die versehentlich für ihre Herrin gehalten wird und das Herz des schönen Marquis erobert, dargestellt von Frauenliebling Conrad Veidt. Heinz Rühmann gab den Kapellmeister, den die Friseuse doch eigentlich liebt und für den sie sich schließlich auch entscheiden soll. Allerdings hatten die Drehbuchschreiber ihre Rechnung ohne die kapriziöse Harvey gemacht. Erst als die Dreharbeiten sich ihrem Ende zuneigten, schien sie so recht zu realisieren, dass sie schlussendlich nicht mit dem schönen Veidt zusammenkam, sondern mit Heinz Rühmann, der ihr nun nicht stattlich genug erschien. Nach dramatischen Ausbrüchen der Diva musste der Schluss umgeschrieben werden, und die Friseuse erhielt wunschgemäß den Marquis. Dennoch – »Ich und die Kaiserin« fiel beim Publikum bei seiner Uraufführung im Februar 1933 gnadenlos durch, und das lag nicht am etwas bizarren Handlungsverlauf. Für diejenigen, die jetzt in den ersten Reihen saßen, war der Film schlichtweg ein »Machwerk von Juden«. Als der jüdische Regisseur Friedrich Hollaender am Premierenabend das Kino verließ, schlug ihm ein Unbekannter hart auf den Hinterkopf. Wenige Tage später verließen Hollaender und seine Frau Deutschland. Auch Darsteller Conrad Veidt, der mit einer Jüdin verheiratet war, floh nach England. Die neuen Machthaber, die jetzt in Deutschland den Ton angaben, bestimmten ab sofort ebenfalls, was sich auf der Kinoleinwand abspielen sollte.

Hitlers Machtergreifung am 30. Januar 1933 stellte auch Heinz Rühmann vor eine schwierige Situation. Die Hasstiraden der Nationalsozialisten gegen die jüdische Bevölkerung waren für ihn und vor allem für seine jüdische Frau nicht zu überhören. Doch anders als seine Kollegen Hollaender und Veidt entschied er sich, in Deutschland zu bleiben. Wie all zu viele andere ging er davon aus, dass »der Spuk« schon bald vorüber sein werde. Tatsächlich konnte er selbst zunächst

keinerlei Auswirkungen des Wechsels an der Staatsspitze spüren. Er drehte weiter, sogar erfolgreicher als je zuvor. Propagandaminister Goebbels höchstselbst hatte sich der Förderung der Filmindustrie angenommen und kurbelte die nach der Weltwirtschaftskrise darniederliegende Branche mit kräftigen Finanzspritzen an. Goebbels umgab sich gern mit Stars und Sternchen und präsentierte sich an der Seite von beliebten Darstellern. Doch sein Engagement für den deutschen Film war mehr als Eitelkeit. Der Minister hatte den Propagandawert des Genres erkannt und machte sich den Film auf seine Art zunutze. Es waren nicht die lauten und direkten Propagandastreifen, die Goebbels bevorzugte. Den Film »SA-Mann Brand«, ein durchschaubares Machwerk über den heldenhaften Kampf eines SA-Mannes gegen Juden und Kommunisten, ließ er sogar verbieten. Goebbels förderte den Unterhal-

Ich habe Tränen gelacht. Es war entzückend.

JOSEPH GOEBBELS, TAGEBUCHEINTRAG VOM
8. OKTOBER 1937 ÜBER DEN RÜHMANN- FILM
»DER MUSTERGATTE«

tungsfilm, der harmlos-fröhlich das Bild der heilen Welt vermittelte, in der es noch »wahre Werte« gab: die Treue, den Heldenmut, die Familie. Heinz Rühmann und seine Filme passten in dieses Konzept. »Rühmann ist nicht zufällig in den Jahren des Nationalsozialismus so berühmt geworden«, berichtet sein Biograf Fred Sellin, »er war genau das, was die Machthaber auf der Leinwand sehen wollten: Ein Mann, mit dem sich viele Menschen identifizieren konnten, der ›kleine Mann von der Straße‹, der sich irgendwie durchschlägt und alle Probleme in den Griff bekommt, auch wenn die Zeiten hart sind.«

»Keiner Religionsgemeinschaft angehörig«: Auf dem Fragebogen der »Reichsfilmkammer« versuchte Rühmann, die jüdische Abstammung seiner Frau zu verheimlichen

In der Realität waren die Probleme für Rühmann so leicht nicht zu lösen. In der »Reichsfilmkammer«, einer Zwangsgemeinschaft, in der Goebbels alle Filmschaffenden unter seiner Kontrolle sehen wollte, wurden nur Künstler mit einwandfrei »arischem« Hintergrund aufgenommen. Heinz Rüh-

> Der Ring um mich zog sich zusammen. Systematisch versuchte man, mir das Wasser abzugraben. Das war am einfachsten dadurch zu erreichen, dass man mich blockierte. Das hieß, man bot mir keine Filmverträge mehr an.
>
> HEINZ RÜHMANN IN SEINEN MEMOIREN *»Das war's«* ÜBER DIE JAHRE 1936 UND 1937

mann war klar, dass seine Karriere bald beendet sein würde, würde man ihm die Mitgliedschaft in der »Reichsfilmkammer« verweigern. So schrieb er in die Spalte »Mitgliedschaft in der NSDAP«, er sei »Mitglied des Kampfbundes«, einer radikalen Organisation unter Vorsitz Alfred Rosenbergs, des Chefredakteurs des *Völkischen Beobachters*. Wahrscheinlich hat das nie gestimmt. Rühmann sagte nach dem Krieg aus, er habe die Mitgliedschaft erfunden, um leichter die Aufnahmekriterien zu erfüllen. Prekärer war für den Schauspieler 1933 die Spalte, in der die »Religionszugehörigkeit der Frau« eingetragen werden musste. Rühmann vermerkte schlicht, sie sei »seit 1917 keiner Religionsgemeinschaft angehörig«. Das entsprach den Tatsachen, beantwortete aber nicht die Frage, die das Formular eigentlich stellte: nämlich die nach der »arischen« Herkunft der Ehegattin. Verheimlichen aber ließ sich Marias jüdisches Elternhaus auf Dauer nicht. Und auch Heinz Rühmann sah sich als Ehepartner einer »Mischehe« zunehmend Anfeindungen ausgesetzt. *Das schwarze Korps*, die Propagandazeitung der SS, monierte am 28. August 1935: »Heinz Rühmann und Albert Lieven sind mit Jüdinnen verheiratet. Ist es nun ein Mangel an Taktgefühl oder Klugheit, wenn sich einer dieser Künstler bei nationalsozialistischen Veranstaltungen ein bisschen gar zu auffällig in den Vordergrund drängt?« Derartige Meldungen wurden zur Kenntnis genommen. Als Rühmann im Herbst desselben Jahres ein Gastspiel in Remscheid plante, erhielt die örtliche NS-Kulturgemeinde ein warnendes Schreiben des »Kulturpolitischen Archivs der NS-Kulturgemeinde« aus Berlin. »Rühmann ist… mit einer Jüdin verheiratet und daher für die NS-Kulturgemeinde nicht tragbar«, hieß es da. Mit der Verabschiedung der »Nürnberger Rassegesetze« wenige Wochen zuvor, das Ehen mit Juden unter Strafe stellte, hatte sich also auch für Heinz Rühmann die Situation spürbar verschärft. Einen Auftritt in Oldenburg verhinderten die lokalen SS- und SA-Gruppen, indem sie die Ankündigungsplakate mit der Aufschrift »Ist mit einer Jüdin verheiratet« überklebten.

Dennoch – wirkliche Konsequenzen hatte Rühmann entgegen seiner späteren Darstellung nicht zu befürchten. Er war nie von einem Filmverbot bedroht, sondern drehte ganz im Gegenteil mehr Filme denn je. 1933 waren es fünf, im folgenden Jahr sogar sechs Filme, deren Titel mit dem zugkräftigen Namen Rühmanns warben. Auch in den Folgejahren jagte ein Film den anderen. Ausschlaggebend für diese Erfolgsgeschichte war nicht zuletzt die Tatsache, dass Rüh-

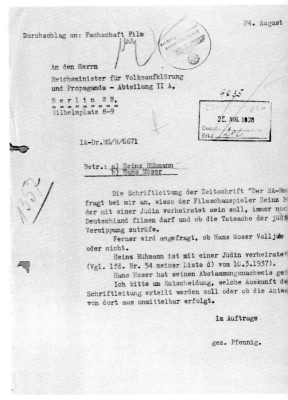

»Mit einer Jüdin verheiratet«: Auszug aus der Fachschaftsakte von Heinz Rühmann

mann sich prominenten Schutzes erfreute. Hitler selbst möge Rühmanns Filme, wurde berichtet, und vor allem Joseph Goebbels liebte Rühmanns Rollen und suchte auch privat Kontakt. In seinem Tagebuch machte er aus seinen Sympathien für den kleinen Schauspieler kein Hehl. Und Rühmann ließ sich die prominente Bekanntschaft offenbar gern gefallen. 1940 verdingte er sich sogar als Regisseur des obligatorischen Geburtstagsfilms für den Minister, der Jahr für Jahr eigens für diesen Anlass produziert wurde. Im Film zum 43. Geburtstag Goebbels' inszenierte Rühmann die Kinder des Ministers in Lederhosen und Dirndl in einem lieblichen

Naturidyll, um sie anschließend zu einem seltsamen Ständchen zu dirigieren:

»Lieber Papi, wie Soldaten
siehst du uns hier aufmarschieren,
und du hast es schon erraten,
wir sind da und gratulieren.
Brust heraus und Tritt gefasst,
weil du heut Geburtstag hast.«

Erwartungsgemäß zeigte sich der Geehrte gerührt und notierte in seinem Tagebuch: »Gestern 43 Jahre alt. Wir schauen gemeinsam den Film an, den Heinz Rühmann mit den Kindern gedreht hat, zum Lachen und zum Weinen, so schön.« Eine derartige »Gefälligkeit« dürfte Rühmann wohl kaum gegen seinen Willen erbracht haben. Seine Filmpartnerin Bruni Löbel sagt heute offen: »Ein Opportunist, das war Rühmann wahrscheinlich. Aber das waren wir letztendlich zwangsläufig alle. Wir wollten unseren Beruf haben.«

Die Kontakte zwischen Rühmann und Goebbels waren häufiger, als dem Schauspieler später lieb sein konnte. Am 6. November 1936 vermerkte der Propagandaminister in seinem Tagebuch: »Heinz Rühmann klagt uns sein Eheleid mit einer Jüdin. Ich werde ihm helfen. Er verdient es, denn er ist ein ganz großer Schauspieler.«

Es ist zu vermuten, dass Rühmann bei diesem Treffen von den Anfeindungen berichtet hatte, denen er sich durch seine Ehe ausgesetzt sah. Aber auch ein zweiter Grund mag sich immer mehr in den Vordergrund gedrängt haben:

Rühmann war bis über beide Ohren

»Meinen Segen haben Sie«: Rühmann im Gespräch mit Hermann Göring, März 1937

»Ein Opportunist…«: Heinz Rühmann am »Tag der nationalen Solidarität« bei Adolf Hitler, 1937

verliebt. Die Auserwählte war Leny Marenbach, seine Filmpartnerin in dem 1936 gedrehten Lustspiel »Wenn wir alle Engel wären«. Seit diesem Jahr waren die beiden auf der Leinwand und im Leben ein Paar. Leny Marenbach war nicht Rühmanns erste Affäre. Der erfolgreiche Filmstar hatte auch in den vergangenen Jahren immer wieder das eine oder andere Techtelmechtel gehabt. Diskret, wie er war, hatte davon meist nur die engste Umgebung etwas mitbekommen. »Er hatte einen schüchternen Charme und spielte gern den Hilflosen«, erinnert sich Bruni Löbel schmunzelnd, »viele Frauen waren regelrecht verrückt nach ihm.«

Diesmal schien die Sache ernster zu sein. Gemeinsam mit Leny Marenbach mietete Rühmann eine Wohnung in Berlin-Grunewald. Als er 1938 ein Haus am Kleinen Wannsee kaufte, zog auch Leny mit ein. Das Paar verheimlichte seine Beziehung nicht, dennoch beschränkte sich die Presse auf zarte Andeutungen. Rühmanns Frau Maria Bernheim wusste selbstverständlich Bescheid. Faktisch lebten Maria und Heinz Rühmann bereits seit 1934 getrennt. Die Beziehung, ohnehin längst nur noch eine Freundschaft, war unwiederbringlich dahin. In Leny Marenbach hatte Rühmann eine Frau gefunden, die zu seinem neuen Lebensstil passte und die ihn augenscheinlich liebte. Man sprach von Heirat. Doch noch war Heinz Rühmann verheiratet. Wie aber sollte er sich von seiner Frau trennen, für die der Status als Ehefrau eines bekannten Filmstars den einzig verbliebenen Schutz bedeutete? Rühmann suchte Rat bei Gustaf Gründgens, dem Intendanten des Preußischen Staatstheaters, der wiederum über gute Kontakte zu Emmy Sonnemann verfügte, der Frau Her-

mann Görings. Die Frau des Ministers hatte bereits mehrfach in solchen Fällen vermittelt, und das nicht erfolglos, denn Göring verfuhr gern nach der selbstherrlichen Devise, wer »Jude« sei, bestimme er.

Tatsächlich vermittelte ihm Gründgens über Emmy Göring einen Termin auf dem Göringschen Prunksitz Karinhall. Rühmann erinnert sich später in seinen Memoiren an dieses seltsame Treffen: »Das Gespräch verlief ohne Floskel. Göring kam schnell zur Sache und empfahl mir: ›Sehen Sie zu, dass Ihre Frau einen neutralen Ausländer heiratet. Das ist die einfachste Lösung. Meinen Segen haben Sie.‹ Punkt und Themawechsel.«

Der neutrale Ausländer war schnell gefunden. Rolf von Nauckhoff, ein in Stockholm geborener Schauspieler, lebte seit langem in Deutschland, hatte seinen schwedischen Pass allerdings behalten. Er war dem Ehepaar Rühmann freundschaftlich verbunden und willigte nun in die Scheinheirat ein, die Maria den Schutz der schwedischen Staatsangehörigkeit einbringen würde. Rühmann dankte dem neuen Mann an der Seite seiner Frau mit einem Sportwagen und einem größeren Geldbetrag. Nachdem der Plan der Wiederverheiratung Marias arrangiert war, wurde die Ehe von Maria und

Ich habe die Ehe, um meine Frau zu schützen, bis 1938 aufrecht erhalten.

HEINZ RÜHMANNS AUSSAGE IN SEINEM
ENTNAZIFIZIERUNGSVERFAHREN 1946

Heinz Rühmann am 19. November 1938 am Landgericht Berlin geschieden.

Rühmann war privat jetzt wieder frei – und um einige Sorgen ärmer. Am 18. Januar 1939 entschied Joseph Goebbels: »Hier ver-

»Weiter freundschaftlich verbunden«: Maria Bernheim (rechts) auf der Hochzeit von Rühmann mit Hertha Feiler (2. von links)

füge ich aufgrund der Tatsache, dass Heinz Rühmann rechtskräftig geschieden ist, seine Wiederaufnahme in die Reichsfilmkam-mer. Rühmann ist die Mitgliedskarte zuzustellen.« Und ganz unten auf dem Schreiben dann der kleine Hinweis: »Von Judenliste streichen.«

Heinz Rühmann heiratete im folgenden Jahr tatsächlich – allerdings nicht Leny Marenbach, die wohl der eigentliche Scheidungsgrund gewesen war. Vielmehr hatte die Beziehung zur Filmpartnerin kurz nach Rühmanns Scheidung Schiffbruch erlitten. Wenig später lernte er Hertha Feiler kennen, ebenfalls eine Schauspielerin, und trat mit ihr bereits am 1. Juli 1939 vor den Standesbeamten. Zur Hochzeitfeier war auch die Ex-gattin Maria eingeladen. Ein Foto zeigt sie freundlich lächelnd neben dem Brautpaar. Es war wohl eine Trennung im Guten, wenn auch unter seltsamen Umständen. Schauspielkollegin Bruni Löbel sagt heute: »Es gehen so viele Ehen in die Binsen, und da redet kein Mensch drüber. Rühmann hat seine Frau trotz der Scheidung geschützt und dafür gesorgt, dass sie in Sicherheit kam.«

Rühmann war weder ein Nazi noch ein Widerstandskämpfer, er hat sich durchlaviert.

Fred Sellin, Rühmann-Biograf

Maria Bernheim hat den Krieg überlebt. Im Frühjahr 1943 emigrierte sie nach Schweden und kehrte erst nach dem Krieg zurück. Bis zu ihrem Tod blieb sie Heinz Rühmann freundschaftlich verbunden.

Was haben der charismatische Popsänger Billy Joel und der Dressur-Olympiasieger Josef Neckermann gemeinsam? Eine Wäschefabrik in Nürnberg. Joels Großvater war Jude und musste sein Unternehmen 1938 zu einem Schleuderpreis verkaufen. Das Schnäppchen erwarb der spätere Versandhauskönig Josef Neckermann. Ein deutsches Lehrstück.

1938 Neckermann macht's möglich

Das Publikum war verwirrt. Billy Joel, der amerikanische Rockpoet, hatte an diesem 4. Juni 1995 eines seiner seltenen Deutschland-Konzerte angekündigt, doch was war das? Auf der Bühne stand allein ein Flügel – keine Begleitmusiker, keine Backgroundsänger, keine Bühnenshow. Und dann dieses sonderbare Motto, das auf den Plakaten zu lesen war: »An Evening of Questions and Answers«.

> **Eigentlich wollte ich wegen der NS-Vergangenheit nie nach Deutschland kommen. Meiner Familie wurde großes Leid zugefügt.**
> BILLY JOEL

Schließlich betrat Billy Joel die Bühne, setzte sich an den Flügel und begann zu spielen. Doch schon bald war seinem Publikum klar, dass dieser Auftritt für ihn kein Konzert wie jedes andere war. Denn zwischen seinen Hits wie »Piano Man« oder »Vienna waits for you« erzählte Billy Joel die Geschichte seiner Familie. Was kaum jemand im Publikum wusste: Seine Vorfahren stammten aus Nürnberg, hatten dort über Generationen gelebt – bis zum Jahr 1934. Dann waren sie

»Versöhnung als Ziel«: Billy Joel in Nürnberg während eines Auftritts im Jahr 1995

»Ich wollte etwas ganz Großes«: Josef Neckermann eignete sich in den Dreißigerjahren jüdischen Besitz an

85

gezwungen worden, die Stadt zu verlassen. Mehr als sechs Jahrzehnte später war nun Billy Joel in Nürnberg, und er kam im Zeichen der Versöhnung. Billy Joel: »Über die Vergangenheit zu sprechen, ist der einzige Weg zur Versöhnung. Deshalb bin ich hier.«

Billys Großvater, Karl Amson Joel, war der Sohn eines kleinen Textilhändlers. Er trat zunächst in die Fußstapfen seines Vaters, legte in den Jahren nach dem Ersten Weltkrieg aber immer wieder ein wenig Geld für eine eigene Firma beiseite. 1927 war es soweit: Er hatte 10 000 Reichsmark beisammen und gründete mit diesem recht bescheidenen Vermögen einen Textilversand nach amerikanischem Vorbild – ein Wagnis in der Zeit der beginnenden Wirtschaftskrise. Zuerst mussten Joel und seine Frau Meta ihr Geschäft noch in der eigenen Wohnung betreiben und die Pakete für die Kundschaft mit dem Leiterwagen zur Post bringen. Bald konnten sie Firmenräume beziehen und eine eigene Näherei einrichten. Es ging schnell voran: Joel lieferte bald nach ganz Bayern und schließlich auch in den Rest des Reiches. Innerhalb weniger Jahre war die Firma die Nummer drei im deutschen Versandgeschäft. Dass Karl Joel Jude war, interessierte zu dieser Zeit noch kaum jemanden.

Doch nach Hitlers »Machtergreifung« im Jahr 1933 verdichtete sich die antisemitische Stimmung – gerade in Nürnberg, wo der notorische Judenhasser Julius Streicher Gauleiter der Nazis war. Streicher begann eine Verleumdungskampagne gegen den »Wäschejuden« Joel und nannte ihn in seinem Hetzblatt *Der Stürmer* einen Verbrecher und einen Todfeind der Deutschen. Zitat des NS-Blattes: »Der Jude Joel drückt einen nach dem andern an die Wand. Er ist der typische Henker des deutschen Mittelstands.« Es blieb nicht bei Worten. Unter teilweise absurden Anschuldigungen wurde er mehrfach – betont öffentlich – durch die Gestapo verhaftet. Joel war verzweifelt.

Die Lösung schien ihm ein Umzug nach Berlin, in die Reichshauptstadt, zu sein. »Vater hat gedacht, wenn er von Streicher wegkommt, wird alles besser«, erinnert sich sein Sohn Helmuth, der Vater von Billy Joel: »Dort hoffte er, in Ruhe gelassen zu werden.« 1934 gelang es Karl Joel tatsächlich, die Genehmigung zur Verlagerung seines Geschäfts zu erhalten, und mit 160 Waggonladungen seiner Ware zog er nach Berlin um. Zunächst schien Joels Rechnung aufzugehen – er konnte in Berlin anfangs tatsächlich ungestört arbeiten. Doch auch in der Hauptstadt spitzte sich – wie in ganz Deutschland – die Lage für jüdische Unternehmen immer weiter zu. Die Schikanen und Behinderungen waren vielfältig: Bald durfte Joel nicht mehr in Zeitungen inserieren – eine wichtige Grundlage jedes Versandgeschäfts. Außer-

»Henker des Mittelstands«: Das NS-Hetzblatt »Der Stürmer« inszenierte Kampagnen gegen Joel

dem musste er Pakete mit einem großen J – für »Judengut« – kennzeichnen. Etliche seiner etwa 850 000 Stammkunden bestellten daraufhin woanders. Dennoch erwirtschaftete Joels Firma auch im Jahr 1937 noch einen respektablen Monatsumsatz. Dann durfte er sein eigenes Unternehmen nicht mehr selbst leiten. Die »arischen« Geschäftsführer, die er nach den Gesetzen des NS-Staats einstellen musste, sabotierten seine Geschäfte; der Umsatz brach ein. Joel war am Ende – im Sommer 1938 wollte er verkaufen. Doch Verkauf, das hieß für ein jüdisches Unternehmen in Hitlers Reich »Arisierung«. Und das bedeutete nichts anderes als Verschleuderung von jüdischem Eigentum und Vermögen weit unter Wert. Interessenten gab es genug. Die beiden Großen der Branche, Gustav Schickedanz von der Firma »Quelle« aus Fürth und der Kommerzienrat Witt aus Weiden, hatten Joels Unternehmen längst schon ins Visier genommen. Und dann war da noch ein Bewerber, von dem bis dahin noch keiner in diesem Kreis gehört hatte: ein junger Kaufmann aus Würzburg. Sein Name sollte einst als das Synonym des deutschen Wirtschaftswunders schlechthin gelten – Josef Neckermann.

Dessen Lebenspläne hatten ursprünglich ganz anders ausgesehen. Wohl behütet war er im großbürgerlichen Haus der Eltern aufgewachsen und wollte eigentlich nichts anderes als reiten und Kavallerieoffizier werden. Doch 1928 starb völlig unerwartet der

»*Nummer drei im deutschen Versandgeschäft*«:
Karl Joel Anfang der Dreißigerjahre

Vater, ein angesehener Würzburger Kohlenhändler. Der junge Josef Neckermann musste plötzlich von einem Tag auf den anderen erwachsen werden. Er begann eine Banklehre und wurde danach für Praktika durch halb Europa geschickt: In Stettin, Newcastle und Lüttich lernte er das Einmaleins der Kaufmannszunft; dann kehrte er wieder nach Würzburg zurück und verdiente im elterlichen Geschäft den Unterhalt der Familie. Der frühe Verlust des Familienoberhaupts war wohl ein wesentlicher Grund für Neckermanns enormen Ehrgeiz: Er selbst nannte es später eine »Flucht nach vorn« – als wollte er die verloren gegangene Lebensleistung des Vaters mit der eigenen aufholen.

Anders als Karl Joel hatte Josef Neckermann von den Nazis nichts zu fürchten. Die Sympathien seiner nationalkonservativen Familie galten jenen politischen Kräften, welche die Demokratie am liebsten beseitigen wollten. So stand er auch der »Machtergreifung« Hitlers 1933 alles andere als feindselig gegenüber. Schnell erkannte er die Gunst der

> **Ich musste im Schweinsgalopp erwachsen werden und hatte doch keinen, der mir sagen konnte, wie das geht.**
>
> JOSEF NECKERMANN ÜBER DIE ZEIT
> NACH DEM TOD DES VATERS

»Nach amerikanischem Vorbild«: Das Wäscheversandhaus von Billy Joels Großvater Karl Joel

Stunde: Der NS-Staat bot Männern wie ihm – »arisch«, tüchtig, anpassungswillig – die Möglichkeit zum raschen wirtschaftlichen Aufstieg. Neckermann, dem das elterliche Kohlengeschäft ohnehin schon bald als »in seinen Ausdehnungsmöglichkeiten zu begrenzt« erschienen war, ließ sich auf den Deal mit den braunen Machthabern ein: »Die Zei-

Sie verpassten ihm die ersehnte Uniform. Das fand er toll.

<small>Gerda Singer, Neckermanns Sekretärin, zum Eintritt Neckermanns in die SA</small>

ten waren günstig«, bekannte er später in seiner Autobiografie freimütig. Noch 1933 trat er der Reiter-SA bei, 1935 wurde er auch Mitglied der NSDAP. Zwar war der praktizierende Katholik Neckermann kein überzeugter Nazi und weit davon entfernt, die Judenhetze eines Goebbels oder Streicher einfach mitzumachen, doch bei der »Verwertung« jüdischen Vermögens kannte der Aufstiegswillige keine Skrupel. Für einen guten »Fischzug« war er immer zu haben. Sein Gewissen beruhigte er dabei nach dem Grundsatz: »Wenn ich es nicht tue, macht es ein anderer.«

1935, im Jahr der »Nürnberger Rassegesetze«, schlug der gerade 23 Jahre alte Jungunternehmer im heimischen Würzburg das erste Mal zu und »entjudete« das Kaufhaus Ruschkewitz samt einem dazugehörigen Einheitspreisgeschäft. 1937 kaufte er noch das jüdische Textilfachgeschäft Vetter hinzu. Er war damit der ungekrönte Kaufhauskönig von Würzburg und hatte schon bald seine erste Reichsmark-Million verdient. Doch dies reichte dem ehrgeizigen Neckermann noch lange nicht: »Ich wollte etwas ganz Großes«, resümierte er in seiner Autobiografie. Es zog ihn in die Reichshauptstadt. »Ein Königreich für Berlin«, notierte er begeistert. »Und wenn's dazu noch ein Versandhaus sein dürfte…« Neckermann bat seinen Schwiegervater Richard Brückner, sich entsprechend umzuhören. Brückner, der über gute Kontakte zu verschiedenen Banken verfügte, hatte schon bald einen ganz großen Fisch an der Angel: die Firma von Karl Amson Joel.

Neckermann war nicht der einzige Bewerber. Doch für die Beamten im Reichswirtschaftsministerium war auch die richtige, rechte Gesinnung entscheidend. Hier hatte Josef Neckermann offenkundig einiges zu bieten. Am Ende stach er alle Konkurrenten aus und erhielt tatsächlich die Genehmigung zum Kauf von Joels Firma.

Am 11. Juli 1938 machte sich Neckermann gemeinsam mit seinem Schwiegervater und einem Rechtsanwalt auf den Weg in den Berliner Norden. Der Vertrag mit Joel sollte unterzeichnet werden. Der sah diesem Ereignis mit gemischten Gefühlen entgegen. Einerseits schmerzte ihn der Verlust seines Lebenswerks – immerhin hatte er seine Firma innerhalb eines Jahrzehnts von einem Familienbetrieb in ein Großunternehmen verwandelt. Andererseits war er froh, dass die Zeit der permanenten Bedrohung und geschäftlichen Unsicherheit nun endlich vorbei sein sollte. Als er Neckermann dann gegenübersaß, stieg aber doch wieder Zorn in ihm auf. Was waren das für Zeiten, in denen ein 26-Jähriger ohne jegliche Erfahrung im Versandgeschäft ihm die Bedingungen für den Verkauf seiner Firma diktieren konnte? Die

> **Die Leute kommen mir vor wie die Aasgeier, die sich mit triefenden Augen und heraushängender Zunge auf jüdische Kadaver stürzen.**
>
> Brief eines Münchner Kaufmanns vom 16. April 1938 an die Industrie- und Handelskammer München über so genannte »Arisierer«

Verhandlungen hatte er ohnehin einem »arischen« Bevollmächtigten überlassen müssen. Dass der vereinbarte Kaufpreis mit 2,3 Millionen Reichsmark unter diesen Umständen viel zu niedrig ausfiel, verwunderte Joel da nicht mehr.

»Angst vor der eigenen Courage«: Das von Neckermann übernommene Firmengebäude Joels in Berlin

Resigniert führte er Neckermann durch die Firmenräume – immerhin vier Etagen eines großen Fabrikgebäudes – und stellte ihm die leitenden Mitarbeiter vor. Neckermann überkam nach eigenem Bekunden Angst vor der eigenen Courage. Hatte er sich übernommen? Äußerlich ließ er sich jedoch nichts anmerken. Joel wollte sich schließlich vergewissern, dass der so souverän wirkende Neckermann den vereinbarten Kaufpreis auch bezahlen konnte. Ob er denn Sicherheiten bieten könne. Die Antwort gab Neckermanns Schwiegervater: »Bringen Sie sich lieber selbst in Sicherheit.« Joel war geschockt. Er dachte an seine Zeit in Gestapo-Haft und ahnte: Jetzt ging es nicht mehr nur um seine Firma – er fürchtete auch um sein Leben. Hals über Kopf verließ er die Stadt. Mit falschen Pässen in der Tasche flüchteten er und seine Frau in die Schweiz.

Aus Zürich schickte Joel noch einen letzten Brief nach Berlin, in dem er um Bezahlung der vereinbarten Kaufsumme bat. Er bekam auch eine Antwort von Neckermann, wie sich Joels Sohn Helmuth erinnert: »Er hat meinem Vater geschrieben, er solle nach Berlin kommen, er werde dann mit ihm abrechnen.« Wie Neckermann das gemeint hat, bleibt für immer ungeklärt. Joel verstand es als Todesdrohung. Denn jede Einreise nach Deutschland hätte für ihn die sichere Verhaftung bedeutet. Ein Jude, geflohen mit gefälschten Dokumenten, ohne die zahlreichen Vorschriften für jüdische Auswanderer beachtet zu haben – diesmal wäre er sicherlich nicht mehr freigekommen. Doch die Flucht in die Schweiz hatte für Joel ohnedies einschneidende Konsequenzen: Alle Konten in Deutschland wurden beschlagnahmt, und er konnte über sein Geld nicht mehr verfügen.

Auch vom Kaufpreis seiner Firma sah er deshalb keinen Pfennig. Gleichsam über Nacht war aus dem Großunternehmer ein mittelloser Mann geworden, der mit seiner Familie das unstete Leben eines Flüchtlings führen musste. Eine Zeit lang lebten Karl, Meta und Helmuth Joel noch in der Schweiz, dann gelangten sie auf verschlungenen Wegen über England und Kuba in die USA. Erst 1942 kam die Familie wieder zur Ruhe. In New York fanden die drei ein neues Zuhause und hielten sich mehr schlecht als recht mit einem Geschäft für Haarschleifen über Wasser.

Für Josef Neckermann entwickelten sich die Dinge in Berlin dagegen glänzend. Er hatte – samt Chauffeur – die Joel-Villa in Berlin-Charlottenburg übernommen und führte ein äußerst angenehmes Leben. Davon, dass Versandhäuser dem Mittelstand schadeten, war in der Nazi-Propaganda nach dem Abschluss der »Arisierung« keine Rede mehr. So konnte Neckermann Anfang 1939 beruhigt seinen ersten eigenen Katalog herausbringen. Der Ausbruch des Krieges am 1. September 1939 durchkreuzte alle seine Pläne und brachte das Versandgeschäft in Deutschland zunächst zum Erliegen. Doch der findige Neckermann wusste sich zu helfen. Er stellte die »Zentrallagergemeinschaft für Bekleidung« auf die Beine, die bald Jacken, Mäntel und Hosen an die in den besetzten Gebieten tätigen Zivilisten lieferte. Später kümmerte sie sich auch um die Versorgung von Bombengeschädigten mit Textilien oder kleidete im Rahmen des »Sonderprogramms A« ausländische Zwangsarbeiter in Deutschland von Kopf bis Fuß ein – Versandhandel in Kriegszeiten.

Neckermann, der später immer wieder beteuerte, geschäftliche »Abstinenz« hätte in jener Zeit seinen Ruin bedeutet, verstrickte sich während des Krieges zunehmend tiefer im braunen Sumpf. Mehr als manch anderer erhielt er Informationen, wusste genug, um genau zu wissen, dass man besser nicht mehr wissen sollte. Dabei hätte er fragen können: Der berüchtigte Chef der im Süden der Ostfront operierenden Einsatzgruppe D, Otto Ohlendorf, gehörte zu seinem Bekanntenkreis. Doch dessen »Arbeit« sei zwischen ihnen nie ein Thema gewesen, so Neckermann. Ohlendorf wurde nach dem Krieg wegen Mordes in 90 000 Fällen angeklagt und 1951 in Landsberg gehängt.

Neckermann selbst scheute sich nicht, Kleider von Juden aus Konzentrationslagern und polnischen Ghettos für die deutsche Kriegswirtschaft umnähen zu lassen, und rechnete sich das im Nachhinein sogar noch als große Tat an: »Ich hatte Nähmaschinen ins Ghetto stellen lassen und war stolz darauf und überzeugt, Gutes zu tun. ... Wir gaben den Juden Arbeit, halfen ihnen damit zu überleben.« Im Wissen um den Holokaust war dies eine fast zynisch zu nennende Aussage. Die »entsetzlichen Zustände« im Ghetto waren jedoch auch ihm nicht entgangen. Er sah, wie seine polnischen Arbeiterinnen in Bialystok wegen angeblicher Sabotage gehängt wurden, und unter welch menschenunwürdigen Bedingungen Frauen im Ghetto von Lodz Kinder zur Welt bringen mussten. Doch einen Prozess des Umdenkens löste dies nicht in ihm aus. Neckermann berief sich auf eine Art Befehlsnotstand: »Wenn Sie erst einmal in einem Gespann stecken, dürfen Sie sich nicht wundern, wenn der Wagen, den Sie ziehen, immer mehr beladen wird. Ich beklage mich darüber nicht, ich hatte es nicht anders gewollt.« Neckermanns

Wagen wurde immer weiter beladen, und er rechtfertigte das in ihn gesetzte Vertrauen.

Anfang April 1942 bestellte ihn Rüstungsminister Speer sogar ins »Führer«-Hauptquartier, um Hitler neue Winteruniformen für die Wehrmacht zu präsentieren. Neckermann hatte in weiser Voraussicht neue Kleidung für den Einsatz an der Ostfront entwickeln lassen, nachdem sich im Schreckenswinter 1941/42 die ursprüngliche Parole der Kriegspropaganda, der deutsche Soldat werde sich seine Winterkleidung in Moskau selbst holen, als Illusion erwiesen hatte. Neckermann fühlte sich geehrt: Der »Führer« als Kunde – welch verlockende Aussicht! Also wurde der Unternehmer nach Ostpreußen geflogen und durch die zahlreichen Sperrkreise bis zur Kommandozentrale der »Wolfsschanze« geschleust. Am 20. April 1942, Hitlers 53. Geburtstag, stand er in

Die Präsentation verlief reibungslos. Hitler hörte interessiert zu. ... Unsere Winterausrüstung hatte überzeugt.

JOSEF NECKERMANN

seinem dunklen Maßanzug zwischen zahlreichen Militärs und erläuterte dem Diktator in geübter Manier die Vorzüge seiner Uniformen: atmungsaktiv, wasserabweisend, winddicht; ausgelegt für »sibirische Verhältnisse« und mit praktischen Kordeln und Knebeln statt Knöpfen, um sie auch noch mit klammen Fingern gut öffnen oder schließen zu können. Lieferbar sofort. Hitler zeigte sich beeindruckt und erteilte ihm den Auftrag. Und Neckermann machte es möglich: Er vollbrachte das logistische Meisterstück, bis zum Sommer 1942 drei Millionen der neuen Uniformen herstellen und ausliefern zu las-

91

»Kleidung für sibirische Verhältnisse«: Die von Neckermann für die Wehrmacht entwickelte Winteruniform für den Russlandfeldzug

sen. Immaterieller Lohn für seine Mühen war das Kriegsverdienstkreuz erster Klasse. Noch im Berliner Bombenhagel der letzten Kriegsmonate organisierte Neckermann die textile Versorgung des »Dritten Reiches«. Erst kurz vor Toresschluss floh er zu seiner Familie nach Rottach-Egern in Bayern.

Dort marschierten wenige Tage später die Amerikaner ein. In einem der Panzer der 7. US-Armee, die kurz zuvor das Konzentrationslager Dachau befreit hatten, saß auch Karl Joels Sohn Helmuth, der sich als US-Bürger Howard nannte. Er hatte in Amerika ein Elektrotechnik-Studium begonnen und war 1943 zum Militär eingezogen worden. Über Italien und Südfrankreich kehrte er nun nach Deutschland zurück. Dass er in Rottach beinahe auf den Mann getroffen wäre, der die Firma seines Vaters »arisiert« hatte, konnte er nicht ahnen. Er fuhr weiter nach Nürnberg, in die alte Vaterstadt. Die Frankenmetropole war kaum noch wiederzuerkennen. Trümmer säumten die Straßen, an manchen Stellen schwelte noch ein Brand – der letzte Luftangriff lag nur wenige Tage zurück. Er ging auf die Suche nach ehemaligen Schulkameraden, doch er fand keinen einzigen. Als er sich der ehemaligen Fabrik seines Vaters näherte, stockte ihm der Atem – auch sie war zerstört. Doch plötzlich machte er eine überraschende Entdeckung: »Da war ein Schornstein, auf den mein Vater damals die Buchstaben J-O-E-L hatte malen lassen. Inmitten der Trümmer stand noch dieser Schornstein mit dem Namen Joel!«

Dies war freilich alles andere als ein Indiz für einen hoffnungsvollen Neubeginn. Howards Vater hatte immer noch keinen Pfennig von der 1938 mit Josef Neckermann vereinbarten Kaufsumme gesehen. Der »Arisierer« hatte derweil seinen eigenen Probleme. Weil er ohne Genehmigung seine Würzburger Geschäfte wieder selbst übernehmen wollte, hatten ihn die Amerikaner Ende 1945 verhaften lassen. Ironie der Geschichte: Weil er bei seiner Einlieferung im Gefängnis als Beruf Textilkaufmann angegeben hatte, musste Josef Neckermann in der Gefängnisnäherei arbeiten. »Es war der reinste Hohn«, erinnerte sich der Häftling später, »die Bettlaken, Kissen und Handtücher, die ich säumen musste, waren für die Firma Wäsche- und Kleider-Fabrik Josef Neckermann bestimmt.« Nach einem Jahr war er wieder frei. Und erneut ließ er sich das Handeln nicht verbieten. Schon 1948 gab es wieder eine Firma Neckermann, die zwar auf den Namen seiner Frau lief, aber faktisch von Josef Neckermann geleitet wurde. Schnell ging es für den »Möglichmacher« wieder bergauf. Doch der Verdacht, sich während der NS-Zeit fremdes Eigentum angeeignet zu haben, blieb weiter bestehen.

Denn jetzt klagte auch Karl Joel. Im Juni 1949 begann vor der Wiedergutmachungskammer Nürnberg ein Prozess, der sich über Jahre hinzog. Neckermann bot Karl Joel eine Entschädigung von zwei Millionen D-Mark

»Ein untadeliger Sportsmann«: Als Dressurreiter gewann Neckermann sechs Olympiamedaillen, hier bei der Verleihung der Silbermedaille in München 1972

an. Außerdem versicherte er, 1938 eine Million Reichsmark auf ein Sonderkonto bei der Hardy-Bank in Berlin überwiesen zu haben. Im Krieg seien alle Unterlagen über den Vorgang verbrannt. Joel willigte in den Vergleich ein. Wenige Tage später tauchte ein Brief vom September 1938 auf, der Neckermanns Angaben widerlegte. Tatsächlich hatte Neckermann damals dieses Sonderkonto eingerichtet, doch darüber verfügungsberechtigt war nicht etwa Karl Joel, sondern Neckermann selbst. Joel focht den Vergleich daraufhin an, doch es war zu spät. Eine »arglistige Täuschung« konnte Neckermann nicht nachgewiesen werden. 1959 wurden die Akten geschlossen. Zwar hatte Karl Joel zumindest zum Teil Ersatz für den Verlust seiner Firma bekommen, doch ein bitterer Beigeschmack blieb – bis heute.

Die beiden Männer, deren Lebenswege sich so unglückselig kreuzten, sahen sich nie wieder. Karl Joel kehrte Mitte der Sechzigerjahre mit seiner Frau Meta nach Deutschland zurück und ließ sich erneut in Nürnberg nieder. 1982 starb er im Alter von 92 Jahren. Josef Neckermann aber machte dort weiter, wo er bei Kriegsbeginn aufgehört hatte. Schon Anfang der Fünfzigerjahre war er mit seiner »Neckermann Versand KG« wieder glänzend

> Wer nicht mit der Zeit geht, geht mit der Zeit.
>
> JOSEF NECKERMANN

> Es ist Zeit für ein Ende des Hasses.
>
> HELMUTH JOEL

»Mit Glück überlebt«: Helmuth Joel mit seinen Söhnen Alexander (rechts) und Billy (links)

94

im Geschäft. »Neckermann macht's möglich« – dieser Slogan prägte sich Generationen von Bundesbürgern ein. Radios, Kühlschränke, Fernsehgeräte, bald auch Fernreisen – Neckermann bot seine Waren stets zu besonders günstigen Preisen an. Einen Namen machte er sich auch im Sport. Als Dressurreiter gewann er sechs Olympiamedaillen; nach seiner aktiven Zeit leitete er die Deutsche Sporthilfe. 1992 starb er, hoch geehrt und hoch geachtet. Erst heute ist das düstere Geheimnis seiner Anfangsjahre Teil des Bildes geworden, das wir uns von einem legendären Wirtschaftswunder-Mann zu machen haben.

Obwohl jeder Deutsche in Hitlers Reich einen »Ahnenpass« zum Nachweis der »arischen Abstammung« benötigte, blieb die Familiengeschichte des »Führers« stets Geheimsache. Unter der Hand wurden Spekulationen über jüdische Vorfahren gehandelt, auch von Inzest und Polygamie war die Rede. Neu entdeckte Dokumente führen auf eine heiße Spur.

1939 Hitlers lästige Familie

»Diese Leute dürfen nicht wissen, wer ich bin, sie dürfen nicht wissen, woher ich komme und aus welcher Familie ich stamme!« Adolf Hitler fürchtete in der Stunde seines ersten großen Erfolges unangenehme Enthüllungen. Bei der Reichstagswahl im September 1930 war seine Partei zur zweitstärksten Fraktion im deutschen Parlament aufgestiegen – ganz Deutschland wollte nun mehr über den Führer der NSDAP wissen. Doch um sein Privatleben hatte Hitler bis dahin konsequent den Mantel des Schweigens gehüllt – der Nimbus des Propheten, der aus dem Nichts in die Geschichte getreten war und sich nun anschickte, Deutschland zu verändern, musste um jeden Preis gewahrt werden. Eben diese Fassade schien im Herbst 1930 zu bröckeln, der Mythos ins Wanken zu geraten. Im Wahlkampf und in seinen Pamphleten hatte er offensiv mit Parolen von »Rasse« und »Reinheit« geworben – kein

»Lästige Verwandtschaft«: Adolf Hitlers Halbbruder Alois

Wunder, dass schon bald Journalisten und NS-Gegner nach der Herkunft des politischen Aufsteigers fragten. Sie begannen, bohrende Fragen zu stellen; im Berliner Gesellschaftsleben spekulierte man genüsslich darüber, ob der aggressive Antisemit vielleicht selbst jüdische Vorfahren hatte. Und dann gab es da noch diesen lästigen Verwandten aus England, William Patrick Hitler, der ihn zu erpressen drohte. Der Erfolgspolitiker Hitler bekam zu spüren, dass er im Glashaus saß.

Passte sein Stammbaum überhaupt in das Weltbild der Nazi-Ideologie? Vor der Antwort auf diese Frage hatte Hitler Angst –

Ich bin ein vollkommen unfamiliäres Wesen, ein unsippisch veranlagtes Wesen. Das liegt mir nicht. Ich gehöre nur meiner Volksgemeinschaft an.

ADOLF HITLER IN SEINEN TISCHGESPRÄCHEN

der Zuwanderer aus Österreich war getrieben von der Sorge, in seiner neuen Heimat Deutschland an der eigenen Familiengeschichte zu scheitern. Sicherheit konnte in dieser prekären Lage nur ein unanfechtbares Gutachten bringen – der Stammbaum der Familie Hitler sollte von einem renommierten Experten ergründet werden. Der Österreicher Karl-Friedrich von Frank, ein erfahrener Ahnenforscher, bot Hitler seine Dienste an. Er stellte akribisch zusammen, was die Kirchenbücher und Akten hergaben, um dem Nazi-Führer den ersehnten Arier-Nachweis zu verschaffen. Franks geheimes Gutachten über die Herkunft Hitlers galt lange als verschwunden. Erst vor kurzem hatten *History*-Reporter die Gelegenheit, das Exemplar, das der Ahnenforscher für sich behalten hatte, auszuwerten. Es überstand das Kriegsende in einem Abwasserschacht, wurde schwer beschädigt über Jahrzehnte versteckt gehalten und konnte schließlich in einer Geheimkammer in der Bibliothek von Franks Schloss Senftenegg in Österreich ausfindig gemacht werden. Etliches ist der Forschung seit Jahrzehnten bekannt, doch so akribisch wie Frank hatte bis dahin noch niemand die genauen Zusammenhänge nachgewiesen. Das erkannte 1932 auch Adolf Hitler an: Er war zufrieden mit dem Gutachten, das Frank ihm überreichte: Die Ahnentafel sah »sauber« aus, und in einem Dankesschreiben an Frank lobte Hitler: »Soweit ich bzw. meine Schwester es beurteilen können, stimmt sie durchaus.« Der ehrgeizige Politaufsteiger hegte die Hoffnung, endlich alle Zweifler zum Schweigen zu bringen.

Doch 1933, nach dem kometenhaften Aufstieg des NS-Parteiführers zum Reichskanzler, wuchsen die Neugier und die Lust am Skandal. Insbesondere ausländische Gazetten schauten nun genauer hin. Und sie fanden, wonach sie suchten: In der ersten Fassung des 1932 von der Heraldisch-Genealogischen Gesellschaft »Adler« veröffentlichten Stammbaums des NSDAP-Reichstagsabgeordneten Adolf Hitler tauchte – unter dem Geburtsjahr 1709 – der Name Maria Salo-

Der braune Hitler mit dem gelben Fleck!

ÜBERSCHRIFT DES *Österreichischen Morgenblatts* VOM 13. JULI 1932

mon auf. »Hatte Hitler also doch jüdische Vorfahren?«, raunte der Blätterwald in einer merkwürdigen Mischung aus Schadenfreude und Antisemitismus. Hitler befahl diskret, die Ahnentafel zu korrigieren. Der peinlich berührte Ahnenforscher Frank erklärte, dass ihm ein Fehler unterlaufen sei. In dem Sonderdruck »Ahnentafeln berühmter Deutscher« der Zentralstelle für Deutsche Personen- und Familiengeschichte aus dem Jahr 1933 war der Name Salomon in Hitlers Stammbaum nicht mehr zu finden, an der Stelle, wo sich der vorgeblich jüdische Name fand, stand nun »Maria Hamberger«. Doch gerade österreichische Journalisten ließen nicht nach, suchten immer wieder neue Belege für Hitlers jüdische Familienverbin-

Hitlers Judentum notariell bestätigt! Sensationelles Ergebnis unserer Erhebungen!

ÜBERSCHRIFT DES *Österreichischen Abendblatts* VOM 19. JULI 1932

dung. Im Juli 1933 veröffentlichte eine Wiener Zeitung ein Foto mit jüdischen Grabsteinen, auf denen Namen wie Hüttler oder Hiedler standen. Überzeugend war die Geschichte nicht, doch sie hielt das Interesse wach – und sie bereitete dem deutschen Kanzler Adolf Hitler weiter Kopfzerbrechen.

»Diese Leute dürfen nicht wissen, woher ich komme«: Die offizielle Ahnentafel des »Führers« warf Fragen auf

Dabei war die Hitlersche Familiengeschichte weniger geheimnisvoll als verworren. Hitlers Ahnen hatten seit Generationen im Waldviertel, einer armen, hügeligen und waldreichen Gegend im nordwestlichen Zipfel Niederösterreichs, gelebt. Hitler, Hiedler, Hüttler – im 19. Jahrhundert variierten die Schreibweisen von Namen. Im Waldviertel hieß Hüttler nichts anderes als »Kleinbauer«. Die Tochter eines dieser Kleinbauern, Anna Maria Schicklgruber, bekam 1837 ein uneheliches Kind von einem nicht näher bekannten Mann. Das Kind wurde im nahe gelegenen Döllersheim auf den Namen Alois Schicklgruber getauft. Fünf Jahre später heiratete Anna Maria den Müllergesellen Johann Georg Hiedler. Das uneheliche Kind wuchs bei einem Bruder Hiedlers auf, dem

99

»Krankhafte Mutterliebe«: Hitlers Mutter Klara

»Vormals Schicklgruber«: Hitlers Vater Alois

Bauern Nepomuk Hiedler, der den jungen Alois nach dem Tod von Mutter und Stiefvater de facto adoptierte. Im Jahr 1876 veranlassten Nepomuk und Alois beim Gemeindepfarrer von Döllersheim eine Namensänderung: Aus Alois Schicklgruber sollte Alois Hiedler werden. Der Vermerk »unehelich« wurde gestrichen, in die Spalte »Vater« trug der wohl etwas schwerhörige Pfarrer den Namen Johann Georg Hitler ein. Damit kam der Mann, der Anna Maria Schicklgruber geheiratet hatte, etliche Jahre nach seinem Tod zu Vaterehren – ein ungewöhnlicher Vorgang. Sein »Sohn« Alois Hitler, vormals Schicklgruber, sollte später Vater jenes Sprösslings werden, den die Welt heute als Jahrhundertverbrecher bezeichnet – Adolf Hitler. Das einzige Rätsel, das nie gelöst wurde, war die Frage, von wem Anna Maria 1836 tatsächlich geschwängert wurde. War es der besagte Johann Georg Hiedler? Oder etwa ein jüdischer Geschäftsmann aus Linz – was oft unterstellt, jedoch nie bewiesen wurde?

Alois Hitler ging drei Ehen ein und zeugte zehn Kinder. Aus erster Ehe überlebten die Kinder Alois und Angela Hitler, aus der letzten Ehe mit Klara Pölzl die Kinder Paula und Adolf Hitler. Die drei Geschwister spielten im Leben von Adolf Hitler stets eine Rolle, wurden aber von der Öffentlichkeit weitgehend abgeschirmt. Seine leibliche

Schwester Paula lebte in Wien und musste, nachdem Hitler aufgestiegen war, den Nachnamen »Wolf« annehmen. Hitlers Halbschwester Angela Raubal, Mutter der 1931 durch Selbstmord aus dem Leben geschiedenen Hitler-Favoritin Geli, war bis 1935 Hauswirtin auf dem Berghof. Sein Halbbruder Alois betrieb nach Wanderjahren, die ihn nach Irland und England geführt hatten, während der Dreißigerjahre in Berlin die Gaststätte »Alois«.

Wirklich lästig, wenn nicht sogar gefährlich, war für Adolf Hitler nur ein Verwandter: ein junger Mann, der auf den deutschtümelnden Hitler wie ein unberechenbarer Exot wirken musste – William Patrick Hitler, der älteste Sohn von Hitlers Halbbruder Alois und einer Irin namens Brigid Dowling. Alois Hitler hatte vor dem Ers-

> William Hitler hat große Ähnlichkeit mit seinem Onkel, der sein Idol ist. Der Schnurrbart ist fast bis aufs Haar genau so geschnitten, er trägt den gleichen Scheitel, hat aber glattes, kein wirres Haar. Er ist so groß wie er und genauso gebaut.
>
> *Daily Express*, 22. NOVEMBER 1937

ten Weltkrieg in Dublin als Kellner gearbeitet. Mit seiner großen Liebe Brigid war er dann nach Liverpool durchgebrannt, wo sie heirateten und 1911 William Patrick zur Welt kam. Zu Beginn des Ersten Weltkriegs verließ Alois seine junge Familie und kehrte nach Österreich zurück. Nach dem Krieg heiratete er in Hamburg erneut, 1923 wurde er wegen Bigamie angeklagt; darüber hinaus wurden ihm Diebstähle angelastet. 1928 nahm der Vater mit dem in England lebenden Sohn wieder Kontakt auf und lud ihn nach

»Durchaus begabt«: Hitler (x) als Schüler der Linzer Realschule, 1901

»Dunkle Familiengeheimnisse«: Hitler besucht 1938 das Grab seiner Eltern in Leonding bei Linz

Deutschland ein. Im Jahr darauf war Willy, wie er genannt wurde, wieder bei seinem Vater. Die beiden reisten nach Nürnberg zum Parteitag der NSDAP. Dort trat William Patrick Hitler in das Leben jenes Mannes, der Deutschland und die Welt verändern wollte. Sein Onkel, Adolf Hitler, ahnte nicht, dass unter den Menschenmassen in Nürnberg ein junger Engländer war, der ihn besonders aufmerksam beobachtete.

Für Aufmerksamkeit sorgte der junge Mann kurz darauf selbst. Zurück in England, traf er Journalisten des *Daily Express* und des *Evening Standard*, die seine Geschichte begierig ausschlachteten. »Dieser junge Londoner Büroangestellte, William Patrick Hitler, ist ein Neffe von Adolf Hitler, dem neuen politischen Führer in Deutschland.« Jene Zeilen samt Foto – Typ Clark Gable – sorgten im NS-Hauptquartier für Beunruhigung. Der Spitzenkandidat musste mit Enthüllungen rechnen. Sein Halbbruder Alois und dessen Sohn Willy schienen nicht gerade eine Zierde für einen künftigen Reichskanzler zu sein. Adolf Hitler nannte den Neffen aus England »einen meiner widerlichsten Verwandten« – offenbar ein wohl begründetes Urteil. Willy versuchte, den berühmten Onkel zu erpressen. Die genauen Zusammenhänge hat der US-Historiker Dr. Timothy Ryback erforscht, der sich seit Jahren mit der Familiengeschichte der Hitlers befasst. Ryback sieht in Willy noch posthum eine ernst zu nehmende Bedrohung für Hitlers Karriere: »William Patrick hatte mit Unterstützung des britischen Außenministeriums in London verschiedene Dokumente aus dem Waldviertel in Wien gesammelt. Hitler kannte den Inhalt dieser Dokumente zwar nicht, stufte sie dennoch als so bedeutsam ein, dass er bereit war, den Forderungen von Willy Folge zu leisten. Ich glaube, dass hier auch eine Verbindung zur Auftragsvergabe der Frankschen Ahnenforschung besteht.« Ryback: »Soweit ich den öffentlichen Aussagen von Willy entnehmen kann, hat er nie auf jüdisches Blut in der Familie verwiesen. Stattdessen sprach er stets dunkle Familiengeheimnisse an, die er nicht zu enthüllen beabsichtigte und welche die Hitler-Familie in Verlegenheit bringen würden. Allein der Hinweis darauf war effektiver als die implizierte Realität. Willy war somit gut beraten, diese Sachen im Dunkeln zu belassen.« Hitler bestellte Willy nach Berlin, um ihn und seinen ebenfalls herbeizitierten Vater, Halbbruder Alois, zur Räson zu bringen. Die Szene in einem Berliner Hotelzimmer brachte Willys Mutter Brigid nach dem Zweiten Weltkrieg zu Papier. »Das muss mir, ausgerechnet mir, passieren. Ich bin von Idioten umgeben. Jawohl, ihr seid Idioten. Ihr reißt alles ein, was ich mit eigenen Händen aufgebaut habe!«, habe Hitler außer sich vor Wut gebrüllt und sich dann Willy vorgenommen: »Was hast du der Presse erzählt? Wer hat dir erlaubt, dich zur Autorität aufzuspielen, die über mein Privatleben reden kann? Niemand hat meine Privatangelegenheiten in die Presse zu zerren. Ich habe nie ein Wort darüber verloren, das für die Zeitungen von Nutzen war. Und jetzt kommt ein Neffe daher und erzählt ihnen die ganzen miesen Einzelheiten, die sie hören wollen.« Schließlich forderte Hitler William Patrick auf, nach England zurückzugehen und das Verwandtschaftsverhältnis künftig zu leugnen. Mit 2000 Dollar Schweigegeld im Handgepäck reiste die lästige Verwandtschaft ab.

> **Es ist schwer, meine englischen Freunde davon zu überzeugen, mich als Engländer zu betrachten. Etliche scheinen zu glauben, dass ich direkt für viele Dinge in Deutschland, die sie für schlecht halten, verantwortlich bin.**
>
> WILLIAM PATRICK HITLER IM *Daily Express*
> VOM 4. JANUAR 1938

Doch Willys Leugnen der Verwandtschaft mit Hitler änderte nichts daran, dass er einen Namen trug, der in England keinen guten Klang hatte. Dort begegnete man dem jungen Mann nach der Machtergreifung des berühmten Onkels mit Vorbehalten. Er hatte große Probleme, Arbeit zu finden. Der Ausweg schien nahe zu liegen: Willy ging im Oktober 1933 wieder nach Deutschland. In Berlin nahm er eine Stelle als Verkäufer in einem Kaufhaus an. Der »Führer« reagierte schnell: Nachdem Willy mit Dokumenten zweifelsfrei bewiesen hatte, dass er ein leiblicher Verwandter Hitlers war, schien die Kaufhaus-Beschäftigung des englischen Neffen doch etwas unter der Würde eines »Führer«-Verwandten zu liegen. Der Kanzler des »Dritten Reiches« empfing den jungen Mann, spendierte 500 Mark als Startkapital

> **Wenn Hitler ihm eine wichtige, gut bezahlte Position angeboten hätte, wäre er wohl ein begeisterter Nazi und Anhänger Adolf Hitlers geworden.**
>
> EIN FBI-AGENT 1942 IN EINEM BERICHT
> ÜBER WILLIAM PATRICK HITLER

und verwies ihn an Rudolf Heß. Dieser bekam den Auftrag, Willy eine angemessene Stelle bei der Reichs-Kreditbank zu besorgen. Doch der neue Job brachte nicht genug ein, und so bewarb sich William Patrick Hitler

103

beim Autohersteller Opel. Mit der Aussicht auf weitere Karriereschritte arbeitete er bis 1935 in der Produktion, dann trat er bei der Firma Opel-Winter am Kurfürstendamm eine Stelle im Verkauf an. Nicht vorgesehen war, dass der Opel-Verkäufer mit seinem Namen angab und mit dem Verweis auf den berühmten Onkel versuchte, seine Absatzzahlen anzukurbeln. Die Gestapo meldete Hitler das ungebührliche Verhalten Willys, schließlich verbot ihm der Onkel die Tätigkeit bei Opel.

Als Willy im November 1937 nach England reiste, konnte er der Versuchung nicht widerstehen. Wieder beschäftigte er die Presse. »In Deutschland gelte ich als Privatmann, genauso wie ich in England als Privatmann gelte. Ich habe nicht die Autorität, politische Erklärungen abzugeben. Ich würde nichts Negatives über meinen Onkel sagen«, erklärte er zahm im *Daily Express* vom 22. November 1937. »Seit der Führer die Macht hat, ist in Deutschland vieles sehr viel besser geworden.« Doch auch diese Art von Publizität passte Adolf Hitler keineswegs. Als Willy 1938 – wegen einer Frau – nach Deutschland zurückkehrte, zitierte sein Onkel ihn erneut zu sich. Wütend beklagte er, dass William Patrick ihn ständig in Peinlichkeiten verwickle. Er solle Deutschland verlassen oder Deutscher werden – im Übrigen glaube er, Adolf Hitler, dass aus ihm nie ein guter Deutscher werde.

Dieser Wink genügte Willy. Seine Versuche, in der Nähe Adolf Hitlers Fuß zu fassen und von der Verbindung zu profitieren, waren offenbar gescheitert. Am 1. Februar 1939 verließ er Deutschland. Da er auch in England Schwierigkeiten befürchtete, reiste mit einem Besuchervisum in die Vereinigten

Staaten. Die Lust an öffentlichen Statements war ihm allerdings keineswegs vergangen, wieder hängte er seine Verwandtschaft mit dem prominenten Deutschen an die große

> **Meine Jahre in Deutschland waren keine verschwendete Zeit, denn immerhin hatte ich die Möglichkeit, hinter das Propagandabild zu schauen und die Wahrheit über Hitler und sein Regime herauszufinden.**

WILLIAM PATRICK HITLER IN DER ZEITSCHRIFT *Look* VOM 4. JULI 1939

Glocke. Das US-Nachrichtenmagazin *Time* schrieb im April 1939 unter dem Titel »Hitler gegen Hitler«, dass Willy seinen Onkel hasse: zum einen wegen dessen Politik, zum anderen wegen dessen Einstellung zur eigenen Sippschaft: »Er ist ausgesprochen verwundbar, wenn es um seine Verwandtschaftsbeziehungen geht«, erklärte Willy – weswegen man ihn gezwungen habe, Deutschland zu verlassen.

Die Neue Welt war an Klatsch und Neuigkeiten aus dem Umfeld des deutschen Diktators sehr interessiert – und William Patrick Hitler stieß genau in dies Marktlücke. Er diente sich Veranstaltungs-Agenturen an, die für ihn eine Vortragsreise organisierten. »William Patrick Hitler enthüllt die sensationelle Wahrheit über Nazi-Deutschland und seine Führer«, verkündete das Plakat großspurig. »Wer ist der Führer wirklich, wie lebt der Führer, was der Führer privat und öffentlich sagt« – all das wollte laut Werbeposter Willy dem staunenden Publikum mitteilen. In Kleinstadtsälen und Klubhäusern hingen die Besucher an seinen Lippen und stellten jenem Mann, der gerade eben erst aus Hitlers Reich entkommen war, neugierige Fragen.

»Zur Hölle mit Hitler«: Seit 1941 versuchte Hitlers Neffe William Patrick, in die US-Streitkräfte aufgenommen zu werden. Links seine Mutter Brigid

Publizistisch unterstützt wurde die Tournee durch Interviews und im Juli 1939 durch die groß aufgemachte Story »Warum ich meinen Onkel hasse« in der Illustrierten *Look*. William Patrick Hitler beschrieb seine Odyssee und das letzte Zusammentreffen mit seinem »diktatorischen« Onkel: »Seine rachsüchtige Brutalität an jenem Tag machte mir Angst, ich fürchtete um meine persönliche Sicherheit.« Sein Vater Alois sei ebenso eingeschüchtert gewesen: »Er lebt in Todesangst und fürchtet jede Publizität. Er ahnte, dass ich Deutschland verlassen und von nun an frei reden würde.«

Zwei Jahre lang tourte William Patrick Hitler durch die amerikanische Provinz. Nach der Kriegserklärung des Deutschen Reiches an die USA im Dezember 1941 entschied sich der inzwischen eingebürgerte William Patrick, seiner patriotischen Pflicht nachzukommen. Er wurde als voll tauglich gemustert, doch die Musterungsbehörde hatte Sicherheitsbedenken: Auf einem ihrer Formulare musste jeder Gemusterte routinemäßig Fragen beantworten, darunter auch diese: »Ich habe folgende lebende Verwandte, die in den Streitkräften der folgenden Länder dienten oder dienen.« Wahrheitsgemäß trug William Patrick Hitler ein: »1. Thomas Dow-

> Ein außerordentlich faules Individuum, das keine Initiative hat und ständig nach einer Position sucht, in der man nicht viel arbeiten muss, aber gut bezahlt wird.
>
> EIN FBI-AGENT 1942 IN EINEM BERICHT ÜBER WILLIAM PATRICK HITLER

ling, Onkel, England, 1923 – 1926, Royal Air Force.

2. Adolf Hitler, Onkel, Deutschland, 1914–1918, Gefreiter.« Die US-Armee lehnte daraufhin seine freiwillige Meldung ab, wieder einmal hatte sich der Name als Fluch erwiesen. Willy aber gab nicht auf. Im März 1942 schrieb er direkt an den Präsidenten der Vereinigten Staaten und setzte Franklin D. Roosevelt von seiner misslichen Lage in Kenntnis: »Ich bin der Neffe und einzige Nachkomme des berüchtigten deutschen Kanzlers und Führers, der heute despotisch versucht, die freien und christlichen Völker der Welt zu versklaven. … Alle meine Verwandten und Freunde werden bald unter dem Sternenbanner marschieren, um für Freiheit und Gerechtigkeit zu kämpfen. Aus diesem Grunde unterbreite ich Ihnen, Mr. President, diese Eingabe und frage, ob ich an Ihrer Seite den Kampf gegen Tyrannei und Unterdrückung aufnehmen kann.« Präsident Roosevelt schaltete umgehend das FBI ein und ließ diesen merkwürdigen US-Bürger genauer unter die Lupe nehmen. Die Agenten sammelten Zeitungsausschnitte, befragten Zeugen und nahmen William Patrick in langwierigen Befragungen in die Mangel. Dass er nicht zur »fünften Kolonne« Hitlers in den USA gezählt werden konnte, war schon bald klar, und so schrieb FBI-Direktor J. Edgar Hoover an das Büro des Präsidenten: »Es konnten keine Informationen gefunden werden, die Anzeichen geben, dass er in

»Von nun an ein normales Leben führen«: William Patrick Hitler (links) bei seiner Entlassung aus der Marine im Februar 1946

irgendwelche Aktivitäten subversiver Natur verwickelt war.«

Am 6. März 1944 fand sich William Patrick im Rekrutierungsbüro des New Yorker Stadtteils Queens ein – seine große Stunde war endlich gekommen: Vor laufenden Wochenschau-Kameras legte er den Eid auf die Verfassung der Vereinigten Staaten ab, dann wurde er offiziell als Rekrut in die US-Marine aufgenommen. Für die Wochenschau hatte er eine kurze Erklärung vorbereitet: »Als Mitglied der Streitkräfte hoffe ich, aktiv am Kampf gegen diesen Mann, meinen Onkel, der so viel Unglück über die Welt gebracht hat, teilnehmen zu können.« Sein Beitrag im Kampf gegen den Onkel blieb eher bescheiden – nach der Grundausbildung entschied er sich für eine unheroische Laufbahn im Sanitätsdienst der Marine. Als er 1946 ehrenhaft entlassen wurde, hatte er seinen letzten Auftritt vor der Presse: Er erklärte, dass er seinen Namen ändern und ab sofort ein ruhiges, normales Leben führen wolle.

William Patrick Hitler tauchte ab in die Anonymität des New Yorker Großstadtlebens. Er nannte sich von nun an Hiller, nahm eine Wohnung in Harlem und trug sich für ein Wirtschaftsstudium am New Yorker City College ein, das er nach vier Semestern abbrach. Dann nahm der Ex-Sanitätsgefreite bei einem New Yorker Urologen eine Stelle als Labortechniker an – normale, ja banale Lebensstationen, die in keinem Geschichtsbuch eine Erwähnung wert wären. Doch in Verbindung mit dem Namen Hitler wirken sie bizarr und verblüffend. William Patrick starb 1987, ohne je wieder an die Öffentlichkeit getreten zu sein. Diese Vorsicht lassen auch seine Söhne walten. Die letzten männ-

Für jeden anderen mag das alles ganz spannend sein. Für uns ist es eine Last. Warum müssen wir damit geschlagen sein? Wir haben immer gewusst, dass wir außer Ärger nichts davon haben würden. Ich habe einige der Briefe meines Vaters an meine Großmutter gelesen, und ich kann nur sagen: Es war auch für ihn eine sehr unglückliche Erfahrung.

WILLIAM PATRICKS SOHN ALEX ZU DEM BRITISCHEN JOURNALISTEN DAVE GARDNER

lichen Nachkommen der Familie Hitler – Willys Söhne Alexander, Louis und Brian – leben auf Long Island und blocken jeden Kontakt zu neugierigen Fragestellern ab. Ein offenes Bekenntnis zur lästigen Verwandtschaft könnte ihr Leben für immer verändern – und das zerstören, was sie an Normalität aufgebaut haben. Ihre Familiengeschichten geben sie nicht preis – zumindest in diesem Punkt gleichen sie ihrem berüchtigten Großonkel, der so unrühmlich in die Geschichte einging.

In Hitlers Reich gab es enormen Bedarf an Logistik und Statistik: Deutsche, Juden, Zwangsarbeiter, Vermögenswerte und Güterwagenkapazitäten, alles musste registriert und sortiert werden, nach einem teuflischen Plan. Ein amerikanischer Konzern profitierte mit seinen Büromaschinen von dieser überbordenden Bürokratie. Hat IBM den Holokaust ermöglicht?

1939 Hitlers Helfer IBM

Die New Yorker Konzernzentrale war mächtig stolz auf ihre deutsche Tochter – auch im Frühjahr des Jahres 1940 meldete die »Dehomag« glänzende Bilanzen. Hitlers Krieg war für die »Deutsche Hollerith Maschinen GmbH« ein lukratives Geschäft. Gerade erst hatte sich der deutsche IBM-Ableger um die Wehrwirtschaft des Reiches verdient gemacht: Im besetzten Polen hatte man für die schwach motorisierte Wehrmacht alle verfügbaren Pferde registriert – und zwar mit Hollerith-Maschinen, geliefert und gewartet von der »Dehomag«. Modernste Spitzentechnik half Hitlers Logistikern, die immensen organisatorischen Aufgaben, die der Krieg mit sich brachte, zu lösen. Hollerith-Maschinen – Vorläufer des Computers – zählten und klassifizierten Menschen und Materialien mit bis dahin unbekannter Geschwindigkeit. Mithilfe von Lochkarten speicherten sie Unmengen von Daten, verar-

»Modernste Technik«: Eine IBM-Sortiermaschine aus den Dreißigerjahren

beiteten sie und machten sie den Planern in Stäben und Behörden schnell zugänglich. Freudig meldete die Genfer IBM-Europazentrale in die USA, welche Umsätze die deutsche Tochter mit der groß angelegten »Pferdemusterung« in Polen erreicht hatte. Derweil sahen die Berliner »Dehomag«-Manager neuen, kriegswichtigen Aufgaben entgegen. Es lag auf der Hand, dass Hitler noch viel vorhatte.

Freilich war die »Dehomag« keine bloße deutsche »Erfolgsgeschichte« zwischen Unternehmergeist, Kriegsgewinnlertum und Skrupellosigkeit – es war ein Amerikaner, der von den Erfolgen profitierte. Seit 1922 fungierte Thomas J. Watson als Vorstandsvorsitzender einer Firma, welche die Erfindung des deutschstämmigen Amerikaners Hermann Hollerith vermarktete. Die ersten »Hollerith-Maschinen« hatten schon 1890 im Dienst des amerikanischen Volkszählungsbüros Erstaunliches geleistet. Die Lochstanz- und Lesemaschinen verwandelten persönliche Angaben in Lochstanzmuster und halfen,

109

Zählvorgänge und statistische Erhebungen zu automatisieren. Holleriths Erfindung war die Technik der Zukunft – die sich rasch modernisierenden Gesellschaften und Industrien des frühen 20. Jahrhunderts setzten auf Effizienz, Vermassung und Massenproduktion. Der Erfinder Hermann Hollerith hatte seine Firma bereits 1910 an die »Computing Tabulating Recording Company« verkauft, die Thomas J. Watson 1924 in »International Business Machines« – kurz IBM – umwandelte. Watson machte aus IBM ein erfolgreiches Unternehmen – Konzerne, Behörden, Regierungen weltweit benötigten die Hollerith-Datenverarbeitungstechnik. Gleichzeitig war der Konzernchef rücksichtslos bemüht, den Weltmarkt für die Hollerith-Technik an sich zu reißen. 1923 kaufte er 90 Prozent der Aktien der »Deutschen Hollerith Maschinen Gesellschaft« (Dehomag), die von ihrem damaligen Inhaber Willy Heidinger nun als IBM-Tochter weitergeleitet wurde.

Die New Yorker IBM-Zentrale hatte in den folgenden Jahren viel Freude an dem Neuerwerb. Geschäftsführer Willy Heidinger machte Jahr für Jahr steigende Umsätze. Sein beruflicher Aufstieg lief parallel zur politischen Karriere eines Mannes, den Heidinger bewunderte: Adolf Hitler. Der Dehomag-Chef war ein fanatischer Nazi, der sich der braunen Bewegung auch geschäftlich andiente. Sein Hofieren der NSDAP hatte Erfolg: Nach Hitlers »Machtergreifung« erhielt die Dehomag den Auftrag, die Ergebnisse der Volkszählung 1933 mithilfe des Hollerith-Systems zu erfassen und die Angaben automatisch abrufbar zu machen. Vier Monate lang übertrugen Helfer in einer Dresdner Sporthalle die Angaben der Volksbefra-

gungs-Bögen auf Hollerith-Lochkarten. Damit lieferte die Dehomag dem Deutschen Reich eine der modernsten maschinenlesbaren Volkserhebungs-Dateien. Stolz schwadronierte Dehomag-Chef Heidinger von der höheren Bedeutung seines Engagements: »Wir hier sezieren den deutschen Volkskörper. Wir legen die individuellen Eigenschaften jedes einzelnen Volksgenossen auf einem Kärtchen fest. Wir sind stolz, an einer derartigen Arbeit mitwirken zu dürfen.« Was kümmerte es ihn, dass sich auf manchen Kärtchen eine Markierung fand, die sich auf das weitere Schicksal der Betroffenen nachhaltig und nachteilig auswirken sollte: Das Loch in Spalte 22, Zeile 3, gab an, dass der so erfasste Bürger Jude war.

Auf der Pfaueninsel, romantisch im Wannsee gelegen, feierten fast 3000 Gäste – Reichspropagandaminister Goebbels hatte sich persönlich um die Details der exklusiven Abendveranstaltung gekümmert. Die Geladenen speisten im Lampionschein an Hunderten von Tischen im Freien, Kellner eilten eifrig von Tisch zu Tisch und versorgten die Gesellschaft mit dem Besten, was Berliner Küchenchefs zu bieten hatten. Auf der Rotunde spielte eine Kapelle, anschließend boten Sänger und Tänzerinnen ihre Künste

Ich bin amerikanischer Staatsbürger. Doch bei IBM bin ich Weltbürger, weil wir geschäftlich mit 78 Ländern zu tun haben und sie für mich alle gleich aussehen – jedes einzelne.

IBM-CHEF THOMAS WATSON, 1934

dar. Thomas J. Watson war sichtlich beeindruckt von dem Prunk, der zu seinen Ehren aufgeboten wurde. Der Berlin-Besuch, auf den er als Präsident der Internationalen Han-

»Fall für Spezialisten«: Eine Tabellier-Zählmaschine der deutschen IBM-Tochter Dehomag wird repariert, 1941

delskammer Wert gelegt hatte, war für ihn zum Triumphzug geworden. Doch der Höhepunkt stand noch bevor: Nach dem Diner verlieh Reichsbankpräsident Hjalmar Schacht dem IBM-Konzernchef vor surrenden Wochenschau-Kameras das »Führer-Verdienstkreuz des Deutschen Adlers mit Stern« – einen Orden, der eigens für Ausländer, die sich um das Deutsche Reich verdient gemacht hatten, geschaffen worden war. Verdient gemacht hatte sich Thomas J. Watson

> Weltfrieden herrscht dann, wenn die Nationen der Welt sich auf ihre eigenen Probleme konzentrieren und ihr eigenes Haus bestellen.
>
> IBM-CHEF THOMAS WATSON AM 25. APRIL 1937
> IN DER *New York Times*

in den Augen der Nationalsozialisten wirklich – der einflussreiche Amerikaner hatte immer wieder Boykottforderungen gegen Deutschland unterlaufen. Amerika und die Welt empörten sich über die Tatsache, dass die deutschen Juden durch »Rassegesetze« und Regierungsmaßnahmen systematisch diskriminiert und gedemütigt wurden. Watson hingegen wollte sich von derartigen Petitessen nicht die Geschäfte verderben lassen. »Weltfrieden durch Welthandel« lautete das Konzept des selbsternannten Friedensstifters. Begierig ergriffen die Nationalsozialisten die amerikanische Hand, die ihnen Watson reichte – er wurde in jenem Sommer 1937 von Hitler zur Audienz geladen, speiste feudal mit Göring im Schloss Charlotten-

111

»Geist der Freundschaft«: IBM-Chef Watson (2. von links) zu Besuch bei Adolf Hitler, 1937

burg und besuchte zusammen mit Joseph und Magda Goebbels die Oper. Artig bedankte sich Watson schriftlich bei Hitler: »Ich schätze den Geist der Freundschaft sehr, der dieser Ehre zugrunde liegt, und versichere Ihnen, dass ich wie bisher auch in Zukunft mein Bestes geben werde, um noch engere Bande zwischen unseren beiden großartigen Nationen zu schaffen.«

IBM-Chef Watson hatte schon zuvor öffentlichkeitswirksame Sympathien für Hitlers Deutschland verkündet. Der US-Journalist Edwin Black, der in History seine Thesen erstmals vorstellte, beschreibt, was den US-Industriellen an Deutschland faszinierte: »Watson war gewiss kein Faschist, sondern durch und durch Kapitalist. Aber die Anhäufung von Reichtum durch und für den Staat unter einem starken autokratischen Führer, untermauert mit Nationalismus und Heldenkult, gefiel ihm.« Und es gefiel ihm, dass

»Viel Freude für IBM«: Die US-Firma lieferte das nötige Know-how nach Deutschland

die Dehomag in Deutschland immer mehr Hollerith-Maschinen an Konzerne und Behörden lieferte – Maschinen, mit denen IBM auch nach dem Verkauf Geld verdiente, weil sie von IBM-Spezialisten ständig gewartet wurden und nur von IBM hergestellte Spezialkarten verarbeiten konnten.

Im Herbst 1938 richtete der *Völkische Beobachter* wieder einmal einen eindringlichen Appell an seine Leser: »Im Mai des kommenden Jahres wird die größte und bisher umfassendste, nicht nur in Deutschland, sondern in der ganzen Welt durchgeführte Volkszählung stattfinden. ... Es ist deshalb

Es werden spezielle Formulare verteilt, auf denen jeder angeben muss, ob er oder sie von reinem »arischen« Blut ist. Der Status jedes Großelternteils der entsprechenden Person muss angegeben und im Falle von Nachforschungen durch Beweise erhärtet werden.

New York Times VOM 18. MAI 1939
ÜBER DIE DEUTSCHE VOLKSZÄHLUNG IM MAI 1939

Pflicht eines jeden Volksgenossen, die Fragebogen peinlichst genau auszufüllen und sich dessen bewusst zu sein, dass er damit dem Führer und seinen Mitarbeitern die Unterlagen für die Gesetzgebung der nächsten fünf oder zehn Jahre gibt.« Auch Willy Heidinger und seine Dehomag fühlten sich erneut in die Pflicht genommen – sie würden diesen lukrativen Großauftrag zur vollen Zufriedenheit der Behörden bewältigen. Dass die braunen Machthaber sich von dieser Volkszählung viel versprachen, gab ein NS-Beamter in einem internen Schreiben unumwunden zu: »Es ist beabsichtigt, ... auch die blutsmäßige Zusammensetzung der deutschen Bevölkerung festzustellen. Das Ergebnis dieser Feststellung könnte im Anschluss hieran auf den polizeilichen Meldekarten vermerkt werden. Auf diese Weise würden die Polizeibehörden einen umfassenden Überblick über die rassische Einordnung der in ihrem Bezirk wohnenden Personen erhalten, und das vom SD-Hauptamt erstrebte Ziel würde am sichersten erreicht werden.« Tatsächlich lieferten die Dehomag-Techniker maßgeschneiderte Lochkarten, um die Ergebnisse der Volkszählung per Hollerith zu erfassen – die Karten, die 1939 angelegt wurden, konnten automatisch auswerfen, wer im Sprachgebrauch der Nazis »Voll-, Halb-,

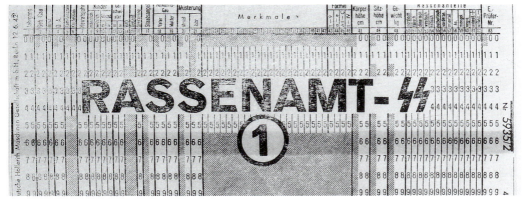

»Rassische Einordnung der Bevölkerung«: Die SS nutzte Lochkarten nach dem Hollerith-System

113

Viertel- oder Achteljude« war. Auch über Vermögensverhältnisse waren per Hollerith Auskünfte erhältlich.

Die Stunde der Wahrheit kam mit dem Zweiten Weltkrieg: Großorganisationen wie die Wehrmacht nutzten Hollerith-Maschinen, um ihre Logistik zu systematisieren; die Deutsche Reichsbahn plante den europaweiten Transport von Truppen und Nachschub mithilfe von Hollerith-Rechnern, die in allen Waggondepots aufgestellt wurden. Die IBM-Zentrale in New York berief sich derweil auf die Neutralität der Vereinigten Staaten, ließ jedoch der deutschen Tochtergesellschaft freie Hand und schulte deren Mitarbeiter auch weiterhin in den USA. Dort allerdings gerieten diese Besucher ins Visier des FBI, das deutsche Aktivitäten in Amerika sehr genau beobachtete. Es war wohl dieser peinliche Umstand, der Thomas J. Watson schließlich zu einem drastischen Schritt bewog. Nachdem Deutschland Frankreich angegriffen hatte und deutsche Bomben auf französische Städte gefallen waren, schrieb der IBM-Chef am 6. Juni 1940 einen Brief an Adolf Hitler: »Die momentane Politik Ihrer Regierung steht im Widerspruch zu der Sache, für die ich gearbeitet habe und für die ich die Aus-

> **Die Ordensrückgabe ist eine Beleidigung in höchstem Grade nicht nur für Hitler, sondern für jeden einzelnen Deutschen. Die Folge ist, dass niemand mehr Lochkartenmaschinen von einer Gesellschaft haben will, die deutschfeindlich ist.**
>
> WILLY HEIDINGER

zeichnung erhalten habe.« In dem offenen Brief, der in der New Yorker *Herald Tribune* abgedruckt wurde, erklärte Watson deshalb, seinen deutschen Orden an Hitler zu-

rückzugeben. Die Dehomag-Mitarbeiter in Deutschland verstanden die Welt nicht mehr: »Ein Herr Watson will in plumper Eitelkeit den Führer des Deutschen Volkes kränken«, schrieb ein Manager an Geschäftsführer Heidinger.

IBM-intern versuchte Watson die Wogen zu glätten – sein öffentliches Lippenbekenntnis hielt ihn nicht davon ab, weiterhin Wert auf eine lukrative Zusammenarbeit mit der Dehomag zu legen. Dieser Krieg bot die Möglichkeit, gute Geschäfte zu machen. Wie viele andere ging der IBM-Chef 1940 davon aus, dass Deutschland Europa überrennen und auf lange Zeit militärisch und wirtschaftlich dominieren werde. Tatsächlich übernahm die Dehomag in den besetzten Ländern sämtliche IBM-Töchter und deren Technik. Bald hatte sie im deutschen Machtbereich das Monopol auf maschinelle Datenverarbeitung inne – sie machte sich unentbehrlich, installierte Maschinen, übertrug Daten auf Lochkarten und lieferte den Besatzern alles, was sie brauchten: für die Wehrmacht ein Logistiksystem, für das SS-Reichssicherheitshauptamt eine Auflistung der Juden in den besetzten Niederlanden, für die Reichsbahn eine stets aktualisierte Datenbank über verfügbare Transportkapazitäten. Jeden Tag verdiente die Dehomag an ihren Dienstleistungen und meldete – trotz aller Verstimmung über Watsons Beleidigung des »Führers« – brav die steigenden Umsatzzahlen an IBM New York.

Im Dezember 1941 überfielen die Japaner den US-Marinestützpunkt Pearl Harbor, kurz darauf erklärte Hitler den Vereinigten Staaten den Krieg. Deutsch-amerikanische Unternehmen hatten es nun um vieles schwerer, doch die grundsätzlichen Besitzverhältnisse wurden von den kriegführenden Parteien respektiert: Gewissenhafte Treuhänder übernahmen die Verwaltung des jeweiligen Feindvermögens. Edwin Black hält in seiner Studie »IBM und der Holocaust« fest, dass Watson damit zufrieden war, »weil die IBM-Interessen mittels Zwangsverwaltung der Dehomag nach Kriegseintritt der USA durch einen deutschen Treuhänder in geradezu idealer Weise befördert würden. Die nunmehr von bekennenden Nationalsozialisten geleitete Dehomag war genuiner Bestandteil der NS-Wirtschaft geworden, während die Gewinne sorgfältig abgerechnet auf treuhänderisch verwalteten Bankkonten eingefroren wurden.« Das bewährte System brachte für Watsons IBM mehr Vorteile als Nachteile – moralisch hatte er die Geschäfts-

Eine Verwaltung durch Feindvermögensverwalter würde an sich keine besondere Gefahr darstellen, weil das die Verwaltung von Feindvermögen betreffende Gesetz sowie das auf dem Gesetz beruhende Vorgehen in der Praxis sehr konservativ sind. Dadurch wird das Eigentum geschützt und bewahrt und bleibt in gutem Zustand.

ANWALTSGUTACHTEN FÜR IBM NEW YORK
AUS DEM HERBST 1940

entscheidungen der Dehomag nun nicht mehr zu verantworten, finanziell aber profitierte IBM auch weiterhin von den Erfolgen der fremd verwalteten deutschen Tochter. Es bleibt umstritten, wie viel die New Yorker Zentrale von den Vorgängen im besetzten Europa wusste und wie viel sie nicht wissen wollte. IBM-Kritiker wie Edwin Black glauben beweisen zu können, dass die Amerikaner über neutrale Länder wie Schweden und die

Schweiz weiterhin Material und technisches Know-how an die deutsche Tochter lieferten.

Die nun rein deutsch geführte Dehomag kannte keine moralischen Grenzen – sie lieferte maßgeschneiderte Lösungen und Lochkarten für die deutsche Kriegs- und Vernichtungsmaschinerie, die inzwischen in ganz Europa in Gang gesetzt worden war. So konstatiert US-Journalist Edwin Black: »Die Registrierung von Menschen und Vermögenswerten war nur eine von vielen Verwendungszwecken der mit Hochgeschwindigkeit arbeitenden Datensortiermaschinen. … Die Lochkarten ermöglichten zudem die zuverlässige Koordinierung des weit verzweigten Schienennetzes und die Katalogisierung ihrer menschlichen Fracht. … Um zu wissen, wie viele Güterwagen und Lokomotiven an einem bestimmten Tag an einem bestimmten Ort in Europa eingesetzt werden konnten, benötigte man die Rechenfähigkeit dieser Maschinen.« Nur so sei es möglich gewesen, die massenhafte Deportation der europäischen Juden in die Vernichtungslager zu organisieren, behauptet Edwin Black.

Wie eng die Dehomag mit SS-Interessen verflochten war bezeugt die Tatsache, dass im vierköpfigen treuhänderischen Führungsgremium der IBM-Tochter ein berüchtigter SS-Brigadeführer den Ton angab: Edmund Veesenmayer, der als Diplomat vor allem in Südosteuropa aktiv daran arbeitete, die dort ansässigen Juden zu erfassen und zu deportieren. So drängte er 1944 als »Generalbevollmächtigter des Großdeutschen Reiches« in Ungarn darauf, die ungarischen Juden zu deportieren. Über 400 000 Menschen wurden unter der Regie von Veesenmayer und Adolf Eichmann verschleppt: Alte,

»Vielfältige Einsatzmöglichkeiten«: Auch Zwangsarbeiter wurden mit Hilfe der IBM-Maschinen erfasst

Schwache und Kinder wurden in Auschwitz-Birkenau sofort ermordet, die Arbeitsfähigen zur Zwangsarbeit eingesetzt.

Deutschland im Kriegsjahr 1944: Millionen deutsche Männer standen als Soldaten an den Fronten, tausende fielen Tag für Tag. Und dennoch lief die Rüstungsproduktion auf vollen Touren, erreichte sogar einen größeren Ausstoß als jemals zuvor. Perfekte Planung, aber auch rücksichtsloser Einsatz von

Menschen wurden von einem Ort zum anderen getrieben, systematisch zu Tode geschunden und umgebracht, und all das wurde durch die erbarmungslose Automatisierung katalogisiert.

Edwin Black in seinem Buch *»IBM und der Holocaust«*

KZ-Häftlingen und Zwangsarbeitern machten es möglich – gesteuert vom Wirtschafts- und Versorgungshauptamt der SS. Technisch war die SS auf dem neuesten Stand: In jedem Konzentrationslager standen Hollerith-Maschinen zur Datenverarbeitung bereit, jeder arbeitsfähige Häftling wurde auf einer 8 mal 14 Zentimeter großen Lochkarte erfasst, die alle Informationen über ihn enthielt: Herkunft, Grund der Einweisung, Bestrafungen und natürlich seine berufliche Qualifikation, ebenso wurde registriert, wenn er durch Schwäche, Ausbeutung oder Willkürmorde der Wachen zum »Abgang« wurde. Der Tod geriet zu einem statistischen Vorgang – Menschenschicksale wurden zu Lochmustern auf Pappkarten, Namen zu Nummern.

»Die hiesige Dienststelle übersendet in der Anlage die Abgangsliste No. 4, der 40. Woche, bestehend aus 7 Blatt«, hieß in dem Schreiben vom 3. Oktober 1944, das aus der Hollerith-Abteilung des Konzentrationslagers Mauthausen an das »Zentralinstitut« in der Berliner Friedrichstraße 129 F ging. Dort, in einem unscheinbaren Behördenbau aus der Kaiserzeit – vormals das Finanzamt des Bezirks Mitte – liefen seit Januar 1944 sämtliche Personalmeldungen aus der Lagerwelt der SS zusammen. Das gelb-rote Klinkergebäude mitten in Berlin, diskret und ruhig zwischen Friedrichstraße und der Charité gelegen, beherbergte das »Hollerith-Hirn« des SS-Wirtschafts- und Versorgungshauptamts. Emsig wurde hier anhand der eingehenden Meldungen aus den Lagern und Betrieben die Hollerith-Kartei aktualisiert. Täglich trafen SS-Kuriere ein, wöchentlich wurde die Zentraldatei der SS auf den neuesten Stand gebracht.

Die »Abgänge« aus Mauthausen – 160 waren es in der Liste vom 3. Oktober 1944 – verschwanden sofort aus der Datei des Zentralinstituts: Der Luxemburger Anton Manson, der russische Kriegsgefangene Wladimir Poltrow, der ungarische Jude Istvan Friedländer – wie die anderen Männer auf der Liste waren sie in Mauthausen gestorben, waren ermordet, zu Tode geschunden worden. Nun hatten sie in der Berliner Hollerith-Datei

»Technisch auf dem neuesten Stand«: »Häftlings-Personal-Karte« eines russischen Zwangsarbeiters aus dem KZ Buchenwald

nichts mehr zu suchen, statistisch verwaltet wurde nur, wer weiter eingesetzt werden konnte. Das Zentralinstitut in der Friedrichstraße hielt genau nach, wer wohin überstellt wurde, wer welche Fähigkeiten besaß, welche Lagerstärken zu vermelden waren und wie groß das aktuelle Sklavenpotenzial des Deutschen Reiches war – Planungsgrundlage für eine Kriegswirtschaft, die Tag für Tag Menschenkraft aufsaugte und rücksichtslos ausbeutete. Die Hollerith-Bediener stellten ihre Lochkartensortiermaschinen so ein, dass sie nach Karten mit bestimmten Lochmerkmalen suchten und diese als Stapel auswarfen, die wiederum in Listen umgeschrieben wurden, mit denen die Planer arbeiten konnten. Die Nazis organisierten mit Hollerith-Systemen den Nachschub an Arbeitskräften für die Kriegswirtschaft extrem effizient. Nur so konnten noch 1944 Unmengen an Rüstungsgütern hergestellt und die Fronten gehalten werden, nur so konnte die NS-Vernichtungsmaschinerie noch einige Monate weiterarbeiten. Die SS bezahlte willig für die Dienstleistung der Dehomag, denn das Wirtschafts- und Versorgungshauptamt der SS konnte sich die Ausgaben durchaus leisten: Jeder Arbeiter, der aus der SS-Lagerwelt in die Kriegswirtschaft überstellt wurde, brachte Lohngelder in die Kassen der SS.

Mit der totalen Niederlage Deutschlands im Mai 1945 kam auch das Ende für die Dehomag, doch für IBM New York war dies kein Grund, einen diskreten Schleier über die Aktivitäten der deutschen Tochter zu legen. Das US-Unternehmen, das während des Krieges in der amerikanischen Rüstungswirtschaft glänzend profitiert hatte, machte vielmehr seine Besitzansprüche an der deut-

schen Firma geltend. Für die Geschäftsentscheidungen der vergangenen Jahre lehnte man natürlich jegliche Verantwortung ab. Hilfreich war, dass die alliierten Besatzungsbehörden keine unangenehmen Fragen stellten, denn die 2000 Hollerith-Maschinen, die man noch in Deutschland vorfand, wurden für die Verwaltung der Besatzungszonen dringend gebraucht.

Noch ein Wort zur Verantwortlichkeit des Herstellers für sein Produkt: Wie bei allen technischen Werkzeugen gilt auch hier der platte, aber doch wahre Satz: Man kann mit einem Hammer einen Nagel einschlagen, aber auch einen Schädel.

MANFRED WAHL, 1963 BIS 1975 GESCHÄFTSFÜHRER VON IBM DEUTSCHLAND, AM 28. MÄRZ 2001 IN DER *Frankfurter Allgemeine Zeitung*

Erst 55 Jahre später fragte der amerikanische Journalist Edwin Black nach der moralischen Verstrickung des Weltkonzerns IBM in die Verbrechen der Nazis. »Der Holokaust hätte mit oder ohne IBM stattgefunden. Aber der Holokaust, den wir kennen, der Holokaust der unglaublichen Zahlen, das ist der Holokaust, der mit IBM-Technik möglich wurde. Sie ermöglichte den Nazis, im großen Maßstab schnell und effizient zu arbeiten«, lautet sein schwer wiegender Vorwurf.

Einige Kritiker wie der Holokaust-Forscher Raul Hilberg widersprechen: »Effizienz kann man auch mit sehr primitiven Mitteln erreichen – zum Beispiel mit Papier und Bleistift.« Blacks zentrale Frage aber lautet: »Wie viel wusste IBM?« Erschöpfend und schlüssig kann er diese Frage nicht beantworten. Offensichtlich aber ist: IBM war über seine deutsche Tochter Dehomag zumindest indirekt in die Untaten des NS-Systems verwickelt, wenn auch kein Dokument beweist, wie viel man in New York wirklich über die konkrete Anwendung der Hollerith-Technik wusste. Black ist sehr wohl klar, was den US-Konzernchef wirklich interessierte: »Watson fühlte sich nicht dem Reich verpflichtet, sondern der Reichsmark.« Der Unternehmer handelte im Sinne einer kalten Geschäftslogik – für Moral war in dieser Gedankenwelt nur wenig Platz. Auch so kann man zum Helfer Hitlers werden.

Mit dem Kriegseintritt der USA versiegte die Quelle für amerikanische Colalieferungen. Die deutschen Coca-Cola-Mitarbeiter mussten sich etwas einfallen lassen. Was hat die Limonade »Fanta« mit den Braunhemden zu tun?

1941 »Fanta« und die Nazis

Die Szene spielt in der Wüste von Nevada. Eine Hand voll junger Leute lümmelt sich in einer riesigen Antennenschüssel, die etwaige Signale aus den Tiefen des Weltalls auffangen soll. Alle sind bestens drauf und lassen eine Flasche Fanta kreisen. Einige nehmen einen Schluck und geben lachend ein gerülpstes, metallisch klingendes »Helloooh…« von sich – eben so, wie sich Erdenbewohner das »Hello« eines Alien vorstellen. Die Weltraumforscher im Kontrollzentrum geraten außer sich vor Aufregung. »Das erste ›Hello‹ aus dem All«, jubeln sie. Während die naiven Wissenschaftler glauben, endlich eine Botschaft aus einer fernen Welt erhalten zu haben, freuen sich die jungen Leute diebisch über ihren Streich – ein harmloser Werbespot zu Beginn des 21. Jahrhunderts.

Na und? Werbespots gibt es viele, prickelnde Fruchtbrausen à la Fanta ebenso. Dennoch verbirgt sich hinter der Fanta-Li-

»Ein amerikanischer Mythos«: GIs trinken im März 1944 in Italien ihre erste »Coke« auf europäischem Boden

Beim Stichwort »Fanta« denkt jeder gleich an braune Flaschen. Und zwar völlig zu Recht. Ohne die Nazis wäre diese Limonade nie erfunden worden.

Süddeutsche Zeitung, DEZEMBER 2000

monade ein Geheimnis, das nur wenigen bekannt ist. Die Entstehungsgeschichte der Brause ist so spannend wie ein fesselnder Roman. Und sie hat mit Geschichte zu tun. Auf den Punkt gebracht könnte man sogar sagen: Ohne den Zweiten Weltkrieg wäre Fanta nie erfunden worden. Doch der Reihe nach…

Es war gegen Ende des ersten Kriegsjahrs, im Sommer 1940. Polen war längst überrollt, Frankreich besiegt und das britische Expeditionskorps vom Kontinent vertrieben. Nazi-Deutschland jubelte. Die Gegner mussten sich beugen. »Wir werden die Feinde hinwegfegen!«, hatte der »Führer« dem Volk vollmundig versprochen. Und er schien Recht zu behalten. Adolf Hitlers verbrecherische Planspiele, mit denen er die Welt in ihren zweiten großen Krieg zwang,

121

drohten aufzugehen. Die militärstrategischen Anfangserfolge beeindruckten, und die Zahl der Hitler-Anhänger wuchs stetig. Die meisten Deutschen vertrauten dem »größten Feldherrn aller Zeiten« und seinen Taten. Und die es nicht taten, trauten sich nicht aufzumucken: Wer laut opponierte, riskierte Kopf und Kragen. Außerdem, so die allgemeine Stimmungslage, lief doch alles wie geschmiert – oder?

Nicht viele Deutsche behielten damals, im Sommer 1940, in der allgemeinen Euphorie kühlen Kopf. Einer von ihnen war Max Keith, seit 1937 Geschäftsführer der deutschen Coca-Cola GmbH in Essen. Noch war nicht abzusehen, ob die Vereinigten Staaten in den Krieg eintreten würden, doch ausschließen konnte man es nicht. Zwar mochten die Deutschen die braune Limonade aus Übersee, und Max Keith musste sich keine Absatzsorgen machen. Doch er war nicht nur ein Manager mit Organisationstalent und unternehmerischem Geschick, sondern er konnte auch politische Entwicklungen analysieren und antizipieren. So ahnte er: Bei einem Krieg zwischen Deutschland und den USA würde die Coca-Cola-Firmenzentrale in Atlanta im US-Bundesstaat Georgia die Lieferungen des Coca-Cola-Konzentrats sofort einstellen. Und ohne Sirup gab es keine Coke. Denn die Rezeptur für die süße, braune Masse befand sich gut gesichert in einem Tresor und in den Köpfen zweier unbestechlicher Geschmacksexperten in der Coca-Cola-Zentrale. Die Zusammensetzung des Extrakts galt seit seiner Erfindung durch den Apotheker Dr. John Stith Pemberton aus Atlanta im Jahr 1886 als eines der bestgehüteten Wirtschaftsgeheimnisse.

Keith, am 23. August 1903 in Düsseldorf geboren, erkannte die Gefahr, die Hitlers Angriffskrieg für sein Unternehmen bedeutete. Er beauftragte seinen Chefchemiker Dr. Schetelig, ein Getränk zu entwickeln, das die beliebte Coke notfalls ersetzen könnte. Vor allem musste sich die Produktion dieser Ersatz-Cola auch im Krieg aufrecht erhalten lassen. Verständlicherweise orientierten sich die Getränkefahnder bei ihrer Suche nach dem Grundstoff für den neuen Erfrischungstrunk an der Verfügbarkeit der Produkte. Je länger der Krieg dauerte, desto schwieriger würde es werden, die passenden Zutaten zu verwenden. Es kam also darauf an, Ingredienzen zu bestimmen, die auch in wirklichen Notzeiten noch aufzutreiben waren. Nach etlichen Versuchsreihen entschieden sich Dr. Schetelig und seine Mitarbeiter für folgende Rezeptur: Molke, ein säuerlich schmeckendes Milchprodukt und bei der

Es ging einfach nicht mehr weiter. Wir haben nur noch gelebt von den Coca-Cola-Beständen. Dann hat man sich Gedanken darüber gemacht, wir müssten noch ein anderes Getränk finden. Und so wurde in Essen irgendwie das Kind Fanta geboren.

OTTO RICHTER, MIRARBEITER
VON COCA-COLA/DEUTSCHLAND

Käseherstellung abgeschieden, wird mit dem Süßstoff Sacharin angereichert. Gemischt wird das Ganze mit Fruchtresten aus der Apfel- und Orangensaft-Produktion. »Es war ein Getränk, das aus den Resten von Resten gemacht wurde«, beschrieb Max Keith die neu erfundene »Limonade« später einmal. Der Geschmack war bescheiden-herb, dafür garantiert unvergleichlich, denn ohne Zweifel besaß diese Mixtur Einmaligkeitsstatus.

Der Coke-Ersatz war gefunden, aber wie sollte er heißen? Da Keith kein Markenbegriff einfiel, berief er in seinem Essener Coca-Cola-Abfüllbetrieb eine Belegschaftsversammlung ein. Walter Zimmermann, damals Grafiker im Unternehmen, erinnert sich noch gut: »Ungefähr 20 Vorschläge haben die Mitarbeiter eingebracht, darunter beispielsweise ›Quirl‹ und ›Durstlöscher‹, auch ›Phantastisch‹ war dabei.« So richtig fantastisch fand Keith allerdings keinen der Vorschläge. Erst als ein Außenhandelsmitarbeiter namens Knipp aus »Phantastisch« die Abkürzung »Phanta« respektive »Fanta« kreierte, hatte das Kind seinen Namen. Im Herbst 1940, zur Zeit der großen Luftangriffe auf England, kam das Produkt auf den Markt.

Der Erfolg indes hielt sich zunächst in Grenzen. Der Deutschen Durst wurde weiterhin mit Bier, Mineralwasser, grüner und roter Brause gelöscht – und vorerst immer noch mit Coca-Cola. Schon 1929 war der Markenartikel in Deutschland eingeführt

»Coca-Cola über alles«: Der deutsche Firmenchef Max Keith

Als ich Präsident der Gesellschaft wurde, wusste ich nicht mehr über Coke als ein Schwein vom Sonntag.

Robert Woodruff, 1923–1985 Inhaber der Coca-Cola Company

worden. Ray Rivington Powers, ein US-Amerikaner aus Atlanta, hatte mit der Auslandsabteilung von Coca-Cola einen Standard-Lizenzvertrag zur Abfüllung in Deutschland abgeschlossen. Powers wollte das beliebteste Erfrischungsgetränk der USA auch den deutschen Verbrauchern als Durstlöscher anbieten. Er entwarf große Pläne, wie er Coca-Cola in den Kantinen von Krupp, Thyssen und Stinnes in der Ruhrgebietsmetropole Essen verkaufen konnte. Weitere Betriebe in Hannover, Westfalen, Hessen-Nassau, Hohenzollern, Baden, Württemberg und im Saargebiet sollten folgen. Powers berechnete einen potenziellen deutschen Markt mit 23 Millionen durstiger Kunden. Die Zahlenspiele imponierten der Zentrale in Atlanta: Powers´ Vertrag wurde erweitert; fortan war er Chef einer Coca-Cola-Muttergesellschaft für ganz Deutschland.

Doch Powers' Träume waren größer als seine Fähigkeiten. Als Startkapital hatte er sich von seiner Frau und einem deutschen Partner ein paar tausend Dollar geliehen. Seine Abfüllfabrik bestand aus einer handbetriebenen Vorrichtung und einem Pferdewagen. Während der Sommersaison 1929, dem ersten avisierten Höhepunkt, konnten pro

Woche gerade mal zehn Kästen verkauft werden. Da Powers ständig persönlich das Abfüllen besorgen wollte, blieb ihm nur wenig Zeit

Dat Tüch, dat süppt hier nemmes!

<small>ANONYMER WESTFÄLISCHER BIERBRAUER BEIM PROBIEREN VON COCA-COLA 1929 (Auf Hochdeutsch: Dieses Zeug schmeckt hier niemandem!)</small>

für Kundenwerbung. Darüber hinaus fand er keine Lösung, seine Coca-Cola zu kühlen. Zwar nahmen die Inhaber der Essener Cafés, Restaurants und Trinkhallen ab und zu Musterkästen an, doch sie servierten das Getränk – Todsünde für jeden Coke-Freund – warm. Die einzige Kühlmöglichkeit boten die ortsansässigen Bierbrauer. Aber die hatten wenig Interesse, den Verkauf eines amerikanischen Erfrischungsgetränks zu fördern. Immer wieder meldete sich Powers bei Konzernchef

Wir wollen, dass jeder, der mit Coca-Cola zu tun hat, Geld verdient.

<small>ROBERT WOODRUFF, 1923–1985 INHABER DER COCA-COLA COMPANY, ÜBER DIE STRATEGIE DER KONZESSIONSVERGABE</small>

»Gänzlich undeutsch«: Coca-Cola-Verkäufer im Deutschland der frühen Dreißigerjahre

Robert Woodruff in Atlanta und bettelte um Kredite. Doch erst, als Woodruff den smarten Gene Kelly als neuen Europamanager einsetzte, stieg auch der Umsatz in Deutschland spürbar. Kelly organisierte die Betriebsstruktur effektiver und brachte Ordnung und Ideen in Powers' Laden. Er entwickelte die »Seufzertasche«, so tituliert von geplagten Coke-Vertretern, weil die unter ihrem Gewicht zu leiden hatten. Außen war das Behältnis von Leder umgeben, innen war es mit Wellblech ausgeschlagen. So konnten sechs Flaschen Coca-Cola eisgekühlt aufbewahrt und dementsprechend frisch Kneipenwirten und Restaurantbesitzern als Geschmacksprobe präsentiert werden. Um die Überzeugungskraft noch zu steigern, stattete Kelly die Vertreter mit einem ganzen Arsenal an Material aus: von Thermometern, Flaschenöffnern und Heftzwecken über Eiszerkleiner, Scheibenkratzer und Pin-up-Fotos bis hin zu Preisaufklebern und Werbeplakaten. Im März 1932 wurden in Essen bereits 4000 Kästen verkauft, der Jahresumsatz in Deutschland kletterte auf 60 000 Kästen.

Zum Durchbruch kam es aber erst, als 1933 Max Keith zum Unternehmen stieß. Im selben Jahr wurden 100 000 Kästen verkauft,

> Ja, diese ersten Coca-Cola-Abfüller sind ein kühner, wilder und entschlossener Haufen gewesen. ... Sie besaßen den Glauben und die Courage und das Engagement und die Entschlusskraft, die Straßen vorzuzeichnen und die Brücken zu bauen, den Stürmen zu trotzen und die Probleme aus dem Weg zu räumen, wodurch sie diesem Geschäft zu seiner heutigen herausragenden Bedeutung verhalfen.
>
> LEE TALLEY, PRÄSIDENT DER COCA-COLA COMPANY, 1959 ÜBER DIE ERSTE ABFÜLLER-GENERATION

drei Jahre später, im Jahr der Olympischen Sommerspiele in Berlin, schon mehr als eine Million. Keith war es dank geschickter Werbestrategien gelungen, Coke vom reinen Durstlöscher für Arbeiter zum Freizeitgetränk für alle umzuwandeln. Bei den Spielen in Berlin war Coca-Cola offizielles Erfrischungsgetränk für Sportler und Zuschauer. Etwaigen Gedanken, die US-Marke könnte von den Nazi-Führern als »undeutsch« eingestuft und womöglich auf die Abschussliste gesetzt werden, kam Keith durch eine geschickte Werbung zuvor: So ließ er immer wieder alle deutschen Sporthelden der Dreißigerjahre auf Plakaten seine braune Brause trinken. Und populäre Unterhaltungskünstler germanischer Herkunft propagierten das Getränk im neuen Massenmedium Rundfunk. Auch besonders schwierige Klippen konnte Keith umschiffen, ohne dass seine Flaschen zu Bruch gingen. Als beinahe unüberwindliches Hindernis galt die deutsche »Reichsflaschenordnung«. Ihr zufolge hätte Coca-Cola auf seine berühmte Weltstandardflasche verzichten müssen. Doch Keith kämpfte. Er alarmierte Atlanta, Atlanta die Regierung in Washington, Washington den US-Botschafter in Berlin, der US-Botschafter

Hitlers Staatssekretär Wilhelm Keppler – und der verfügte, dass Coca-Cola aus gänzlich undeutschen Flaschen getrunken werden durfte.

Selbst die Attacken des Konkurrenten Afri-Cola, die amerikanische Limonade sei ja ein jüdisches und damit auszumerzendes Produkt, wehrte Max Keith, obwohl kein NSDAP-Mitglied, erfolgreich ab. Bei Kriegsausbruch sollte der Betrieb der Regierung unterstellt werden. Hochrangige Nazis sollten

»Offizielles Erfrischungsgetränk«: Schon die Olympiade 1936 in Berlin wurde von Coca-Cola gesponsert

in den Aufsichtsrat der deutschen Coca-Cola Company berufen werden. Doch Keith und sein Firmenanwalt Dr. Oppenhoff konnten die verantwortlichen Behörden überreden, Coca-Colas Angelegenheiten allein ihnen zu überlassen. Dagegen nahm sich das Problem mit den deutschen Bierbrauern vergleichsweise harmlos aus. Ihren Widerstand gegenüber der US-Brause beseitigte Keith durch geschäftliche Beteiligung, indem er sie zu Coke-Konzessionären machte – was viele bis zum heutigen Tage sind. Als der Krieg ausbrach, hatte der Deutschlandchef des Konzerns 39 Abfüllbetriebe installiert, zehn weitere waren im Bau. Der US-Journalist Mark Pendergast, der die Geschichte des Konzerns recherchiert hat, kam zu dem Schluss, diese Leistung Keiths sei »nur mit List, Bluff, Einschüchterung, Schmeichelei, Einflussnahme, Verkaufsförderung und reiner Willensstärke möglich« gewesen.

Aber auch mit kämpferischer Einstellung und weiser Voraussicht. Dafür spricht Max Keiths fantastische Fanta-Idee. Schon ein halbes Jahr nach der Einführung, vom Frühjahr 1941 an, konnte der Absatz der Fruchtlimonade spürbar gesteigert werden. Keith hatte sich erfolgreich dafür eingesetzt, dass die Fanta-Produktion von der Zuckerrationierung im vom Krieg geplagten Deutschland ausgenommen wurde. Statt Süßstoff konnte jetzt echter Rübenzucker beigemischt werden. Dadurch gelang es den Chemikern, den Geschmack deutlich zu verbessern. Endlich schmeckte der bis dahin ziemlich herbe Restetrunk süßer. Als am 11. Dezember desselben Jahres Deutschland den Vereinigten Staaten den Krieg erklärte, wurden die Lieferungen des Coke-Sirups sofort gestoppt. Die Vorräte reichten zwar noch ein paar Monate.

Doch im Frühjahr 1942 war die letzte Flasche Coca-Cola in Deutschland verbraucht. Jetzt

Schlimm war immer der Durst. Der ist schlimmer als der Hunger!

WALTER ZIMMERMANN, GRAFIKER BEI COCA-COLA/
DEUTSCHLAND, ÜBER DIE ENTBEHRUNGEN
IM ZWEITEN WELTKRIEG

war der Ersatz gefragt: Fanta. Keith setzte seine Abfüllkapazitäten nun komplett für das neue Produkt ein. 1943, im vierten Kriegsjahr, wurden über drei Millionen Kästen Fanta produziert. Das Getränk füllte die Coke-Lücke fast vollständig. Dabei war der Fanta-Geschmack recht unterschiedlich. Kaum ein Flascheninhalt schmeckte wie der andere, variierte je nach Art, Menge und Verfügbarkeit der Fruchtreste. Dennoch war die Limonade ausgesprochen beliebt. »Fanta kam bei den Leuten an«, erinnert sich der damalige Mitarbeiter Walter Zimmermann, »Es war etwas Süßes. Das fehlte einfach in diesen Kriegszeiten.« Viele Hausfrauen nutzten Fanta auch als Zuckerersatz, als Würz- und Süßmittel. Manche funktionierten das Getränk sogar zur Mahlzeit um. Zimmermann: »Meine Frau nahm oft eine Flasche Fanta als Grundlage einer Haferflockensuppe für unsere Kinder. Und denen hat es geschmeckt.« Die Not machte erfinderisch.

Auch Max Keith war, je länger der Krieg dauerte, mehr und mehr auf seinen Einfallsreichtum angewiesen. So zum Beispiel, wenn es darum ging, die deutschen Abfüllbetriebe während des Infernos der alliierten Bombenangriffe in Betrieb zu halten. Allein die Fabrik in Essen wurde dreimal zerstört und wieder aufgebaut. Zur Absicherung der Produktion ließ Keith aus jeder der mittlerweile 49 Abfüllanlagen in Deutschland eine

126

»Weltweite Erfolgsgeschichte«: Nach dem Zweiten Weltkrieg eroberte die deutsche Erfindung Fanta auch den internationalen Markt

Abfüllmaschine an einen Platz außerhalb der Stadt transportieren, auf einen alten Bauernhof etwa oder in eine Molkerei. Wenn der Hauptbetrieb infolge eines Bombenangriffs ausfiel, wurde die Reserveanlage genutzt. Auf diese Weise war der Fanta-Verkauf ohne größere Pausen gewährleistet. Trotz der Sorgen und Schwierigkeiten im eigenen Land richtete sich Keiths Engagement auch über die Landesgrenzen hinaus. So gelang es ihm, Fanta während des Krieges in anderen europäischen Ländern zu verkaufen und als Warenzeichen registrieren zu lassen.

Coca-Cola GmbH läuft noch. Schicken Sie Buchprüfer.

ERSTES TELEGRAMM DES GESCHÄFTSFÜHRERS MAX KEITH AN DEN COCA-COLA-PRÄSIDENTEN ROBERT WOODRUFF IN ATLANTA, DIREKT NACH KRIEGSENDE 1945

Obwohl Keith für die Company in Atlanta durchweg größten Einsatz gezeigt hatte, trat die Coca-Cola-Geschäftsleitung nach Kriegsende ihrem Deutschlandvertreter zunächst reserviert und misstrauisch gegenüber. Am Morgen des 18. Mai 1945, elf Tage nach der Kapitulation, traf Paul Bacon als Beauftragter der US-Konzernspitze in Essen auf dem Gelände der Coca-Cola-Fabrik ein. Kaum ein Stein befand sich mehr auf dem anderen. Bacon stand inmitten einer Trümmerwüste und schaute sich ratlos um. Kein Keith, kein Coke. Sein Blick fiel auf einen kaputten Türrahmen. Daran befestigt war ein Zettel mit dem handgeschriebenen Hinweis, der Besucher möge sich an eine Adresse außerhalb der Stadt wenden. Bacon machte sich auf den Weg. Er war von seinem militärischen Vorgesetzten, Oberstleutnant Robert Mashburn, gewarnt worden, mit Keith zu sprechen oder ihm gar die Hand zu geben. Entsprechend kühl fiel die Begegnung der beiden Coke-Kollegen aus. Weil er Deutscher sei, so Bacon zu Keith, könne er nicht länger als Chef fungieren. Keith war zutiefst gekränkt. Ein paar Tage später schickte die Zentrale dann einen Untersuchungsbeamten nach Deutschland mit dem Auftrag, Keiths Verhalten während des Krieges zu durchleuchten. Was der Rechercheur zutage förderte, entlastete den deutschen Coke- und Fanta-Manager auf der ganzen Linie. Die Firmenbosse in Atlanta erfuhren, dass Max Keith alles andere als ein Nazi war; dass der Vater von vier Kindern sich zum Wohle des Unternehmens mit den Machthabern zwar auf geschickte Weise arrangierte, ohne sich jedoch von ihnen vereinnahmen oder verbiegen zu lassen; dass er das von ihm erfundene Coke-Ersatzprodukt Fanta leicht unter eigenem Namen hätte herstellen und die Gewinne für sich behalten können, er stattdessen aber das Geschäft absolut loyal für die Coca-Cola Company geführt hatte; und

Ich war voller Tatendrang und Begeisterung. Und die Sache, die dann voll und ganz von mir Besitz ergriff und mich nie mehr losgelassen hat, war Coca-Cola. Von da an, und bis in Ewigkeit, war ich im Guten wie im Schlechten an dieses Produkt gebunden.

MAX KEITH, FANTA-ERFINDER

»Ein Hauch von Luxus«: Fanta-Schaufensterdekoration in den Fünfzigerjahren

nicht zuletzt, dass dank Max Keith viele Angestellte der Firma in den von den Nazis besetzten europäischen Ländern überlebt hatten. »Für Keith galt nicht, Deutschland über alles, sondern Coca-Cola über alles«, fasste ein Zeitzeuge die berufliche Einstellung des deutschen Managers bündig zusammen.

Nach Erhalt dieser Informationen war die Konzernspitze peinlich berührt und bemühte sich rasch um Wiedergutmachung. Sie übertrug ihrem treuen Statthalter während der Besatzungszeit die zivile Verwaltung der Coca-Cola-Abfüllbetriebe in Deutschland – inklusive Fanta. Damit übte Keith wieder seine frühere Funktion aus. Und er bekam zusätzliche Aufgaben: Mitte der Fünfzigerjahre wurde er nach Brüssel berufen und übernahm den Coca-Cola-Vertrieb in einem Gebiet, das sich von der Sahara bis zum Nordkap und von der Westspitze Irlands bis zum Iran erstreckte. Anschließend kehrte er nach Essen zurück, um von hier aus den zentraleuropäischen Bereich mit Deutschland, Österreich und der Schweiz zu leiten. 1968 ging er in den Ruhestand. Am 5. November 1974 starb der begabte und beliebte Manager. Fünf Jahre später wurde in Essen eine Straße nach ihm benannt. Das Gebäude mit der Nummer 66 ist noch heute Firmensitz der Coca-Cola GmbH.

Hitler sei 1941 einem Angriff Stalins nur zuvorgekommen – die Legende vom deutschen Präventivkrieg gegen die Sowjetunion hält sich hartnäckig bei deutschen Veteranen ebenso wie bei russischen Revisionisten. Was aber sind die Fakten?

1941 Die Legende vom Präventivkrieg

Am 22. Juni 1941, um 3.15 Uhr in der Morgendämmerung, schlug an der Grenze zwischen Hitlers und Stalins Europa die Stunde X. Eine riesige Angriffsmaschine rollte an. Auf einer Breite von 1600 Kilometern stießen drei Millionen deutsche und verbündete Soldaten ins Landesinnere der Sowjetunion vor. Der blitzartige Schlag überrumpelte den Gegner völlig. Die im Grenzgebiet stationierten sowjetischen Einheiten wurden von den Panzerverbänden förmlich überrollt. Die deutschen Soldaten hatten erst am Abend zuvor von dem Angriff erfahren. Viele wunderten sich, gab es doch immer noch den Nichtangriffspakt mit der Sowjetunion. Nun hieß es, man sei einer Offensive der Roten Armee gerade noch rechtzeitig zuvorgekommen. Doch was sich nun an der Ostfront abspielte, war ein von langer Hand geplanter Vernichtungsfeldzug.

»Den Russen zuvorgekommen«: Goebbels verliest die Proklamation Hitlers zum Beginn des Russlandfeldzugs

Wir müssen alles daransetzen, Zeit zu gewinnen! Wir dürfen Hitler nicht dazu provozieren, dass er uns in diesem Jahr angreift. Wir sind noch schwach!

Josef W. Stalin, März 1941

Das deutsche Heer umfasste sieben Armeen, vier Panzergruppen und drei Luftflotten. Den Truppen standen 600 000 Fahrzeuge, 750 000 Pferde, 3580 Panzerkampfwagen, 7184 Geschütze und 1830 Flugzeuge zur Verfügung. Zwei rumänische Armeen unterstützten den Überfall im Süden. Im Norden kämpfte die finnische Armee. Die Angriffsfront gliederte sich in drei Abschnitte: Die Heeresgruppe Nord sollte die sowjetischen Verbände im Baltikum vernichten und Leningrad einnehmen, die Heeresgruppe Süd die russischen Einheiten in Galizien und der Westukraine ausschalten und dann über den Dnjepr hinweg in Richtung Kiew vorrücken, die Heeresgruppe Mitte die Bresche über Minsk und Smolensk nach Moskau schlagen. Zwar war die Rote Armee numerisch ebenso

131

wie bei der Zahl der Panzer weit überlegen, doch ihre Kräfte waren zersplittert. Anders bei den Deutschen: »Nicht kleckern, sondern klotzen«, lautete die Devise des Panzergenerals Guderian. Die gegen Polen angewandte und im Frankreichfeldzug perfektionierte Strategie des »Blitzkriegs« sollte in der Weite des russischen Raumes fortgeführt werden. Die Siege der ersten Stunden verhießen ein rasches Vorankommen. Nicht nur die Panzertruppen, auch die Luftwaffe verzeichnete »Erfolge«. Zahllose sowjetische Flugzeuge im Grenzraum wurden wortwörtlich am Boden zerstört.

Im Verteidigungskommissariat in Moskau klingelte wenige Minuten nach Beginn des Angriffs das Telefon. Bei General Georgij Schukow, dem Chef des Generalstabs, trafen von Minute zu Minute Berichte über Bombardierungen und Grenzüberschreitungen ein. Nun geschah das völlig Unübliche. Stalins Ordonnanz wagte es, im Morgengrauen an die Tür des Schlafzimmers zu klopfen. Hastig meldete der Chef der Kremlwache dem Diktator, Schukow sei am Telefon. Stalin nahm mürrisch den Hörer in die Hand, dann folgte ein kurzer, aber gespenstischer Dialog. Stalin: »Ich höre.« Schukow: »Ich rufe auf Befehl des Verteidigungskommissars an. Die Deutschen greifen an.« Schweigen. »Haben Sie mich verstanden, Genosse Stalin? Die Deutschen greifen an!« Wieder langes Schweigen, erst nach einer endlos erscheinenden Pause presste Stalin mit schwerer Stimme hervor: »Kommen Sie in den Kreml mit Timoschenko.« Auch das Politbüro wurde herbeibeordert. Um halb fünf war die Runde vollständig. Der Verteidigungskommissar gab einen ersten Lagebericht, soweit das überhaupt möglich war. Die Informationen

flossen spärlich, da schon viele Telegrafenleitungen gekappt waren. Als Timoschenko seinen Vortrag beendet hatte, fragte Stalin immer noch ungläubig: »Sagt mir, glaubt ihr nicht, dass das alles nur Provokationen sein könnten?« Das war symptomatisch für die Haltung des sowjetischen Diktators. Stalin hatte alle Hinweise auf einen unmittelbar bevorstehenden Angriff der Deutschen ignoriert. Dabei war er von vielen Stellen gewarnt

Die deutsche Wehrmacht muss darauf vorbereitet sein, auch vor Beendigung des Krieges gegen England Sowjetrussland in einem schnellen Feldzug niederzuwerfen.

WEISUNG HITLERS VOM 18. DEZEMBER 1940

worden. Schon Ende 1940 verdichteten sich die Meldungen eigener und fremder Nachrichtendienste, dass sich an der sowjetischen Westgrenze ein gewaltiger Aufmarsch deutscher Truppen anbahne. Aus Tokio schickte der deutsche Korrespondent Richard Sorge, der als »Presseberater« an der deutschen Botschaft fungierte, aber zugleich sowjetischer Spion war, detaillierte Informationen; er nannte sogar den Angriffstermin. Doch immer wieder wiegelte Stalin ab. Stets witterte er Provokationen, sah darin die Taktik kapitalistischer Mächte, die ihn aus purem Eigeninteresse in einen Krieg gegen Hitler verwickeln wollten. Stalin hielt es für unwahrscheinlich, dass sich Hitler auf einen Krieg mit zwei Fronten einlassen würde. Und wenn die Deutschen doch einen Angriff gegen Russland planten? Dann sicher für einen späteren Zeitpunkt…

»Vollkommen überrascht«: Moskauer Einwohner lauschen einer Rundfunkrede Molotows, 22. Juni 1941

Nun aber sprach die deutsche Propaganda von genau dem Gegensätzlichen, nämlich von sowjetischen Kriegsabsichten.

> **Als wir schon im April in der Normandie das kyrillische Alphabet lernen mussten und einen russischen Sprachführer erhielten, wussten wir, es geht Richtung Sowjetunion.**
>
> ERICH MENDE, OFFIZIER DER WEHRMACHT

Und sie wendete viel Mühe auf, um dies den Menschen im In- und Ausland zu vermitteln.

Ungewohnte Töne rissen die Deutschen in der Heimat aus den Betten. Am Morgen jenes 22. Juni, eines Sonntags, erklang zum ersten Mal das wuchtige, schmetternde Thema aus Franz Liszts »Les préludes«, das künftig die Sondermeldungen von der Ostfront einleiten sollte. Dann erschallte aus den Volksempfängern die Stimme des Propagandaministers Joseph Goebbels, der eine Erklärung Hitlers verlas. Die meisten Menschen schwiegen betroffen, als sie die Worte ihres »Führers« hörten: »Ich habe mich heute entschlossen, das Schicksal des Deutschen Reiches und unseres Volkes wieder in die Hände unserer Soldaten

> **Die Motivierung unserer Schritte vor der Welt muss sich also nach taktischen Gesichtspunkten richten. ... Wir werden also wieder betonen, dass wir gezwungen waren, ein Gebiet zu besetzen, zu ordnen und zu sichern.**
>
> ADOLF HITLER

zu legen.« Goebbels wusste genau, dass die moralische Mobilmachung der Deutschen diesmal noch schwerer fallen würde als bei den vorherigen Feldzügen. In den streng geheimen »Meldungen aus dem Reich« des SS-

Sicherheitsdienstes sind die Reaktionen der Bevölkerung ausführlich festgehalten: Schon bald nach dem Angriff dominierten bei vielen Menschen Überraschung, Bestürzung, ja kollektiver Schock und nachgerade Angst vor den Folgen. Doch sollte es der NS-Propaganda in den nächsten Wochen gelingen, den Krieg mithilfe perfider Hetze als unvermeidliche Bürde darzustellen, als eine »Reaktion aus Notwehr« – Goebbels' Ministerium verfügte über das notwendige Medienmonopol. Die Deutschen zogen zwar nicht mit Begeisterung in den Krieg, doch – so meldeten die SS-Dienste – würden sie den Waffengang gehorsam mitmachen.

Auch den Menschen im Ausland galt es weiszumachen, dass nicht Hitler der Aggressor war, sondern Stalin. Die Wehrmacht sei lediglich dem sowjetischen Angriff zuvorgekommen. Wie schon nach dem Überfall auf Polen behauptete die deutsche Propaganda unverfroren, das Deutsche Reich befinde sich in einem aufgezwungenen Krieg. In Moskau verlas der deutsche Botschafter Friedrich

> **Es gab eigentlich gar keine richtige, diplomatische Kriegserklärung. ... Stalin war bis zum letzten Augenblick bemüht, diesen Krieg zu vermeiden.**
>
> VALENTIN BERESCHKOW, MITARBEITER DER SOWJETISCHEN BOTSCHAFT IN BERLIN

Werner Graf von der Schulenburg die offizielle Erklärung im Beisein von Außenminister Molotow. Darin hieß es, dass die Sowjetunion Deutschland in den Rücken falle und dieser Bedrohung mit allen Mitteln zu begegnen sei. Molotow ließ seiner Entrüstung freien Lauf, verwies auf den Nichtangriffs- und Freundschaftsvertrag mit dem Deut-

»Illusion des Sieges«: Hitler, Keitel und Bormann (von rechts) bei einer Lagebesprechung, 25. Juli 1941

schen Reich (der ja immer noch galt) – alle militärischen Gründe seien leere Vorwände. Botschafter von der Schulenburg konnte ihm nur wortlos zustimmen – er wusste, dass Hitlers Behauptung, ein deutscher Angriff sei notwendig, jeder Grundlage entbehre.

Was aber ist dran an der These vom Präventivkrieg – jener Formel, die damals zur scheinbaren Legitimation eines mörderischen Feldzugs beitrug, aber auch in der Publizistik der Gegenwart immer wieder für heftige Debatten sorgt? Namentlich ein ehemaliger sowjetischer Geheimdienstoffizier, Viktor Suworow, gab mit seiner Publikation »Der Eisbrecher« dieser These neue Nahrung. Immer wieder ist darüber spekuliert worden, ob die beiden großen Diktatoren Hitler und Stalin nicht zwangsläufig dahin tendierten, sich eines Tages zu zerfleischen. Offen sei da lediglich gewesen, wer zuerst über wen herfiel. Mit Präventivkrieg im klassischen Sinne, einem Militärschlag in der Gewissheit eines bevorstehenden Angriffs der gegnerischen Seite, hat das freilich nichts zu tun. Manches mag für die These sprechen, dass Stalin die Sowjetunion in die Rolle eines »lachenden Dritten« hineinmanövrieren wollte, der die Arena dann betritt, wenn die potenziellen Gegner im Westen einander geschwächt haben. Doch auch in dieser Hinsicht mangelt es an hieb- und stichfesten Indizien. Eindeutig lässt sich lediglich nachweisen, dass Stalin sowjetische Machtinteressen skrupellos und keineswegs nur in defensiver Absicht wahrnahm. Die sowjetischen

»Stunde X«: Deutsche Soldaten setzen in den Morgenstunden des 22. Juni 1941 über den Grenzfluss Bug

Annexionen infolge des Hitler-Stalin-Pakts sind klare Belege dafür, wie der Diktator das Lebensrecht anderer Völker auf brutale Weise missachtete. Doch ging Stalin nur überschaubare Risiken ein. Seine Truppen, die im Winterkrieg 1939/40 nicht einmal gegen Finnland zu siegen in der Lage waren, sollten gegen jene Armee kämpfen, die Frankreich im Handstreich nahm? Wenn Stalin wirklich einen Angriff auf das Deutsche Reich in Betracht zog, dann Jahre später.

Jetzt, da wir unsere Armee reichlich mit Technik für den modernen Kampf ausgestattet haben, muss man von der Verteidigung zum Angriff übergehen.

JOSEF W. STALIN, 5. MAI 1941

Manche schließen aus der massierten Aufstellung der Roten Armee an der Westgrenze zu Hitlers Imperium offensive Absichten. Tatsächlich standen dort etwa vier Millionen Mann. Doch es entsprach einer langen Tradition der sowjetischen Verteidigungspolitik, einen Gegner im Falle eines Angriffs möglichst auf dem eigenen Territorium zu schlagen. Am 15. Mai legten Schukow und Timoschenko dem Kremlchef einen Plan vor, der davon ausging, dass man »auf keinen Fall der deutschen Militärführung die Initiative der Kampfhandlung überlässt, dem Feind beim Aufmarsch zuvorkommt und die deutsche Armee in dem Moment angreift, wenn sie sich im Entfaltungsstadium befindet«. Die Reaktion Stalins auf diesen Plan war bezeichnend. »Seid ihr verrückt«, schrie der Diktator, »wollt ihr die Deutschen provozieren?« Er habe, so berichten Zeugen, damit gedroht, dass Köpfe rollen würden, wenn damit nicht Schluss sei. Vor allem aber unterblieben entscheidende militärische Vorbereitungen zur Abwehr eines deutschen Einmarschs – sehr zum Groll General Schukows. Noch am Abend vor dem Überfall forderten er und Timoschenko von Stalin eine Direktive, die Grenztruppen in volle Alarmbereitschaft zu versetzen, Befehlshaber vor Ort hätten konkrete Hinweise auf einen Überfall noch in derselben Nacht. Stalin warnte: »Bloß nichts überstürzen.« Was immer geschehe, müsse doch irgendwie friedlich zu regeln sein. Auf keinen Fall solle man den Deutschen einen Vorwand geben.

Wenn ihr da an der Grenze die Deutschen reizt, wenn ihr ohne unsere Genehmigung die Truppen verschiebt, dann rollen Köpfe!

JOSEF W. STALIN, MAI 1941

Einem bayerischen Feldwebel, der am Abend des 21. Juni übergelaufen war und ebenfalls den Angriff für die Nacht ankündigte, wurde ebenso wenig geglaubt. Stalin ließ ihn erschießen. Dimitrij Wolkogonow, Generaloberst a. D., damals Leutnant, untersuchte die Vorgänge später als Militärhistoriker: »Stalin regierte wie ein Gott auf Erden und sagte schlicht: ›Es wird jetzt keinen Krieg geben.‹ Er sagte es allen und wollte auch selbst daran glauben. Wahrscheinlich verdrängte er hier etwas. Er war sich im Klaren darüber, dass die Rote Armee nicht auf einen Krieg vorbereitet war, und auch darüber, dass die von ihm befohlenen Säuberungen 1937/38 fast das gesamte Offizierskorps ausgerottet

hatten. Wenn es jetzt keinen Krieg geben konnte, dann deshalb nicht, weil es keinen geben durfte. Stalins Weisung lautete deshalb: Sich ruhig verhalten und durch diplomatisches Entgegenkommen jede Konfrontation mit dem Deutschen Reich vermeiden.«

Häufig wird in der Literatur die – nur mündlich überlieferte – Rede Stalins vom 5. Mai 1941 zitiert; gehalten in Moskau vor Absolventen der Militärakademien und -fakultäten. Der Diktator ließ keinen Zweifel daran, dass ein Krieg mit Deutschland unvermeidlich sei. Eindringlich beschwor er die Kampfbereitschaft der Truppen, von denen er wusste, dass sie in einem desolaten Zustand waren. »Bei der Verwirklichung der Verteidigung unseres Landes sind wir verpflichtet, offensiv zu handeln.«

Doch er gab weder eine Zeitperspektive vor, noch bekundete er erkennbar Offensivabsichten. Es blieb bei der Aufforderung, militärisch und moralisch zu einem Gegenschlag bereit zu sein – und zwar nach einem erfolgten deutschen Erstschlag.

Es hat zu keiner Zeit jemand ernsthaft damit gerechnet, dass die Russen zuerst losschlagen würden. Man hat auch hinterher den Eindruck gehabt, dass die Rote Armee von dem Angriff völlig überrascht wurde.

EMANUEL SELDER, SOLDAT DER WEHRMACHT

Die Vermutung, dass die Sowjetunion kurz- oder mittelfristig einen Angriff gegen das Deutsche Reich plante, lässt sich durch kein seriöses Dokument stützen. Die historische Tatsache des Überfalls auf die UdSSR kann nicht mittels Gedankenspielen über möglicherweise langfristige Kriegsabsichten Stalins verdrängt werden. Und entscheidend ist ohnedies, dass Hitler selbst überhaupt nicht mit einem sowjetischen Angriff rechnete – für seine Pläne spielte das sowieso keine Rolle. Das »Unternehmen Barbarossa« war der Krieg, auf den der deutsche Diktator stetig hingearbeitet hatte, den er immer führen wollte. Polen, Norwegen, Frankreich, England – all diese Angriffsziele waren nur Ouvertüren für die eigentliche Auseinandersetzung: den Kampf um »Lebensraum im Osten«, den Kampf gegen den »bolschewistischen Todfeind«. Hitlers Ziel war ein »Großgermanisches Reich« vom Atlantik bis zum Ural. Neuer »Lebensraum« sollte für die Deutschen erobert werden. Doch ging es dem deutschen Diktator nicht nur um »Boden«. Krieg war für ihn ein Überlebenskampf der Weltanschauungen und Rassen. Schon in »Mein Kampf« hatte er die Eroberung Russlands als »deutsche Mission« ausgegeben, als einen Kreuzzug gegen »Weltjudentum« und »Bolschewismus«. Vor 250 hohen Offizieren der Wehrmacht kündigte Hitler im März 1941 den Vernichtungskrieg gegen die Sowjetunion an, einen Krieg, der nicht mehr an bisherige Völkerrechtsgrundsätze gebunden sein sollte. So begann erst mit dem Überfall auf die UdSSR der Zweite Weltkrieg für den Usurpator Hitler richtig. Das war »sein« Krieg im Krieg, frei von jeder Rücksichtnahme auf die Bindungen der Zivilisation. Schon im Sommer 1940 waren Pläne für einen Angriff auf Russland ausgearbeitet worden. Am 20. November fand das erste Planspiel für den Ostfeldzug im Oberkommando des Heeres statt. Der Oberbefehlshaber und sein Generalstabschef legten ihrem »Führer« am 5. Dezember 1940 einen Entwurf vor, der zwei Wochen später als endgültiger Angriffsplan abgesegnet wurde, die »Weisung 21« – der »Fall Barbarossa« –, eines der folgenschwersten Dokumente des Zweiten Weltkriegs.

Dass die Rote Armee auf diesen Krieg nicht vorbereitet war, zeigte sich am deutlichsten in den ersten Wochen. Das Tempo, das die Deutschen vorlegten, war beinahe unglaublich. Die 3. Panzerdivision unter Generalleutnant Walter Model benötigte für die 460 Kilometer von Brest nach Bobruisk

Man braucht nur einmal mit der Faust hineinhauen, und das Ganze geht in Stücke.

Franz Halder, Chef des Generalstabs des Heeres

ganze sechs Tage. Den Tagesrekord mit 115 Kilometern stellte sie am 27. Juni auf. 115 Kilometer durch feindliches Gebiet an einem einzigen Tag bestätigten vor allem eines: dass die Sowjets nicht im Geringsten auf einen solchen Schlag vorbereitet waren. Zwar hatte die nach vorne ausgerichtete Verteidigungs-

»Nach Moskau!«: Das Schild zeigt den Weg zur Rollbahn in Richtung sowjetischer Hauptstadt

»Kein Widerstand«: Deutsche Soldaten, von Kolchosbäuerinnen beobachtet, ziehen in ein Dorf ein

strategie dazu geführt, dass die sowjetischen Truppen an der Westgrenze geballt waren, doch war eine gestaffelte Gegenwehr so nicht möglich. Alle Berichte der deutschen Armeestäbe in den ersten Angriffstagen stimmen darin überein, dass die Rote Armee völlig überrascht wurde. Goebbels' Propagandathese vom Präventivkrieg führte sich damit sinnfällig ad absurdum. Vielmehr bestätigten sich Einschätzungen der Obersten Heeresleitung: »Die Sowjetwehrmacht ist nicht stark genug, um einen Kampf mit der deutschen Wehrmacht zu wagen und von sich aus zu unternehmen.« So hatte es der deutsche Marineattaché aus Moskau gemeldet. Zu »großen Operationen eines Bewegungskrieges« sei die Rote Armee »vorläufig nicht befähigt«, meinte der Diplomat. »Fremde Heere Ost«, die für Feindaufklärung zuständige Abteilung im Oberkommando des Heeres, hatte lediglich defensive Maßnahmen festgestellt, die Rote Armee habe erhebliche »Führungs- und Nachwuchsschwierigkeiten«.

Hitler hätte es begrüßt, wenn die Sowjets ihrerseits einen Angriff geplant hätten, es wäre der willkommene Vorwand für den Krieg gewesen, den er ohnedies führen wollte. In einem Operationsentwurf vom 5. August 1940 hieß es aber: »Die Russen werden uns nicht den Liebesdienst eines Angriffes erweisen.« Den Russlandfeldzug sah der siegessichere Hitler als »Sandkastenspiel«. »Sie müssen nur die Tür einschlagen, dann wird die ganze verrottete Struktur zusammenbrechen.« Typisch für diese Siegesgewissheit war auch die Tagesparole von Goebbels am 23. Juni 1941: »Der Führer sagt, es dauert vier Monate. Ich aber sage Ihnen, es dauert nur acht Wochen.« Auch nüchterne Militärs ließen sich vom Größenwahn der Parteipropagandisten anstecken. Am 3. Juli unter dem Eindruck des schnellen Vormarschs notierte der ansonsten eher kühl denkende Generalstabschef des Heeres, Franz Halder, in sein Tagebuch: »Es ist wohl nicht zu viel gesagt, wenn ich behaupte, dass der Feldzug gegen Russland innerhalb von 14 Tagen gewonnen wurde.« Es war also beileibe nicht nur der Amateurstratege Hitler, der glaubte, leichtes Spiel zu haben. Die großen Generäle des kleinen Gefreiten dachten ähnlich.

Dieser Krieg aber sollte nicht nur ein militärischer Schlagabtausch sein, sondern vor allem ein Eroberungs- und Vernichtungsfeldzug. Während Hitlers Generäle den »Blitzkrieg« vorbereiteten, machte ihr »Führer« die Spitzen der Wehrmacht schon im März 1941 mit dem zusätzlichen Aspekt bekannt – bei einer schonungslos offenen Ansprache im Kleinen Sitzungssaal der Reichskanzlei vor 250 Befehlshabern und höheren Offizieren, die den Überfall organisierten: »Der Kampf wird sich sehr unterscheiden

Der Soldat muss für die Notwendigkeit der harten, aber gerechten Sühne am jüdischen Untermenschen volles Verständnis haben.

Wilhelm Keitel, Chef des OKW

»Jeder Winkel«: Wehrmachtssoldaten durchkämmen ein besetztes Dorf nach Partisanen

vom Kampf im Westen.« Während die Militärs den Angriff auf Russland zunächst als Auseinandersetzung zweier Armeen betrachteten, sah Hitler im Krieg gegen die Sowjetunion die Vollendung seiner Wahnideen. »Ein Krieg wie gegen Russland kann nicht ritterlich geführt werden. Es handelt sich um einen Kampf der Weltanschauungen und rassischen Gegensätze und ist daher mit nie da gewesener erbarmungsloser Härte zu führen. Alle Offiziere werden sich überlebter Anschauungen entledigen müssen. … Wir müssen von dem Standpunkt des soldatischen Kameradentums abrücken. Der Kommunist ist vorher kein Kamerad und nachher kein

Kamerad.« Wohl irritierte einige Offiziere die hasserfüllte Polemik des Vortrags, doch Proteste blieben aus. Nach dem »Gerichtsbarkeitserlass« vom 13. März 1941 konnten Soldaten sowjetische Zivilisten massakrieren, ohne befürchten zu müssen, von einem Kriegsgericht belangt zu werden; und laut dem berüchtigten »Kommissarbefehl« vom 6. Juni 1941 gehörte es zur Pflicht eines jeden Soldaten, gefangene Politoffiziere der Roten Armee »grundsätzlich sofort mit der Waffe

> Dieser Kampf verlangt rücksichtsloses und energisches Durchgreifen gegen bolschewistische Hetzer, Freischärler, Saboteure, Juden und restlose Beseitigung jedes aktiven und passiven Widerstands.
>
> RICHTLINIEN DES OKW VOM 19. MAI 1941

zu erledigen«. Der Riesenraum, so Hitler, müsse so schnell wie möglich befriedet werden – dies geschehe am besten dadurch, »dass man jeden, der nur schief schaut«, totschieße. Das Oberkommando der Wehrmacht übersetzte für die Truppe den Willen des »Führers«: »Der Soldat muss für die Notwendigkeit der harten, aber gerechten Sühne am jüdischen Untermenschen volles Verständnis haben.«

Es sind Dokumente, die am Anfang der systematischen Ermordung von Juden in Europa stehen. Weitere erschütternde Belege folgten, offizielle Berichte von Todesschwadronen etwa, die minutiös wie bürokratisch die Vernichtung Hunderttausender von Menschenleben dokumentieren. Als der »Blitzkrieg« der deutschen Armeen im Dezember 1941 vor den Toren Moskaus schließlich scheiterte, zerbrach der Mythos von der Unbesiegbarkeit der Wehrmacht. Die Rote Armee schuf im Kampf um die eigene Hauptstadt die Voraussetzung für die endgültige Niederlage Hitler-Deutschlands. Es war der erste große Rückschlag für den selbst ernannten »größten Feldherrn aller Zeiten«. An einen Blitzkrieg glaubte nun selbst Hitler nicht mehr. Der Diktator hatte Stalins Reich sträflich unterschätzt. Für diesen Fehler mussten andere büßen. Immer öfter kam Hitler in diesen Wochen auf die »Judenfrage« zu sprechen. Die Juden sollten die Zeche für den deutschen Blutzoll an der Front zahlen, drohte der Diktator düster. »Diese Verbrecherrasse hat die zwei Millionen Toten des Weltkrieges auf dem Gewissen, jetzt wieder hunderttausende. Sage mir keiner: Wir können sie nicht in den Morast schicken«, verkündete Hitler im Oktober 1941 vor Himmler und Heydrich. Dies war der andere Krieg, den Hitler führte, im Schatten eines angeblichen Präventivkriegs, der keiner war.

»In die Hände gefallen«: Deutsche Soldaten nehmen im August 1941 einen Rotarmisten gefangen

Seit Sommer 1942 galt das deutsche U-Boot U 166 mit 52 Mann Besatzung als verschollen – im Golf von Mexiko. Jetzt wurde das Wrack vor der amerikanischen Küste entdeckt. Welches Geheimnis bergen die Überreste dieses Bootes?

1942 Das Geheimnis von U 166

Hunderte von Bohrinseln säumen das Delta des Mississippi am Golf von Mexiko. Doch was wäre die ewige Suche nach dem Schwarzen Gold, wenn es nicht die Mittel gäbe, das Öl an Land zu befördern? Für die Pipelines auf dem Meeresgrund sind aufwändige Erkundungen und genaue Berechnungen nötig. So erkundeten im Februar 2001 die Ölkonzerne Shell und BP im Golf von Mexiko eine neue Route für Pipelines. Mit Side Scan Sonar wurde der Meeresgrund abgetastet. Plötzlich lieferte die Sonde »Hugin« merkwürdige Daten.

Auf dem Meeresgrund in 1500 Meter Tiefe zeichneten sich zwei Teile eines länglichen Objekts ab: »Wir haben die Daten ausgedruckt, und da sind uns zwei Objekte aufgefallen. Eines war etwa 200 Fuß lang, das andere 50 Fuß. Beide waren etwa 20 Fuß breit«, berichtet der Meeresarchäologe Robert Church. Es handelte sich um zwei Teile eines Ganzen, zusammen über 80 Meter lang und sieben Meter breit – Maße wie bei einem

»Warten auf Opfer«: Ein deutsches U-Boot auf hoher See

U-Boot. Das High-Tech-Sonar lieferte erste Anhaltspunkte für ein Monstrum aus Stahl. Beide Ölfirmen und die zuständigen US-Behörden beschlossen, den merkwürdigen Fund einer genaueren Betrachtung zu unterziehen, um die Identität des unbekannten Objekts zu klären. Ein unbemannter Tauchroboter mit Kamera glitt in 1500 Meter Tiefe hinab. Statt dem Öl galt die Suche jetzt der Zeitgeschichte. »Es war sehr aufregend, weil der Tauchroboter sich ganz dicht über dem Meeresgrund bewegte. Es schien, als hätte er eine Kante erreicht. Und als er dann darüber schwebte, stand da plötzlich direkt vor unseren Augen der Turm eines U-Boots«, sagt Richard Anusciewicz von der US-Mineralölbehörde. Es war der Turm eines deutschen Langstrecken-U-Boots vom Typ IX C, eines jener Boote, die der Befehlshaber der deutschen U-Boot-Flotte, Admiral Karl Dönitz, im Zweiten Weltkrieg in Richtung US-Küste beordert hatte, um die Großmacht vor der eigenen Haustür das Fürchten zu lehren.

143

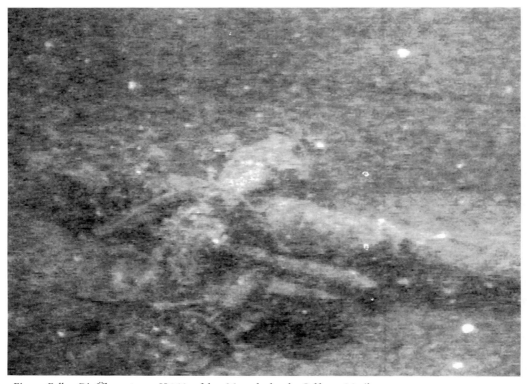

»Eiserne Falle«: Die Überreste von U 166 auf dem Meeresboden des Golfs von Mexiko

Um welches Boot aber handelte es sich hier bei dem Fund in anderthalb Kilometer Tiefe? »Wir hatten Grund zu der Annahme, dass es möglicherweise U 166 gewesen sein könnte. Wir wussten, dass es das einzige deutsche U-Boot war, das im Golf von Mexiko als verschollen galt«, so Robert Church.

U 166 an diesem Ort? 60 Jahre lang hatte man an einer ganz anderen Stelle nach dem Wrack gesucht – 200 Kilometer entfernt. Dafür gab es Gründe. Der entscheidende geht auf die dramatische Kriegsepisode einer Versenkung zurück, die nun eben anderweitig stattgefunden hatte. Am 1. August 1942 machte ein Flugzeug der U.S. Coast Guard Jagd auf U-Boote im Mississippi-Delta. Der Bombenschütze George Boggs berichtet uns:

»Henry, der Pilot, sah etwas aus dem Wasser ragen. Er bat mich um das Fernglas. Ich gab es ihm, und er meinte: ›Mann, das sieht ja aus wie ein U-Boot.‹« Mit ihrer einzigen Wasserbombe an Bord wollte die Crew das Boot treffen: Im Sturzflug wurde der Sprengkörper ausgeklinkt. Bald waren Ölspuren auf der Wasseroberfläche zu erkennen.

Der Treffer machte Kriegsgeschichte. Es gab sogar Orden für die (angebliche) Versenkung von U 166. Doch vom Wrack fehlte jahrzehntelang jede Spur. Keine Suchaktion führte je zum Erfolg. Und so rankten sich Legenden um den Verbleib des U-Boots: »Lange Zeit nannten wir ihn den ›Fliegenden Holländer der Golfküste‹, weil so viele Geschichten um dieses U 166 kursierten. Praktisch jeder Berufstaucher hat das U-Boot schon mal gefunden. Wenn man der Sache dann nachging, gab's plötzlich doch kein Wrack mehr«, erinnert sich Jack Irion von der US-Küstenbehörde.

Doch die Bilder von der Tauchfahrt im Jahr 2001 trogen nicht. U 166 konnte nunmehr eindeutig identifiziert werden. Jetzt stand fest: Es sank im Mississippi-Canyon. Warum aber an diesem Ort?

Die Kamera machte am Meeresgrund noch eine weitere Entdeckung. Nicht weit vom U-Boot-Wrack entfernt zeigen die Aufnahmen Rettungsboote – und schließlich die Konturen eines gesunkenen Passagierschiffs. Es ist die »Robert E. Lee«, die mehr als 400 Passagiere befördern konnte. Die »Robert E. Lee« war im Sommer 1942 auf dem Weg nach New Orleans. Es sollte ihre letzte Fahrt werden. Auf den Bildern sind die geborstenen Wände des Schiffes, Spuren vom Einschlag eines Torpedos erkennbar. Liegt hier ein Schlüssel zum Rätsel von U 166? Was führte jenes Schiff und das U-Boot in ein gemeinsames Grab? Welche Bewandtnis hat es mit der geheimnisvollen Ruhestätte?

Es begann im Frühjahr 1942, als ein Dutzend deutsche U-Boote ins Mississippi-Delta geschickt wurden. Der Radius der deutschen

> Es war ganz egal, ob wir in der Ostsee waren oder im Golf von Mexiko. Man hat sowieso immer nur Wasser gesehen.
>
> JAKOB MAY, FUNKER AUF U 171

U-Boote war immer größer geworden. Im Dezember 1941, wenige Tage nach dem Überfall der Japaner auf Pearl Harbor, erklärte Hitler auch den Vereinigten Staaten den Krieg.

Der Chef der U-Boot-Flotte, Admiral Dönitz, erhielt freie Hand für einen »uneingeschränkten U-Boot-Krieg« auch gegen die USA. Die so genannten »Grauen Wölfe« machten sich auf den Weg zur »Operation Paukenschlag«, wie ihre Aktionen in der deutschen Tarnbezeichnung hießen. Sie wurde zum Debakel für die Alliierten. 1942 versenkten deutsche U-Boote mehr als 400 Handelsschiffe der westlichen Verbündeten vor der Küste Nordamerikas, 5000 Seeleute starben. Die Verluste

> Die Amerikaner waren vollkommen unvorbereitet. Die hielten es wahrscheinlich für unmöglich, dass plötzlich deutsche U-Boote auftauchen könnten.
>
> GERHARD RÄDEL, BESATZUNGSMITGLIED VON U 171

seien ein atlantisches Pearl Harbor gewesen, würde es später heißen.

Die deutsche Kriegsmarine hatte aufgerüstet. Seit Anfang 1942 liefen in einer Werft bei Bremen Langstrecken-U-Boote vom Typ

»Irgendwie war das Boot auch schön«: Eines der wenigen Bilder von U 166 – bei einer Übungsfahrt im Frühjahr 1942

»Erfahrung auf allen Meeren«: Kommandant Hans-Günther Kuhlmann während einer Übungsfahrt auf U 166, Frühjahr 1942

Das Durchschnittsalter der Besatzung lag bei etwa 22 Jahren. Der Kommandant von U 166, Hans-Günther Kuhlmann, war 28 Jahre alt. Seine Akte, die wir eingesehen haben, bescheinigt ihm Erfahrung auf allen Meeren – als Zivilist und Soldat. Rasch wurde er befördert. Er war überzeugter Nationalsozialist, auch wenn er nicht ganz dem »Ideal« entsprach. In seiner Beurteilung hieß es: »Seine etwas weiche Art wird durch ein ausgeprägtes Pflichtbewusstsein und einen festen Willen unterdrückt.« Das bedeutete, er musste sich bewähren. So deutet die Akte Kuhlmann auf einen Kommandanten, der mehr tun wollte, als von ihm verlangt wurde. Bei seiner Truppe war er sehr beliebt. Er tat sich bei »Spezialeinsätzen« hervor: so etwa, als er einen deutschen Spion vor der irischen Küste absetzte. Von Dönitz wurde er dafür mit dem Eisernen Kreuz belohnt. Doch die höchste Auszeichnung war das eigene Boot. Als jüngster Kommandant erhielt er ein Langstreckenboot vom Typ IX C mit »Sonderauftrag« – U 166.

IX C vom Stapel. Die Seriennummern waren U 161 bis 171: 1100 Tonnen Stahl. Als U 166 im März 1942 in Dienst gestellt wurde, waren keineswegs nur die U-Boot-Experten beeindruckt. »Grau, riesig, schnittig, toll. Also, es war irgendwie auch schön«, erinnert sich die Frau des Ersten Offiziers, Ursula Traun: »Wir tranken Kaffee an Deck – völlig irre. Aber es war so. Ich weiß ganz genau, dass ich, während das Boot in Wesermünde lag, an Bord war. Ich bin ja auch runtergegangen in diese Enge, in die Kombüse und die winzigen Räume und Kojen. Das war schon wahnsinnig eindrucksvoll, aber ich hab auch gedacht: ›O Gott, ihr armen Kerle – mehrere Wochen, gar Monate müsst ihr hier verbringen.‹«

Der Erste Offizier, Hans Traun, war damals 25 Jahre alt, seine Frau erinnert sich noch heute an den Moment ihres Abschieds: »Wir sagten uns in der Hotelhalle Lebewohl, wir haben uns einfach umarmt, und die Welt war weg. Und dann Schluss, er ging zur Tür raus – und das war's.«

> **Nur der Kommandant kannte das ungefähre Zielgebiet, die Besatzung wusste dagegen überhaupt nicht, wo es hingeht.**
>
> Jakob May, Funker auf U 171

Im U-Boot-Stützpunkt Lorient an der französischen Atlantikküste wurde U 166 ausgerüstet. Die Fahrt sollte Monate dauern – wohin es ging und wofür, erfuhr die Mannschaft erst auf See. Von Dönitz persönlich wurde Kuhlmann per Geheimbefehl beauftragt, die Mündung des Mississippi zu verminen – 7500 Kilometer von der Heimat entfernt. Stolz schrieb der Kommandant an seine Frau: »Halt mir die Daumen – ich habe eine schwere Aufgabe vor mir. … Behalt mich lieb, ich denke immer an dich.«

Nach knapp 30 Tagen erreichte U 166 karibische Gewässer und sollte auf kuriose Weise Schlagzeilen machen. »Bisher kleinstes Schiff von U-Boot versenkt«, schrieb die *New York Times*. Die »kriegswichtige« Fracht: Zwiebeln. Noch war der U-Boot-Krieg im Golf von Mexiko nicht eskaliert. Aber die IX-C-Langstreckenboote bezogen Angriffspositionen. Unweit von U 166 operierte das Schwesterschiff U 171. Beide näherten sich auf Sichtweite der amerikanischen Küste

Kuhlmann hatte den Auftrag, die Mississippi-Mündung mit Minen zu belegen.

Jakob May, Funker auf U 171

direkt im Bereich der Mississippi-Mündung bei New Orleans. »Wenn wir nahe genug dran waren an der Küste, konnten wir die Autos auf den Straßen beobachten, wie sie dort entlang fuhren, mit Licht. Die waren völlig unvorbereitet, die hielten das wahrscheinlich nicht für möglich, dass da deutsche U-Boote auftauchen«, erinnert sich Gerhard Rädel, Besatzungsmitglied von U 171.

In New Orleans gingen die Uhren in der Tat gemächlich. In der Jazzmetropole am Mississippi wähnte man sich weit weg vom Grauen des Krieges. Und am Anfang waren es nur die unter Mississippi-Fahrern kursierenden Gerüchte, welche die Bewohner am »Big

Muddy« beunruhigten. Zunächst schienen vor allem die Garnelenfischer aus den Bayous zu spüren, was es hieß, sich mit feindlichen U-Booten in heimischen Gewässern herumzuplagen.

Petit Bailey war 16 Jahre alt, als er einen sehr merkwürdigen Fang machte. »Wir befanden uns vielleicht zwei Meilen entfernt von der Stelle, an der ein Schiff versenkt wurde, ein Tanker. Und da stießen wir auf einen Torpedo, der sein Ziel verfehlt hatte. Die Eisenklappe unseres Schleppnetzes prallte zufällig mit dem Ding zusammen, und das Wasser schoss etwa 30 Meter hoch in die Luft. Überall trieben tote Fische, das hat mich zu Tode erschreckt.«

Erst nach und nach erfuhr die Öffentlichkeit, was im Golf geschah, hörte sie von der Jagd deutscher U-Boote auf amerikanische Handelsschiffe, wie auf den Frachter »Sixaola«, der sich auf dem Weg nach Panama befand, um Bananen zu laden. Emanuel Zammit war Chefsteward auf dem Schiff: »Es war wirklich schlimm. Zuerst hörte ich einen lauten, dumpfen Schlag. Und dann fielen plötzlich die Trümmer der Explosion herab. Die Teile sind auf dem Vordach der Brücke gelandet, wo ich mich gerade aufhielt.« Dann folgte etwas, was den Seeleuten in der Region völlig neu war: die plötzliche Begegnung mit einem U-Boot und ein Beispiel »deutscher Gründlichkeit«. »Sie sprachen von der Brücke des U-Boots – in gebrochenem Englisch – und wollten genaue Daten unseres Schiff erfragen«, erinnert sich Zammit. So viel Zeit musste sein. Es war ein bezeichnendes Indiz für die militärische Lage am Golf. 18 deutsche U-Boote, darunter U 166 und U 171, konnten 1942 fast ungehindert operieren. Sie hinterließen eine tödliche Spur.

»Ich steuerte gerade ein Schiff die Südwestmündung hinauf, als der ganze Himmel plötzlich hell aufflackerte«, berichtet Albro Michell, Erster Offizier eines Lotsenschiffs. Der Kapitän meinte: ›Jetzt haben sie wieder eins erwischt.‹ ›Yeah‹, sagte ich. Einige Tage später las ich dann in der Zeitung, dass es die ›David McKelvey‹ war – und genau das war der Tanker, auf dem mein Bruder fuhr, Bernard Michell. Es gab nur wenige Überlebende … und er ist mit dem Schiff untergegangen.«

> Wir sind nicht die Ersten im Golf von Mexiko gewesen. Andere U-Boote hatten vor uns schon sehr viele Schiffe abschießen können.
>
> OTTO METHMANN, BESATZUNGSMITGLIED VON U 171

Im Mai 1942 galt der Golf von Mexiko als gefährlichstes Gewässer der Welt. Bis zur Jahreshälfte wurden dort 62 Schiffe von deutschen U-Booten versenkt – meist ohne Gegenwehr. Gordon Vaeth war damals US-Nachrichtenoffizier: »Es war ein Massaker. Die Navy und die Küstenwache, die der Kriegsmarine damals unterstand, waren unvorbereitet. Wir hatten nicht genügend Flugzeuge, nicht genügend Schiffe und – wenn ich das so sagen darf – auch nicht die nötige Geduld.«

Die Bürger sollten auf keinen Fall erfahren, was sich vor ihrer eigenen Haustür abspielte, wie ohnmächtig die Regierung dastand. Marinereservisten wurden eingezogen für den U-Boot-Krieg im Golf. Vermögende Bürger stellten ihre Yachten zur Verfügung. Das Weiße Haus suchte die Schuld für das Debakel beim Oberkommandierenden der Marine: »Wir haben die Vorbereitungsmaßnahmen auf den U-Boot-Krieg sträflich vernachlässigt«, urteilte Präsident Roosevelt

»Vorbereitungsmaßnahmen sträflich vernachlässigt«: US-Admiral King unternahm zunächst nichts gegen die deutschen U-Boote

später über Admiral King, den Oberbefehlshaber der Flotte. Während die Briten Hitlers submarine Waffe mit wirkungsvollen Mitteln bekämpften, wartete der US-Admiral vorerst ab. Statt auf verstärkte U-Boot-Abwehr setzte er auf die Massenproduktion von Transportschiffen. Die Verlustziffern wurden verheimlicht. Verdrängen hieß die Devise an der gesamten Heimatfront, von Boston bis zur Rio-Grande-Mündung. Die Regierung schien in diesem Krieg mit einer unsichtbaren Waffe ratlos.

George Landwehr gehörte damals einer US-Marineeinheit im Mississippi-Delta an: »Man wollte unter den Leuten keine Panik verursachen, und so haben wir nie über das gesprochen, was draußen passiert ist. Uns wurde nahe gelegt, alles für uns zu behalten.«

Kein U-Boot ist je den Mississippi hochgefahren. Dazu ist der Fluss viel zu flach.

OTTO METHMANN, BESATZUNGSMITGLIED VON U 171

Und so machten bald die haarsträubendsten Geschichten die Runde, in denen es hieß, dass deutsche U-Boote den Mississippi hinauffuhren, dass ihre Besatzungen in den Bars von New Orleans ein und aus gingen und dass U-Boot-Männer sogar von Einheimischen mit Verpflegung und Treibstoff versorgt würden – gegen Bares.

»Das FBI verhaftete überall Leute, die angeblich Funkmeldungen an die U-Boote sendeten, speziell Deutsche«, berichtet ein Zeitzeuge: »Es war verrückt. In Galveston hat man einen Braumeister aus seinem Haus geworfen, nur weil er ein Kurzwellenfunkgerät hatte. Die Gerüchte kursierten damals nur, weil niemand wahrhaben wollte, dass die U-Boote so effektiv operierten.«

In den Hafenstädten wuchs die Angst um die Angehörigen auf See. Wichtigstes U-Boot-Ziel waren vor allem die Tanker-Routen im Golf. Noch heute erinnern sich die Bewohner der Bayous an das makabre Schauspiel vor der eigenen Küste. Guy Pete, ein Fischer, war bei vielen Rettungsaktionen dabei. Dutzende Menschen hat er auf seinem Kutter vor dem Tod bewahrt.

Es gab keine Rücksicht. Es wurde geschossen und gewartet, bis das Schiff endlich sank.

OTTO METHMANN, BESATZUNGSMITGLIED VON U 171

»Wenn Sie einen Mann sehen, der verbrannt aus einem Bullauge hängt, oder einen anderen im Rettungsboot, überall verbrannt und kaum noch atmend – mein Gott –, das ist grauenvoll. ... Ein Mann, an dem nur noch Hautfetzen hingen, starb auf dem Weg nach Houma. Um Gottes willen, die Gesichter und alles – wenn man sie anfasste und aus den Rettungsbooten holte, blieb einem das Fleisch an den Händen hängen.«

War den deutschen U-Boot-Fahrern das Leid der Opfer bewusst? Wir haben Überlebende von U 171 danach gefragt: »Zum einen hatte uns natürlich das Jagdfieber gepackt. Aber das waren ja auch Seeleute, die auf den sinkenden Schiffen waren, und wenn man sieht, wie die Männer dann brennend in den Flammen schwammen und ›help, help, help‹ brüllten, das war schon schlimm, aber es war Krieg«, sagt Gerhard Rädel, und die Erinnerung bewegt ihn heute noch.

Der Himmel über dem Golf färbte sich nach Tankertreffern schwarz. Hunderte von Seeleuten starben in den Flammen, ertranken, wurden von Haien getötet oder trieben tagelang ölverschmiert auf dem Meer. Im

»Wie eine Familie«: Kommandant Kuhlmann (links) am Turm von U 166 mit Mitgliedern seiner Crew

»Irgendwann war jeder dran«: Wasserbomben auf ein deutsches U-Boot

Delta vor New Orleans führte U 166 seinen Sonderauftrag aus. Am 24. und 25. Juli wurde nachts die Mündung des Mississippi vermint – eine »tödliche Falle«. Zwei Tage später meldete Kapitän Kuhlmann ans Hauptquartier: »Befehl ausgeführt.« Dann kam es zu einer ungewöhnlichen letzten Begegnung mit dem Schwesterschiff U 171. Jakob May war dort der Funker an Bord: »Wir lagen so etwa 30, 40 Meter auseinander, und es wurden Blinkzeichen gegeben. Auch mit der Flüstertüte hat man sich zugerufen.«

Einige Male sind Flugzeuge über uns hinweggeflogen, ohne dass irgendwas passiert ist. Die Amerikaner waren zu dieser Zeit noch ziemlich ungeübt.

Jakob May, Funker auf U 171

U 166 und seine Mannschaft wurden hier zum letzten Mal gesehen. Man tauschte Grüße aus und trennte sich wieder. Einige Tage später wurde das Schwesterschiff U 171 von einem Flugzeug angegriffen. Dies war der Anfang einer Legende, deren Umstände sich erst jetzt klären lassen. Denn es handelte sich um jenes »Coast-guard«-Flugzeug, das angeblich U 166 versenkt haben soll und dessen Besatzung dafür einen Orden erhielt. George Boggs, der Kopilot, sagt: »Wir kreisten etwa eine Stunde lang um die Stelle, und wir sahen verschiedene Ölspuren.«

Doch die Crew der Küstenwache versenkte nicht U 166, sondern sie zwang durch ihren Angriff U 171 zum Abtauchen. »Über meinem Kartentisch war die Decke mit Korkkrümeln besprüht, gegen Schwitzwasser. Und da fielen dann einige Krümel auf meine Karte und auf mein liebes Haupt. Das war's denn wohl«, erinnert sich das Besatzungsmitglied Otto Methmann.

Daraus wurde die Legende vom Ende

von U 166 – und der Beginn einer Suche an der falschen Stelle. U 171 lief später nicht weit vom französischen Stützpunkt Lorient auf eine britische Seemine und sank. 22 Besatzungsmitglieder starben, die anderen konnten gerettet werden, darunter Gerhard Rädel, Otto Methmann und Jakob May.

Und U 166? Was geschah mit dem Boot des Kommandanten Kuhlmann? Seine »Erfolgsbilanz« ließ zu wünschen übrig. Vor der Mississippi-Mündung wurden die gelegten Minen weggespült. Auch sechs Torpedos hatten ihr Ziel verfehlt. Die Mannschaft stand unter »Erfolgsdruck«.

So bahnte sich eine Tragödie auf See an. In den letzten Julitagen 1942 befand sich der Passagierdampfer »Robert E. Lee« auf dem Weg von Trinidad in den Golf – mit mehr als 400 Menschen an Bord. Viele von ihnen hatten schon U-Boot-Angriffe hinter sich. Einer der Matrosen war Marshall Charlton: »Die meisten unserer Passagiere, deren Schiffe ja schon vorher torpediert worden waren, hielten sich nur an Deck auf. Sie schliefen auch nachts an Deck. Bei einem Torpedotreffer war es dann viel leichter, von dort abzuhauen, als wenn man in der Kabine im Schlaf überrascht worden wäre.«

Auf dem Schiff befanden sich Arbeiter von amerikanischen Stützpunkten in der Karibik. Einem Konvoi konnte sich der Kapitän nicht anschließen, nur ein kleiner Zerstörer

»Treffer im Maschinenraum«: Die von U 166 versenkte »Robert E. Lee«

übernahm in der gefährlichen See den Geleitschutz. George Starke war Kanonier auf dem Begleitschiff: »Als die See so ruhig wurde und alles still war, hatten wir keine Ahnung, dass wir dem Tod direkt ins Auge sahen.«

Es war der 30. Juli 1942, als U 166 auf Periskoptiefe tauchte, 70 Kilometer vor der Mississippi-Mündung. Am Horizont machte Kommandant Kuhlmann die »Robert E. Lee« aus – den Zerstörer bemerkte er nicht. Kuhlmann gab den Befehl, auf Schussposition zu gehen. Dann folgte jener Vorgang, der sich täglich in vielen Meeren der Welt wiederholte: der Abschuss eines Torpedos. Der Sprengkörper bahnte sich seinen Weg sichtbar durch das Wasser. Auf dem Passagierschiff blieb das nicht unbemerkt:

»Wir konnten sogar den Propeller am Torpedo erkennen – klar und deutlich. Jeder rannte weg – aber ich war wie erstarrt«, sagt der damalige Steward auf dem Schiff, Joseph Winnier. »Es gab einen plötzlichen Ruck, als das verdammte Ding einschlug. Das war, als ob das Schiff gegen eine Wand gefahren wäre…«

An Bord brach Panik aus. SOS wurde gefunkt. Die »Robert E. Lee« erhielt einen Treffer im Maschinenraum. Die Männer, die dort eingeschlossen waren, sie hatten keine Chance. Dann kam es zu einer gespenstischen Szene. »Ich sah das Schiff sinken. Aber da war eine Frau am Bug des Schiffes. Alle riefen ihr zu, sie soll springen, aber sie wollte nicht.« Nicht nur Marshall Carlton, auch Joseph Winnier wurde Zeuge: »Diese Frau war völlig erstarrt vor Angst, wie ich es war, als ich

»Operation Paukenschlag«: Zwei deutsche U-Boote auf dem Weg zur amerikanischen Küste

den Torpedo sah, sie wollte einfach nicht loslassen.« Von den 400 Passagieren konnten die meisten gerettet werden. Doch für die anderen kam jede Hilfe zu spät.

Und U 166? Hier wollte man sich nach dem Treffer vergewissern, ob das Schiff auch wirklich sank – und blieb an Ort und Stelle. Dies war ein tödlicher Fehler des Kommandanten. Auf dem Begleitzerstörer, der das Passagierschiff eskortierte, sah man das Periskop und nahm Kurs auf das U-Boot. »Ich glaube, es hat uns nicht gesehen, als es den Torpedo abschoss«, sagt der Kanonier der Zerstörers, George Starke: »Es kam an die Oberfläche und tauchte erst weg, als wir schon auf das Boot zufuhren.«

Die Jagd auf den Jäger begann. Der Begleitzerstörer warf Wasserbomben, alles, was zur Verfügung stand. Und nun geschah, was niemand auf Deck bemerkte. Eine der Bomben traf U 166 am vorderen Rumpf. Das Boot wurde aufgerissen. In den kommenden Minuten sollte die Mannschaft jenes fürchterliche Schicksal treffen, das zuvor schon Tausende von U-Boot-Männern auf den Weltmeeren erlitten hatten. In zwei Teile gerissen, sank das U-Boot auf den Meeresgrund – in 1500 Meter Tiefe –, fast zur gleichen Zeit wie sein letztes Opfer, die »Robert E. Lee«. Von U 166 gab es keine Meldung mehr. Das Boot und seine 52 Mann Besatzung galten fortan als verschollen.

Die U-Boot-Fahrer wussten: Irgendwann ist jeder einmal dran.

ADOLF CLASEN, U-BOOT-WACHOFFIZIER

Im Laufe des Sommers 1942 sollten die Angehörigen davon erfahren, dass U-166 nicht zurückkehren würde. Manche wollten es nicht wahrhaben: »Meine Großmutter hat nie akzeptiert, dass ihr Sohn nicht zurückkommt. Sie hat die Todesnachricht nicht angenommen und immer gesagt, das stimmt nicht – der kommt zurück, der ist irgendwo im Ausland geblieben. Und lebt da, und irgendwann wird er sich melden«, so Rotraud Hennig, die Nichte des Maschinisten. Es dauerte Jahre, bis der letzte Hoffnungsschimmer erlosch: »Von dem Tag an hat meine Großmutter ihre Kleider gewechselt und ist nur noch in Schwarz gegangen. Keiner konnte sie überreden, sie wieder abzulegen.«

Wir waren in der Marine erzogen, unsere Pflicht zu erfüllen. Wir kämpften für unser Vaterland. Deshalb fuhren wir zur See.

ERICH TOPP, U-BOOT-KOMMANDANT

Heute kennen wir die letzte Ruhestätte ihres Sohnes; die Angehörigen sahen in unserer Sendung *History* die beklemmenden Bilder vom stählernen Sarg auf dem Meeresgrund. Für sie und die Familien der Opfer im Golf ist das Grab im Mississippi-Canyon ein Mahnmal gegen den Krieg.

Für die Witwe des Ersten Offiziers, Hans Traun, geht ein tragisches Kapitel zu Ende: »Es hat sehr, sehr viele Jahre gebraucht, dass ich ihn wirklich sterben lassen konnte. Und ich bin eigentlich sehr froh, dass ich jetzt, am Ende meines Lebens, die letzte Gewissheit habe, um wirklich Abschied zu nehmen. Jetzt kommt die ganze Geschichte in Ordnung, wofür ich ein Leben gebraucht habe, um damit fertig zu werden«, gibt uns Ursula Traun mit auf den Weg.

153

Nemmersdorf – den Namen des kleinen ost-preußischen Dorfes machte die Goebbels-Propaganda zum Menetekel für die Gräuel der Roten Armee gegenüber der deutschen Zivilbevölkerung. Frauen seien im Oktober 1944 brutal vergewaltigt und an Scheunen-tore genagelt worden, so hieß es. Was ge-schah wirklich?

1944 Die Wahrheit über Nemmersdorf

Majakowskoje ist heute eine kleine Ge-meinde rund 100 Kilometer südöstlich von Kaliningrad. Früher hieß der Ort Nemmers-dorf. Am 21. Oktober 1944 fand hier das erste sowjetische Massaker auf deutschem Boden statt. Die traurige Bilanz: 26 Tote, darunter Frauen, Kinder, Greise. Die deutsche Propa-ganda lief auf Hochtouren: »Die bestialische Bluttat von Nemmersdorf wird die Bolsche-wisten teuer zu stehen kommen«, wütete die Nazi-Presse und führte die Toten ins Feld, um letzte Reserven für den längst verlorenen Krieg zu mobilisieren. Der Name Nemmers-dorf ging als Fanal des Schreckens in die Ge-schichte ein; Auftakt zahlloser Verbrechen, die bei der Eroberung Ostpreußens von sow-jetischen Soldaten an der deutschen Zivil-bevölkerung verübt wurden. Für viele Ost-preußen ist »Nemmersdorf« noch immer fest im kollektiven Gedächtnis verankert; mit ihm verbinden sich seelische und körperliche

»Erinnerung auf Zeit«: Das Holzkreuz in Nemmersdorf wurde im Januar 1945 von den Sowjets entfernt

An der ostpreußischen Grenze hing ein großes Plakat, auf dem stand: »Hier beginnt das ver-dammte Deutschland.«

ANDREI GREZ, PANZERFAHRER DER ROTEN ARMEE

Traumata. »Über Nemmersdorf kann man nicht reden«, lautet die Reaktion der meisten Zeitgenossen, die auf den sowjetischen Über-fall im Herbst 1944 angesprochen werden. Auch wenn die *Zeit* 1992 den historischen Vergleich versuchte: »Im Verhältnis zur Ka-tastrophe des Sowjetreichs, zu den Dutzen-den von Millionen Toten, ist ›Nemmersdorf‹ 1944 ein winziger Punkt im All«, bleibt der Name dieses Ortes Gegenstand zahlreicher, meist emotionsgeladener Debatten. Was lässt heute – fast sechs Jahrzehnte nach dem Ereig-nis – noch Menschen »Rache für Nemmers-dorf« fordern, wie ein hingesprühter Spruch im ehemaligen ostpreußischen Grenzstädt-chen Tilsit belegt? Hartnäckig und allzu oft ungeprüft halten sich im Zusammenhang mit Nemmersdorf Berichte über beispiellose Ver-brechen: Vergewaltigung, Mord, Kreuzigung.

155

Vor dem Einmarsch in Deutschland 1944 war die Losung »Töte den Deutschen!« weit verbreitet.

Varfolomej Korobuschin, damals sowjetischer Soldat

Der Tod von 26 wehrlosen Zivilisten ist unbestritten. Doch über Kreuzigungen in Nemmersdorf sagen bislang unveröffentlichte Dokumente der Geheimen Feldpolizei, die wir im Archiv des Auswärtigen Amtes einsahen, nicht nur nichts aus, sondern lassen auch andere Schlüsse zu. Darüber hinaus gelang es uns, die einzige Überlebende von Nemmersdorf ausfindig zu machen und mit Soldaten zu sprechen, die in dem ostpreußischen Dorf gekämpft haben. Ihre Aussagen dokumentieren erstmalig, was in jenen Tagen des Oktober 1944 in Nemmersdorf wirklich geschah.

In der Nacht vom 20. auf den 21. Oktober 1944 lag dichter Nebel über dem kleinen Ort an der Angerapp. Seit Tagen waren Menschen mit Pferdefuhrwerken und Handkarren durch Nemmersdorf gezogen, die vor den heranrückenden sowjetischen Truppen flohen. Auch die Nemmersdorfer hatten sich schweren Herzens auf den Weg gemacht, als das dumpfe Grollen der Front immer lauter wurde. Mitte Oktober 1944 hatte die Rote Armee mit ihrer Herbstoffensive begonnen. Der sowjetische Angriff war frontal von Osten in Richtung Königsberg erfolgt: Artilleriefeuer und Fliegerangriffe von bis dahin unbekannter Stärke verwandelten das ostpreußische Grenzgebiet in eine Feuerhölle und versetzten die Bevölkerung in Angst und Schrecken. Zum ersten Mal in der Geschichte

»Einfach niedergewalzt«: Ein von der Roten Armee überrollter Flüchtlingstreck bei Nemmersdorf

jenes Krieges, den Hitler im Namen des deutschen Volkes entfesselt hatte, rollten sowjetische Panzer auf deutschem Boden – und so gut wie niemand in der ostpreußischen Bevölkerung war darauf vorbereitet.

Seit Mitte August 1944 war es an der Front, die sich nach dem Zusammenbruch der Heeresgruppe Mitte bedrohlich nahe an Ostpreußen herangeschoben hatte, ruhig geworden. Die deutschen Heeresdivisionen hatten die Gefechtspause genutzt, ihre Stellungen zu verstärken, um für den erwarteten Angriff der Sowjets gerüstet zu sein. Diese Zeit hätte auch genutzt werden können, um die Bewohner der bedrohten ostpreußischen Gebiete in Sicherheit zu bringen. Doch Gauleiter Erich Koch hatte anderes im Sinn. Obwohl er über die bevorstehende Gefahr informiert war, veranlasste er keinerlei Maßnahmen zur Räumung der frontnahen Gebiete. Stattdessen verkündete er Parolen vom »Endsieg«, um sich bei seinem »Führer« in Berlin beliebt zu machen, und drohte bei heimlicher Fluchtvorbereitung mit drastischen Strafen.

Zu unserem Entsetzen tauchten an den Hängen der Angerapp an diesem nebligen Oktobermorgen die ersten Russen auf. Sie machten zunächst einen abwartenden Eindruck, pirschten sich dann aber näher, und ehe wir uns versahen, standen sie vor uns. Sie nahmen den Flüchtlingen im Vorbeigehen die Uhren und den Schmuck ab.

MARIANNE STUMPENHORST, ALS FLÜCHTLING
BEI NEMMERSDORF VON DEN SOWJETS EINGEHOLT

So hatten sich auch die meisten Nemmersdorfer erst zum Aufbruch entschlossen, als die sowjetischen Panzer schon bis auf wenige Kilometer an ihre Häuser herangerückt waren. Die rund 650 Einwohner der kleinen Gemeinde hatten vergeblich auf einen Räumungsbefehl gewartet. In aller Eile packten sie nun ihre Habseligkeiten auf Fuhrwerke und Karren und verließen hastig das Dorf in Richtung Westen. Nur wenige Dorfbewohner entschlossen sich zu bleiben, darunter Gerda Meczulat, die einzige Überlebende des Überfalls, und ihr Vater. Bis heute sind Gerda Meczulat diese Stunden in der Nacht zum 21. Oktober in lebhafter Erinnerung geblieben – es war der 71. Geburtstag ihres Vaters: »Mein Vater sagte: ›Die Russen sind doch auch nur Menschen.‹ Und wo sollten wir denn auch hin? Wir hatten ja auch gar keinen Pferdewagen, und laufen konnten wir beide nicht.« Die damals 20-Jährige litt seit ihrem siebten Lebensjahr an Kinderlähmung. So beschlossen sie und ihr Vater, im Dorf Schutz zu suchen und auf das Beste zu hoffen. An einem Kanal nahe der Angerapp war für die Dorfbewohner ein Unterstand eingerichtet worden: eine große Tunnelröhre, die man mit Stroh ausgelegt und an den Seiten mit Bänken versehen hatte. Als Gerda Meczulat und ihr Vater in die enge Röhre krochen, trafen sie dort zwölf weitere Menschen, die wie sie beschlossen hatten, im Dorf zu bleiben – darunter eine Mutter mit vier Kindern.

Am frühen Morgen des 21. Oktober entbrannte um Nemmersdorf ein verlustreicher Stellungskampf. Gustav Kretschmer, Soldat des 2. Fallschirmjägerregiments, dessen versprengte Reste zur Verstärkung herbeigerufen worden waren, erinnert sich an seinen Einsatz: »Im dicksten Nebel, im Morgengrauen, ging der Angriff schon los – wo normalerweise niemand angreift. Durch diesen Nebel haben wir gar nicht gesehen, wo die Russen ihre Stellungen hatten – mit dem Er-

folg, dass wir mit 170 Mann Kompaniestärke angetreten sind und innerhalb einer halben Stunde nur noch 22 Mann übrig waren.«

In einer der Gefechtspausen wagte es Vater Meczulat, den Unterstand noch einmal zu verlassen, um in sein Haus zurückzukehren: »Es war unheimlich still draußen, kein Schusswechsel war mehr zu hören«, erzählt Gerda Meczulat. »Und mein Vater sagte: ›Ich gehe jetzt und koche uns Kaffee.‹ Wir hatten ja noch nicht mal gefrühstückt, und er brauchte ja nur über die Straße zu gehen. Nach einer ganzen Weile kam er tatsächlich mit frischem Kaffee und Schnitten wieder und sagte: »Das Dorf ist voller Russen!« Die Sowjets hatten den alten Mann nach Waffen durchsucht und schließlich wieder laufen lassen. Immer noch hofften die Menschen in der Tunnelröhre, mit heiler Haut davonzukommen.

Am späten Nachmittag des 21. Oktober flog die deutsche Luftwaffe einen schweren Angriff. Nun waren die Rotarmisten selbst gezwungen, Schutz zu suchen – und drangen in den Unterstand ein, in dem 14 Menschen um ihr Leben bangten. Doch die Sowjets ließen die ängstlichen Dorfbewohner zunächst unbehelligt. Gerda Meczulat erinnert sich, dass einige von ihnen sogar mit den Kindern spielten. Erst gegen Abend kam es schließlich zu einem verhängnisvollen Zwischenfall: Im Bunker erschien ein höherer Offizier und begann mit den Soldaten eine heftige Auseinandersetzung. Schließlich befahl er den Zivilisten barsch, den Unterstand zu verlassen. Für Gerda Meczulat waren es die entsetzlichsten Minuten ihres Lebens: »Der Offizier

»Nachträglich manipuliert«: Das Verbrechen von Nemmersdorf wurde von der Goebbels-Propaganda missbraucht

blieb vorne am Eingang stehen. Und dann hieß es immer: ›Paschol! Paschol!‹ Als wir heraustraten, standen zu beiden Seiten des

Ich bin als Letzte raus, und durch dieses Geröll bin ich gestolpert und hingefallen. Dann kam der Offizier von hinten und hat mit der Pistole auf mich geschossen.

GERDA MECZULAT, EINZIGE ÜBERLEBENDE

Abhangs vor der Tunnelröhre Russen mit Maschinenpistolen. Ich hörte Schüsse – und dann nur noch das Röcheln der Erschossenen.« Gerda Meczulat verließ den Unterstand als Letzte. Als sie stolperte und längs hinschlug, trat der russische Offizier von hinten an sie heran. Er legte ihr die Pistole in den Nacken und drückte ab. Die Kugel durchdrang den Kopf, zerfetzte den Kiefer und trat über dem Jochbein wieder aus. Wie durch ein Wunder überlebte Gerda Meczulat – als Einzige.

Als die Deutschen am nächsten Morgen Nemmersdorf zurückeroberten, stießen sie überall in den Häusern auf Tote: Eine alte Frau fanden sie auf ihrem Sofa – eine Decke lag noch über ihren Knien. Die Rotarmisten

Das war etwas Besonderes, weil es sich um wehrlose Frauen und Kinder gehandelt hat. Tote Soldaten, klar. Man schießt sich gegenseitig die Köpfe kaputt. Aber wehrlose Menschen umbringen?

GUSTAV KRETSCHMER, DAMALS FALLSCHIRMJÄGER

hatten sie mit einem Kopfschuss getötet. Ein älteres Ehepaar hatte offenbar versucht, sich hinter einer Tür vor den Sowjets zu verstecken – vergeblich. Auch diese beiden Menschen waren von den Soldaten erschossen worden. Ein junges Mädchen saß aufrecht

»Frauen und Kinder brutal ermordet«: Eine deutsche Militärkommission untersucht die Vorfälle von Nemmersdorf

gegen eine Wand gelehnt, den Kopf gespalten. »Auf dem Tisch daneben lag ein rosafarbenes Klümpchen«, schildert Helmut Hoffmann, der an den Kämpfen um Nemmersdorf beteiligt war, den Anblick. »Es war das Hirn der jungen Frau.« Auch an der Brücke über die Angerapp machten die deutschen Soldaten eine grausame Entdeckung: Neben der Leiche einer älteren Frau lag eine junge Mutter mit ihrem toten Baby. Der Schnuller des Kindes lag noch im Staub der Straße. Beim Anblick der ermordeten Zivilisten empfanden viele deutsche Soldaten Wut und Entsetzen. Erst Jahrzehnte später kamen eigene Schuldgefühle auf: »Wir sind 2000 Kilometer weit nach Russland vormarschiert und 2000 Kilometer wieder zurück – da ist nichts ganz geblieben«, bekennt der Soldat Helmut Hoffmann heute im Rückblick. »Wer Wind sät, wird Sturm ernten.«

Die deutsche Propaganda reagierte sofort. Schon wenige Tage nach der Rückeroberung des Ortes wurden Ärzte, Prominente und Reporter herbeigeschafft. Darunter auch Journalisten aus neutralen Ländern wie Schweden und der Schweiz, aber auch französische Berichterstatter sowie Kameraleute und Fotografen, die am Tatort erste Aufnahmen machten. Joseph Goebbels hatte begriffen, dass aus dem Überfall auf Nemmersdorf Kapital zu schlagen war. Hatte die nationalsozialistische Berichterstattung bis dahin detaillierte Schilderungen des Leidens und Sterbens tunlichst vermieden, so wurde plötzlich nicht mehr an Einzelheiten gespart. Fast schien es, als habe Goebbels auf einen solchen Anlass gewartet, um der Welt zu demonstrieren, welche Gefahr die Rote Armee darstellte.

Erfinden brauchten sie das Ganze nicht. Leichen brauchten sie nicht von woanders herzuholen, die waren da. Man hatte ihnen die Leichen und das, was dort geschehen war, sozusagen auf dem Präsentierteller serviert. Dass sie es vermarktet haben, wie man heute sagt, darüber besteht kein Zweifel.

HELMUT HOFFMANN, SOLDAT IN NEMMERSDORF

»Rache für Nemmersdorf«, lautete sein Schlachtruf – damit hoffte er den »fanatischen Widerstand« der Bevölkerung zu aktivieren. Nur wer sich, seine Familie, Haus und Hof bedroht sehe, mobilisiere letzte Kräfte, ließ Goebbels nun verlauten. In seinem Tagebuch notierte er am 26. Oktober 1944: »Göring ruft mich abends an und teilt mir Einzelheiten über die von den Bolschewisten in den von uns wiedereroberten ostpreußischen Dörfern und Städten angerichteten Gräuel mit. Diese Gräuel sind in der Tat furchtbar. Ich werde sie zum Anlass einer großen Presseaufklärung nehmen, damit auch die letzten harmlosen Zeitbetrachter überzeugt werden, was das deutsche Volk zu erwarten hat, wenn der Bolschewismus tatsächlich vom Reich Besitz ergreift.«

Goebbels' »Presseaufklärung« war jedoch weit entfernt von einer wahrheitsgemäßen Darstellung, sondern gekennzeichnet von Verzerrung und schamloser Inszenierung. Sein persönlicher Referent Wilfred von Oven bekennt heute ungeniert: »Goebbels hat auf die sowjetischen Gräuel sehr stark reagiert und immer wieder Weisungen gegeben, diese stärker zu beurteilen und stärker in

den Vordergrund zu rücken. Er hat schließlich auch die freie Verfügung gegeben, die ohne Zweifel geschehenen Gräuel noch doller zu gestalten. Es wurde in jeder Pressekonferenz darauf hingewiesen, dass sich die Presse damit intensiv beschäftigen und nicht an Details sparen sollte.«

Goebbels' Weisungen wurden befolgt. Am 27. Oktober titelte der *Völkische Beobachter*: »Das Wüten der sowjetischen Bestien – Furchtbare Verbrechen in Nemmersdorf« und berichtete ausführlich von Mord, Brandschatzung und Vergewaltigung. Auch die neutrale Presse, darunter der in der Schweiz erscheinende *Courrier de Genève*, brachten Berichte über das sowjetische Massaker. Die abgedruckten Fotos und Wochenschau-Berichte im Kino verfehlten ihre Wirkung nicht: Zur »Beweisaufnahme« war jedes Kind, jede Greisin fotografiert beziehungsweise gefilmt worden: Gesicht, Körperhaltung, Geschlechtsorgane. Hanns-Joachim Paris, damals als Kriegsberichterstatter in Nemmersdorf, hat die Szenerie noch im Gedächtnis: »Man hatte mit dem Aufräumen gewartet, bis die ausländischen, neutralen Journalisten da gewesen waren und alles verzeichnet hatten.« Auf einem Acker liegend, wurden die Toten »öffentlichkeitswirksam« präsentiert: Die Frauen mit entblößtem Unterleib, daneben tote Kinder und Greise. Doch Helmut Hoffmann, der das Dorf als einer der ersten Soldaten nach der Rückeroberung betrat, betont: »So, wie sie da lagen, so, wie sie aufgenommen wurden, hat man das nachträglich gemacht. Man hat ihnen nachträglich die Kleider hochgeschoben und die Schlüpfer heruntergezogen.« Der ehemalige Soldat ist überzeugt davon, dass es in Nemmersdorf keine Vergewaltigungen gegeben hat. »Dazu hatten die doch gar keine Zeit«, begründet er seine Vermutung, »die lagen doch dauernd unter unserem Beschuss.« Auch Gerda Meczulat, die das brutale Vorgehen der Rotarmisten am eigenen Leib erfahren musste, verneint die Frage nach Vergewaltigung. Die Russen hätten sich – bis der Offizier den Befehl zum Erschießen gab – ruhig verhalten. Zu Belästigungen oder gar Vergewaltigungen sei es nicht gekommen.

Mord – aber keine Vergewaltigung? Angesichts von 26 unschuldigen Opfern eines brutalen Verbrechens erscheint diese Frage absurd. Und doch entzündet sich daran eine hochemotionale Debatte. Nemmersdorf ist für viele Ostpreußen ein unbewältigtes Kapitel ihrer Vergangenheit – es steht für das schreckliche Leid, das die ostpreußische Bevölkerung am Ende des Krieges durch sowjetische Soldateska erfahren musste. Die Vorstellung, Nemmersdorf könnte sich als Zerrbild der deutschen Propaganda erweisen, ist daher für viele schmerzlich. Doch die Aussagen der noch lebenden Augenzeugen legen nahe: An den Leichen wurde nachträglich manipuliert. Zwischen Rückeroberung und dem Erscheinen der Presse lagen mindestens vier Tage – Zeit genug also, um ein grausames Verbrechen noch grausamer zu gestalten. Ein bislang unveröffentlichtes Protokoll der Geheimen Feldpolizei vom 25. Oktober 1944, das bei Recherchen im Archiv des Auswärtigen Amtes entdeckt wurde, bestärkt den Verdacht. Dort heißt es: »Außer den GFP-Kommandos waren eine Parteikommission, eine Kommission von der Sicherheitspolizei Tilsit und eine Kommission vom Kommando Nordost der SS-Standarte Kurt Eggers erschienen. Wie in Erfahrung gebracht

wurde, ist am 24. 10. 44 der SS-Gruppenführer Prof. Dr. Gebhardt, Leibarzt des RF SS, am Tatort gewesen und soll ärztliche Untersuchungen getroffen haben.« Was hatte die SS in Nemmersdorf zu suchen? Und vor allem: Mit welchem Auftrag war Heinrich Himmlers persönlicher Leibarzt, Professor Karl Gebhardt, bereits am 24. Oktober 1944, also wenige Stunden nach der Rückeroberung, ins ferne Ostpreußen geeilt? War Nemmersdorf zur »Chefsache« geworden?

Im Protokoll heißt es weiter: »Gemeinsam wurde der Friedhof aufgesucht, wo eine Anzahl von Leichen in einem noch offenen Grab vorgefunden wurden. Die Leichen wurden aus dem Grabe entfernt.«

Hat man die Leichen – die Würde der Toten missachtend – danach für die Presse »präpariert«, um, wie Helmut Hoffmann vermutet, »mehr Wirkung zu erzielen« und »gegen die Sowjetunion Stimmung zu machen«? Die Tagebucheintragung des Propagandaministers vom 10. November 1944 klingt in diesem Zusammenhang fast wie ein Beweis für diese Theorie: »Der Bericht der Reichspropagandaämter ist wieder einigermaßen entmutigend. Die Gräueltaten würden uns nicht mehr abgekauft. Insbesondere hätten die Nachrichten von Nemmersdorf nur einen Teil der Bevölkerung überzeugt.« Nemmersdorf – ein Zerrbild der Propaganda?

> Mein Kommandeur hat mir bestätigt, dass er unmittelbar nach uns dorthin kam und dass er gesehen hat, dass 60 Frauen an Wände oder Scheunentore genagelt waren mit aufgeschlitzten Bäuchen. Das haben wir selbst nicht gesehen, aber er hat gesagt: Ich habe das gesehen.

GUSTAV KRETSCHMER, DAMALS FALLSCHIRMJÄGER, WAR IN NEMMERSDORF

»Nemmersdorf war kein Einzelfall«: Während des Vormarsches 1945 kam es zu zahlreichen Exzessen an der Zivilbevölkerung

Immer wieder tauchen in der Literatur Berichte von Zeitzeugen auf, die in Nemmersdorf »nackte Frauen in gekreuzigter Stellung, durch die Hände genagelt« gesehen haben wollen. Auch Hanns-Joachim Paris, ehemaliger Kriegsberichterstatter, glaubt sich zu erinnern: »Ein grauenhaftes Bild – junge Mädchen und Frauen waren nackt an die Scheunentore genagelt worden. Es war grausam und wirklich kaum vorstellbar.« Doch weder der *Völkische Beobachter* noch andere Presseorgane haben je davon berichtet. Hätte die deutsche Propaganda ein solch bestialisches Verbrechen der Roten Armee verschwiegen? Helmut Hoffmann, einige Tage früher als Hanns-Joachim Paris in Nem-

> **Wenn da geschrieben wurde, es sind Frauen gekreuzigt oder angenagelt worden, dann ist das ungeheurer Blödsinn.**
>
> HELMUT HOFFMANN, SOLDAT IN NEMMERSDORF

mersdorf, ist der Überzeugung: »Wenn da geschrieben wurde, es sind Frauen gekreuzigt oder angenagelt worden, dann ist das ungeheurer Blödsinn.« Sein Kamerad Gustav Kretschmer hingegen sagt: »Mein Kommandeur hat mir später davon erzählt.« Mit eigenen Augen hat er die Tat aber auch nicht gesehen.

Erst 1953 war zum ersten Mal in einem Bericht von »gekreuzigten Frauen« im Zusammenhang mit Nemmersdorf die Rede.

163

Volkssturmmann Karl Potrek gab in der »Dokumentation der Vertreibung« zu Protokoll, er habe sechs unbekleidete, an Scheunentore genagelte Frauen gesehen. In den Wohnungen seien insgesamt 72 Frauen und Kinder tot aufgefunden worden. Legendenbildung oder Wahrheit? Die »Dokumentation der Vertreibung« gilt als seriöse wissenschaftliche Untersuchung von Flucht und Vertreibung am Ende des Zweiten Weltkriegs. In den Fünfzigerjahren wurde Professor Theodor Schieder vom Bundesvertriebenenministerium beauftragt, Erfahrungszeugnisse zusammenzutragen. Eine Arbeitsgruppe sammelte Briefe und Tagebücher, setzte Befragungen und Niederschriften in Gang. Rund 10 000 Berichte kamen zusammen – eine »frühe Geschichte von unten«, entstanden aus dem Mangel an »ordentlichen« Akten. Erst jüngst ist die »Dokumentation der Vertreibung« von einem jungen Historiker infrage gestellt worden: Mathias Beer fand heraus, dass die Arbeitsgruppe um Theodor Schieder »entsprechend der Zahl der in einem Bericht enthaltenen Fälle wie etwa Mord, Totschlag oder Vergewaltigung honorierte«. Im Klartext hieße das: Je mehr Tote in einem Bericht vorkamen, desto mehr Honorar wurde an den Zeitzeugen bezahlt. Galt dies auch für die Aussage von Karl Potrek? Die Zahl der Todesopfer, die Potrek in seinem Bericht mit 72 angab, legt die Vermutung nahe, dass er die Toten des Landkreises Gumbinnen, zu dem auch Nemmersdorf gehörte, hinzuzählte. Denn auch in Nachbargemeinden wie Alt-Wusterwitz und Tutteln war es zu Erschießungen – und Vergewaltigungen – durch Soldaten der Roten Armee gekommen. In Nemmersdorf selbst wurden 26 Zivilisten ermordet.

Was ist nun die Wahrheit über Nemmersdorf? Fest steht: Die Rote Armee hat beim Überschreiten der deutschen Grenze in Ostpreußen und anderswo schreckliche Verbrechen an wehrlosen Zivilisten verübt. Fest steht auch: Goebbels hat versucht, diese grausame Wahrheit noch grausamer zu gestalten, Fakten bewusst zu verzerren, um so »mehr« Wirkung zu erzielen. Doch mit seiner Nemmersdorf-Kampagne hatte sich der sonst so geschickt agierende Propaganda-

Die Gräuelnachrichten werden uns nicht mehr abgekauft. Insbesondere haben die Nachrichten von Nemmersdorf nur einen Teil der Bevölkerung überzeugt.

JOSEPH GOEBBELS, TAGEBUCHEINTRAG
VOM 10. NOVEMBER

minister verrechnet: Statt den Widerstandswillen zu stärken, brach unter der Bevölkerung Panik aus. In den Wochen nach dem Überfall auf Nemmersdorf setzte in Ostpreußen eine unkontrollierte Fluchtbewegung ein, die Goebbels' Durchhalteparolen Lügen strafte. Schließlich gestattete die Gauleitung auf Drängen des Militärs – und um wieder Herr der Lage zu werden – die Evakuierung eines etwa 30 Kilometer langen Streifens hinter der Front.

Im Verhältnis zur Katastrophe des Sowjetreichs, zu den Dutzenden von Millionen Toten, ist »Nemmersdorf« 1944 ein winziger Punkt im All.

Die Zeit, 1992

Nemmersdorf war zum Fanal geworden. Das Schreckensbild, das die deutsche Propaganda gezeichnet hatte, sollte in den kommenden Monaten noch hunderttausendfach übertroffen werden. Das Massaker in Nemmersdorf blieb kein Einzelfall – es war lediglich Auftakt einer Reihe brutaler Exzesse sowjetischer Soldateska gegen die deutsche Zivilbevölkerung. Heute erinnert ein sowjetisches Ehrenmal in Majakowskoje an die Ereignisse im Herbst 1944 – doch es wurde ausschließlich für die beim Kampf um den Ort gefallenen Soldaten der Roten Armee errichtet, nicht für die 26 Dorfbewohner, die damals im Oktober 1944 auf grausame Weise ihr Leben lassen mussten.

Sie nährten die Legende vom versprochenen »Endsieg«: die »Wunderwaffen«, deren Einsatz Goebbels noch im Frühjahr 1945 vollmundig verkündete. Moderne V-1- und V-2-Raketen, schnelle Düsenjäger und neuartige U-Boote sollten die Wende des Krieges erzwingen. Alles nur Propaganda?

1944 Die Legende von den »Wunderwaffen«

Man schrieb den 11. April 1945, vier Wochen bevor der Zweite Weltkrieg in Europa zu Ende ging. Sergeant Frank Woolner war mit der Vorhut der 3. US-Panzerdivision in das kleine Städtchen Nordhausen im Harz eingerückt. Außerhalb der Stadt stieß er mit einigen Kameraden auf den Eingang zu einer mysteriösen Tunnelanlage. Im fahlen Dämmerlicht bot sich den GIs ein gespenstisches Bild: Ein unterirdisches Labyrinth durchzog kilometerweit den Berg. Bald trauten sie ihren Augen nicht mehr: Sie erblickten turmhohe Raketen, ganze Produktionsstraßen mit modernstem technischen Gerät. Sie hatten Hitlers geheimste Waffenschmiede entdeckt, das so genannte Mittelwerk, den Produktionsort der berühmten V-2-Rakete, streng geheimer Düsentriebwerke und der Flugabwehrrakete »Taifun«. Hier waren die technische Perfektion und die menschenverachtende Perversion des »Dritten Reiches«

»Flugbombe im Einsatz«: V 1 kurz vor dem Aufschlag über einem Wohnviertel im Süden Englands

gleichsam auf einem Fleck zu finden: Hochtechnologie, weltweit führend auf ihrem Gebiet, gebaut von Tausenden von KZ-Häftlingen, die hier unter unmenschlichen Arbeitsbedingungen dahinvegetierten und zu Hunderten krepierten.

Den alliierten Truppen bot sich bei der Besetzung Deutschlands überall das gleiche Bild. In alten Stollen, in Fabriken und auf Werften stießen sie auf die Geheimwaffen der Deutschen: superschnelle Düsenjäger, hochmoderne Radargeräte, tödliches Nervengas, neuartige U-Boote. Und sie waren entschlossen, den technologischen Vorsprung des unterlegenen Kriegsgegners zu nutzen: Ganze Schiffsladungen an technischem Know-how wurden eilig zusammengerafft und abtransportiert. Besonders eifrig waren dabei die Amerikaner, die in den Wirren des Zusammenbruchs alles daran setzten, die deutschen Techniker in die USA zu bringen. Deren nationalsozialistische Vergangenheit interessierte dabei nicht. Bekanntestes Beispiel ist Wernher von Braun, der »Vater« der

167

»Kriegswende erhofft«: Eine Rakete vom Typ V 1 wird zum Startplatz gerollt

V 2, der mit seinem Team am Bau der amerikanischen Mondrakete »Saturn« maßgeblich beteiligt war.

Kurz nach dem Krieg lüfteten ehemalige hohe Offiziere und Technikfunktionäre die Geheimnisse der deutschen Waffenschmieden. Der Tenor ihrer Aussagen war stets der gleiche: Eine dilettantische Führung habe die Entwicklung der »Wunderwaffen« behindert, auf welche die Alliierten kurz vor Kriegsende allenthalben stießen. Wichtige Entscheidungen seien nicht oder verzögert getroffen worden. Man habe den technischen Vorsprung verschenkt, sodass die Waffen zu spät an die Front gekommen seien, um noch eine Wende des Krieges zu bewirken. In der angloamerikanischen Presse wurde diesen »Enthüllungen« nur zu gern geglaubt, wurde der deutsche Feind dadurch nur noch bedrohlicher, die eigene Leistung, ihn schließlich besiegt zu haben, noch heroischer.

Unbekannte, einzigartig dastehende Waffen befinden sich auf dem Weg zu euren Fronten.

ADOLF HITLER, 19. FEBRUAR 1943

In der Tat war die deutsche Waffentechnik bei Kriegsende auf einem beeindruckenden Niveau angelangt. Aber hätte sich damit auch der Krieg gewinnen lassen? Hätten diese Waffen das »Wunder« bewirken können, das Kriegsglück noch einmal zu wenden, wären sie noch in ausreichender Zahl eingesetzt worden? Hatte Hitler möglicherweise sogar Recht, als er am 11. März 1945 die Kommandeure der Nunten Armee beschwor: »Es geht um jeden Tag, um jede Stunde, um jeden Meter. Wir besitzen noch Dinge, die fertig

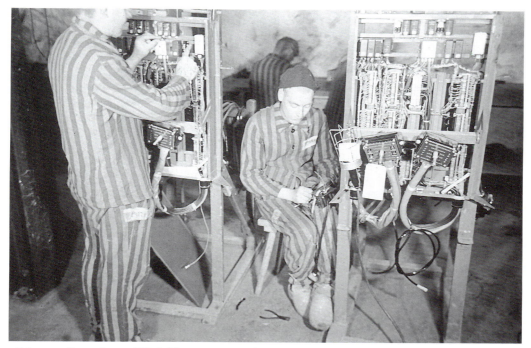

»Gebaut von Tausenden von KZ-Häftlingen«: Montage der V 2 im unterirdischen »Mittelwerk« bei Nordhausen

werden müssen, und wenn sie fertig sind, das Schicksal wenden.«

Unterziehen wir die deutschen »Wunderwaffen« einmal einer genaueren Betrachtung. Ohnmächtig hatte die Führung des »Dritten Reiches« mit ansehen müssen, wie britische und amerikanische Bomber die deutschen Städte dem Erdboden gleichmachten. Verbissen hielt vor allem Hitler an der Idee fest, es den Briten heimzuzahlen zu müssen. Ihre Städte mussten angegriffen werden, koste es, was es wolle. Da die deutsche Bomberwaffe schon 1942 mit Angriffen auf England überfordert war, wurde im Juni 1942 der streng geheime Auftrag zur Entwicklung einer Flugbombe erteilt, die entsprechend ihrer Aufgabe später die Bezeichnung V 1, Vergeltungswaffe 1, erhielt. Nach überraschend kurzer Entwicklungszeit lief im September 1943 die Serienfertigung an. Es war ein von

> Der Führer verspricht sich von der Raketenwaffe außerordentlich viel. Er glaubt, unter Umständen damit eine Wendung des Kriegsbildes England gegenüber hervorrufen zu können.
>
> JOSEPH GOEBBELS, TAGEBUCHEINTRAG VOM 10. SEPTEMBER 1943

der Firma Fieseler entwickeltes Gerät, im Prinzip ein unbemanntes kleines Flugzeug, das eine Sprengladung von 800 Kilogramm Gewicht trug, von einem einfachen Raketentriebwerk angetrieben und über eine primitive Kreiselsteuerung auf Kurs gehalten wurde. Die V 1 flog in einer Höhe von rund 1500 Metern und hatte eine Reichweite von 230 Kilometern. Allerdings war die Treffergenauigkeit überaus schlecht, die Streuung betrug mehr als 20 Kilometer. Nur der Einsatz gegen eine Großstadt machte daher überhaupt Sinn. Als Ziel stand vor vornherein London fest – schließlich war es die einzige gegnerische Metropole, die in Reichweite lag.

Der Einsatztermin verzögerte sich jedoch immer wieder – die technischen Probleme konnten erst im Frühjahr 1944 überwunden werden. Für Goebbels' Propaganda war diese Waffe angesichts der katastrophalen Kriegslage unendlich wichtig. Erinnern wir uns: Seit der Schlacht von Stalingrad hatte sich das Kriegsglück spürbar gewandelt. An allen Fronten war die Wehrmacht auf dem Rückzug. Im Osten marschierte die Rote Armee unaufhaltsam nach Westen, aus Nordafrika waren die Achsenmächte vertrieben worden, bald darauf auch aus Sizilien. Die Schlacht im Atlantik ging verloren, der Kampf in der Luft bald ebenso. Am 4. Juni 1944 hatten die Alliierten Rom eingenommen, zwei Tage später waren sie in der Normandie gelandet, unternahmen den finalen Angriff auf die »Festung Europa«. Die Stimmung im Volk begann sich schon im Verlauf

> **Die fliegenden Bomben sind ja eine schwere Geburt gewesen. Wie oft schon sollte es losgehen, und dann kam doch immer wieder etwas dazwischen.**
>
> Joseph Goebbels, Tagebucheintrag vom 14. Juni 1944

des Jahres 1943 spürbar zu wenden. Goebbels war alarmiert, versuchte immer wieder die Hoffnung auf den Einsatz neuartiger Waffen zu nähren und so dem Einbruch der Moral entgegenzuwirken. Selbst Hitler hatte in seiner Neujahrsansprache vom 1. Januar

»Psychologische Wirkung«: Winston Churchill und seine Tochter Mary beobachten eine anfliegende V 1

1944 damit gedroht, dass die Stunde der Vergeltung kommen werde!

Im Juni 1944, kurz nach der alliierten Landung in der Normandie, war es dann endlich so weit. In der Nacht vom 12. auf den 13. Juni wurden in einer überhasteten Aktion die ersten V 1 in Richtung London abgefeuert. Der erste Masseneinsatz fand vier Tage später statt – es war der Tag, an dem auch die Propaganda den Beginn der Vergeltung verkündete. 244 V 1 sind im Verlauf dieser Aktion gestartet worden, 45 stürzten gleich nach dem Abheben ab, 112 erreichten tatsächlich London.

»Südengland und das Stadtgebiet von London wurden in der Nacht und vormittags mit neuartigen Sprengkörpern schwersten Kalibers belegt. Seit Mitternacht liegen diese Räume mit nur geringen Unterbrechungen unter diesem Feuer. Mit stärksten Zerstörungen ist zu rechnen.« Der Wehrmachtsbericht vom 16. Juni 1944 verkündete mit dürren Worten, was zehntausende Deutsche sehnlichst erhofft hatten: Nun war die V 1, die erste »Wunderwaffe« des »Dritten Reiches«, im Einsatz. »Der Tag, auf den 80 Millionen Deutsche sehnlichst gewartet haben, ist da«, schrieb die Zeitung *Das Reich.* Die Stimmung besserte sich spürbar: In einem Bericht des Sicherheitsdienstes aus dem Abschnitt Frankfurt am Main hieß es in diesen Tagen: »Es war ergreifend, einfache Arbeiter zu hören, die ihre Freude zum Ausdruck brachten, dass ihr unerschütterlicher Glaube an den Führer nun erneut seine Bestätigung gefunden habe.« Ein älterer Arbeiter brachte seine Zuversicht zum Ausdruck, dass die Vergeltungswaffen nun den Sieg erzwingen würden.

Bereits am 29. Juni hatten die Deutschen die tausendste V 1 gestartet. Die angerichteten Schäden waren nicht unerheblich: Eine Flugbombe entwickelte bei dem Aufschlag eine gewaltige Druckwelle, die ganze

Jetzt geht es wieder aufwärts. Nun sind wir mal wieder vorne.

VOLKSSTIMMEN NACH DEM SD-BERICHT
VOM 30. JUNI 1944

Straßenzüge zerstören konnte. Bis Ende Juni waren 1700 Engländer getötet und weitere 10 700 verletzt worden. Außerdem zwang die ständige Bedrohung durch die »Vergeltungswaffe« die Royal Air Force dazu, einen gewaltigen Abwehrgürtel mit Tausenden von

Flakgeschützen, Sperrballonen und Jagdflugzeugen südlich von London aufzubauen. Allerdings: Was nutzte dies alles angesichts der unaufhörlichen alliierten Bombenattacken auf deutsche Städte? Bei etlichen dieser Angriffe wurde ein Vielfaches an Schäden angerichtet, starb eine vielfache Anzahl von Menschen. Die militärische Wirkung der V 1 war somit denkbar gering. Der eigentliche Wert der V-Waffen beruhte auf ihrer psychologischen Wirkung – weniger für die terrorisierten Londoner als für die deutsche Bevölkerung. Während von allen Fronten Hiobsbotschaften eintrafen, hielt die geschickte NS-Propaganda vom Einsatz der Vergeltungswaffen die Stimmung der Volksgenossen hoch. Man hatte ja ganz bewusst

Volksverdummer Nr. 1, Versager Nr. 1

WITZE ÜBER DIE V 1

die Flugbombe als V 1 bezeichnet, um Hoffnungen und Erwartungen auf die V 2 zu wecken. Allerdings kamen führenden Köpfen des Hitler-Reichs zunehmend Zweifel, ob es in einer derart schweren Zeit denn richtig sei, Hoffnungen auf immer neue Waffen zu wecken, die dann doch nicht erfüllt werden könnten. »Seitdem die Bevölkerung täglich auf das Wunder der neuen Waffen wartet und Zweifel daran hegt, ob wir wissen, dass es bereits einige Minuten vor 12 sei und eine weitere Zurückhaltung dieser neuen – aufgestapelten Waffen – nicht mehr verantwortet werden kann, kommt die Frage auf«, schrieb Albert Speer in einem Brief an Hitler, »ob diese Propaganda zweckmäßig ist.« Rasch machte sich in der Bevölkerung eine tiefe Enttäuschung über die mangelhafte Effizienz der V 1 breit.

171

»Hochkomplizierter technischer Apparat«: Eine neu entwickelte V 2 im Flug, 1944

In dieser Situation konnte es Hitler und seinen Paladinen nur recht sein, dass im September 1944 die V 2 einsatzbereit wurde. Bei ihr handelte es sich um eine zwölf Tonnen schwere Fernrakete, die eine Sprengladung von 1000 Kilogramm trug, auf ihrer Flugbahn bis in die Stratosphäre in 90 Kilometer Höhe vordrang und mehr als 5000 Stundenkilometer schnell war. Gegen diesen Flugkörper gab es keine Abwehr. Hitler war daher seit 1939 an dessen Entwicklung überaus interessiert. Im Mai 1943 hatte er entschieden, sowohl die von der Luftwaffe entwickelte Flugbombe, die spätere V 1, als auch die vom Heer konstruierte Fernrakete A 4, die V 2, in Serie bauen zu lassen. Im Gegensatz zur V 1 war die V 2 ein hochkomplizierter technischer Apparat, dessen Bau gewaltige Ressourcen verschlang und etwa 100-mal so teuer war wie der Bau einer V 1.

Im Einsatz konnte die V 2 den gewaltigen Entwicklungsaufwand kaum rechtfertigen. Gewiss, auch sie richtete erhebliche Schäden in London an, doch eine Kriegswende ließ sich dadurch bestimmt nicht herbeiführen. Im Gegenteil: Der Krieg ist durch den Bau der V 2 wahrscheinlich eher verkürzt worden, weil er die finanziellen Ressourcen für die Produktion von rund 40 000 Flugzeugen verschlang!

Im März 1945 kamen die letzten V-Waffen zum Einsatz. Bis dahin waren knapp

> **Das wird die Vergeltung gegen England werden. Mit ihr werden wir England in die Knie zwingen.**
>
> ADOLF HITLER ÜBER DIE V 2, 20. AUGUST 1943

»Keine Abwehrmöglichkeit«: In London werden im März 1943 nach einem V-2-Angriff Verletzte geborgen

23 000 V 1 und 3000 V 2 gegen London, Antwerpen und Lüttich abgefeuert worden. 15 000 Menschen fielen ihnen zum Opfer, weitere 47 000 wurden verletzt. Die Goebbelssche Propaganda hatte bereits zu Beginn des Jahres 1945 nur noch sporadisch die V-Waffen erwähnt.

Nachdem dieser Trumpf ausgespielt war, richtete sich die Hoffnung der NS-Führung auf Defensivwaffen, die der leidgeprüften Zivilbevölkerung Entlastung von den alliierten Bombenangriffen versprachen, vor allem auf den Düsenjäger Me 262. Seit 1941 in der Entwicklung, wurde er von einem Versuchskommando im Juli 1944 zum ersten Mal eingesetzt und erwies sich allen gegnerischen Flugzeugen als weit überlegen. Mit einer

Es ist, als wenn ein Engel schiebt.

GENERAL ADOLF GALLAND NACH SEINEM ERSTEN FLUG MIT EINER ME 262, 1943

Höchstgeschwindigkeit von 850 Stundenkilometern war er rund 150 Kilometer pro Stunde schneller als das beste alliierte Jagdflugzeug und konnte mit seinen vier Drei-Zentimeter-Kanonen auch mit den schweren viermotorigen Bombern der Amerikaner kurzen Prozess machen. Bis Kriegsende wurden 1400 Maschinen gebaut, von denen allerdings nur noch ein kleiner Teil zum Einsatz kam.

Die Legende will, dass vor allem Hitler selbst an dem verspäteten Einsatz des Wunderjägers schuld war und Deutschlands Niederlage in der Luft eigentlich noch hätte verhindert werden können. Was ist hier Wahrheit, was Dichtung?

Hitler hat in der Tat am 25. Mai 1944 angeordnet, die Maschine nicht als Jäger zu verwenden, sondern als Jagdbomber, der mithelfen sollte, die erwartete Invasion zurückzuschlagen. Der General der Jagdflieger Adolf Galland hat in seinem Bestseller »Die Ersten und die Letzten« nach dem Krieg behauptet, dass dieser Befehl vollkommen unsinnig gewesen sei und die rechtzeitige Inbetriebnahme der Me 262 als Jäger verhindert habe. Die Realität war sicherlich eine andere: Bereits am 4. November 1944 widerrief Hitler seinen Befehl, von nun an wurden alle Me 262 als Jäger gebaut. Gewiss war so Zeit verloren worden. Aber: Nur 60 Machinen hatten in der Zwischenzeit überhaupt die Einsatzverbände erreicht, sie waren noch nicht einmal voll einsatzfähig. Alle Legendenbildung vermag nichts an der Tatsache zu ändern, dass die Turbinen der Me 262 im Herbst 1944 noch nicht perfekt funktionierten und ständig Probleme verursachten, da der deutschen Flugzeugindustrie Chrom und Nickel für die Erstellung hitzefester Legierungen fehlten. Es grenzt ohnehin an ein Wunder, dass die deutschen Ingenieure die hochkomplizierten Antriebsaggregate überhaupt zum Laufen bekamen. Erst im Frühjahr 1945 hatte man die technischen Mängel so weit im Griff, dass die Me 262 wirklich einsatzbereit war. Man kann es drehen und wenden, wie man will: Weder Hitler noch Göring waren dafür verantwortlich, dass die neuen Düsenjäger »zu spät« an die Front kamen – es waren schlicht die technischen Realitäten, die dies bestimmten. Und außerdem: Auch die Me 262 waren im Einsatz keine »Wundervögel«. Zwar schossen sie rund 150 feindliche Flugzeuge ab, darunter

Nur nicht daran denken, dass wir diese Turbojäger schon vor Jahren hätten haben können! Ehe unser Kriegspotenzial zerschlagen wurde, ehe namenloses Elend durch die Bombenzerstörungen über Deutschland kam! Nicht daran denken! Wir können jetzt nichts mehr anderes tun, als fliegen, kämpfen und bis zuletzt als Jagdflieger unsere Pflicht erfüllen.

GENERAL ADOLF GALLAND, ENDE APRIL 1945

viele viermotorige Bomber, doch den Alliierten gelang es im Gegenzug aber auch, rund 100 dieser Turbojäger zu vernichten. Unverwundbar war auch dieses Flugzeug nicht, zumal es eine gewaltige Übermacht alliierter Jagdmaschinen bekämpfen musste und es viel zu wenig erfahrene Piloten gab, welche die Me 262 fliegerisch voll beherrschten.

Die Führung des »Dritten Reiches« nahm die Realität Ende 1944 schon nicht mehr wahr. Sie hoffte weiterhin auf »Wunderwaffen«, die im letzten Moment noch die Wende bringen sollten. Diese Vorstellung gipfelte in der Entwicklung des so genannten »Volksjägers«, der Heinkel 162, eines kostengünstig herzustellenden Düsenjägers, der von in Schnellkursen ausgebildeten Hitlerjungen geflogen werden sollte. Glücklicherweise ist aus diesen abstrusen Plänen nichts mehr geworden. Die in unterirdischen Fabriken gebauten He 162 kamen erst Ende April 1945 an die Front. Sie wären auch von Jungen der HJ, die nur eine Segelflugausbildung durchlaufen hatten, nicht zu fliegen gewesen.

Bei den übrigen »Wunderwaffen« stellte sich die Situation bei genauer Betrachtung ganz ähnlich dar wie bei den Düsenjägern: So befand sich bei Kriegsende ein ganzes Arsenal neuartiger Flugabwehrraketen in

»Als ob ein Engel schiebt«: Mit der Me 262 wollte das NS-Regime die alliierte Lufthoheit brechen

der Fronterprobung. »Wasserfall«, »Rheintochter«, »Taifun« oder »Enzian« – sie alle waren brauchbare Raketenentwicklungen, ihrer Zeit weit voraus. Allerdings wurden diese Waffen noch per Funk vom Boden aus gelenkt – ein Verfahren, das auf Dauer nicht erfolgversprechend sein konnte, wenn man das häufige schlechte Wetter in Mitteleuropa ins Kalkül zieht. Brauchbare Zielsuchgeräte, etwa Infarotzünder, waren aber allesamt noch im Entwicklungsstadium. Einer der führenden Techniker der Luftwaffe meinte dann auch: »Das selbstzielsuchende Geschoss bleibt dem nächsten Krieg vorbehalten.«

Und die »Wunderwaffen« der Marine? Hatten die Alliierten nicht Angst, dass die neuen U-Boote ihnen die Vormachtstellung auf dem Atlantik wieder entreißen würden? In der Tat handelte es sich besonders bei dem U-Boot-Typ XXI um einen revolutionären Entwurf, der für alle konventionellen U-Boote der Nachkriegszeit Vorbild sein sollte: Er konnte erheblich längere Zeit getaucht fahren als die alten Boote, und er war vor allem schnell. Mit einer Unterwasserhöchstgeschwindigkeit von 17 Knoten war er von alliierten U-Boot-Jägern nur schwer zu fassen, da bei einer solchen Geschwindigkeit das Sonargerät nicht mehr eingesetzt werden konnte. Großadmiral Karl Dönitz war vom Entwurf dieser Kriegsschiffe derart begeistert, dass er im Juni 1943 sofort den Serienbau anordnete und alle Ressourcen der Kriegsmarine auf den Bau des Typs XXI konzentrierte. Eines der gewaltigsten Bauprogramme des »Dritten Reiches« begann: Innerhalb kürzester Zeit produzierten die großen Werften in Bremen, Hamburg und Danzig diese U-Boote im Fließbandverfahren: 119 waren es bis Mai 1945 trotz ständiger Bombenangriffe. Aber nur zwei liefen kurz vor Kriegsende noch zur Feindfahrt aus, alle anderen kamen über das Erprobungssta-

Die scharfe Waffe des reinen U-Boots ist vorhanden. Sie wird mit den neuen U-Boot-Typen und ihrer weit höheren Unterwassergeschwindigkeit noch schärfer werden. Es kommt darauf an, mit vielen dieser scharfen Waffen in den Kampf zu gehen.

GROSSADMIRAL KARL DÖNITZ, 28. FEBRUAR 1945

dium nicht hinaus. U 2511, das erste einsatzfähige »Wunderboot«, machte mit fantastisch klingenden Berichten von sich reden: Das U-Boot unter seinem Kommandanten Adalbert Schnee lief aus dem norwegischen Bergen aus, wollte bis in die Karibik vorstoßen. Dann traf die Meldung von der Teilkapitulation aller deutschen Streitkräfte in Norddeutschland

»Gewaltiges Bauprogramm«: Vorgefertigte Teile von U-Booten des Typs XXI, Bremen 1945

ein. Man schrieb den 2. Mai, fortan war der Waffeneinsatz gegen die Alliierten verboten. Schnee kehrte mit seinem Boot nach Bergen zurück, sichtete aber einen Schweren Kreuzer unter Zerstörersicherung. Er erlaubte sich den Spaß und fuhr einen Scheinangriff. Unbemerkt näherte er sich, brachte sich in eine ideale Schussposition, nur wenige hundert Meter vom Gegner entfernt. Doch der Krieg war vorbei, die Torpedos blieben in den Rohren. Also schlich U 2511 sich davon und erreichte kurz darauf Bergen. Schnees Schilderung dieses Ereignisses schien die Leistungsfähigkeit des neuen U-Boot-Typs zu beweisen. Eine kürzlich durchgeführte Überprüfung ergab freilich, dass der Bericht des offensichtlich geltungssüchtigen Kommandanten wohl nicht stimmte: Der Angriff konnte sich so nicht zugetragen haben, weil gar kein britischer Kreuzer zur betreffenden Zeit den Kurs von U 2511 querte.

Der »frisierte« Einsatzbericht von Kapitänleutnant Schnee hat mehr als fünf Jahrzehnte lang einen kritischen Blick auf den neuen U-Boot-Typ XXI verstellt. Gewiss ist nicht zu bestreiten, dass es sich um sehr leistungsfähige Unterseeboote handelte. Allerdings gab es auch unzählige »Kinderkrankheiten«. Die Boote waren in vielen Bereichen unausgereift und hätten angesichts der gewaltigen alliierten Materialüberlegenheit zur See und in der Luft letztlich auch nur einen Krieg der Nadelstiche führen können. Hitler und Goebbels setzten im Januar und Februar 1945 ihre ganze Hoffnung in den »neuen« U-Boot-Krieg, nicht ahnend, dass es sich dabei im Endeffekt lediglich um einen geschickt verpackten »Bluff« von Dönitz' gehandelt hat. Die neuen U-Boote vom Typ XXI konnten genauso wenig eine Wende des Krieges herbeiführen wie der Düsenjäger Me 262, die V 1 oder die V 2.

Unser Blick hinter die Kulissen der »Wunderwaffen« ergibt somit ein ernüchterndes Fazit: Gewiss gab es revolutionäre technische Entwürfe, Neuentwicklungen, die kein anderes Land der Welt vorzuweisen imstande war – auch nicht die Vereinigten Staaten. Ihr eigentlicher Wert bestand jedoch in der Propagandawirkung – einer Hoffnung, die sie nicht nur bei der Bevölkerung geweckt hatten. Auch Techniker und Offiziere berauschten sich an den vermeintlichen Leistungen der neuen Entwicklungen, wurden bald Opfer ihrer eigenen »PR«. Die Verblendung angesichts der wirklichen Möglichkeiten dieser Waffen hielt sich jedoch auch noch nach Kriegsende mit einer erstaunlichen Hartnäckigkeit und bestimmt teilweise sogar heute noch das Bild. Beim starren Blick auf Rekordergebnisse während der Erprobung vergisst man allzu gern, dass die meisten dieser Waffensysteme noch gar nicht einsatzbereit waren. Gerade im hochtechnisierten Luft- und Seekrieg waren die Alliierten den Deutschen qualitativ und quantitativ drückend überlegen. Daran vermochten auch einige Düsenjäger des Typs Me 262 oder U-Boote des Typs XXI nichts zu ändern. Überdies reichte es im Zeitalter des industrialisierten Krieges nicht aus, ein Jagdflugzeug zu bauen, das »nur« schnell flog. Die Maschine musste auch zuverlässig sein, man brauchte genügend ausgebildete Piloten, genügend Treibstoff, die richtige Einsatzdoktrin und genügend Nachschub. In all diesen Punkten hatte das Reich Hitlers schon 1943 den Wettlauf mit den Alliierten unwiderruflich verloren. Mit Hochleistungswaffen konnte man lediglich hoffen, die eine oder andere Schlacht zu gewinnen, die Niederlage im Krieg gegen drei industrielle Großmächte war nur eine Frage der Zeit – auch dann, wenn die »Wunderwaffen« früher an die Front gekommen wären.

»Vater der Rakete«: V 2-Entwickler Wernher von Braun und seine Mitarbeiter nach ihrer Festnahme durch die US-Army, Mai 1945

Ein unbekanntes Kapitel in der Geschichte des Zweiten Weltkriegs ist bis heute der Einsatz von deutschen »Kamikaze«-Fliegern. Junge Piloten aus Görings Luftwaffe wurden in den letzten Kriegsmonaten für Himmelfahrtskommandos gegen feindliche Truppen rekrutiert. Welches Ausmaß hatten diese Selbstmordattentate?

1945 Die deutschen »Kamikaze«

Als die alliierten Truppen im April 1945 die geheimen deutschen Waffenfabriken besetzten, machten sie eine makabre Entdeckung: In dunklen Produktionsstollen und abgelegenen Flughäfen standen hunderte V-1-Raketen mit Pilotenkanzeln und primitiven Steuerinstrumenten! Bemannte V 1! Waffen für Todeskandidaten! In den letzten Kriegstagen häuften sich zudem Berichte, dass sich deutsche Jagdflieger auf amerikanische Bomber gestürzt und diese gerammt hätten. Selbstmordeinsätze im verzweifelten Kampf gegen die alliierten Luftflotten?

Bekannt ist, dass sich *japanische* Piloten mit ihren Flugzeugen auf amerikanische Schiffe stürzten, um den Vormarsch des Feindes im Pazifik aufzuhalten. Im Oktober 1944 hatte das japanische Marineoberkommando hierfür einen Spezialverband aufgestellt, der rasch die Bezeichnung »Kamikaze« erhielt – göttlicher Wind. Dieser Begriff sollte an je-

»Feindliche Bomber vernichten«: Flugzeuge des Typs Focke Wulf 190 waren als »Rammjäger« im Einsatz

nen Taifun erinnern, der 1281 die Invasionsflotte des mongolischen Fürsten Kublai Khan samt 100 000 Soldaten vernichtet hatte. Die Kamikazeflieger wurden bald zum Schrecken der amerikanischen Flotte: Sie töteten über 12 000 amerikanische Matrosen, konnten die unausweichliche Niederlage Nippons jedoch nicht aufhalten.

Aber gab es auch Selbstmordeinsätze deutscher Piloten? Plante Hitler gar einen letzten gewaltigen Schlag mit Hunderten bemannter V-1-Raketen? Folgte er in seinem Zerstörungs- und Untergangswahn dem japanischen Beispiel?

Im Herbst 1943 kam zum ersten Mal der Gedanke an Selbstmordeinsätze auf. Allerdings nicht von Hitler oder einem seiner Paladine, sondern von zwei bis dahin unbekannten Militärs: dem Luftfahrtmediziner Theo Benzinger und dem Segelflieger Heinrich Lange. In einem Memorandum schrieben sie: »Die Kriegslage rechtfertigt und fordert die Bekämpfung von Schiffszielen mit äußersten

»Göttlicher Wind«: Japanische Kamikaze-Piloten lassen sich vor ihrem Einsatz fotografieren, 1945

Ein Blutverlust wird dem Feind, der monatelang unter geringen Opfern gekämpft hat und daher jedes Risiko scheut, schwer treffen, besonders angesichts der hohen ideellen Einsatzbereitschaft unserer Luftwaffenangehörigen. Mit anderen Mitteln und Methoden ist für die nächsten Wochen keine Änderung zu erwarten und zu erhoffen.

Befehlsentwurf des I. Jagdkorps
für den »Rammeinsatz«

Mitteln, mit einem bemannten Geschoss, dessen Lenker sein Leben freiwillig opfert.« Sie waren sich durchaus über diese »für Europa neue Art der Kriegführung« bewusst. Allerdings stand der Nutzen bei herkömmlichen Einsätzen meist nicht mehr im Verhältnis zu den Verlusten. Daraus folgerten sie: Wenn schon sterben, dann wenigstens eine möglichst große Anzahl von Feinden mit in den Tod reißen.

Im September 1943 besprach Generalfeldmarschall Milch, der »zweite Mann« der Luftwaffe, diesen Vorschlag mit seinen Offizieren. Pläne wurden diskutiert, mit Bomben beladene Flugzeuge auf feindliche Schlachtschiffe stürzen zu lassen oder durch mit Sprengstoff voll bepackte Jagdmaschinen ganze Bomberpulks am Himmel zu vernichten. Milch kamen dabei immer wieder Bedenken, Piloten in einen echten »Todeseinsatz« zu schicken. Besser sei es doch, dass sie feindliche Bomber durch Rammen zum Absturz brachten und sich dann selbst aus ihrer Maschine mit dem Fallschirm retteten.

Der Jagdfliegeroffizier Major von Kor-

»Hohe Verluste«: Der US-Flugzeugträger »Hancock« nach einem Kamikaze-Angriff

natzki entwickelte daraus die Idee eines »Sturmangriffs« in der Luft. Zu allem entschlossene Piloten sollten ihre Maschinen todesmutig mit amerikanischen Bombern zusammenprallen lassen und diese durch Rammen zum Absturz bringen. Im Verlauf des Krieges hatte es per Zufall oder aus einem einsamen Entschluss heraus etliche solcher Ramm-Manöver gegeben – und dabei bestand eine gewisse Chance, dass sich der Pilot aus seinem abstürzenden Flugzeug mit dem Fallschirm in Sicherheit bringen konnte. Nunmehr sollte aus diesem wahnwitzigen Unterfangen also Methode werden, um endlich ein wirksameres Mittel zum Schutz der Heimat zu bekommen.

»Bedenkenträger«: Generalfeldmarschall Milch und Rüstungsminister Speer begutachten neue Waffen, 1943

Der General der Jagdflieger, Adolf Galland, konnte sich mit der Idee eines Sturmangriffs durchaus anfreunden, von todesmutigen Rammangriffen hielt er hingegen wenig. Er wollte die Piloten nicht opfern, sie sollten am Leben bleiben, um weiterkämpfen zu können. Die Sturmjäger sollten sich wie die Nahkämpfer der Infanterie bis auf kürzeste Distanz dem Gegner annähern und dadurch zum sicheren Erfolg kommen. Im Mai 1944 wurden die ersten »Sturmjäger« feierlich auf die neue Kampfesart vergattert. Sie mussten geloben, »den Gegner aus nächster Entfernung anzugreifen und, falls der Abschuss des Bombers durch Bordwaffenwirkung nicht gelingt, den Gegner durch Rammen zu vernichten«. Drei Sturmgruppen sind im Verlauf des Jahres 1944 aufgestellt worden, jede mit rund 50 besonders umgebauten Jagdflugzeugen des Typs Focke-Wulf 190. Aufgrund ihrer schweren Panzerung und Bewaffnung sprachen die Piloten bald von »Sturmböcken«. Im Kampfeinsatz kam das Rammen – obgleich im Gelöbnis besonders hervorgehoben – nur äußerst selten vor, denn waren die »Sturmböcke« einmal bis auf Rammentfernung an ihre Opfer herangeflogen, konnten sie diese mit ihrer schweren Bewaffnung auch abschießen; das Rammen war dann gar nicht mehr notwendig. In Einzelfällen kam es dann aber doch vor: So ist der Kommodore der Sturmjäger, Major Dahl, am 13. September 1944, an der Spitze seines keilförmig gestaffelten Verbandes von schwer gepanzerten FW 190 fliegend, auf einen amerikanischen Bomber zugerast. Seine Waffen versagten, also rammte er ihn, und beide Flugzeuge stürzten ab. Dahl aber hatte Glück: Seiner Maschine wurde durch den Aufprall das Kabinendach abgerissen. Er konnte sich mit dem Fallschirm retten. Seit diesem tollkühnen Einsatz hieß er bei den Fliegerkameraden nur noch »Ramm-Dahl«. Allerdings hatte etwa die Hälfte aller Piloten, die feindliche Bomber rammten, nicht so viel Glück. Sie kamen bei dem Zusammenprall um.

> **Die deutschen Jagdverbände zeichneten sich bei der Abwehr amerikanischer Terrorangriffe am 7. April durch hervorragenden Kampfesmut aus. Die Jäger durchbrachen in erbitterten Luftkämpfen die starke feindliche Jagdsperre und stürzten sich ungeachtet des heftigen Abwehrfeuers in todesmutiger Selbstaufopferung auf die viermotorigen Kampfflugzeuge.**
>
> Wehrmachtbericht vom 11. April 1945

»Keine Piloten opfern«: Der General der Jagdflieger Adolf Galland wandte sich zunächst gegen Rammangriffe

»Kombinierte Bomber-Offensive«: Alliierte Flugzeuge griffen 1944/1945 Deutschland bei Tag und Nacht an

Der mutige Einsatz der »Sturmjäger« vermochte am Niedergang der deutschen Tagjagd freilich nichts zu ändern. Materiell und personell waren die Amerikaner haushoch überlegen, jedes vernichtete Flugzeug, jede abgeschossene Besatzung konnte problemlos ersetzt werden. Im Herbst 1944 beherrschten die Amerikaner den deutschen Himmel. Die lebenswichtigen Hydrierwerke – in ihnen wurde aus Kohle Benzin gewonnen – waren ihrem Bombenhagel schon längst zum Opfer gefallen. Nunmehr griffen sie Verkehrsanlagen, Eisenbahnen, Verschiebebahnhöfe, Binnenwasserkanäle gezielt an, um der deutschen Rüstungswirtschaft den Todesstoß zu versetzen. Die deutschen Jäger waren längst zu Gejagten geworden, zu Dutzenden wurden die jungen, unerfahrenen Piloten abgeschossen, wenn sie versuchten, sich den Bomberflotten zu nähern.

In dieser Situation entwickelte Oberst Hajo Hermann einen perfiden Plan: Man müsse endlich einsehen, dass es ein hoffnungsloses Unterfangen sei, mit normalen Jagdflugzeugen zu versuchen, die Tagangriffe zu stoppen. Außerdem stünden die überlegenen Düsenjäger noch nicht in ausreichender Zahl zur Verfügung. Es komme daher darauf an, mit einem »großen Schlag« bei den Amerikanern einen Schock auszulösen, der dem Reich eine Atempause verschaffe. Daher sollten 1000 bis 2000 junge, unerfahrene Piloten mit ihren Maschinen im Rammstoß einen ganzen Bomberverband vom Himmel holen. Erfahrene Jagdflieger würden noch gebraucht und sollten aus diesem Grund an dem Himmelfahrtskommando nicht teilnehmen.

> **Und gab es nicht auch für uns den Retter »General Zufall«, von Clausewitz in der Stunde, in der letzten Sekunde der Not beschworen?**
>
> HAJO HERMANN

Hermann war innerhalb der Jagdfliegerwaffe ein unbeliebter Außenseiter. Der überzeugte Nationalsozialist hatte sich in den ersten Kriegsjahren als Bomberpilot betätigt, stieß 1943 zur Nachtjagd und sorgte hier mit unkonventionellen Ideen für Gesprächsstoff. Als Galland von dem Plan erfuhr, meinte er gegenüber Hermann: »Sie führen doch das Unternehmen.« Worauf dieser nur antwortete: »Nein, das habe ich nicht vor.« Damit war für Galland die Sache erledigt. Hermann wollte zwar Aberhunderte blutjunger Soldaten in einen Todeseinsatz schicken, selbst jedoch die Operation lieber vom Boden aus verfolgen!

Im Januar 1945 gelang es Hermann dann, seinen Plan in der Reichskanzlei vorzutragen. Hitlers Luftwaffenadjutant Nicolaus von Below ließ wissen, dass der »Führer« die größte Achtung vor den Männern habe, die zu Rammeinsätzen bereit seien. Allerdings wolle er solche Manöver nicht befehlen, Freiwillige werde er aber gewähren lassen. Als dann Ende Januar 1945 Galland von Göring aufgrund ständiger Meinungsverschiedenheiten seines Postens enthoben

> **Der Mann steht auf meiner Verbrecherliste ganz oben an zweiter Stelle.**
>
> ADOLF GALLAND ÜBER HAJO HERMANN

wurde, hatte Hermann endgültig freie Bahn. Göring unterzeichnete einen Aufruf, sich freiwillig für eine Operation zu melden, bei der die Möglichkeit bestünde, unter Einsatz des eigenen Lebens dem Krieg eine entscheidende Wendung zu geben. Angeblich fanden sich 2000 junge Männer dazu bereit. Zunächst wurden 300 ausgewählt und in einem abgelegenen Bereich des Fliegerhorstes Stendal untergebracht. Deckname ihrer Einheit: Sonderkommando »Elbe«. Nun wurde ihnen eröffnet, worum es ging: Sie sollten sich in einem Masseneinsatz auf amerikanische Bomber stürzen. Einige waren ein wenig überrascht, da sie erwartet hatten, gegen große Ziele wie Flugzeugträger oder Schlachtschiffe eingesetzt zu werden. Das Leben für eine Boeing herzugeben, erschien nicht wenigen dann doch zu billig. Allerdings machten die Ausbilder bald deutlich, dass die Selbstaufopferung ja nicht Sinn der Sache sei. Ziel sei es, den Bomber per Rammstoß zu vernichten, danach könne man immer noch mit dem Fallschirm abspringen. Während die Lebensmittelrationen überall im Reichsgebiet zunehmend kärglicher wurden, lebten die Männer des Sonderkommandos vergleichsweise opulent. Kognak, Wein, Schokolade, Butter, Wurst, Käse, sogar richtiger Bohnenkaffee – alles war im Überfluss vorhanden. Hinzu kam die ideologische Schulung – weltanschaulicher Unterricht, wie es damals hieß. Zu den üblichen antisemitischen Phrasen – unterstützt von Filmen wie »Jud Süß« und »Der ewige Jude« – gesellten sich Vorträge, etwa von Professor Hans Härtel, Rundfunkkommentator im Propagandaministerium. Der schwadronierte von Zerwürfnissen im Lager der Alliierten und der Möglichkeit, durch einen spektakulären Erfolg des bevorstehenden Rammeinsatzes – den man martialisch Unternehmen »Werwolf« getauft hatte – den Ausgang des Krieges zu beeinflussen. Dazu passend bekamen die

»Projekt Vater und Sohn«: Kleinere Flugzeuge sollten als fliegende Bomben aus einem Führungsflugzeug ausgeklinkt werden (oben). Der Erfolg war meist bescheiden: Eine Bruchlandung (unten)

Piloten patriotische Filme zu sehen, so den letzten Ufa-Streifen »Kolberg«.

Bei aller politischen Indoktrination kreisten die Gedanken doch am meisten um den bevorstehenden Einsatz, das Rammen feindlicher Bomber. Immer wieder besprachen die Männer, welche Technik man anwenden sollte, wo die »Fliegenden Festungen« am verwundbarsten erschienen – und wie man sich am besten retten könnte.

Offensichtlich scheinen die Piloten zu Selbstmordattacken gedrängt worden sein.

BERICHT DER 8. USAAF ÜBER DEN »RAMMEINSATZ, 7. APRIL 1945

Die Tage vergingen, ohne dass der Einsatzbefehl gegeben wurde. Wann würde es losgehen? Es herrschte gespannte Erwartung in Stendal. Dann, in der Nacht vom 4. auf den 5. April 1945 kam der Verlegungsbefehl. Die Männer fuhren zu ihren Einsatzflughäfen in Mitteldeutschland, machten ihre Maschinen, meist Me 109, gefechtklar. Die Gegner des Himmelfahrtkommandos hatten in letzter Minute den von Hermann geplanten Masseneinsatz abwenden können. So wurden »nur« 183 Piloten auf eine ungewisse Reise geschickt. Am 6. April, dem Freitag nach Ostern 1945, traf dann die elektrisierende Nachricht ein: Am nächsten Tag sollte es losgehen! Die Stimmung wurde ernst, jedem war klar, dass er den nächsten Tag wahrscheinlich nicht überleben würde.

Am 7. April 1945 war der Krieg fast vorüber, weite Teile West- und Ostdeutschlands waren schon von den Alliierten besetzt. An diesem Tag startete die 8. amerikanische Luftflotte ihren drittletzten strategischen Großangriff auf das Reichsgebiet. Ziel waren Flugplätze deutscher Düsenjäger sowie Munitionsfabriken und Treibstoffdepots im Raum Hamburg. 1304 viermotorige Bomber und 792 Jäger formierten sich in England zu einer gewaltigen Armada und brausten über den Kanal in Richtung Kontinent, dann weiter nach Deutschland hinein. Der Verband war von deutschen Radargeräten erfasst worden, die Rammjäger erhielten Startbefehl. An den Flugplätzen in Mitteldeutschland wehte noch die Hakenkreuzflagge, der Einsatzleiter erhob stramm den rechten Arm zum »deutschen Gruß«. Die Maschinen sammelten sich über Magdeburg, stiegen bei klarem Wetter bis auf 11 000 Meter Höhe. Per Funk feuerten Frauen der Einsatzleitung sie an: »Denkt an Dresden! Denkt an eure Frauen, Mütter und Kinder in den zerbombten Städten! Rettet das Vaterland!« Dann war der Feind in Sicht, nun hieß es: »Angriff frei und Sieg heil!« Fanatisch stürzten sich die deutschen Jäger in den Bomberpulk, wie ein amerikanischer General später schrieb. Im Nu war die Hölle los – überall heranrasende Jäger, massives Abwehrfeuer, Wrackteile zerborstener Flugzeuge.

Einer der Elbe-Männer rammte einen Bomber, schlug beim Zusammenprall hart mit dem Kopf auf. Mit geborstenem Schädel gelang es ihm zwar noch, die Maschine rechtzeitig zu verlassen, bevor sie ihn in die Tiefe riss, ja, er konnte sogar noch seinen Fallschirm auslösen. Doch ehe er den Boden erreichte, war er tot.

ARNO ROSE IN SEINEM BUCH ÜBER DIE RAMMJÄGER

Im Chaos der letzten Kriegstage blieb die schreckliche Bilanz dieser Luftschlacht verborgen. Der Wehrmachtbericht meldete am 11. April, dass deutsche Jäger über 60 Bomber in todesmutiger Selbstaufopferung vernichtet

186

»Kamikaze-Idee vorgetragen«: Die Pilotin Hanna Reitsch bei Hitler

hätten – eine von vielen Propagandalügen. In Wirklichkeit verloren die Amerikaner 23 Bomber. Von den gestarteten 183 Rammjägern wurden hingegen 133 vernichtet, 77 Piloten kamen ums Leben. Gewiss, dies war kein Kamikaze-Einsatz im klassischen Sinn. Aber es war doch ein völlig sinnloses, ja verbrecherisches Unternehmen. 77 junge Menschen wurden geopfert, ihr naiver Glaube wurde missbraucht – für nichts. Neun Tage später ließ General Spaatz die strategischen Luftangriffe auf Deutschland einstellen – es gab keine Ziele mehr. So konnte Oberst Hermann seinen teuflischen Plan, einen zweiten, noch viel umfangreicheren Einsatz zu befehlen, nicht mehr verwirklichen.

Die Urheber der deutschen »Kamikaze«-Idee, Benzinger und Lange, waren mit ihren Vorschlägen bereits im Herbst 1943 auf taube Ohren gestoßen. Hanna Reitsch, die bekannte Testpilotin, war mit beiden befreundet. Sie nutzte einen Besuch bei Hitler auf dem Berghof im Februar 1944 dazu, das Thema Kamikaze-Einsätze dem »Führer« vorzutragen. Dieser wollte davon nichts wissen, ließ sich dann aber doch die Erlaubnis abschwatzen, die technischen Vorbereitungen weiter voranzutreiben. Nun schaltete sich auch der Generalstabschef der Luftwaffe, General Korten, ein. Zunächst wollte man ein als Jäger konzipiertes kleines Flugzeug, die Me 328, als »fliegende Bombe« verwenden. Erste Flugversuche verliefen erfolgreich, zu einer Serienproduktion ist es aber nicht mehr gekommen. Schließlich griff man auf eine bereits vorhandene Waffe zurück: die V-1-Rakete. In großer Eile wurden diese Geschosse so umgerüstet, dass sie im Schlepp eines Mutterflugzeugs in die Luft gelangen und dann von einem Piloten gesteuert werden konnten. Hanna Reitsch persönlich führte Testflüge mit einem Flugkörper dieser Serie aus, der man den Decknamen »Reichenberg« gegeben hatte. Zu Einsätzen mit einem solchen Geschoss kam es aber nicht

»Fliegende Bomben«: Luftwaffen-General Günther Korten trieb die Entwicklung der Me 328 voran

187

mehr. Zunächst verzögerte sich die Erprobung, und später konnte der Generalstab keinen sinnvollen Einsatzplan mehr erarbeiten.

Im Frühjahr 1944 hatte sich in der Luftwaffe herumgesprochen, dass ein Selbstopfer-Verband aufgestellt werden sollte. Erste Freiwilligenmeldungen trafen ein, ein Kader von zuverlässigen Männern wurde ausgewählt und dem Kampfgeschwader 200 zugeteilt – jener geheimnisumwitterten Einheit, die auf Sondereinsätze spezialisiert war.

Als die Alliierten am 6. Juni 1944 in der Normandie landeten, konnte dem Generalstab der Luftwaffe eine Gruppe von 39 Männern als bereit für den »Totaleinsatz« gemeldet werden. Goebbels ließ es sich nicht nehmen, den Todesfliegern Mitte Juli 1944 einen Vortrag über ihren kriegsentscheidenden Einsatz und den Sinn ihres Opfers für das »Tausendjährige Reich« zu halten – ohne überhaupt zu wissen, wozu diese Männer eigentlich ausgebildet worden waren. Am Nachmittag wurden sie dann auch noch von Reichsjugendführer Artur Axmann empfangen. Doch erneut zögerten die obersten Entscheidungsträger. Göring bekam Zweifel, ob es richtig sei, die Männer aufzuopfern, und wollte zuerst die Genehmigung Hitlers einholen. Dieser verbot den schlecht vorbereiteten Einsatz von Piloten, die sich mit FW-190-Jagdbombern auf die alliierte Armada in der Seine-Bucht stürzen sollten, diese Maschinen aber überhaupt nicht beherrschten. Die Freiwilligen waren nämlich alle Segelflieger und hatten keine Motorflugausbildung.

Das Selbstmordkommando wurde nun nördlich von Berlin bei Altentreptow untergebracht und weiter geschult – vor allem ideologisch. Wie ihr letzter Einsatz aussehen würde, davon hatten sie noch immer keine Ahnung.

Der Generalstab der Luftwaffe teilte die Bedenken eines Göring oder eines Hitler nicht, junge Piloten in den sicheren Tod zu schicken. General Koller überlegte sich diverse Einsatzziele, russische Umspannwerke oder Staudämme gehörten dazu. Ihre Zerstörung sollte die sowjetische Kriegswirtschaft empfindlich treffen. Alle Pläne erwiesen sich aber aus technischen Gründen als undurchführbar. Oberst Storp, Stabsoffizier bei Göring, schwebte sogar vor, ganze Luftwaffen-Selbstopfer-Divisionen aufzustellen – der »Kamikaze-Geist« hatte ihn voll erfasst. Der Kommandeur des Kampfgeschwaders 200, Oberst Baumbach, hielt von diesem Wahnsinn reichlich wenig – und so standen sich Befürworter und Gegner der Todeseinsätze unversöhnlich gegenüber. Schließlich konnte Baumbach durchsetzen, dass das Kommando im Februar 1945 aufgelöst wurde. Die jungen Soldaten wurden zu den Fallschirmjägern versetzt.

Das Ende der wahnwitzigen »Aufopferungsideen« war damit allerdings noch nicht gekommen. Am 31. Januar 1945 hatte die Rote Armee die Oder erreicht und Brückenköpfe auf dem Westufer erkämpft, von denen sie das Heer nicht zu vertreiben vermochte. Die Luftwaffe sollte nun mit allen Mitteln versuchen, die Flussübergänge des Feindes zu attackieren, um dessen Angriffsvorbereitungen auf Berlin zunichte zu machen. Bereits am 5. März war der Vorschlag formuliert worden, mit einem Selbstopfer-Großeinsatz

Der General, der uns den Befehl zu dem Selbstmordeinsatz gab, war felsenfest davon überzeugt, dass wir durch die Vernichtung der Oderbrücken den Vormarsch auf Berlin stoppen könnten.

ERICH KREUL, JAGDFLIEGER

17. April senkten die ersten Piloten die Nasen ihrer Maschinen auf die Oderübergänge. Einen Tag später raste der Pilot Ernst Beichel mit seiner FW 190 in eine Pontonbrücke bei Zellin. Am 19. April kam es zu den letzten »Kamikaze«-Einsätzen.

> Erst als ich in der Maschine saß und auf Höhe gegangen war, begann ich nachzudenken. Solch ein Blödsinn, sich für eine Brücke aufzuopfern. Eine Pontonbrücke ist doch gleich wieder instand gesetzt. Während des Fluges kamen mir immer mehr Zweifel. Als ich über dem Ziel zum Sturzflug überging, dachte ich mir: Nein, du opferst dich nicht; du stürzt dich nicht auf die Brücke. Im letzten Moment warf ich meine Bombe und zog die Maschine hoch.
>
> ERICH KREUL, JAGDFLIEGER

»Alle waren geschockt«: Erich Kreul war einer der Piloten, die an der Oder den Vormarsch der Roten Armee aufhalten sollten

die feindlichen Pontonbrücken zu zerstören. Einstweilen versuchte es die Luftwaffe jedoch mit konventionellen Mitteln. So wurde alles an Flugzeugen, Piloten und Treibstoff aufgeboten, was noch möglich war. Immer wieder griffen die Maschinen an, und es gelang ihnen auch, einige Treffer zu erzielen. Die Nachschublinien der Roten Armee vermochten sie dadurch allerdings nicht nennenswert zu beeinträchtigen. Die sowjetischen Pioniereinheiten waren stets in der Lage, die Schäden rasch auszubessern.

Nachdem keine durchgreifenden Erfolge erzielt worden waren, griff man zum letzten, verzweifelten Mittel, einem hastig improvisierten Selbstmordeinsatz. Einige Männer des alten Kommandos wurden zurückgerufen, aber auch neue Freiwillige meldeten sich. Als am 16. April 1945 der sowjetische Großangriff auf Berlin begann, erhielten die Männer den Einsatzbefehl. Am

Irgendeinen militärischen Sinn hatten diese Aktionen freilich nicht. Eine Pontonbrücke konnte innerhalb kürzester Zeit wieder aufgebaut werden. Es war eine gewissenlose Führung, die den Idealismus und die Naivität der jungen Piloten auf teuflische Art und Weise missbraucht hatte. Wer den Befehl zu diesem Einsatz erteilte, lässt sich heute nicht mehr eindeutig feststellen. Sicher ist nur, dass Luftwaffengeneral Deichmann in einem Aufruf an seine Verbände um Freiwillige für ein solch irrwitziges Kommando geworben hat.

In Japan bat der Schöpfer der Kamikaze-Verbände, Admiral Kakijivo, am 15. August 1945 die Familien der getöteten Flieger um Vergebung und beging anschließend Selbstmord. In Deutschland zogen die Generäle, die ihre Männer skrupellos in einen sinnlosen Tod geschickt hatten, die alliierte Gefangenschaft vor.

Wie Hitler wirklich starb und was mit seiner Leiche geschah, steckt seit Jahrzehnten in einem Gestrüpp von Lügen und Legenden. Sicher ist, dass der Diktator am 30. April 1945 im Regierungsbunker unter der Reichskanzlei Selbstmord beging. Doch der Tathergang ist umstritten, und der Verbleib der Leiche wirft Fragen auf.

1945 Hitlers Ende

Eine Leiche und die Tatwaffe, einige Zeugen und Verdächtige, viele Widersprüche – der Stoff für einen spannenden Krimi. Am Ende steht in jedem Fall die Lösung des Falls: Der Kommissar überführt den Täter. In fiktiven Geschichten ist alles klar: Opfer, Täter, Tathergang. In der realen Geschichte ist manches komplizierter und vieles spannender – zum Beispiel der Todesfall Adolf Hitler.

Am 30. April 1945 nahm sich der »Führer und Kanzler des Großdeutschen Reiches« das Leben. Mit seinem Tod fiel für sein Regime der Vorhang, dennoch blieben viele Fragen offen: Wie war der exakte Tathergang? Wo sind die Überreste des Mannes, der einen Kontinent in Schutt und Asche legte?

Schnell entstanden Legenden. Von Anfang an gab es eine große Koalition der Vertuscher. In seltener Eintracht säten Sieger und Besiegte Zweifel, legten falsche Fährten.

»Hitler ist tot«: Diese GIs lesen die befreiende Nachricht in ihrer Soldatenzeitung

Alles begann mit der offiziellen Todesnachricht: »Der Führer ist in seinem Befehlsstand in der Reichskanzlei, bis zum letzten Atemzug kämpfend, für Deutschland gefallen«, hatte der Reichsrundfunk am 1. Mai 1945 gemeldet. Es war eine der letzten Lügen des Regimes. Doch wenn schon die Stilisierung des Heldentods nicht stimmte, konnte man dann sicher sein, dass die Todesnachricht wahr war?

Im Kreml zweifelte Josef Stalin am Wahrheitsgehalt der Todesmeldung. Am 2. Mai erklärten die Sowjets die Nachricht zu einem Propagandatrick, der eines verschleiern sollte: die Flucht des »Führers«.

Es entstanden abstruse Theorien. Von abenteuerlicher Flucht schwadronierten die einen, von Doppelgängern, die gestorben waren, um das Überleben des »Führers« zu ermöglichen, faselten andere. Moskau zweifelte. Stalin wollte Gewissheit.

Am Morgen des 2. Mai drangen Soldaten der 5. sowjetischen Stoßarmee in die Reichskanzlei ein. Die Rote Armee wollte

Hitler – tot oder lebendig. Doch die ersten Rotarmisten, die den Bunker betraten, hatten andere Ziele. Die Frauen eines Sanitätskorps waren weniger am Schicksal der »Inkarnation des Bösen« als vielmehr an den Hinterlassenschaften von Hitlers Frau interessiert. Johannes Hentschel, Techniker im Bunker, hatte ihnen den Weg in Eva Brauns Privaträume gewiesen. Er sah, wie die Vertreterinnen der siegreichen Sowjetarmee beim Verlassen des Bunkers freudestrahlend Büstenhalter als Beute schwenkten. Als die ersten regulären Soldaten Stalins den Tatort betraten, stießen sie in den brennenden Trümmern nur auf einige subalterne Bedienstete, Hitlers letzte Paladine hatten sich aus dem Staub gemacht. Alles, was sie fanden, waren die Leichen von Goebbels und seiner Familie. Der Verbleib Hitlers blieb unklar. Keine Leiche, keine Gewissheit.

Um allen Vermutungen ein Ende zu machen, präsentierte die Rote Armee am 4. Mai ein Foto, das die sterblichen Überreste des »Führers« zeigen sollte. Es blieb nicht bei dieser einen Falschmeldung. Die Rote Armee fand den toten »Hitler« gleich in mehreren Exemplaren. Stets flog der Schwindel auf. Bei einem stimmte die Größe nicht, eine andere Leiche wurde entlarvt, weil sie gestopfte Socken trug – eines »Führers« unwürdig. Noch am 6. Juni verkündete Marschall Schukow der internationalen Presse: Die Leiche Hitlers sei noch nicht gefunden.

Neue Gerüchte kamen auf. Zu den wüstesten gehörte eine Mutmaßung im französischen Rundfunk: Hitler würde wie weiland Kaiser Barbarossa im Kyffhäuser warten, bis die Raben nicht mehr den Berg umkreisen, um dann zurückzukehren.

Drei Umstände haben solche Spekula-

tionen ermöglicht: die Propagandaziele der sowjetischen Sieger, die nicht an der Wahrheit interessiert waren, das Chaos in der Endphase des »Dritten Reiches«, in dem alle Indizien vernichtet wurden, und nicht zuletzt die Bemühungen Hitlers selbst, sämtliche Spuren zu verwischen. Der »Führer« hatte sein Ende exakt geplant. Der Countdown für seinen letzten Auftritt begann am 20. April 1945.

Hitlers 56. Geburtstag war keine Jubelfeier. Nicht der »Endsieg«, sondern das Ende stand bevor. Zum letzten Mal trafen sich die Größen des »Großdeutschen Reiches«. Neben Hitlers Paladinen hatten sich auch seine Topgeneräle in der Reichskanzlei eingefunden. Trostlos und deprimierend präsentierten sich die Stadt und das Regierungsviertel. Geschützdonner störte die Gratulanten. War bis zu diesem Zeitpunkt die Rede davon, dass sich die Führung bis zum »Endsieg« vielleicht in die »Alpenfestung« zurückziehen könnte, so überraschte Hitler nun mit seinem Entschluss, in der Reichshauptstadt

> **Jetzt ist alles verloren. Es ist alles aus. Ich erschieße mich. Ich lebe und sterbe mit Berlin.**
>
> HITLER IN DER LAGEBESPRECHUNG AM 22. APRIL 1945

auszuharren. »Wie soll ich die Truppen zum entscheidenden Kampf um Berlin bewegen, wenn ich mich im gleichen Augenblick in Sicherheit bringe?« Andere zogen es vor, sich mit ihrem Koffer aus Berlin abzusetzen. Himmler brach gen Norden auf, Göring verabschiedete sich Richtung Süden, um »dringende Aufgaben« zu erledigen. Hitler begab sich in den Bunker unter der Reichskanzlei. Hier, 15 Meter unter der Erde, war die Bühne

»Das letzte Foto«: Hitler betrachtet gemeinsam mit seinem Adjudanten Schaub die Trümmer der Reichskanzlei

für den letzten Auftritt bereitet: einen theatralischen Abgang in zehn Tagen.

Der gesamte Komplex der unterirdischen Katakomben umfasste sechs Bunker, die durch ein Labyrinth verwinkelter Gänge verbunden waren. Im Zentrum der Anlage stand der »Führer«-Bunker mit 18 Räumen: vom Spülraum der Diätküche bis zum Ankleidezimmer für Eva Braun. In den Katakomben herrschte eine ungewohnte Enge. Der Mann, der angetreten war, dem deutschen Volk »Lebensraum« im Osten zu verschaffen, hatte sich auf kaum 300 Quadratmeter zurückgezogen. Dunkle, niedrige Räume und muffige, kahle Verbindungsgänge verstärkten die düstere Stimmung. In dieser gespenstischen Atmosphäre lebten rund 20 Personen. Es war eine beklemmende Szenerie. »Wenn wir abtreten, dann soll der Erdkreis erzittern!«, hatte Propagandachef Joseph Goebbels getönt. Nun zitterte die Erde unter dem Bombenhagel der sowjetischen Artillerie. Als Walter Hewel, der »Ständige Beauftragte des Außenministers beim Führer«, eine »politische Initiative« vor-

Tun Sie, was Sie wollen. Ich habe keine Befehle mehr!

HITLER IN DER LAGEBESPRECHUNG AM 26. APRIL 1945

schlug, erklärte der Diktator leise: »Politik? Ich mache keine Politik mehr. Wenn ich tot bin, werdet ihr noch genug Politik machen müssen.« In neun Tagen sollte es so weit sein.

Das »Großdeutsche Reich« war ebenso zerfallen wie sein »Führer«. Die Bechterewsche Krankheit zwang ihn zu einer gebückten Haltung, die Parkinsonsche Schüttellähmung ließ seine linke Körperhälfte zittern. Hitler war ein körperliches Wrack, müde und erschöpft. Wenn er noch die Kraft zu langen Reden fand, dann waren es hasserfüllte Anklagen. Niedertracht, Treulosigkeit und Verrat – in den Sottisen gegen seine Paladine war er ebenso wenig zimperlich wie in den Schmähungen der militärischen Führung, der er Unfähigkeit und Feigheit vorwarf. Zum Ende eines Wutausbruchs am 22. April überraschte er Jodl, Bormann und Keitel mit der Einsicht: »Der Krieg ist verloren! Aber wenn Sie glauben, dass ich Berlin verlasse, irren Sie sich gewaltig! Eher jage ich mir eine Kugel durch den Kopf.« Zum ersten Mal hatte er laut von Selbstmord gesprochen. In acht Tagen sollte er seine Ankündigung wahrmachen.

Noch am 23. April zeichnete der Wehrmachtsbericht das Bild eines entschlossenen Oberbefehlshabers: »Der Führer weilt in der Reichshauptstadt und hat den Befehl über alle zur Verteidigung Berlins angetretenen Kräfte übernommen.« Am Nachmittag er-

Es bleibt mir nichts auf der Welt erspart, keine Enttäuschung, kein Treuebruch, keine Ehrlosigkeit und kein Verrat.

Hitler, nachdem er von den Kapitulationsabsichten Görings und Himmlers erfahren hatte

fuhr Hitler vom »Verrat« Görings, der – wie auch Himmler – laut über eine Kapitulation nachdachte. Während ein vor Wut schäumender Hitler die »Verräter« absetzte, ging für die Bevölkerung der ganz normale Wahnsinn weiter. Die Berliner verabschiedeten sich in jenen Tagen mit einem trockenen »Bleiben

Sie übrig!« Es waren noch sieben Tage bis zum Selbstmord Hitlers.

Am 24. April nahm die Rote Armee den Flughafen Tempelhof unter Beschuss. Zur gleichen Zeit trafen sich nahe Potsdam die Spitzen der beiden sowjetischen Angriffskeile. Der Ring um Berlin war geschlossen. Am 25. April keimte neue Hoffnung auf, weil Hitler die Diskussionen der Alliierten um die Aufteilung der Besatzungszonen als »eklatanten Beweis für die Uneinigkeit unserer Feinde« missverstand. Verstärkt wurde die falsche Zuversicht durch positive Nachrichten am 26. April: »Angriff 9. Armee erfolgversprechend begonnen.« Am 27. April sorgte die Meldung »Wenck kommt, mein Führer« für kurzzeitige Euphorie. Doch die Zeit des Selbstbetrugs war längst vorbei. Hitler wusste, dass er verloren hatte.

Am 28. April erfuhr er vom Tod des »Duce«. Italienische Widerstandskämpfer hatten den Faschistenführer mit seiner Geliebten Clara Petacci erschossen. Die Leichen wurden nach Mailand gebracht, wo eine geifernde Menschenmenge den Mann bespuckte, dem sie nicht lange zuvor begeistert zugejubelt hatte.

Die Zeremonie am 29. April fand in schlichtem Rahmen statt und dauerte nur wenige Minuten. Aufgeregt wollte die Braut die Urkunde zunächst mit dem falschen Namen unterschreiben. Dann setzte sie ihren neuen Namen unter das Dokument: »Eva Hitler, geborene Braun«. Vor dem großen Abgang feierte der »Führer« Hochzeit mit der Frau, die ihm als einziges weibliches Wesen nahe stand. Eva Braun wurde die »Braut für einen Tag«. Es war eine makabre Hochzeitsfeier. Statt Glocken sorgte der Geschützdonner für den akustischen Rahmen. Statt

»Der Krieg ist verloren«: Russische Panzer in Berlin, Anfang Mai 1945

launiger Glückwünsche der Gäste sprach der Bräutigam von Selbstmord. Die Hochzeitsnacht verbrachte Hitler mit seiner Sekretärin – er diktierte ihr seinen letzten Willen. In seinem privaten Testament vermachte er sein Vermögen Partei und Staat. Auch seine Schwiegermutter bedachte Hitler. Weit weniger sentimental geriet sein politisches Testament – es war Abrechnung und Rechtfertigung zugleich. Als wichtigste Aufgabe gab er den Überlebenden mit: »Vor allem verpflichte ich die Führung der Nation und die Gefolgschaft zur peinlichen Einhaltung der Rassegesetze und zum unbarmherzigen Widerstand gegen den Weltvergifter aller Völker, das internationale Judentum.« Das Dokument der borniertem Uneinsichtigkeit, der Selbstgerechtigkeit und des ungezügelten Hasses trägt das Datum des 29. April 1945, vier Uhr.

Anschließend musste »Blondi« ihrem Herrn einen letzten Dienst erweisen. Die Schäferhündin wurde von Hitlers Chirurg vergiftet. Der »Führer« wollte den Beweis, dass die Giftkapseln schnell wirkten. Mit dem »erfolgreichen« Test begannen die Vorbereitungen zum letzten Akt.

Am 30. April stand die Rote Armee 500 Meter vor der Reichskanzlei. Hitlers letzte Nacht im Bunker glich einem Tanz auf dem

Totenbett, ein surreales Bild. Gegen 2.30 Uhr reichte er den rund 20 Frauen und Offizieren schweigend die Hand und verließ den Raum. Ausgelassene Stimmung kam auf. Musik erfüllte den Bunker, es wurde getrunken und gelacht.

Man soll sich seinem Schicksal nicht feige entziehen wollen.

HITLER ZU EINER KRANKENSCHWESTER IN DER REICHSKANZLEI IN DER NACHT ZUM 30. APRIL 1945, NACH EINEM BERICHT DES ARZTES ERNST GÜNTHER SCHENCK

Hitler hatte für die Zeit nach seinem Tod Vorsorge getroffen: »Ich selbst und meine Gattin wählen, um der Schande der Absetzung oder Kapitulation zu entgehen, den Tod. Es ist unser Wille, sofort an der Stelle verbrannt zu werden, an der ich den größten Teil meiner täglichen Arbeit im Laufe eines zwölfjährigen Dienstes an meinem Volke geleistet habe.« Er wolle nicht in einem russischen Panoptikum ausgestellt werden, hatte er schon früher erklärt. In seinem Testament bekräftigte er nochmals: »Außerdem will ich nicht Feinden in die Hände fallen, die zur Erlustigung ihrer verhetzten Massen ein neues, von Juden arrangiertes Schauspiel benötigen.«

Hitlers Chauffeur Erich Kempka musste die letzten Treibstoffvorräte zusammenkratzen. Sturmbannführer Otto Günsche forderte: »Ich brauche 200 Liter Benzin.« Die SS tat, was sie konnte.

Seien Sie froh, dass Sie ihn nicht gesehen haben. Der Hitler, an den Sie einmal geglaubt haben, der existiert schon lange nicht mehr.

JOSEPH GOEBBELS

Nach dem Mittagessen folgte das letzte Lebwohl: Hitler verabschiedete sich von seinen »Nachfolgern« Bormann und Goebbels, von seinen Adjutanten, seinem Kammerdiener, seinen Sekretärinnen. Dann ging das Ehepaar Hitler zurück in die Privatzimmer. Hitler wollte auf Nummer sicher gehen: Er hatte sich zwei Pistolen vom Typ Walther mit unterschiedlichem Kaliber besorgt – und schließlich waren da noch die Glasampullen mit Blausäure.

Was dann geschah, ist nicht in allen Details geklärt. Die Zeugen widersprechen sich, und insbesondere in der Memoirenliteratur finden sich unterschiedliche Erinnerungen an die Ereignisse des 30. April 1945. »Das einzige Geräusch war das Summen des Dieselventilators«, sagen die einen. »Gegen 15.30 Uhr hörten wir im Bunker einen einzelnen Schuss«, behaupten andere. Hitlers Kammerdiener Linge soll als Erster den Tatort betreten haben. Wer ihm direkt folgte, ist umstritten. Im Raum lag Eva Braun, die Lippen leicht blau angelaufen, leblos auf dem Sofa. Ob Hitler, im Tod vereint, neben Eva Braun lag oder auf einem Stuhl sitzend über dem Tisch zusammengebrochen war, ob er im Fallen die Vase auf dem Tisch umwarf und sich das Wasser über seine Frau ergoss oder ob die Flüssigkeit in ihrem Kleid sein Blut war – die Aussagen widersprechen sich. Einigkeit bestand darin, dass ein Geruch von Bittermandeln und Pistolenrauch in der Luft hing. Übereinstimmung herrscht auch im zentralen Punkt: Hitler war tot. Doch wie war er gestorben? Einige behaupten, er habe »in einem übermenschlichen Willensakt« auf die Ampulle mit Gift gebissen und sich gleichzeitig erschossen. Unterschiedlich wird der Schusskanal an Hitlers Leiche beschrieben: Die einen haben das Einschussloch in der rechten Schläfe gesehen, andere erinnern

»Hitler hatte seinem Leben ein Ende gemacht…«:
Hitlers Kammerdiener Heinz Linge (Aufnahme aus den Fünfzigerjahren)

sich an die linke Seite. Einzelne Stimmen beschrieben sogar einen Schusskanal, der auf

> **Hitlers Gesicht war voll Blut. Zwei Pistolen lagen da. Es roch stark nach Zyankali. Der Geruch war so stark, dass ich überzeugt war, meine Kleider müssten noch tagelang danach riechen – doch vielleicht habe ich mir das nur eingebildet.**
>
> Otto Günsche, SS-Sturmbannführer
und Hitlers Adjutant

einen Schuss durch die Mundhöhle hinweisen würde. In all diesen Fällen lag – soweit die Gemeinsamkeit – eine Selbsttötung vor. Eine andere Theorie geht jedoch davon aus, dass Hitler und seine Frau ausschließlich Gift genommen hätten. Die Schussverletzung sei dem bereits toten Hitler erst durch eine Vertrauensperson – am häufigsten genannt wird sein Kammerdiener Linge – als eine Art »Sicherheitsschuss« zugefügt worden.

Neben den Aussagen derer, die Hitlers Leiche unmittelbar nach dem Selbstmord gesehen hatten, sorgte 1968 ein Buch des sowjetischen Historikers Lew Besymenski für Aufregung. Als Mitglied des Aufklärungsdienstes der Roten Armee hatte er Einsicht in alle sowjetischen Dokumente. In seinem Buch »*Der Tod des Adolf Hitler*« liefert er die »offizielle« sowjetische Erklärung über das Ende des deutschen Diktators. Besymenski damals: Hitler hat sich vergiftet. Er zitierte die Protokolle der Obduktion einer »durch Feuer entstellten Leiche eines Mannes«, die Ärzte unmittelbar nach der Eroberung Berlins vorgenommen hatten. Doch die gerichtsmedizinische Untersuchung sollte nur Gewissheit im Sinne der Sieger schaffen. Und diese hatten dem Besiegten ein »unehrenhaftes« Ende zugedacht. Die Analyse, die Oberstleutnant F. J. Schkarawkij, Chefanatom Oberstleutnant Krajewskij und Chefpathologieanatom Major Maranz am 8. Mai vornahmen, kam zum gewünschten Ergebnis. Keine sichtbaren Zeichen tödlicher Verletzungen, hieß es da. »Das Vorhandensein der Überreste einer zerdrückten Glasampulle in der Mundhöhle und die gerichtschemische Untersuchung der inneren Organe, wobei Zyanverbindungen festgestellt wurden, gestatten der Kommission, den Schluss zu ziehen, dass der Tod durch Vergiftung verursacht wurde.« Der deutsche Diktator habe sich vergiftet, er sei gestorben »wie ein

Hund«. Dazu passend wurden außerdem die Obduktionsergebnisse der Hundekadaver abgedruckt. Die Todesursache auch hier: Zyanidvergiftung.

Im Sommer 1992 widersprach Besymenski seinen früheren Erklärungen: Hitlers Leiche weise Schussverletzungen auf, räumte er nun ein. Zu diesem Ergebnis sei eine Expertenkommission gekommen, die im Mai 1946 die Leiche erneut seziert und den Tatort untersucht habe. Seinen Meinungswandel erklärte Besymenski mit dem Ende des Sowjetsystems, als dessen »Parteipropagandist« er zuvor die Wahrheit gefälscht habe. Er habe damals nur gefragt: »Wie soll es sein?« Und genau so habe er es dargestellt. Die Ideologie stand der Wahrheit im Weg. Aufschluss hätte – auch noch nach Jahren – eine exakte Obduktion ergeben können. Wo aber war die Leiche?

Hitler selbst hatte dafür gesorgt, dass sich um seinen Tod solche Geheimnisse ranken können. Er hatte in seinem Testament die Verbrennung und damit die Vernichtung seiner sterblichen Überreste angeordnet. Doch wie der genaue Hergang dieser Maßnahme, so sind auch die näheren Umstände der Leichenverbrennung nicht in sämtlichen Details geklärt.

»Der falsche Hitler«: In den ersten Tagen des Mai 1945 wurde mehrmals gemeldet, man habe die Leiche Hitlers gefunden

Der Führer ist in seinem Befehlsstand in der Reichskanzlei, bis zum letzten Atemzug kämpfend, für Deutschland gefallen.

MELDUNG DES REICHSRUNDFUNKS AM 1. MAI 1945

Gemeinsam mit Hitlers Kammerdiener hatte der Adjutant des »Führers«, Otto Günsche, am 30. April 1945 die Leiche Hitlers, in eine Wehrmachtsdecke gewickelt, in den Garten der Reichskanzlei getragen. Es war eine kleine Trauergemeinde, die Hitlers letzten Willen erfüllen wollte. Doch was geschah genau?

Ungeklärt ist zunächst, wie die Leiche auf die Verbrennung vorbereitet wurde: Ob Hitler in einen Splittergraben geworfen und dann mit Benzin übergossen wurde, das dann aber möglicherweise schnell versickert wäre, oder ob die Wehrmachtsdecke zuvor mit Benzin getränkt wurde – verschiedene Thesen ranken sich um das Procedere. Einmal war es Goebbels, der Hitlers Leiche mit einem Feuerzeug in Brand gesteckt haben soll – angesichts des Windes ein schwieriges Unterfangen. Dann wieder heißt es, Günsche habe einen benzingetränkten Lappen auf das Totenbündel geworfen – was ein anderer Zeuge bestreitet. Gänzlich unwahrscheinlich ist die Behauptung, die brennende Leiche Hitlers sei mit Benzin begossen worden.

»Sightseeing zum Füherbunker«: Sowjetische und britische Soldaten am Fundort der Überreste Hitlers, Juli 1945

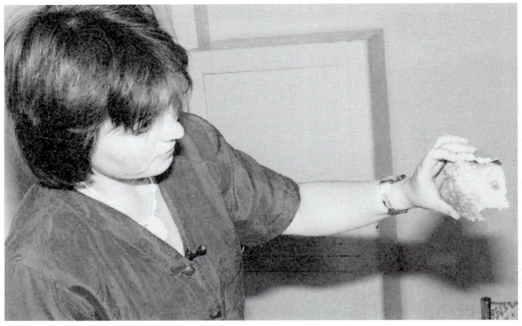

»Endstation einer Odyssee«: Im Moskauer Staatlichen Archiv der Russischen Föderation werden die angeblichen Reste von Hitlers Schädel präsentiert

Ins Reich der Legende gehört auch die Darstellung, während die Leichen von Eva und Adolf Hitler verbrannten, hätten Bormann, Burgdorf, Goebbels, Günsche, Linge und Kempka für ihren »Führer« die rechte Hand zum »deutschen Gruß« erhoben. Sicher ist: Die Begräbnisteilnehmer flohen nach kurzer Zeit vor dem Artilleriefeuer, das die Verbrennung zur lebensgefährlichen Exkursion machte, in den sicheren Bunker. Sicher ist auch: Das Ehepaar Hitler verbrannte, soweit menschliche Körper in offenem Feuer verbrennen können. Doch an diesem Punkt beginnt die Unsicherheit.

1992 kursierte die Behauptung des sowjetischen Historikers Lew Besymenski im internationalen Blätterwald, der deutsche Diktator sei 1945 nicht vollständig verbrannt und liege nicht in Berlin. Die Überreste des »Führers« und seiner Entourage seien mehrmals umgebettet worden und über verschiedene Stationen von Berlin über Rathenow,

Im Februar 1946 wurden in der Stadt Magdeburg auf dem Gelände der Militärsiedlung, das die Sonderabteilung des KGB bei der 3. Stoßarmee der Gruppe der sowjetischen Streitkräfte in Deutschland belegt, die Leichen Hitlers, Eva Brauns, Goebbels', seiner Frau und Kinder (insgesamt zehn Leichen) beerdigt.

Jurij Andropow, Chef des KGB, am 13. März 1970 an das ZK der KPdSU

Stendal bis nach Magdeburg gelangt, wo sie fast 25 Jahre lagen. Schließlich habe Leonid Breschnew persönlich im April 1970 angeordnet, die Überreste Hitlers zu exhumieren und endgültig zu verbrennen, weil bei ge-

»Ein einzelner Schuss«: Das Ausschussloch stützt die These vom Selbstmord Hitlers

planten Bauarbeiten eine Entdeckung der verscharrten Leichen drohte. Manche in der sowjetischen Führung befürchteten, dass die »letzte Ruhestätte« des »Führers« an der Elbe zum Wallfahrtsort für Hitler-Anhänger werden könnte. Um auf Nummer sicher zu gehen, habe die Kreml-Führung fast genau 25 Jahre nach dem Tod Hitlers die endgültige Vernichtung aller Spuren angeordnet. Deckname dieser Aktion: »Archiv«. War also erst Magdeburg die absolut letzte Station von »Hitlers Höllenfahrt«?

Nun gibt es zwar Belege, dass Sondereinheiten der Roten Armee 1945 Leichenteile aus dem Innenhof der Reichskanzlei entfernt haben – jedoch mangelt es ebenso an stichhaltigen Beweisen für die These, dass es sich dabei definitiv auch um die menschlichen Überreste Hitlers gehandelt hat. Im April 1945 gab es in der Reichskanzlei viele Tote oder Überreste von Toten, die durch das tagelange heftige Artilleriefeuer der Roten Armee bis zur Unkenntlichkeit zermalmt worden waren.

Ein wirklich schlüssiges Fazit hat allein ein deutsches Gericht gezogen. Vier Jahre lang hatte das Amtsgericht Berchtesgaden unter Leitung von Dr. Heinrich Stephanus 42 Zeugen befragt und ein Gutachten des Bayerischen Landeskriminalamts eingeholt. Der entscheidende Satz des Urteils vom 25. Oktober 1956: »Es kann nicht mehr der geringste Zweifel daran bestehen, dass Hitler sich am 30. April 1945 im Führerbunker mit eigener Hand, und zwar durch einen Schuss in die rechte Schläfe, das Leben genommen hat.« Im Urteil, das am 3. Dezember 1956 Rechtskraft erlangt hat, ist ferner festgehalten: Die Leichen sind im Sinne der von Hitler erteilten Weisungen im Garten der Reichskanzlei mit Benzin übergossen und angezündet worden. »Die Leichen haben längere Zeit gebrannt. Sie sind dann unweit der Verbrennungsstätte in einem Trichter vergraben worden.« Die eindeutige Identifizierung der Leiche Adolf Hitlers erfolgte durch zwei unabhängige Aussagen eines Zahntechnikers und seiner Helferin, die eine Goldbrücke Hitlers erkannten, die in den vorgelegten menschlichen Unterkiefer passten.

Allen bizarren Thesen zum Trotz: Adolf Hitler hat zweifelsfrei Selbstmord begangen, seine Asche ist längst in alle Winde zerstreut. Seine kriminelle Energie, die Millionen von Menschen das Leben kostete, richtete sich am Ende gegen sich selbst. Der Täter war zuletzt sein eigenes Opfer.

Das Foto ging um die Welt: Anfang Mai 1945 wehte die rote Fahne auf dem zerstörten Berliner Reichstag. Ein Symbol für das Ende des »Dritten Reiches« und die spontane Siegesfreude der Roten Armee. Doch das Ganze war nur eine geschickte Inszenierung.

1945 Die rote Fahne auf dem Reichstag

Irgendwoher musste er eine rote Fahne besorgen – das wurde Jewgenij Chaldej in dem Moment klar, als sein Chef ihm am Abend des 30. April 1945 den Marschbefehl gab. Schon am nächsten Tag, dem 1. Mai, sollte der 28-jährige TASS-Fotograf nach Berlin fliegen. Die Moskauer Nachrichtenagentur brauchte brandaktuelle Fotos vom Endkampf um die deutsche Reichshauptstadt. Dort stand der endgültige Triumph der Roten Armee unmittelbar bevor. Die Großstadt Berlin, in der noch eine Million Zivilisten lebten, war zum Schlachtfeld geworden. Straße um Straße, Stadtviertel um Stadtviertel hatten die Rotarmisten erobert – nun war das Zentrum der Stadt erreicht, Infanteristen der 150. Schützendivison setzten bereits zum Sturm auf das mächtige, frei stehende Reichstagsgebäude an. Der Sieg über Hitlers Deutschland war nur noch eine Frage von Stunden, und Chaldej sollte die Bilder

»Symbolträchtiger Ort«: Jewgenij Chaldejs Bild der roten Fahne auf dem Reichstag

machen, die von diesem großen, teuer erkauften Sieg kündeten.

Chaldej wusste, dass er nicht mit spontan inspirierten Schnappschüssen nach Moskau zurückkehren konnte. Die gewünschten symbolträchtigen Triumph-Bilder mussten sorgfältig inszeniert werden – und die rote Fahne gehörte zum Ritual. Sie war nicht nur Landesflagge, sondern auch das rote Banner der proletarischen Revolution, mit der die Sowjets die Völker der Welt beglücken wollten. Der Profi Chaldej überließ deshalb nichts dem Zufall. Am Abend vor seiner Abreise aus Moskau überredete er den Kantinenwirt der TASS-Agentur, ihm einige der roten Tischtücher zu überlassen, die im Speisesaal ohnehin nur gebraucht wurden, wenn Konferenzen abgehalten wurden. Die TASS-Tücher brachte der Fotograf noch in der Nacht zu seinem Onkel Israel Israelitsch Tschejitzer, einem Schneider. Die ganze Nacht hockten die beiden zusammen und nähten, um drei rote Tischtücher jeweils mit Hammer, Sichel und fünfzackigem Stern zu versehen.

Rote Fahnen hatten den TASS-Fotografen Chaldej durch fast vier Kriegsjahre begleitet, 1148 Tage lang war er den Truppen gefolgt, hatte 30 000 Kilometer zurückgelegt, das Auge stets am Sucher, den Finger stets am Auslöser: In Kertsch und Sewastopol, in Belgrad, Budapest und Wien – immer wenn die Rote Armee eine Stadt erobert hatte, war Chaldej mit seiner Kamera zur Stelle gewesen. An all diesen Orten wurden bekannte Gebäude zu Kulissen für symbolschwere Fotos von Sowjetsoldaten, die das rote Banner mit Hammer und Sichel vor Chaldejs Kamera schwenkten – der Kommunismus stalinistischer Prägung pflegte seine Rituale bis zum Exzess, und Fotografen wie Jewgenij Chaldej hatten in solchen Momenten ihrer Propagandistenpflicht nachzukommen.

Perfekt mit seiner Leica und den selbst angefertigten roten Fahnen ausgerüstet, traf Chaldej am 1. Mai 1945 in Berlin ein. Sofort ging er auf Motivsuche. Am Flughafen Tempelhof hisste er auf der Ruine des Empfangsgebäudes, am Sockel eines riesigen Bronzeadlers, seine erste Flagge und fotografierte. Doch sein geschultes Auge war noch nicht überzeugt. Das war nicht das Motiv, das er sich vorgestellt hatte. Noch wurde in der Stadtmitte gekämpft, deshalb konnte sich Chaldej erst am nächsten Tag einem wirklich symbolträchtigen Ort nähern: Am 2. Mai 1945, morgens um sieben, stieg er mit zwei Soldaten auf das Brandenburger Tor und ließ seine rote Flagge vor der zerschossenen Quadriga schwenken. An diesem Tag sollten die Deutschen in der Reichshauptstadt die Waffen strecken, die Schlacht um Berlin war geschlagen – das perfekte Foto zum Sieg hatte Chaldej allerdings noch immer nicht geschossen.

Am 30. 4. 1945 hat sich der Führer selbst entleibt und damit uns, die wir ihm die Treue geschworen hatten, im Stich gelassen. …Jede Stunde, die ihr weiterkämpft, verlängert die entsetzlichen Leiden der Zivilbevölkerung Berlins und unsere Verwundeten. Jeder, der jetzt noch im Kampf um Berlin fällt, bringt sein Opfer umsonst.

GENERAL WEIDLING, OBERBEFEHLSHABER IN BERLIN, AM 2. MAI IM KAPITULATIONSAUFRUF AN SEINE SOLDATEN

Eine Stunde später stand er vor der qualmenden Ruine des Reichstags. »Ich ging in meiner Marineuniform hinein. Ein junger sympathischer Soldat kam auf mich zu. Ich hatte die rote Fahne in der Hand. Er sagte: ›Leutnant, dawai, lass uns mit der Fahne aufs Dach klettern.‹ ›Deswegen bin ich ja hier‹, sagte ich«, berichtet Chaldej. Drei Soldaten begleiteten den TASS-Mann auf das Dach – ein schwieriges Unterfangen, denn die Treppen waren zerstört, zudem brannte es im Innern des Reichstags. Chaldej: »Die ganze Hitze und der Rauch zogen in die Kuppel. Der Soldat meinte: ›Lass uns auf die Kuppel klettern.‹ ›Nein‹, sagte ich, ›da werden wir geräuchert und verbrennen.‹« Chaldej suchte nach Kompositionsmöglichkeiten. Die ersten Bilder gefielen ihm nicht – er wollte mehr von Berlin im Bild haben. Seine Helfer erwiesen sich als geduldige Statisten. »Jungs, geht und stellt euch dahin, und hisst die Fahne an der und der Stelle«, wies der Mann in der Marineuniform sie an. »Schließlich fand ich diesen Punkt, wo man den Reichstag und im Hintergrund die brennenden Häuser sowie das Brandenburger Tor sieht. Ich wusste, das ist es.« Präzise dirigierte er das Trüppchen, dann nahm einer der Soldaten die rote Fahne, kletterte auf den Hauptsims an der Ostfassade des Reichstags und schwenkte sie vor der Kulisse der Berliner Ruinenlandschaft. Chaldej verknipste seinen ganzen Film und bekam endlich seine Bilder.

Der Fotograf war zufrieden – er wusste, dass die Fotos, die er in diesem Moment gemacht hatte, genau das waren, was er gesucht hatte. Die Aufnahmen, die um die Welt gehen sollten, hatten nur einen Schönheitsfehler: »Einige Monate später hat man bemerkt, dass der unten stehende, stützende Soldat, an jedem Handgelenk eine Uhr trug.« Das war politisch unkorrekt – ein siegreicher Sowjetsoldat durfte nicht als »Uhrenklau« verewigt werden. »Ich bekam den Auftrag, die rechte Uhr zu retuschieren.« Erst dann, in dieser offiziell abgesegneten Form, geriet die »rote Fahne auf dem Reichstag« zu einer der bekanntesten fotografischen Ikonen des Zweiten Weltkriegs.

Die Truppen der Weißrussischen 1. Front unter dem Befehl Marschall Schukows… haben heute am 2. Mai die Hauptstadt Deutschlands, Berlin, das Zentrum des deutschen Imperialismus und die Brutstätte der deutschen Aggression, vollständig erobert.

<small>AUS DEM TAGESBEFEHL STALINS VOM 2. MAI</small>

Das konnten die Sergeanten Militon Kantarija, Michail Jegorow und ein gewisser Samsonow am 2. Mai 1945 natürlich noch nicht ahnen. Sie waren jene drei Männer, die Chaldej auf dem Reichstag halfen, das perfekte Bild zu »komponieren«. Doch sie wussten eines: Die symbolträchtige Inszenierung war nach der blutigen Schlacht um Berlin eine verdiente Siegerehrung für die Rote Armee. Und das Trio empfand Stolz darüber, stellvertretend für alle Rotarmisten das Banner des Sieges auf dem Reichstag in Berlin schwenken zu dürfen.

Ob die drei tatsächlich zu den Männern gehörten, die den Reichstag als Erste miterobert hatten, ist umstritten. Dessen ungeachtet ernannte Stalin die drei Soldaten später zu »Helden der Sowjetunion«, sie wurden mit Ehrungen und Privilegien überhäuft, Militon Kantarija machte man sogar zum Abgeordneten des Obersten Sowjets in seiner – und Stalins – Heimatrepublik Georgien. Die offizielle sowjetische Geschichtsschreibung schuf parallel dazu seit 1945 konsequent eine Legende um die drei Helden und ihre »große Stunde« – die Geschichte war einfach zu gut, wen kümmerte da der Wahrheitsgehalt? Der Propagandaeffekt war wichtiger als die Tatsachen. Noch Jahre später erzählte uns Militon Kantarija stets das, was zur offiziellen

Von hier aus haben 1933 die Faschisten vor den Augen der ganzen Welt ihren blutigen Feldzug gegen den Kommunismus begonnen. Hier müssen wir auch seinen Untergang besiegeln. Da habt ihr seine militärische und politische Bedeutung!

<small>OBERST SINTSCHENKOS WIEDERGABE
DES AUFRUFS EINES POLITOFFIZIERS</small>

Version erklärt worden war: »Unser Kommandeur war Oberst Sintschenko. Am 30. April rief er uns zu sich und sagte: ›Burschen, stürmt den Reichstag, hisst die Fahne, und dann meldet ihr euch bei mir.‹« Die Kriegstagebücher der beteiligten Regimenter berichten, dass der Reichstag von starken deutschen Kräften verteidigt wurde, das freie Gelände vor dem Gebäude sei von Drahtverhauen versperrt und vermint gewesen. Die Verteidiger hatten offenbar freies Schussfeld auf jeden, der sich dem Komplex näherte. Die ersten Angriffe der sowjetischen Schützen-

205

kompanien blieben im mörderischen Kreuzfeuer der Deutschen stecken. Erst in der Abenddämmerung schafften es die Angreifer, sich bis zu den Stufen des Gebäudes vorzukämpfen. Oberst Sintschenko, Kommandeur des angreifenden Regiments, berichtete in seiner propagandistisch gefärbten Darstellung: »Die ersten Soldaten, die im Reichstag kämpften, waren vom 1. Schützenbataillon. Vor allem die Soldaten aus der Kompanie des Oberfeldwebels Sjanow taten sich hervor, unter ihnen die beiden Aufklärer mit der Fahne. Meine Soldaten kämpften um jedes Zimmer. Und doch war gegen 20 Uhr noch kein Erfolg errungen. …Für mich gab es nur einen Befehl: Die Fahne muss auf dem Reichstag gehisst werden.« Im Innern des Gebäudes entbrannten laut Sintschenko auf allen Stockwerken Nahkämpfe: »Granaten explodierten. MPi-Salven dröhnten in den Räumen. Im ersten Stock richtete ich den Gefechtsstand ein. Ich befahl der Kompanie Sjanow, sich den Weg bis zur Kuppel zu bahnen. Um 20.50 Uhr war es dann soweit. Über dem Reichstag flatterte das Banner des Sieges.«

Nach meiner Meldung an General Schatilow ging ich hinaus, um die rote Fahne zu sehen. Für mich war das ein stolzer Anblick. Das war der endgültige Sieg über den Faschismus.

Oberst Sintschenko, Kommandeur des Schützenregiments, in der offiziellen Darstellung der Kämpfe um den Reichstag

Militon Kantarija sekundierte seinem alten Kommandeur bei der Verbreitung dieser Version: »Erst steckten wir die Fahne überm Haupteingang aus einem Fenster, und am Abend gegen neun Uhr hissten wir sie auf der Kuppel.« Was immer in diesen dramatischen Stunden genau geschah – klar ist, dass kein Fotograf in der Nähe war, während ringsherum noch geschossen und getötet wurde. Niemand hielt in der Dunkelheit fest, dass eine rote Fahne auf dem Reichstag wehte.

Deutsche Zeitzeugen bestätigen, dass am Abend des 30. April 1945 Sowjetsoldaten in das Gebäude eindrangen. Am Morgen des 1. Mai hielten sie einige Räume in den oberen Stockwerken besetzt, während sich die Deutschen noch im Erdgeschoss verschanzt hatten. Die Verteidiger hörten die Sowjets singen – vermutlich feierten sie an diesem 1. Mai den höchsten Feiertag der Arbeiterbewegung, nicht ahnend, dass ihnen noch ein blutiges Gefecht bevorstand. Klemens Köhler kämpfte als Unteroffizier im Reichstag: »Von der SS gebildete Stoßtrupps stürmten in die oberen Stockwerke. …Nach stundenlangem Kampf erscholl von der SS schließlich der Ruf: ›Der Russe ist vernichtet!‹ Eine unheimliche Stille trat ein, kein Schuss fiel mehr, und wir hatten den Eindruck, dass es auch außerhalb des Gebäudes ruhiger geworden war«, berichtete er dem Historiker Gerhard Hahn, der die Ereignisse jener Stunden für eine Studie über die Geschichte der Reichstagsbibliothek genau rekonstruiert hat. Um Mitternacht setzten sich die Verteidiger, vorwiegend wallonische SS-Soldaten und Volkssturmmänner, durch einen Tunnel, der zum Palais des Reichstagspräsidenten führte, aus dem Bau ab. Morgens gegen sieben Uhr konnten die Sowjets kampflos das Gebäude in Besitz nehmen, ein Häuflein versprengter deutscher Soldaten ging in Gefangenschaft.

Diese wenig glanzvollen Realitäten spielten in der Überlieferung keine Rolle, gepflegt wurde seit 1945 die weitaus heroischere Version von Oberst Sintschenko und Militon Kantarija. Die Erstürmung des

»Zum Reichstag!«: Der Monumentalbau im Zentrum Berlins war das symbolische Ziel des sowjetischen Sturms auf Berlin

Reichstags ist eines der meist beschriebenen Details in der sowjetischen Kriegsgeschichtsschreibung – dort wird der Vorgang zum Schlusspunkt des Zweiten Weltkriegs stilisiert und konsequent zum kultisch verehrten Ereignis überhöht. Der Reichstagssturm gehörte bald zum Standardrepertoire der kommunistischen Geschichtsmythen. In welche Tradition das Ereignis gestellt wurde, zeigt der Aufruf, den der zuständige Politoffizier den angreifenden Soldaten mit auf den Weg gegeben haben soll: »Dort vor euch ist der Reichstag. Vor mir aber war damals am 24. Oktober 1917 das Winterpalais, noch größer war es, ja, noch schöner. Zweifel hatten wir keine, alle wussten, dass das Winterpalais das unsrige sein musste, so, wie auch ihr jetzt keine Zweifel habt…«

Der Reichstagsmythos wird noch heute im Moskauer Armeemuseum gepflegt: Wie eine Reliquie verehrt man dort eine rote Fahne, die angeblich einst auf dem Reichstag aufgepflanzt wurde. Diese Fahne – am 2. April 1945, dem 75. Geburtstag Lenins, an die 150. Schützendivision verliehen – gilt seit 1945 als das »Siegesbanner des sowjetischen Volkes über die dunklen Kräfte des Faschismus«. Mit Chaldejs selbstgenähtem Tuch hat sie nichts zu tun; und ob sie diejenige ist, die vom ersten Sturmtrupp in den Reichstag getragen wurde, verriet uns nach dem Ende der Sowjetunion Militon Kantarija selbst: »Wenn du denkst, das ist sie, meine rote Fahne, hast du zwar nicht Unrecht, aber eigentlich liegst du falsch.« In der Tat: Die echte rote Fahne liegt im Keller des Armeemuseums.

»Stunde Null«: Ein deutscher Soldat sitzt vor den brennenden Trümmern des Reichstags

»Von Moskau nach Berlin«: Sowjetische Soldaten verewigten sich auf den Mauern des Parlamentsgebäudes

Trotz des Verwirrspiels um Fahnen und Reliquien bleibt eine unumstößliche Wahrheit: Der Sturm auf das Reichstagsgebäude war tatsächlich eine der letzten größeren Kampfhandlungen in Berlin, und die endgültige Einnahme der Reichshauptstadt besiegelte zumindest symbolisch den Untergang des Hitler-Reiches. Die Rote Armee hatte den Sieg über Hitler und seine Wehrmacht teuer erkauft. Nun sollte die Welt sehen, dass die Opfer, die man seit 1941 gebracht hatte, nicht vergeblich gewesen waren.

Aber warum musste es ausgerechnet der Reichstag sein? Einige hundert Meter weiter südlich, in einem Bunker unter der

> Der Reichstag ist eine riesige leere Hülle unter einer zentralen Kuppel, umgeben von Galerien und Nebenkuppeln, innen und außen brandgeschwärzt und von den Sockelleisten bis zu den Decken von den krakeligen, fremd wirkenden Inschriften russischer Soldaten bedeckt.
>
> STEPHEN SPENDER, ALS BRITISCHER OFFIZIER 1945 IN BERLIN

Reichskanzlei, befand sich die wirkliche Zentrale der NS-Macht. Hier, tief unter der Erde, hatte Adolf Hitler noch einige Wochen lang versucht, das Blatt zu wenden – auf Geisterarmeen spekulierend, die Berlin aus dem Würgegriff der sowjetischen Divisionen be-

»Siegergesten«: Chaldejs Aktion blieb nicht die einzige Inszenierung

freien sollten. Kurz bevor sowjetische Soldaten am 30. April zum Sturm auf den Reichstag ansetzten, zog er resigniert die Bilanz seines Rassen- und Vernichtungskriegs gegen die Sowjetunion: Das deutsche Volk habe sich »als das schwächere erwiesen«, vertraute er seiner noch verbliebenen Umgebung an: »Dem stärkeren Ostvolk« gehöre nun »ausschließlich die Zukunft«. Dann nahm sich Hitler gemeinsam mit Eva Braun das Leben. »Ich selbst und meine Gattin wählen, um der Schande der Absetzung oder der Kapitulation zu entgehen, den Tod«, ließ er in seinem Testament verkünden.

Hitlers Herrschaft über die Deutschen fand in einem düsteren Bunker unter der Reichskanzlei ihr Ende. Die Sowjets waren über den letzten Zufluchtsort des »Führers« nicht informiert. Das Erstürmen und Durchsuchen der Bunkeranlage wurde deshalb nicht als vorrangiges Ziel für die Truppe ausgegeben – ein Gebäude, das in sowjetischen Augen durchaus symbolträchtig war, eignete sich wesentlich besser, um den Soldaten als Zielmarke am Ende eines langen Weges zu dienen: der Reichstag, jener frei stehende Monumentalbau im Zentrum von Berlin. »Von hier aus haben 1933 die Faschisten vor den Augen der ganzen Welt ihren blutigen Feldzug gegen den Kommunismus begonnen. Hier müssen wir auch seinen Untergang besiegeln. Da habt ihr seine militärische und politische Bedeutung«, erklärte laut Oberst Sintschenko ein Politoffizier den Soldaten. In der Sowjetunion war der Reichstagsbrand von 1933 unvergessen – schließlich hatte dieses Ereignis den Nazis einen Vorwand geliefert, um rücksichtslos gegen die deutschen Kommunisten vorzugehen. Diese Verfolgung der deutschen Genossen hatte in Stalins Propaganda eine große Rolle gespielt – seitdem galt der Reichstag als Ausgangspunkt des NS-Terrors.

> **Sie weht im Maiwind, feierlich den Frühling der Völker, die Befreiung der Menschheit von der faschistischen Finsternis verkündend.**
>
> *Prawda*-Schlagzeile vom 3. Mai 1945 zu einem Bild der roten Fahne auf dem Reichstag

Doch streng genommen schwenkten die Sowjetsoldaten ihre rote Fahne am 2. Mai 1945 auf dem längst geschändeten Symbol der deutschen Demokratie. Der Wallot-Bau aus dem Jahr 1894 konnte seit dem Reichstags-

»Symbolschwere Fotos«: Jewgenij Chaldej mit seinem Foto und dem Bild der US-Flagge auf Iwo Jima

brand nicht mehr als Tagungsort für die Abgeordneten genutzt werden, da der Plenarsaal völlig ausgebrannt war. Der Reichstag tagte fortan in der gegenüberliegenden Krolloper. Von Kommunisten, Sozialdemokraten und anderen widerspenstigen Politikern »gesäubert«, verkam das Gremium während des »Dritten Reiches« zu einer Ansammlung uniformierter Nazi-Statisten, die während der wenigen Sitzungen, die noch einberufen wurden, nichts anders zu tun hatten, als ihrem Führer frenetisch zu applaudieren und das Deutschlandlied abzusingen. Dagegen hatte das Reichstagsgebäude – abgesehen von der Zerstörung des Plenarsaals – durch die Brandstiftung am 27. Februar 1933 keine größeren Schäden davongetragen. Es beherbergte noch bis 1939 die Abgeordnetenbibliothek. Hitler und Speer planten, den Reichstag völlig umzubauen, doch noch vor dem Kriegsausbruch wurden diese Pläne eingefroren. Schließlich benutzte Albert Speer die Hälfte der Reichstagsräumlichkeiten zur Aufstellung seiner riesigen Modelle für den beabsichtigten Ausbau der Reichshauptstadt. Die andere Hälfte der Reichstagsflächen wurde vom Zentralarchiv für Wehrmedizin in Beschlag genommen. Hier wurden die Krankenakten aller in Lazaretten behandelter Wehrmachtsangehöriger von Ärzten ausgewertet – 1945 lagerten im Reichstag 14 Millionen Krankenblätter verwundeter deutscher Soldaten. Das also war der Reichstag 1945: Abstellkammer für größenwahnsinnige Architekturmodelle und Dokumentationsstelle für millionenfaches Verwundetenelend. Da-

»Burschen, stürmt den Reichstag«: Militon Kantarija (rechts) galt seit der Flaggenhissung 1945 als »Held der Sowjetunion«

In den Höhepunkten der Geschichte besitzen Symbole eine außerordentliche Bedeutung. ...Als ein solches Symbol erwies sich der Reichstag, und die 50 oder 60 Stunden Kampf um ihn wurden zum bedeutenden und abschließenden Punkt des Großen Vaterländischen Krieges.

Der ehemalige Politoffizier Jewgenij Dolmatowskij in seiner Autobiografie

mit taugte er zwar als Symbol für den Zustand des Deutschen Reiches, keineswegs aber als Sinnbild nationalsozialistischer Machtentfaltung.

Doch das störte Militon Kantarija, Michail Jegorow und den Fotografen Jewgenij Chaldej am 2. Mai 1945 nur wenig. Sie kümmerten sich nicht um historische Feinheiten und ahnten noch nichts von dem Kult, den die Sowjetmacht um sie und ihre rote Fahne veranstalten sollte. Nichts ahnend halfen die Frontsoldaten dem Moskauer Bildberichterstatter, eines der meistgedruckten Fotos des Zweiten Weltkriegs zu inszenieren: Jewgenij Chaldej schuf ein Bild, das alles aussagte, was es im Mai 1945 über diesen Krieg zu sagen gab. Für den russischen Juden Chaldej, dessen Mutter 1917 bei einem Pogrom ihr Leben verloren hatte und dessen Vater und drei Schwestern in Donezk von Deutschen ermordet worden waren, hatte das Bild von der »roten Fahne auf dem Reichstag« noch eine eigene Bedeutung. Es war Symbol für seinen ganz persönlichen Triumph: »Das hätte Hitler wohl nicht gedacht, dass ein Jude diese Flagge näht und ein zweiter Jude sie auf dem Reichstag hisst!«

Er war der »Schattenmann« der frühen Bundesrepublik – Reinhard Gehlen, Chef des Bundesnachrichtendienstes. Sein Aufstieg begann einst in Hitlers Geheimdienstapparat. Wie kaum ein anderer machte Gehlen ein Geheimnis um seine Person. Was hatte er zu verbergen?

1946 Die Gehlen-Story

Der britische *Daily Telegraph* nannte ihn den »Spion des Jahrhunderts«. Für die *Westdeutsche Allgemeine* war er der »Mann mit tausend Ohren«. Ein französischer Experte sah in ihm gar den »eigentlichen Kanzler der Bundesrepublik«. Sein Rivale, der Oberstleutnant Friedrich Wilhelm Heinz, bespöttelte ihn nicht ohne Respekt als »das Produkt einer geistigen Schäferstunde zwischen Mata Hari und General Ludendorff«. Tatsächlich aber war der Legendenumrankte vor allem eins – öffentlichkeitsscheu. Über keinen anderen Entscheidungsträger der jungen Bundesrepublik raunten sich Medien und Politiker derart vage Gerüchte zu wie über ihn. Über keinen anderen wussten sie so wenig. Verantwortlich dafür war allein der schattenhafte Gründervater bundesdeutscher Spionage selbst – der erste Präsident des Bundesnachrichtendienstes, Reinhard Gehlen.

»Der Dienst muss alles wissen«: Gehlen kurz vor seinem Tod im Jahr 1979 in seinem Garten

Sein Aufstieg begann an Hitlers Seite. Am 1. April 1942 wurde er zum Chef der Generalstabsabteilung »Fremde Heere Ost« befördert – zuständig für die Beschaffung aller für die Ostfront relevanten Nachrichten hinter den sowjetischen Linien. Der gerade 40 Jahre alte Oberst machte sich schnell unentbehrlich. Mit großer Energie und analytischer Klarheit gelang es ihm, aus einer eher behäbigen Abteilung eine effiziente Aufklärungstruppe zu machen. Allerdings stießen seine häufig zutreffenden Prognosen über gegnerische Rüstungsziffern und Truppenstärken bei Hitler zusehends auf taube Ohren. Der Diktator wollte nichts hören über die triste militärische Wirklichkeit. Doch erst im Winter 1944/45 kam es zum Bruch. Als Gehlen

Gehlen ist ein Narr!

ADOLF HITLER, 1945

die hoffnungslosen Aussichten vor Beginn der sowjetischen Großoffensive nüchtern zusammenzählte, geriet Hitler in einen seiner

»Der größte Bluff seit Dschingis Khan«: Reinhard Gehlen im Gespräch mit Offizieren der deutschfreundlichen russischen »Befreiungsarmee«

berüchtigten Wutanfälle, nannte die Daten den »größten Bluff seit Dschingis Khan« und verlangte, die Verantwortlichen in ein Irrenhaus zu sperren. Am 9. April 1945 wurde Gehlen, mittlerweile General, entlassen. Der Rauswurf erschien ihm wie eine glückliche Fügung. Längst hatte er den Frontwechsel vorbereitet. Die Unterlagen seiner Abteilung hatten Getreue in verschiedenen süddeutschen Verstecken vergraben – aus erbeuteten alliierten Papieren war längst bekannt, dass im Süden die amerikanische Besatzungsmacht herrschen würde. Gehlens Plan setzte auf wachsende Spannungen innerhalb der Anti-Hitler-Koalition. Der General sah richtig voraus, dass die Allianz der Sieger bald zerbrechen würde. Und er erkannte ebenso treffend, dass sein Fachwissen über die Rote Armee für die Amerikaner Gold wert sein würde.

Am 20. Mai 1945 stellte sich Gehlen im oberbayerischen Miesbach der US-Armee und wurde einem Captain des amerikanischen Armeegeheimdienstes CIC vorgeführt. Der Gefangene stellte sich vor: »Ich bin der Chef der Abteilung ›Fremde Heere Ost‹ im deutschen Oberkommando des Heeres.« »Sie waren es, General«, antwortete der Amerikaner trocken. Gehlen: »Ich habe Mitteilungen zu machen, die von höchster Wichtigkeit für Ihre Regierung sind.« »Das haben sie alle«, erwiderte sein Gegenüber. Gehlen wurde mit seiner Entourage in ein normales Gefangenenlager gebracht. Doch der Enttäu-

»Pläne für die Zukunft«: Gruppenbild der Wehrmachtsabteilung »Fremde Heere Ost«, darunter Gehlen (o) und sein späterer Nachfolger Wessel (x)

schung folgte bald die Anerkennung. Es dauerte nur wenige Wochen, bis die Sieger ihren Fang zu schätzen begannen. Der aufziehende Kalte Krieg machte den Wehrmachtsgeneral mit den exzellenten Russlandkenntnissen zum begehrten Partner. Gehlen durfte mit mehr als 200 meist aus der Gefangenschaft

> Gehlen war zuversichtlich und ungebrochen. Er hatte Pläne, die weit in eine neue Zukunft wiesen, während die meisten anderen nur in die Vergangenheit zurückblickten.
>
> Wilfried Strik-Strikfeldt, Mitarbeiter Gehlens bei »Fremde Heere Ost«

rekrutierten »alten Kameraden« ein exklusives Gelände in Pullach beziehen, zehn Kilometer südlich von München. Abgeschottet hinter einer anderthalb Kilometer langen Mauer lag ein Areal mit flachen Gebäuden, Bunkern und Baracken. Einst war es als »Rudolf-Heß-Siedlung« für die NSDAP eingerichtet worden, dann residierte Hitlers Intimus Martin Bormann hier. Jetzt wurde das Camp die Zentrale der »Organisation Gehlen«, eines im US-Auftrag handelnden und mit US-Geldern finanzierten deutschen Geheimdienstes. Damit hatte die Abteilung »Fremde Heere Ost« neben Post und Bahn als einzige staatliche Institution die Zeitenwende der Kapitulation praktisch unbeschadet überstanden.

Mit Gehlen geriet ein Mann in eine Schlüsselstellung der künftigen westdeutschen Republik, der mit Demokratie nur wenig anfangen konnte. Geprägt von der ehrgeizig-geduckten Stimmung der Reichswehr in der Weimarer Republik, hatte der Artillerieoffizier den Weg in die NS-Diktatur zunächst begrüßt und als Karrierechance begriffen. Er war kein glühender Nazi, doch die von Hitler betriebene Aufrüstung der Wehrmacht und die Mobilisierung gegen den Kommunismus entsprachen seinen innersten Überzeugungen. Diese Übereinstimmung hielt die gesamte Kriegszeit. Auch wenn sich Gehlen Jahrzehnte später als Mitwisser des militärischen Widerstands darstellen wollte – die Motive der Verschwörer des 20. Juli 1944 blieben ihm in Wahrheit fremd. Als einer der Überlebenden des Widerstands, der spätere Präsident des Bundesverfassungsschutzes, Otto John, 1954 in die DDR überlief, zischte Gehlen im Kreise von Vertrauten: »Einmal Verräter, immer Verräter.« Bezeichnend ist auch, dass der Chef der »Fremden Heere Ost« im Gegensatz zu vielen anderen Wehrmachtsspitzen keinerlei Berührungsängste vor Dienststellen der SS hatte – im Gegenteil: Seine guten Beziehungen zu Himmlers Mördertruppe ließen ihn später beim Aufbau des BND bedenkenlos

»Begehrter Partner«: Das amerikanische Sonderlager Oberursel, erstes Hauptquartier der »Organisation Gehlen«

Insgesamt gibt es mindestens 50 hochbelastete NS-Kriegsverbrecher in der »Organisation Gehlen«.

ERICH SCHMIDT-EENBOOM, GEHEIMDIENSTEXPERTE

auf SS-Veteranen zurückgreifen. Erst auf öffentlichen Druck in den Sechzigerjahren trennte sich Gehlen wieder von einigen der Belasteten. Transparenz und Offenheit, Grundtugenden des demokratischen Staates, blieben ihm stets verdächtig. Einer parlamentarischen Kontrolle seines »Dienstes« widersetzte er sich – im Bündnis mit Adenauer – bis ans Ende seiner Amtszeit höchst erfolgreich. Seine Memoiren aus dem Jahr 1971 enthüllten dann einiges an bedenklicher gedanklicher Kontinuität. So schwadronierte der General seitenlang darüber, wie man den Krieg gegen die Sowjets ohne Hitlers »dilettantische Führung« doch noch hätte gewinnen können, und machte keinen Hehl aus seiner Kreuzzugsmentalität gegen den »Bolschewismus«. Auf dem Höhepunkt der Entspannungspolitik des Willy Brandt erntete Gehlen dafür entrüstete Kritiken.

Und seine Bilanz als Geheimdienstchef? Was ist dran an den hymnischen Lobpreisungen als »Superspion« und »Mann mit tausend Ohren«? Als Gehlen nach Kriegsende in Pullach einzog, stand er professionell gesehen eigentlich vor dem Nichts. Die Agentennetze im Osten meldeten sich nicht mehr. Sie waren entweder von der sowjetischen Abwehr zerschlagen worden oder hatten sich stillschweigend selbst abgeschaltet. Doch Gehlen fand eine neue Quelle, die jahrelang

> Er war ein kühler Rechner. Seine Leidenschaftlichkeit galt den Zahlen und Formeln.
>
> HERBERT URBAN, JUGENDFREUND GEHLENS

so reichhaltig sprudelte, dass sie die US-Dienste vor Neid erblassen ließ. Ein millionenstarkes Heer von Kundschaftern wartete nur darauf, von den Analytikern des Generals befragt und ausgewertet zu werden. Mehr als zwei Millionen deutsche Kriegsgefangene kehrten von 1945 bis 1956 aus der Sowjetunion zurück. Sie hatten Zwangsarbeit verrichten müssen in Bergwerken und Fabriken, hatten Staudämme und Bahnlinien erbaut, waren in Güterwaggons bis in die entlegensten Winkel des Imperiums transportiert worden. Nach ihrer Heimkehr gaben die meisten von ihnen bereitwillig Auskunft. Ein kleinteiliges Mosaik aus Zehntausenden von Nachrichten entstand. Von einem Exgefangenen, der als Militärfahrer der Roten Armee Russisch gelernt hatte, erfuhren Gehlens Sammler, dass der Geheimpolizeichef der Krim, Oberst Tutuso, abgelöst worden war; ein anderer Gefangener hatte als Augenzeuge bei der Maiparade in Simferopol neue sowjetische Raupenschlepper für Artillerie beobachtet, »die wenig Benzin verbrauchen sollen«; ein Dritter brachte aus einem Chemiekombinat bei Dserschinsk

> Es gab niemanden in Europa, möchte ich mal wenig übertrieben sagen, der so gut Bescheid wusste und seine Beobachtungsposten draußen hatte wie eben Gehlen gegenüber der Sowjetunion.
>
> JOHANN GRAF VON KIELMANSEGG, 1939–1944 IM GENERALSTAB DES HEERES

»Millionenstarkes Heer von Kundschaftern«: Aus Russland heimkehrende Kriegsgefangene waren eine wichtige Quelle für Gehlens Dienst

einen roten Stein mit, der Funken schlug – wie sich herausstellte, radioaktives Material für das sowjetische Atombombenprogramm. Nach und nach entstand so ein detailliertes Bild des sowjetischen Militärpotenzials, das die Amerikaner erschrecken ließ. Während die US-Streitkräfte längst auf einen Bruchteil ihrer Kriegsstärke abgerüstet waren, schien die Rote Armee beständig aufzurüsten.

Auch für die sowjetische Besatzungszone galt Gehlen bald als der bestinformierte westliche Geheimdienstmann. Die Unzufriedenheit der Ostdeutschen trieb ihm in Scharen Informanten zu, die meist lieber mit einer deutschen »Firma« zusammenarbeiteten als mit den ebenfalls sehr interessierten Diensten der Westmächte. Vor allem alte Wehrmachtsoffiziere, die das SED-Regime und die sowjetischen Besatzer als besondere Schmach empfanden, waren leicht zu rekrutieren. Oft genügten ein paar patriotische Worte und einige Stangen Westzigaretten, um die Veteranen zu bewegen, Flugbewegungen auf Militärflugplätzen zu zählen oder die Nummernschilder sowjetischer Panzerfahrzeuge zu notieren. Ein dichtes Netz von V-Männern spähte bald die »Zone« aus. Schon im September 1948 hatten Gehlens Maulwürfe in Erfahrung gebracht, dass die Rote Armee in der gesamten »Ostzone« damit begann, deutsche Volkspolizisten an schweren Waffen auszubilden. Ein klares Signal: Die Sowjets bauten eine deutsche Armee auf. Gehlen erkannte sofort, wie nützlich die Nachricht für die Befürworter eigener westdeutscher Truppen und für ihn selbst war. Das Schreckgespenst einer kommunistischen Invasion ließ sich bestens als Treibstoff für Wiederaufbau und Wiederbewaffnung im Westen nutzen. Die Auswertung von Nach-

richten aus dem Osten geriet immer mehr zum politischen Instrument. Je düsterer Gehlen und seine Mitarbeiter die Drohkulisse der gegnerischen Militärstärke zeichneten, desto positiver wirkten sich die Nachrichten aus Pullach für die Stellung der Westdeutschen gegenüber den Siegermächten aus.

Ihre Glanzzeit erlebte die »Organisation Gehlen« in der ersten Hälfte der Fünfzigerjahre. Noch immer floss ein unaufhörlicher Strom von Nachrichten aus der Befragung von Heimkehrern. Dazu kamen jetzt manche neu gewonnenen hochkarätigen Quellen. So begann die Sekretärin des DDR-Ministerpräsidenten Otto Grotewohl, aus Liebe zu ihrem Verlobten für die Pullacher »Firma« zu spionieren. Elli Barczatis führte bei Gehlens Agenten den Decknamen »Gänseblümchen«. Wann immer Grotewohl Reden verfasste, ob er sich mit Sowjetfunktionären traf oder Beschlüsse des Ministerrats unterzeichnete – Gehlen war über alles informiert. Elli Barczatis und eine Hand voll anderer Top-Spione erlaubten ein nuancenreiches Bild der frühen Führungsriege der

Der Organisation Gehlen ist es bisher gelungen, innerhalb der DDR einige Erfolge in der Agentenwerbung zu erzielen.

Neues Deutschland, DEZEMBER 1953

DDR: So erfuhren die Pullacher, dass sich der DDR-Justizminister Max Fechner nach zwei Flaschen Wodka entkleidet und in einen Teppich eingerollt hatte. Oder dass die Vizepräsidentin des Obersten Gerichts in Ostberlin, Hilde Benjamin, nach jedem Todesurteil abends Kerzen anzündete, im Talmud las und

»Vetternwirtschaft«: Das Hauptportal der BND-Zentrale in Pullach

Musik von Bach hörte. Auch die wachsende Unzufriedenheit im Frühjahr 1953 registrierten Gehlens Späher genau. Über die dadurch ausgelösten Versuche des sowjetischen Statthalters Semjonow, den unpopulären Ulbricht zu ersetzen, wurde der General sogar aus erster Hand in Kenntnis gesetzt. Moskaus vermeintlicher Favorit für die Nachfolge, der stellvertretende DDR-Ministerpräsident Hermann Kastner, spionierte ebenfalls für die »Organisation Gehlen«. Die Eruption des Volksaufstands vom 17. Juni freilich konnten die Pullacher nicht vorhersagen – ebenso wenig wie den Kursschwenk der Sowjets, die nun gezwungen waren, Ulbricht mit Panzern zu stützen, anstatt ihn geräuschlos zu ersetzen.

Dennoch wucherte Gehlens Ansehen in diesen Jahren bis ins Legendenhafte. Bundes-

> Der Dienst muss alles wissen. Egal wie.
>
> GEHLENS WAHLSPRUCH

kanzler Konrad Adenauer ließ sich regelmäßig die Lageberichte des »lieben Generals« vorlegen, wie er den Geheimdienstchef zu nennen pflegte. Beide Männer fühlten sich durch die Überzeugung verbunden, mit aller Macht die Ausdehnung des kommunistischen Lagers über die Elbe hinaus zu verhindern. Adenauer nutzte Gehlen-Material allerdings auch gern zur persönlichen Machtausübung. Vizekanzler Blücher beispielsweise war geschockt, als der »Alte« ihm vorhielt, auf einer Dienstreise nach Paris ein einschlägig bekanntes Etablissement besucht zu haben. Adenauer süffisant: »Musste es denn eine Mulattin sein?« Zum Dank für solche hilfreichen Hintergrundinformatio-

Des Kanzlers liebster General.

Spiegel-TITEL VON 1954

nen erfüllte der Kanzler schließlich den größten Wunsch des Generals – 1956 wurde aus der »Organisation Gehlen« per Gesetz der dem Bonner Kanzleramt unterstellte Bundesnachrichtendienst (BND). Der ehemalige Leiter von Hitlers Generalstabsabteilung »Fremde Heere Ost« firmierte jetzt ganz offiziell als BND-Präsident und Westdeutschlands oberster Agentenchef.

Die Geschichte neigt zur Ironie: Im Moment der staatlichen Verankerung des BND begann sein Niedergang. In der DDR befasste sich seit 1955 das neu gegründete Ministerium für Staatssicherheit mit der Abwehr der Pullacher Aktivitäten. Unter den in Moskau geschulten Erich Mielke und Ernst Wollweber war die Stasi schnell zum gefährlichen Gegner herangewachsen. Drastische Terrormaßnahmen und die Resignation weiter Teile der DDR-Bevölkerung nach dem 17. Juni behinderten die Arbeit der westlichen Späher. Reihenweise flogen in kurzer Zeit ganze Netze von V-Leuten Gehlens auf. Wollweber ließ mit großem Propagandagetöse die Verhaftung von 521 BND-Agenten vermelden. Zu den Opfern zählte auch das »Gänseblümchen«. Elli Barczatis starb unter dem Fallbeil. In Pullach begann sich Hilflosigkeit breit zu machen. Nach dem Ende der Kriegsheimkehrertransporte und dem Verlust der meisten Quellen drohte der Nachrichtenstrom aus dem Ostblock zu versiegen. Massive Strukturschwächen der »Firma« wurden sichtbar. Die Einrichtung einer leistungsstarken technischen Abteilung mit Abhöranlagen und elektronischen Horchposten, wie sie bei anderen Diensten längst

gute Ergebnisse lieferte, kam in Pullach nur schleppend voran. Gehlens auffällige Vetternwirtschaft – zeitweise beschäftigte er 16 Verwandte auf Staatskosten – und das Beharren auf alten Seilschaften aus Kriegszeiten erschwerte die Rekrutierung qualifizierten Personals. Anspruch und Wirklichkeit gerie-

Das eisige Produkt der militärischen Mönche des deutschen Generalstabs.

Newsweek, JULI 1955

ten in eine zunehmend größere Diskrepanz. Während es Gehlen dank seines eloquent geheimnisvollen Auftretens in Bonn gelang, immer mehr Mittel für seine Truppe zu sichern, ging der Erkenntniswert seiner Meldungen stetig weiter zurück. Nicht selten verkaufte der »Dienst« umformulierte Zeitungsnotizen als Ergebnis eigener Recherche. Einer der BND-Referatsleiter berichtete, dass der Chef sogar vor erfundenen Meldungen nicht zurückschreckte. Im Sommer 1958 habe Gehlen den Bericht eines angeblichen Agenten im SED-Zentralkomitee gegengezeichnet, obwohl der BND eine Quelle solchen Ranges längst nicht mehr führte. Auf Proteste des Referatsleiters habe der General nur kühl reagiert: »Wer will uns das Gegenteil beweisen?«

1961 wurde zum schwersten Jahr für den »Dienst«. Nach dem für die westliche Öffentlichkeit überraschenden Mauerbau am 13. August wurde die bohrende Frage laut, warum der BND nichts davon gewusst habe. Waren Gehlens Geheime nur noch »Schnüffler ohne Nase«, wie Kritiker meinten? Was aussah wie eine schwere Schlappe,

»Felfe ist hervorragend«: Zusammen mit Heinz Felfe wurde auch sein Mitarbeiter Hans Clemens (Foto) der Spionage angeklagt

war jedoch in Wahrheit vor allem ein unlösbares Dilemma. Tatsächlich hatte Pullach schon Tage vor dem Schicksalstag immerhin von Vorbereitungen für eine »Abriegelung« Westberlins erfahren und die Verantwortlichen in Bonn und Washington informiert. Auch US-Präsident Kennedy gehörte zu den Eingeweihten. Gegenüber seinem Berater Walter Rostow erklärte er hellsichtig, Chruschtschow müsse wohl »etwas unternehmen, um den Flüchtlingsstrom aus Ostdeutschland zu stoppen – vielleicht eine Mauer«. Dann fügte er noch hinzu: »Und wir werden nichts dagegen unternehmen können.« Eine Besetzung Westberlins hätte der Westen mit einem massiven Militäreinsatz, wahrscheinlich auch mit Atomwaffen, beantwortet. Das war beiden Seiten klar. Eine Mauer aber rund um die Westsektoren

> Er war selber überzeugt davon, dass es irgendwann zu einer kolossalen Auseinandersetzung, sei sie kriegerisch oder nicht kriegerisch, zwischen Ost und West kommen würde, müsste, dass unser Platz auf der Seite des Westens sein müsste.

EBERHARD BLUM, ADJUTANT VON REINHARD GEHLEN, SPÄTER CHEF DES BND

würde kein Casus belli sein – eine für die DDR-Bürger besonders kalte Logik. Dem Westen bleib nichts weiter, als alle Warnungen vor dem Mauerbau besorgt zu registrieren – und nichts zu unternehmen. Öffentlich wurden deshalb die Hinweise Gehlens und anderer Geheimdienste bewusst verschwiegen. Nur ein kleiner Kreis kannte die Wahrheit. Der eitle General jedoch litt sehr darunter, dass seinem Geheimdienst in den Medien Ahnungslosigkeit unterstellt wurde.

Nur zwei Monate später traf ihn der nächste Schlag. Am 27. Oktober 1961 dechiffrierten Spezialisten des BND einen brisanten Funkspruch des sowjetischen Geheimdienstes KGB. Er enthielt eindeutige Hinweise auf einen Sowjetspion im innersten Zirkel von Pullach. Binnen Stunden war der Maulwurf identifiziert: Heinz Felfe, Referatsleiter »Gegenspionage Sowjetunion«. Die

> Ich habe mich nicht wohl gefühlt, aber ich konnte nicht mehr zurück.

WERNER FELFE, SPION

Katastrophe konnte nicht größer sein. Seit mehr als zehn Jahren spionierte Felfe, ein ehemaliger SS-Mann aus dem Reichssicherheitshauptamt, für Moskau. Der KGB hatte ihn mit angeblichen Topinformationen gefüttert und damit seine Karriere bis in die Führungsgremien des BND geebnet. Gehlen hatte den vermeintlichen Spitzenmann in Sachen Sowjetunion intern in höchsten Tönen gelobt: »Der Felfe ist hervorragend. Er bringt, was andere nicht schaffen.« Jetzt stand der General vor seinem geheimdienstlichen Konkurs. Dank Felfe war der Osten nicht nur über die meisten BND-Operationen jenseits des Eisernen Vorhangs informiert – wie sich herausstellte, hatten Stasi und KGB auch mit gezielten Desinformationen die Pullacher Aufklärungsarbeit in ihrem Sinne manipuliert. Der gute Ruf war ruiniert. Es würde Jahre dauern, die Schäden zu besei-

> Eine schlimme Panne.

REINHARD GEHLEN ÜBER DIE FELFE-AFFÄRE

tigen. Das Gerichtsverfahren gegen Felfe wurde zum Offenbarungseid für Gehlen. So-

»Nicht mit dem Grundgesetz…«: Innenminister Höcherl nimmt am 7. November 1962 im Bundestag zur »Spiegel-Affäre« Stellung

gar die New York Times berichtete aus dem Karlsruher Gerichtssaal: »Hier wird eine Legende zerstört.« Felfe wurde zu 14 Jahren Zuchthaus verurteilt. 1969 tauschte ihn die Bundesrepublik gegen 18 politische Häftlinge aus DDR-Gefängnissen aus. Das SED-Regime belohnte den Topspion ausgerechnet mit einer Professur für Kriminalistik. 1991 macht Felfe im vereinten Deutschland noch einmal Schlagzeilen. Er gewann 700 000 DM im Lotto. Die Bild-Zeitung titelte: »Sechs Richtige für den Falschen«.

Gehlen hat sich von der Felfe-Schlappe nie wieder erholt. Ein Jahr später, 1962, zerbrach auch noch sein gutes Verhältnis zu Adenauer. BND-Offiziere hatten eine Titelgeschichte des Spiegel über Bundeswehrinterna, die sich kaum verhüllt gegen Verteidigungsminister Strauß richtete, gegengelesen und zur Veröffentlichung freigegeben. Als Strauß dann mit Duldung des Kanzlers Bundesanwaltschaft und Polizei gegen den Spiegel vorgehen ließ, warnte ein BND-Mann das Hamburger Magazin vor einer Hausdurchsuchung und gab den Redakteuren damit Gelegenheit, Material verschwinden zu lassen. Der Fall machte als »Spiegel-Affäre« Geschichte, führte zum Rücktritt von Strauß und läutete das Ende der Ära Adenauer ein. In den Augen des Kanzlers gab es nur eine Erklärung für das Desaster: Gehlen! Der BND-Chef habe, so glaubte der angeschlagene Patriarch, eine groß angelegte Intrige gegen die Bundesregierung inszeniert. Am 12. November 1962 gab Adenauer seinem Justizminister Stammberger sogar die Order, Gehlen festzunehmen – was dieser freilich mit dem Hinweis auf die fehlende Grundlage für einen Haftbefehl ablehnte. Spätestens nach dem Bruch der Allianz Adenauer-Gehlen wäre es nach Meinung von Experten an der Zeit gewesen, durch personellen Führungswechsel eine tief greifende Reform des BND einzuleiten. Dass der alte General sein Amt noch bis 1968 halten konnte, lähmte die Effizienz seines einstigen Vorzeigedienstes und lenkte den Blick auch auf Aktivitäten, die zu den finstersten Kapiteln der BND-Geschichte gehörten.

»Tarnfimmel«: Eines der wenigen Fotos des öffentlichkeitsscheuen Geheimdienstchefs

Ein korruptes Unternehmen.

Fazit des Untersuchungsberichts
des Kanzleramts 1968 über den BND

Illegale Waffenexporte in lateinamerikanische Diktaturen; tätige Mithilfe bei einer Mordserie des französischen Geheimdienstes gegen in Deutschland lebende algerische Aktivisten, die Anstellung von gesuchten NS-Kriegsverbrechern als Verbindungsleute im Nahen Osten – Auszüge aus dem Pullacher Sündenregister scheinen eher die Herkunft mancher Mitarbeiter aus Vorläuferdiensten des Hitler-Reiches zu reflektieren als das Wirken eines dem Rechtsstaat verpflichteten Geheimdienstes. Die letzten Jahre der Ära Gehlen schildern BND-Insider als Zeit der Agonie – es habe »wenig zu tun und viel zu trinken« gegeben. Gehlen selbst unternahm nichts, um das Ruder noch einmal herumzureißen. Früher bekannt dafür, geregelte Arbeitszeiten notorisch zu überziehen, widmete er sich jetzt vermehrt seiner Lieblingsbeschäftigung, dem Segeln. Nur seinem »Tarnfimmel« blieb er, wie Zeugen bestätigen, stets treu. Im Dienst musste jeder BND-Mitarbeiter seine wirkliche Identität ablegen und durfte auch seine Kollegen nur mit Decknamen anreden. »Dr. Schneider«, so Gehlens Tarnung, legte größten Wert darauf, dass auch außerhalb der Dienstzeit die tatsächlichen Namen der Mitarbeiter geheim blieben. Das Versteckspiel ging so weit, dass BND-Leute vor Besuchen von Kollegen die Klingelschilder ihrer Häuser mit ihren Tarnnamen überklebten.

Wahn und Wirklichkeit trieben mitunter seltsame Blüten in Pullach. So musste ein

... 13 Jahre lang im Ehrgeiz, unentdeckt zu bleiben, erfolgreich mit der Garbo konkurriert.

Industriekurier, November 1968

beträchtlicher Teil der Bewohner des kleinen Münchner Vororts seinen Arbeitsplatz verschweigen. Auffallend viele Kinder in den Schulen des Ortes erzählten deshalb, ihre Väter arbeiteten bei einem ominösen »Amt für Fernmeldestatistik« oder bei der »Bundesvermögensverwaltung, Abteilung Sondervermögen«. Wie nutzlos der ganze Zauber war, zeigte sich nach dem Fall der Mauer. In den Stahlschränken der Ostberliner Stasi-Zentrale fanden sich auf vielen hundert Seiten die Listen sämtlicher BND-Mitarbeiter – fein aufgelistet nach Decknamen und wirklichen Namen. Diese Pleite aber hat Reinhard Gehlen nicht mehr erleben müssen, er starb 1979.

Die Deutsche Mark – eine Erfolgsgeschichte: Symbol für die Wirtschaftskraft und Attraktivität des Standorts Deutschland. Mit der Währungsreform 1948 begann der wirtschaftliche Aufstieg der Bundesrepublik. Als Vater des Erfolgs gilt Ludwig Erhard. Wer aber war der wahre Schöpfer der D-Mark?

1948 Das D-Mark-Wunder

Die Operation »Bird Dog« (Spürhund) war so geheim, dass nicht einmal die meisten der Beteiligten wussten, worum es ging. Unter strengsten Sicherheitsvorkehrungen wurden zwischen Februar und April 1948 23 000 Kisten von Washington und New York aus via Barcelona per Schiff nach Bremerhaven gebracht. Von dort erfolgte der Weitertransport nach Frankfurt am Main. Hier, im Keller der neu geschaffenen »Bank Deutscher Länder«, wurde die kostbare Fracht zwischengelagert. Mitte Juni ging die Reise weiter. 800 Lastwagen und mehrere Eisenbahnzüge rollten über notdürftig geflickte Straßen und Schienen, um die 23 000 Kisten in die Filialen der Landeszentralbanken zu transportieren. In der Nacht vom 19. auf den 20. Juni 1948 ging »Bird Dog« dann in die entscheidende Phase: In den westlichen Besatzungszonen Deutschlands herrschte Alarmstimmung, als Punkt Mitternacht in Hunderten von Kasernen

»Wie eine zweite Befreiung«: Die Mehrheit der Deutschen war stolz auf die neue Währung

Trillerpfeifen ertönten. Tausende amerikanischer Soldaten nahmen schwer bewaffnet Aufstellung. Die Szenerie erinnerte an eine kriegsmäßige Mobilmachung.

Die GIs fuhren in langen Wagenkolonnen zu den einzelnen Landesbanken. Wie die legendären »Trümmerfrauen« bildeten die Soldaten vor Ort Ketten, um die handlichen Holzkisten aus den Kellern auf wartende Armeetransporter zu verladen. Dies alles ge-

> **Obwohl diese riesige Aktion unter größter militärischer Geheimhaltung ausgetragen wurde, ist es immer noch ein Wunder, dass es keine Pannen und Sicherheitslecks gab.**
>
> GEORGE C. DAWLEY, COLONEL DER US-ARMEE, ÜBER DIE VORBEREITUNGEN ZUM TAG X

schah in Windeseile. Hunderte US-Konvois waren in diesen frühen Morgenstunden des 20. Juni, eines Sonntags, auf Westdeutschlands Straßen unterwegs – alle bewacht von Männern mit Karabinern, Maschinenpistolen und Maschinengewehren. Natürlich

»Größte logistische Leistung«: Kisten mit den neuen Banknoten auf dem Flughafen Berlin-Tempelhof

»Operation Bird Dog«: Unter strengen Sicherheitsvorkehrungen werden die Kisten mit den neuen Geldscheinen im Land verteilt

unterhielten sie sich über die rätselhafte Fracht, die ihrer Obhut anvertraut war. »Wir hatten aber nicht die geringste Ahnung, was wir da transportierten«, berichtete zum Beispiel US-Colonel George C. Dawley später. Im Morgengrauen erreichten die Kisten ihre Zielorte, die jedem Deutschen bekannten Verteilerstellen für Lebensmittelmarken. Doch diesmal dienten sie einem anderen

> Die deutsche Währungsreform war die größte logistische Operation der US-Armee seit der alliierten Landung in der Normandie.
>
> EDWARD A. TENENBAUM, PROJEKTLEITER DER DM-EINFÜHRUNG

Zweck: der Ausgabe der neuen D-Mark. Es war der Tag X, der Tag der Währungsreform, drei Jahre, einen Monat und zwölf Tage nach Kriegsende. Es war jener Sonntagmorgen, an dem das D-Mark-Wunder erwachte.

Die wertvolle Fracht wurde von Bankangestellten und Mitarbeitern deutscher Behörden und kommunaler Einrichtungen in Empfang genommen. Amerikanische Soldaten und deutsche Polizisten beaufsichtigten die Aktion. Die Notenbündel in den Kisten mussten noch gezählt werden – und zwar zuverlässig und schnell. Draußen hatten sich seit sechs Uhr endlose Schlangen gebildet. Hunderttausende standen im Dauerregen und warteten. Ab acht Uhr durfte sich »jede natürliche Person, unabhängig vom Alter« ihre 40 D-Mark Kopfgeld abholen. Hier und da kam es zu Prügeleien, wenn sich einige vordrängeln wollten. Andere wurden ohnmächtig. Und es wurde viel und kräftig geschimpft. Die Deutschen konnten es nicht erwarten, die alte, fast wertlos gewordene Reichsmark gegen die druckfrische neue D-Mark einzutauschen.

Gerade mal anderthalb Tage zuvor, am Freitagabend, war die deutsche Öffentlichkeit über die Einzelheiten der Währungsreform informiert worden. Zwar hatten viele Bürger etwas geahnt, doch der genaue Zeitpunkt und die konkreten Details blieben im Dunkeln. Über den Rundfunk ließen die drei Militärgouverneure der Westzonen die Währungsumstellung verbreiten. In Extrablättern druckten Tageszeitungen folgenden identischen Text: »Alles Altgeld mit Ausnahme von Kleingeld tritt am Montag außer Kraft.

… Die neue Währung, allein gültig vom 20. Juni an, heißt Deutsche Mark. Zunächst erhält jeder Einwohner der drei Westzonen einen Kopfbetrag von 60 Deutschen Mark im Umtausch gegen 60 Mark Altgeld. 40 davon werden sofort, die übrigen 20 einen Monat später ausgezahlt. Der Umtausch erfolgt am Sonntag auf den Lebensmittelkartenstellen.« Nun war das Geheimnis, eines der bestgehüteten der Nachkriegsjahre, gelüftet. 70 Milliarden Reichsmark, die im Umlauf waren, wurden von 5,7 Milliarden D-Mark mit 500 Tonnen Gesamtgewicht abgelöst. Immerhin 70 Prozent aller Deutschen in der amerikanischen, britischen und französischen Besatzungszone bekamen gleich am ersten Ausgabetag zwischen acht Uhr morgens und acht Uhr abends ihr neues Geld. Der Rest musste bis Montagmorgen warten.

Kein Vorgang der Nachkriegszeit hat sich nachhaltiger ins kollektive Gedächtnis der

»Nur noch Altpapier«: Bündel wertloser Reichsmarkscheinen stapeln sich nach der Währungsreform in den deutschen Banken

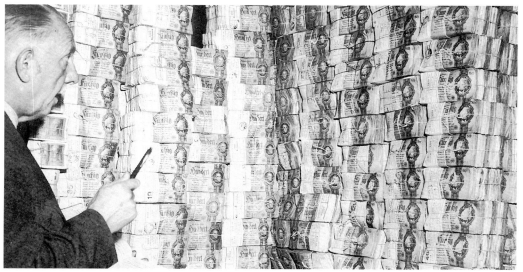

> **Der 20. Juni 1948 war schon eine Stunde Null. Es ist aber eine absolute Mär der Geschichte, dass mit der Währungsreform automatisch der Wohlstand in Deutschland ausgebrochen ist.**
>
> Edzard Reuter über die wirtschaftlichen Folgen der Währungsreform

Deutschen eingeprägt als die Währungsreform. Wie ein Naturereignis war sie gekommen. Ein Zeitzeuge erlebte sie »wie eine zweite Befreiung«, ein anderer als sinnliche Erfahrung: »Wir haben zu Hause unser Geld auf den Tisch gelegt, haben es angeguckt, die neuen Banknoten, ganz picobello waren die, sauber sah das alles aus.« Auch die Amis staunten. Colonel Dawley: »Die Qualität der neuen D-Mark war gut, der Druck klar lesbar, sehr im Gegensatz zur Reichsmark. Wir waren davon beeindruckt, und offensichtlich waren es die Deutschen auch.« Über Nacht war die D-Mark zu ihnen gekommen, ganz anders als ein gutes halbes Jahrhundert später der lange angekündigte Euro. Und über Nacht geschah auch das D-Mark-Wunder: Wie von Geisterhand füllten sich im Zeitraffertempo die vorher gähnend leeren

> **Es war so, dass der Kolonialwarenhändler uns vor der Währungsreform eigentlich betrogen hat, denn er hatte den ganzen Keller voll mit gehorteten Waren, die er aufgespart hatte für diesen Tag. Der Ärger war daraufhin sehr groß.**
>
> Dieter Hildebrandt über die Tage nach der Währungsreform

Schaufenster und Regale. Wo jahrelang Mangel herrschte, gab es plötzlich ungeahnte Fülle und die unglaublichsten Angebote: Butter, Fleisch, Schokolade, Milch, Schuhe, selbst Kochtöpfe und Fahrradschläuche. Vieles kannte man nur noch vom Namen her. Wie von Zauberhand ausgebreitet lagen die Kostbarkeiten jetzt direkt vor einem. Die ausgemergelten Menschen fühlten sich nach der entbehrungsreichen Zeit wie im Schlaraffenland.

Doch Zauberei war nicht im Spiel. Die Ladenbesitzer hatten Unmengen von Waren gehortet. Weil der Wert der Reichsmark sich stetig verringerte und gleichzeitig die Gerüchte um eine Währungsreform zunahmen, wurden mehr und mehr Güter zurückgehalten. »Ware ausverkauft – nächster Verkauf unbestimmt«, so lautete der übliche Spruch auf den Hinweistafeln an den Geschäften. Hätten die ausgehungerten Bürger gewusst,

»Ausverkauft!«: Das Hortungsfieber der Geschäfte brachte die Versorgungssituation der Bevölkerung in ernsthafte Schwierigkeiten

was sich so alles in den Kellern mancher Händler stapelte – Plünderungen wären wohl an der Tagesordnung gewesen. Alte Wochenschau-Aufnahmen gleich nach dem Tag X zeigen die sehnsüchtigen Blicke der Menschen vor den Schaufenstern. Doch sie suggerieren auch, dass es den Deutschen quasi über Nacht wieder erheblich besser gegangen sein muss. Die Bilder schufen den Mythos, der bis zum heutigen Tag in den Köpfen steckt: dass mit der Währungsreform in Westdeutschland schlagartig der Aufschwung begann, das so oft zitierte Wirtschaftswunder. Und mehr noch: dass der Vater jenes Wunders, der spätere Wirtschaftsminister Ludwig Erhard, auch der Schöpfer der neuen D-Mark gewesen sei. Laut Umfragen glaubt dies noch heute die Mehrheit der Deutschen. Doch war dies auch so? Wie erfolgreich war die Deutsche Mark nach ihrem Start wirklich? Und wem ist sie zu verdanken?

Nach der deutschen Kapitulation am 2. Mai 1945 waren Güter noch knapper als während des Krieges. Die Alliierten hielten die Zwangsbewirtschaftung, eine Kombination aus Rationierung und Preiskontrolle, zunächst aufrecht. Bezahlt wurde mit Bezugsscheinen, Lebensmittelkarten, Reichsmark und dem so genannten Besatzungsgeld. Dies regelte zwar die Verteilung, sorgte aber nicht für Zuwachs an Produkten. So regierte der Mangel. Der Durchschnittsdeutsche wog in den ersten Nachkriegsjahren magere 59 Kilogramm, heute sind es stattliche 74 Kilo. Reichlich gab es nur die Reichsmark. Doch da die Preise festgesetzt waren, hamsterten die Händler lieber ihre Waren oder zogen mit ihnen auf den Schwarzmarkt. Dort wurde

vor allem Ware gegen Ware getauscht: Mehl gegen Mantel, Wurst gegen Wolldecke, Salami gegen Seife, Schokolade gegen Schrauben. Wer irgendetwas zum Feilbieten hatte, tauschte es gegen anderes ein, das er drin-

In dieser Woche ist die stabilste Währung in Europa zerstört worden: Es ist die Währung der Zigarette.

<small>KOMMENTAR ZUR WÄHRUNGSREFORM IN DER BRITISCHEN ZEITUNG *News Chronicle*</small>

gend benötigte. »Wir haben einen alten Teppich gegen eine Ziege getauscht, denn der Teppich gab keine Milch«, erinnert sich Deutschlands dienstältester Kabarettist Dieter Hildebrandt. Hauptwährung aber war die Zigarette. »Die Reichsmark konnte man vergessen, mit der Zigarettenwährung konnte man leben«, bestätigt die damalige Münchner Stadträtin Hildegard Hamm-Brücher. Doch es gab auch immer wieder Menschen, die einfach nur halfen. »Ich war rappeldürr, hatte nichts zum Tauschen, ging auf eine Tour durch Bayern und bettelte bei Bauern um Eier und Mehl – kaum einer wies mich ab«, erzählt der Neu-Isenburger Autor Werner Bremser.

Kein Zweifel: In einer solch dramatischen Lage würde es nur mit Regierungsgewalt möglich sein, die Zustände im besetzten Deutschland zu ändern. Diese Gewalt lag bei den vier alliierten Militärgouverneuren aus den USA, Großbritannien, Frankreich und der Sowjetunion sowie ihren Militärverwaltungen. Es waren die Amerikaner, die zuerst die Initiative ergriffen. US-Militärgouverneur Lucius D. Clay beauftragte den amerikanischen Banker Joseph M. Dodge sowie die beiden deutschstämmigen Wirtschaftswis-

231

»Tausche Teppich gegen Ziege«: Auf dem Schwarzmarkt wurde vor allem Ware gegen Ware getauscht. Hier bietet ein Händler russischen Soldaten Uhren an (oben). Immer wieder gab es Razzien (unten)

senschaftler Gerhard Colm und Raymond W. Goldsmith, die Währungs-, Finanz- und Wirtschaftsmisere zu analysieren und Auswege aufzuzeigen. Im Sommer 1946 legten die Drei den Colm-Dodge-Goldsmith-Plan (CDG-Plan) vor. Darin waren die Experten zu dem Ergebnis gelangt, dass die ökonomische Lähmung nur durch eine einschneidende, harte Währungsreform zu stoppen sei, bei einem Umtauschverhältnis von zehn zu eins. Grundsätzlich waren die Amerikaner an einer raschen Erholung in Deutschland interessiert. Anfang 1947 verfasste der ehemalige US-Präsident Herbert Hoover nach einer Deutschlandreise ein viel beachtetes Memorandum mit politischem Weitblick: »Die Produktivität Europas kann nur wiederhergestellt werden, wenn ein gesundes Deutschland zu dieser Produktivität beiträgt.« Unterstützung fanden die USA allerdings vorerst nur bei den Briten. So kam es am 1. Januar 1947 zum wirtschaftlichen Zusammenschluss der amerikanischen und der britischen Besatzungszone. Während es bei den Franzosen einiger Überzeugungskraft bedurfte, um sie auf ihre Linie einzuschwören, stießen die Vereinigten Staaten bei der sowjetischen Regierung mit ihren Plänen auf Ablehnung. Die Russen zeigten sich an einer schnellen wirtschaftlichen Gesundung ihres Kriegsgegners völlig desinteressiert. Für sie stand die Erfüllung ihrer Reparationsansprüche im Vordergrund. Im Übrigen trieben sie die Sowjetisierung ihrer Besatzungszone (die später zur DDR wurde) engagiert voran.

Die Polarisierung zwischen Westzonen und Ostzone nahm fortan rapide zu. Und je mehr sich der Konflikt mit den Sowjets zuspitzte, desto entschiedener steuerten die Amerikaner auf eine Währungsreform in

Schon bald zeichnete sich ab, dass eine ökonomische Genesung Europas nicht ohne den wirtschaftlichen Aufbau Deutschlands möglich war.

WALT ROSTOW, 1948 IM US-FINANZMINISTERIUM, ÜBER DIE MOTIVATION DER AMERIKANISCHEN HILFE FÜR EUROPA VOR DEM HINTERGRUND DER POLITISCHEN GROSSWETTERLAGE

den drei Westzonen zu. Ihre Kausalkette: Ein wirtschaftlich erstarktes Westdeutschland konsolidiert Westeuropa, und ein potentes Westeuropa trotzt der wachsenden Gefahr aus dem Osten. Im Juni 1947 propagierte der amerikanische Außenminister George C. Marshall in seiner berühmt gewordenen Rede an der Harvard-Universität ein umfassendes Hilfsprogramm für Europa mit dem Fokus auf Deutschland. Der Marshall-Plan, der auf dem Prinzip »Hilfe zur Selbsthilfe« beruhte, sah auch Unterstützung für die Länder im sowjetischen Machtbereich vor. Doch Moskau blockte ab – und Washington setzte zum Alleingang an: Im Oktober 1947 erhielten die »American Bank Note Company« in New York und das »Bureau of Engraving and Printing« in Washington den Auftrag zur Herstellung von neuen deutschen Banknoten. Natürlich entgingen den Russen die einseitigen Währungsaktivitäten nicht. Nun entwickelten auch sie Initiative. Doch da die Sowjetische Militäradministration (SMAD) wegen Papiermangels keine neuen Geldscheine für ihre Besatzungszone drucken lassen konnte, wurden Kupons produziert. Die sollten zum Tag X auf den alten Reichsmarkscheinen kleben. Eine Wende schien noch einmal in Sicht, als die Russen im Januar 1948 urplötzlich einen letzten Vorschlag von General Clay für eine gemeinsame Währungsreform guthießen. Doch jetzt waren die Amerikaner nicht mehr an einvernehm-

233

»Der Vater der D-Mark«: Der junge Leutnant Edward A. Tenenbaum (3. von rechts) im Kreis seiner deutschen Fachleute, April 1948

Wir hatten schließlich keine Bedenken mehr, durch die Währungsreform die deutsche Einheit zu opfern.

<small>Taylor Ostrander, 1948 Leiter der US-Preisbehörde, über die politischen Folgen der Währungsreform</small>

lichen Lösungen interessiert. Im März 1948 kam es in London zu einer Konferenz der Westmächte, bei der wichtige Beschlüsse für die Gründung eines künftigen Staates Westdeutschland gefasst wurden. Die Sowjets wurden weder eingeladen noch hinterher über die Ergebnisse informiert. Aus Protest verließen sie am 20. März den Alliierten Kontrollrat. Damit war zwar nun das Instrument der gemeinsamen Verantwortung für Deutschland lahmgelegt, doch dafür blieb den Amerikanern die Peinlichkeit erspart, erklären zu müssen, dass sie sich von einer Währungsreform für ganz Deutschland verabschiedet hatten. Mit ihrem westzonalen Alleingang nahmen die USA allerdings auch den offenen Bruch in Kauf: Durch die einseitige Währungsreform war der Weg für Deutschlands Einheit erst einmal verbaut.

Das Unternehmen »Bird Dog« konnte beginnen. Doch wer sollte dieses gigantische Projekt leiten? Wer war in der Lage, diese technische und logistische Operation durchzuführen? Wer war dieser beispiellosen Herausforderung gewachsen? Aus heutiger Sicht ist es fast unvorstellbar, dass die Amerikaner diese Aufgabe einem 27 Jahre alten Grünschnabel ohne jede praktische Erfahrung in Geld- und Währungsfragen aufbürdeten: Edward A. Tenenbaum (1921–1975) war ein junger US-Leutnant, ein Besatzungsoffizier jüdischer Herkunft, dessen Eltern aus Polen nach Amerika emigriert waren. Er war dem Abteilungsleiter für Finanzfragen in der amerikanischen Militärregierung, Jack Ben-

> **Tenenbaum war für die amerikanische Militäradministration ein Glücksfall. Obwohl er keine besondere Ausbildung in praktischen wirtschaftlichen Fragen genossen hatte, war sein Ansatz zwar unorthodox, aber immer brillant.**
>
> Taylor Ostrander, 1948 Leiter
> der US-Preisbehörde

nett, als brillanter Kopf aufgefallen. Tenenbaum beherrschte sechs Sprachen, hatte sein Studium an der Universität mit einer hervorragenden Untersuchung zum Thema »Nationalsozialismus und internationaler Kapitalismus« abgeschlossen – und er besaß Organisationstalent. »Es waren außergewöhnliche Zeiten«, erklärte später einmal Jeanette Tenenbaum die Berufung ihres Mannes. »Es herrschte ein Vakuum. Und mein Mann war einfach zur richtigen Zeit am richtigen Ort. So etwas passiert nur einmal.« Die Witwe verriet auch, wie die neue Währung ihren Namen erhielt. »Mein Mann kam eines Tages zu mir und fragte mich: ›Was hältst du von Deutsche Mark?‹ Er wollte wissen, ob mir die Bezeichnung gefalle. Und ich erwiderte: ›Ja, fantastisch.‹«

> **Gulden, Flori oder Taler. Im Angesicht dieses Reichtums an Namensvorschlägen für die neue deutsche Währung kann ich getrost behaupten: Ich habe den Namen »Deutsche Mark« geprägt und ausgewählt.**
>
> Edward A. Tenenbaum, Projektleiter
> der DM-Einführung

So kam ein Begriff zustande, der nur wenige Jahre später schon ein anerkanntes Qualitätsmerkmal war und über ein halbes Jahrhundert lang weltweit geschätzt wurde. Dass die Deutschen international bald wieder an

Respekt gewannen, verdankten sie nicht zuletzt der Deutschen Mark – dem »Baby« eines jungen, unbekannten US-Leutnants. Edward A. Tenenbaum war der eigentliche »Vater der D-Mark«.

Und die Deutschen? Welchen Anteil hatten sie? Was war ihr Beitrag zum Gelingen der Reform? Um zeitraubende Diskussionen über grundsätzliche Fragen zu vermeiden, hatte Tenenbaum beschlossen, deutsche Fachleute erst in der Schlussphase der Vorbereitungen mit einzubeziehen. Am 20. April 1948 wurden Juristen, Wirtschafts- und Währungsexperten unter strengster Geheimhaltung von den Amerikanern zu einem Fliegerhorst bei Kassel transportiert. Die deutsche Gruppe hatte erwartet, in einer schönen Villa gemeinsam mit Spezialisten der Alliierten in aller Ruhe das Für und Wider einer Währungsreform zu diskutieren. Stattdessen waren sie in einem spartanisch anmutenden Kasernengebäude untergebracht, das sie nur unter Bewachung verlassen durften. Am schockierendsten aber fanden die deutschen Sachverständigen, als Tenenbaum ihnen die fertigen Pläne präsentierte und verlangte, lediglich die vorliegenden Verordnungen und Durchführungsbestimmungen der Reform in präzisem Beamtendeutsch zu formulieren.

Die Deutschen waren empört. Statt gestalterischer Reformplanung verlangten die Amerikaner lediglich bescheidene Übersetzungshilfe von ihnen. Die Gruppe drohte mit Abreise. Doch als niemand sie daran hindern mochte, entschieden sich die Herren zum Bleiben – in der Hoffnung, womöglich doch noch Einfluss nehmen zu können. Den deutschen Experten schwebte nämlich eine weichere Währungsreform vor, mit weniger

235

krassen Umtauschquoten und einem Lastenausgleich zwischen Arm und Reich. Indes: Die Amerikaner blieben hart und wichen keinen Deut von ihrer Maxime: zuerst die Reform, dann der Ausgleich. Der wurde dann vier Jahre später realisiert – über das Lastenausgleichsgesetz von 1952. Als die deutschen Experten ihre »Übersetzungsarbeiten« erledigt hatten, gaben sie eine Erklärung ab, in der sie jede Verantwortung für die bevorstehende Währungsreform ablehnten. Sie wollten nicht für eine Reform die Köpfe hinhalten, die alle Sparer quasi enteignete und die Sachwertbesitzer bevorzugte. Der spätere Bundesbankpräsident Helmut Schlesinger sah die Amerikaner als »wohlwollende Diktatoren«: »Sie wollten, dass die Reform im engeren Sinne ein Erfolg wird. Ob soziale Ungerechtigkeit dabei entsteht und wie man damit umgehen soll, sollte dann Sache der Deutschen sein.«

Die letzten Tage vor der Reform gerieten zum absurden Theater, nach dem Motto: weg mit der Reichsmark, her mit Sachwerten. Zwar kannte keiner den genauen Termin, aber fast alle trafen ihre Vorkehrungen. Frauen ließen sich schnell noch Dauerwellen »auf Vorrat« machen, Männer gesunde Zähne vergolden. Am Ende wurde die Reichsmark gar wie Abfall behandelt. Fünfzigmarkscheine wurden zusammengerollt und dienten als Zigarettenanzünder. In den Geschäften gab es fast keine Waren mehr, außer denen, die auf Lebensmittelkarten bezogen werden konnten. Vom 21. Juni 1948 an

»Es gab keine Pannen«: Übergabe der DM-Geldsäcke in Hamburg

»Wendepunkt der Nachkriegszeit«: Ausgabe der neuen Währung in einer deutschen Bank

> **Plötzlich war alles im Schaufenster. Erst zu diesem Zeitpunkt haben wir gedacht: Diese Schweinehunde, die hatten doch alles vorher, warum haben die das nicht ins Fenster gestellt? Aber dann wurde uns klar, dass das alte Geld für die Geschäftsleute überhaupt nichts wert war; man konnte sich damit nichts kaufen. Erst dann haben die Leute verstanden.**
>
> RAINER BARZEL ÜBER DIE TAGE
NACH DER WÄHRUNGSREFORM

war jedoch alles anders. Über Nacht hatte sich für die Deutschen die Welt verändert. Die neuen Scheine waren da, die Regale voll – und die Geldbeutel schnell wieder leer. »Wir haben erst mal schön gegessen, wir hatten Hunger, ganz einfach«, sagt die Schauspielerin Marianne Hoppe. Der spätere Staatssekretär im Wirtschaftsministerium, Otto Schlecht, kaufte sich vom ersten Geld ein Pfund Wurst »und schlang es in einem Stück herunter«. Erich Mende, in den Sechzigerjahren FDP-Vorsitzender und Bundesminister für Gesamtdeutsche Fragen: »Ich kaufte mir für insgesamt vier Mark ein halbes Pfund Butter, sechs Eier, einen Blumenkohl, ein Pfund Kirschen und machte mir dann Kartoffelpüree mit Spiegeleiern, brauner Butter und gekochtem Blumenkohl – mein Festessen zum Tag der neuen Währung.«

Von nun an ging's mit den Deutschen zwar nicht mehr bergab, aber eben auch noch nicht steil bergauf. So sinnvoll die Währungsumstellung war, so schwierig gestaltete sie sich für große Teile der Bevölkerung. Zu den Gewinnern zählte, wer über Sachwerte wie Häuser und Grundstücke verfügte; zum Verlierer wurde, wer Reichsmark angespart hatte. Aus dem geplanten Umstellungsver-

»Erst einmal richtig satt gegessen«: Nach Jahren der Entbehrung gab es wieder Lebensmittel

hältnis von zehn zu eins wurde letztlich ein reales von 100 zu 6,5. Gleiche Startchancen gab es nicht. Die Preise stiegen um durchschnittlich 17 Prozent. War vor der Reform genügend Geld da, und es fehlten die Waren, so gab es nach der Reform Güter in Hülle und Fülle, nur dass es den meisten Haushalten an Geld mangelte. »Die Währungsreform war notwendig, aber nicht gerecht«, stellt die frühere Bundestagspräsidentin Annemarie Renger fest. »Auf der anderen Seite ist es schwer vorstellbar, wie sie anders hätte verlaufen sollen.«

> **Meine ersten 40 Mark waren ganz schnell weg, da ich einen Strafzettel für zu schnelles Fahren bekam.**
>
> ANNEMARIE RENGER ÜBER IHRE ERLEBNISSE AM TAG X

Für die meisten Zeitzeugen bedeutete die Reform den Wendepunkt des eigenen Nachkriegsschicksals: Ende des Elends, Anfang des Aufstiegs – wenn auch langsamer, als es heute oft dargestellt wird. Nur allmählich zeichnete sich ab, dass die Volkswirtschaft von der Währungsreform profitierte. Die Industrieproduktion stieg, die Investitionen erhöhten sich ebenfalls, der Verbraucher indes spürte die Verbesserungen kaum. Die Preise kletterten rasch, zu rasch für viele. Ende 1948, so ergaben Umfragen, wünschten sich mehr als zwei Drittel der Deutschen sogar wieder Preiskontrollen. Die Durststrecke währte noch etliche Jahre. Und vom »Wirtschaftswunder« konnte man erst tief in den Fünfzigerjahren sprechen. Der Mann, der dafür die Grundlagen schuf, war und blieb für die Deutschen Ludwig Erhard, Wirtschafts-

Erhard hat Bremsklötze weggeräumt und die Freiheit zum Inhalt des Wirtschaftens gemacht. Das ist seine Leistung.

GEORG LEBER ÜBER DIE LEISTUNG LUDWIG ERHARDS

minister im ersten Bundeskabinett Konrad Adenauers. Er ist für sie bis heute auch der Vater der D-Mark – und nicht etwa ein junger Amerikaner namens Edward A. Tenenbaum. Erhard huldigte sogar selbst diesem Mythos. Als Tenenbaum im Jahr 1975 starb, erhielt seine Witwe von Erhard ein Telegramm, in dem der deutsche Politiker die Verdienste des Amerikaners bei der Reform würdigte, vor allem aber auch seine eigenen.

In einem Memorandum meines Mannes von damals steht, dass es mit der Währungsreform schlagartig auch zwei Deutschlands geben würde.

JEANETTE TENENBAUM, WITWE VON EDWARD A. TENENBAUM, DEM VATER DER D-MARK

Dazu meint die Witwe Jeanette Tenenbaum: »Ludwig Erhard war zweifellos ein wichtiger Mann – danach. Aber gerade die Währungsreform war eben nicht sein Werk.«

Erhards Stunde schlug bei der flankierenden Wirtschaftsreform zur Währungsreform. Und dies war entscheidend genug. Zum ersten Mal aktiv wurde er in seiner Funktion als Direktor der Verwaltung für Wirtschaft beim Wirtschaftsrat in Frankfurt am Main, einer Art Vorparlament der künftigen Bundesrepublik. Erhard kämpfte mit Leidenschaft dafür, nach der Reform – zunächst zum Leidwesen vieler Bürger – die Preise als wichtigstes Steuerungsmittel der Marktwirtschaft freizusetzen und nicht staatlich zu kontrollieren. Da Erhards Strategie den marktpolitischen Auffassungen der Amerikaner entgegenkam, konnte er seinen Einfluss allmählich ausbauen. Schon bald war er allein verantwortlich: Als 1949, ein Jahr nach der Währungsreform, die Bundesrepublik Deutschland aus der Taufe gehoben wurde, war Ludwig Erhard in der Lage, seine marktwirtschaftlichen Pläne künftig auch ohne Rücksprache mit den Amerikanern voranzutreiben – zum Wohle dieses Landes.

Bis heute gilt der Aufstand vom 17. Juni 1953 weithin vor allem als Protest von Ostberliner Bauarbeitern gegen die Erhöhung ihrer Arbeitsnormen. Doch neue Zeitzeugenaussagen und Dokumente aus der ehemaligen DDR belegen: Den Streikenden ging es um mehr, sie wollten die Freiheit.

1953 Ein Aufstand für die Freiheit

Horst Ballentin hatte nicht lange nachgedacht. Irgendjemand hatte gesagt: »Man müsste die rote Fahne herunterholen!« Zusammen mit einem Kollegen war der 22-Jährige durch den Säulenaufgang auf das Brandenburger Tor geklettert. Es war gegen elf Uhr am 17. Juni 1953, als er sich mit einem geborgten Taschenmesser daran machte, die Sowjetflagge von der Fahnenstange abzutrennen. 50 Meter weiter waren bewaffnete Sowjetsoldaten und leicht irritierte Volkspolizisten postiert. Doch das schien die zwei Männer auf dem Monument nicht zu stören. Gebannt blickten tausende Augenpaare auf das Tor, auf dem gerade etwas Unerhörtes geschah. Ballentin brauchte mehrere Anläufe, dann hatte er es geschafft: Der junge Mann hielt die Fahne der sowjetischen Besatzungsmacht in seinen Händen. Mit den Worten »Wir grüßen das freie Berlin!« ließ er das regennasse Tuch herabfallen. »Wie wil-

»Vatermord«: Der Volkszorn richtete sich am 17. Juni auch gegen den sowjetischen Diktator Stalin

de Tiere«, so erzählte der Lastwagenfahrer später, stürzten sich die Demonstranten auf das Stück Stoff, zerrissen es in kleine Stücke, die sie dann verbrannten. Wagemutig kletterte Ballentin gegen zwei Uhr nachmittags noch mal aufs Tor, um die Bären-Fahne, das Symbol für die vereinte Stadt Berlin, zu hissen. Die Flagge war gerade auf halbmast, als die Uniformierten das Feuer eröffneten. Ballentin spürte das Zittern der getroffenen Stange, sah die Einschusslöcher im Stoff. Zusammen mit seinem Helfer flüchtete er aus dem Kugelhagel und konnte sich gerade noch vor dem Zugriff der Volkspolizei in Sicherheit bringen.

Horst Ballentin wurde von der Menge als Held gefeiert. Er war nicht der einzige an diesem 17. Juni. Noch dreimal kletterten Demonstranten auf das Brandenburger Tor, um schwarz-rot-goldene Fahnen zu hissen – trotz des Feuers aus sowjetischen Gewehren. Zur gleichen Zeit kämpften auf dem Potsdamer Platz Protestierende mit Steinen und Holzlatten gegen T-34-Panzer der Sowjetar-

Doch der Aufbau eines »neuen Deutschland« nach stalinistischem Vorbild ging Ulbricht zu

> Es gab einen schrecklichen Satz: »Lieber hundertmal mit der Partei irren, als sich einmal gegen die Partei stellen.«
>
> ERICH LOEST, SCHRIFTSTELLER

langsam. 1952 forderte er eine »neue Politik«, um den »Aufbau des Sozialismus« voranzutreiben. Das hieß: weniger Konsumgüter, dafür mehr Schwerindustrie, und eine forcierte Zwangskollektivierung der Bauern. Überdies sollte die Kasernierte Volkspolizei massiv aufgerüstet werden. Umgerechnet zwei Milliarden Westmark wurden dafür in kürzester Zeit ausgegeben.

Die Maßnahmen hatten drastische Folgen. Im Staatshaushalt klaffte ein riesiges Loch. Lebensmittel und Konsumartikel wurden knapp. Viele Bürger kehrten dem sozialistischen Experiment den Rücken: In den ersten sechs Monaten des Jahres 1953 verließen fast eine Viertelmillion Menschen das »Arbeiter-und-Bauern-Paradies«, mehr als im kompletten Vorjahr.

Doch statt Dampf aus dem Kessel zu lassen, erhöhte die SED noch den Druck. Ulbricht verlangte den »verschärften Klas-

»Der Zorn des Volkes«: Demonstranten verbrennen vor dem Brandenburger Tor die rote Fahne der Besatzungsmacht

mee. Es war ein hoffnungsloser, ein lebensgefährlicher Kampf.

Was trieb die Menschen an diesem 17. Juni dazu, ihr Leben zu riskieren? War es nur Protest gegen wirtschaftliche Ausbeutung, oder war es ein Ringen um Freiheit und Einheit? War es ein Aufstand der Arbeiter, oder erhob sich hier ein ganzes Volk, um sich von seinen sozialistischen Ketten zu befreien? Kaum ein anderes Datum der deutschen Geschichte wurde so nachhaltig zum Gegenstand von Mythen und Legenden wie der 17. Juni 1953.

SED-Generalsekretär Walter Ulbricht hatte geglaubt, die Zügel fest in seinen Händen zu halten. Die Sozialistische Einheitspartei Deutschlands hatte das Sagen in der DDR.

> Wer hat die größte Flotte? – Ostdeutschland: 16 Millionen Kohldampfer, 2 Millionen Abdampfer und 3 Zerstörer – Pieck, Grotewohl, Ulbricht!
>
> »HETZZETTEL« VON ARBEITERN EINES BETRIEBES IN OSTRITZ, GÖRLITZ-LAND

senkampf«: Wer Kritik am System übte, betreibe »Kriegshetze« und sei ein »Spion im Dienste der USA«. Wer sein Plansoll nicht erfüllte, wurde schnell zum »inneren Feind«

und »Saboteur« abgestempelt. Um den weiteren Aderlass des Staates zu verhindern, erschwerte der Staat den Grenzverkehr. Am 28. Mai 1953 verkündete Ulbricht eine Erhöhung der Arbeitsnormen um zehn Prozent. Das Politbüro der SED stellte eine simple Rechnung auf: Würde das Soll erfüllt, steige die Produktion; würden die Normen nicht erreicht – was die Regel war –, sänken die Löhne der Arbeiter und Bauern der staatlichen Betriebe und damit die Kosten für den Staat. Zeitgleich stiegen die Preise für Konsumgüter. Das Ergebnis für die Arbeiter: Sie verloren bis zu einem Viertel ihres Verdienstes. In den Betrieben begann es zu brodeln.

Knapp drei Monate vorher, am 5. März 1953, war Stalin gestorben. Es war die Stunde Null beim »Großen Bruder«. Die neuen Herrscher im Kreml, Georgij Malenkow, Lawrentij Berija und Nikita Chruschtschow, schlugen einen deutlich moderateren Ton gegenüber dem Klassenfeind im Westen an. Im kommunistisch besetzten Europa begann sich spürbar der sowjetische Würgegriff zu lösen. Die neue Kreml-Führung erwog sogar ernsthaft eine Wiedervereinigung Deutschlands in Freiheit, freilich auf Basis strikter Neutralität.

Ulbrichts sächsischer Stalinismus passte nun auf einmal nicht mehr in die vorge-

»Einigkeit und Recht und Freiheit«: Arbeiter marschieren am 17. Juni mit schwarz-rot-goldenen Fahnen durch das Brandenburger Tor

gebene Richtung. Anfang Juni zitierte Moskau die deutschen Genossen herbei, um ihnen den Kopf zu waschen. Ihre harte politische Linie sei »fehlerhaft«, so die Kritik der Kreml-Führung, eine radikale Wende »um 180 Grad« müsse sofort eingeschlagen werden. Stalin-Jünger Ulbricht, dessen Sturz insgeheim bereits beschlossene Sache war, gehorchte widerwillig.

> **Es offenbarte sich eine wesentliche Schwäche des Politbüros: der Mangel an Massenverbundenheit und fehlender Mut zur Wahrheit.**
>
> KARL SCHIRDEWAN, MITGLIED DES ZK

Am 11. Juni erfolgte die Bankrotterklärung des SED-Staats. In einem Kommuniqué verkündete das Politbüro den »neuen Kurs«. Bedarfsgüter sollten vermehrt erzeugt werden, diesmal zu Lasten des Aufbaus der Schwerindustrie. Steuerzwangsmaßnahmen gegen Bauern, Handwerker, Händler und private Betriebe wurden ausgesetzt. Enteignetes Land sollte zurückgegeben, die Rücksiedlung von bereits geflüchteten DDR-Bürgern vereinfacht werden. Mit dem Kurswechsel gestand die Führung der Partei ein, gravierende Fehler begangen zu haben. Ein Umstand, den die politischen Gegner Ulbrichts ausnutzten. Politbüromitglieder wie »Chefideologe« Fred Oelssner, Stasi-Chef Wilhelm Zaisser und der Chef des SED-Zentralorgans *Neues Deutschland*, Rudolf Herrnstadt, begannen am Thron des Generalsekretärs zu sägen und kritisierten ihn öffentlich.

Die Funktionäre der Partei waren verunsichert. Wie konnte der radikale Kurswechsel dem Volk ohne großen Gesichtsverlust erklärt werden? Die Bürger im »Arbeiter-und-Bauern-Staat« reagierten mit

Freude und ungläubigem Staunen auf die Erklärung. In den Betrieben begannen heftige Diskussionen: Warum lässt die SED das Wort »Sozialismus« aus allen Losungen entfernen? Wilde Spekulationen sahen das Ende von Partei und Regierung gekommen. Hoffnung auf die Einheit Deutschlands keimte auf.

Allerdings fiel den Arbeitern auch auf, dass ein Missstand durch den »neuen Kurs« nicht behoben worden war: Die Normenerhöhung bestand weiterhin. Erste Rufe nach Streiks wurden laut. Sie trafen vor allem bei den Bauarbeitern auf offene Ohren, da die Maurer, Betonierer und Zimmerleute in besonderem Maße von den Lohneinbußen betroffen waren. Im Winter saisonbedingt entlassen und damit ohne Einkommen, konnten sich die Bauarbeiter keine weiteren Einkommensverluste leisten. Sie mussten – und würden – ihre Interessen resolut verteidigen.

Der Stein wurde am 13. Juni ins Rollen gebracht, auf einem Betriebsausflug der Belegschaft der »VEB-Industriebau«. Nach reichlich Alkoholgenuss forderte Baubrigadier Alfred Metzdorf alle Berliner Bauarbeiter auf, am kommenden Montag die Arbeit niederzulegen.

Zwei Tage später verfassten die Bauarbeiter der Baustelle Krankenhaus Friedrichshain einen Protestbrief an Ministerpräsident Otto Grotewohl. Einzige Forderung war die Rücknahme der zehnprozentigen Normenerhöhung. Sollte sich nichts ändern, so würde man streiken. Die Nachricht sprach sich schnell herum, vor allem unter den Bauarbeitern der Stalinallee, der »ersten sozialistischen Straße Deutschlands«.

Grotewohls Mitarbeiter rieten, die Resolution zu ignorieren. In Berlin sei alles ruhig, es sei auch weiterhin nichts zu befürchten, solange man nicht weich werde. Auch vor einem möglichen Streik der Bauarbeiter müsse man keine Angst haben: »Wenn die Delegation der Streikenden erst über die roten Teppiche im Amtssitz des Ministerpräsidenten geht, wird ihr so feierlich zumute, dass sie ganz zahm wird«, so die lapidare Einschätzung eines Mitarbeiters aus Grotewohls Stab. Die Reaktion Ulbrichts war da schon eindeutiger. Als der jüngst so gescholtene SED-Chef von den geplanten Demonstrationen und Streiks gegen die Normenerhöhung hörte, schlug er mit der Faust auf den Tisch und bellte wütend: »Kommt überhaupt nicht infrage. Wir werden keinen Rückzug antreten.«

Am darauf folgenden Tag, dem 16. Juni, brachte ein Artikel im Gewerkschaftsblatt *Tribüne* das Fass endgültig zum Überlaufen. Die Arbeiter mussten lesen, dass ihre Interessenvertretung die Erhöhung der Arbeitsnormen »in vollem Umfang für richtig« hielt. Jetzt waren die Dämme gebrochen. Die Bau-

Aus dem Demonstrationszug der Bauarbeiter der Stalinallee war ein Demonstrationszug der Ostberliner geworden, ein freiwilliger, ein spontaner Demonstrationszug, wie ihn die Linden seit der Revolution von 1918 nicht mehr erlebt haben.

AUS DEM HÖRFUNK-MANUSKRIPT
VON RIAS-REDAKTEUR WALTER GERHARD VOM 16. JUNI 1953

arbeiter auf Block 40 der Stalinallee legten am Morgen spontan Kelle und Schaufel weg. Ein Zug formierte sich, das Ziel war das Regierungsviertel in der Wilhelmstraße. Auf Transparenten forderten sie »Nieder mit den Normerhöhungen!« Immer mehr Bauarbeiter reihten sich ein, und bald schon waren die ersten Schmährufe zu hören: »An Pieck, Ulb-

richt, Grotewohl – uns tut mehr und billigere Butter wohl.« »Spitzbart, Bauch und Brille sind nicht des Volkes Wille!« Langsam wurden die Forderungen der Demonstranten mutiger. Unter dem Slogan »Berliner, reiht euch ein, wir wollen freie Menschen sein« schwoll der Demonstrationszug schnell auf 10 000 Menschen an.

Nicht nur Ostberlin hatte sich erhoben. Die ganze DDR hatte nur auf das Signal aus

Ich sagte mir: »Das ist historisch, da musst du dabei sein.« Und ich bin dabei geblieben, bis zum bitteren Ende.

DR. KLAUS KONITZER, DAMALS ASSISTENZARZT
IN DER BERLINER CHARITÉ

der Hauptstadt gewartet. Am Morgen des 16. Juni legten »Werktätige« in Halle und Leipzig, Dresden und Eisleben die Arbeit nieder. Bald wurde in fast allen Bezirken der DDR gestreikt.

Vor dem Ostberliner »Haus der Ministerien« angekommen, forderten die Demonstranten: »Ulbricht soll rauskommen! Wir wollen Ulbricht hören.« Der lehnte ab: Da es regne, würden die Demonstranten doch wohl bald auseinander gehen, kalkulierte der SED-Chef. Er irrte.

Gleichwohl erzielten die Streikenden vor dem »Haus der Ministerien« ihren ersten Erfolg. Wohl gegen Mittag des 16. Juni traf das Politbüro eine schmerzliche Entscheidung: die Rücknahme der Normenerhöhungen. Doch als Industrieminister Fritz Selbmann – einer der wenigen Funktionäre, die sich aus dem Gebäude wagten – den Demonstranten die Entscheidung mitteilen wollte, reichte ihnen das nicht mehr. Nun waren auf einmal Forderungen nach »Freiheit« und »Nieder mit der Regierung« zu hören. Plötzlich stand das ganze SED-System am Pranger. Die Losung lautete »Generalstreik«, sie wurde mithilfe eines erbeuteten Lautsprecherwagens in der ganzen Stadt ausgegeben. Viele der Demonstranten wussten gar nicht, was ein Generalstreik überhaupt war, erinnert sich Erika Sarre von der FDJ: »Man erklärte mir, dass wir alle morgen nicht zur Arbeit gingen. Mein erster Gedanke war: ›Dann kriege ich auch kein Geld.‹« Die Hoffnungen richteten sich auf den Westen. Wie würden Westberlin und die BRD, wie würden die Amerikaner auf den Aufstand reagieren? Würden sie helfend zur Seite stehen?

Die Redakteure des amerikanisch geleiteten Rundfunksenders RIAS in Westberlin erkannten die Chance der Stunde. Die »Stimme der freien Welt«, die seit Jahren regelmäßig von den Menschen im sowjetisch besetzten Teil Deutschlands gehört wurde, wollte helfen. »Es wurde uns klar, dass es sich um eine revolutionäre Situation handelte,« erinnert sich der damalige Chefredakteur des RIAS, Egon Bahr. Eine Delegation der Strei-

Revolutionäre Situation«: Die Nachricht von Arbeiterprotesten in Ostberlin sorgt für Schlagzeilen

> Trotzdem richte ich an jeden Bewohner der Sowjetzone die Mahnung, sich weder durch Not noch durch Provokation zu unbedachten Handlungen hinreißen zu lassen. Niemand soll sich selbst und seine Umgebung in Gefahr bringen. Die grundlegende Änderung eures Daseins kann und wird nur durch die Wiederherstellung der deutschen Einheit und Freiheit erreicht werden.
>
> Erklärung des Ministers für Gesamtdeutsche Fragen, Jakob Kaiser, am 16. Juni 1953

kenden aus Ostberlin fand sich am Nachmittag im Sender ein. »Sie forderten uns auf, den Generalstreik in der Zone auszurufen, vielmehr dazu aufzurufen. Da mussten wir erst mal tief durchatmen.« Unter Mithilfe von Bahr und seinen Redakteuren verfassten sie eine Resolution: sofortige Reduzierung der Normen, Senkung der Lebenshaltungskosten, freie und geheime Wahlen sowie Amnestie für die Streikenden. Die Forderungen gingen, zusammen mit dem Aufruf zum Generalstreik, noch am Abend des 16. Juni über den Äther.

Dies löste freilich bei den Amerikanern Panik aus. An RIAS erging eine Direktive aus Washington, alles zu unterlassen, was die Sowjets provozieren könnte: »Do nothing that could provoke the Soviets!« Der »Freiheitssender« musste sich auf eine möglichst neutrale Berichterstattung der Ereignisse im anderen Deutschland beschränken. Das Wort »Generalstreik« habe man dabei zu unterlassen. Eine große Chance sei daraufhin vertan worden, meint heute Egon Bahr: »Es war tragisch, helfen zu wollen und nicht helfen zu dürfen. Es wäre ein Kleines gewesen, durch einen flammenden Aufruf Westberlin

246

auf die Beine zu bringen. Es war historisch, dass dies nicht geschah.«

Auch die Bundesregierung in Bonn verhielt sich äußerst vorsichtig. Handelte es sich bei den Demonstrationen etwa um von den SED-Machthabern initiierte Proteste? Wollte das Regime zeigen, dass es mit seinem »neuen Kurs« plötzlich die Sorgen der Bürger ernst nahm? Der Minister für Gesamtdeutsche Fragen, Jakob Kaiser, mahnte die Ostdeutschen an diesem Abend zur Zurückhaltung: Weder »durch Not noch durch Provokation« sollten sich die Bewohner der Sowjetzone »zu unbedachten Handlungen hinreißen lassen«.

Friedrichstadt-Palast. Parteitag hat um 20.00 Uhr begonnen. Anwesend u.a. Ministerpräsident Otto Grotewohl, Walter Ulbricht und Angehörige des ZK. Einsatzkräfte in der Stalinallee nicht zum Einsatz gekommen, weil zu viel Kinder dabei waren. Randalierende Jugendliche vor dem Friedrichstadt-Palast wurden durch starke FDJ-Gruppen und Partei verstreut.

PROTOKOLL DER VOLKSPOLIZEI, 16. JUNI 1953, 20.20 UHR

Im Friedrichstadt-Palast hielt die SED am Vorabend des 17. Juni eine »Parteiaktivtagung« ab. Das Politbüro fühlte sich sicher – es war ja der Forderung nach Aufhebung der höheren Normen nachgekommen. In einer für seine Verhältnisse mitreißenden Rede rief Ulbricht die Partei zu Geschlossenheit und Kampfbereitschaft gegen die »Westberliner Provokateure« auf. Die Krise war aber noch lange nicht ausgestanden. Draußen vor der Tür des Palastes gingen die Proteste weiter. Ein jüngst aufgetauchtes Protokoll der Volkspolizei meldet für 20 Uhr »300 Jugendliche

am Friedrichstadt-Palast, die dort randalieren«. Auch an anderen Stellen Ostberlins fanden sich bis tief in die Nacht Menschen zu Diskussionen und Demonstrationen zusammen.

Während sich die Lage in Berlin zuspitzte, schrillten im Kreml die Alarmglocken. Der drohende Zusammenbruch des DDR-Regimes zeigte den neuen Kreml-Chefs, wie labil ihre Herrschaft über Ost- und Mitteleuropa war. Moskaus Griff musste folglich wieder fester werden. Die Pläne für ein neutralisiertes Gesamtdeutschland wurden beiseite gelegt. Noch in der Nacht versetzte die Sowjetregierung ihre in Ostdeutschland stationierten Einheiten in Alarmbereitschaft. »Es war eine Blitzreaktion auf eine Blitzsituation. Der Aufstand kam für uns völlig überraschend,« erinnert sich Valentin Falin, damals Diplomat im sowjetischen Außenministerium. Der Konflikt war nicht mehr zu verhindern.

Wie ein Lauffeuer hatte sich die Losung vom Generalstreik in der Nacht über die ganze DDR verbreitet. Schon im Morgengrauen des 17. Juni strömten Arbeiter ins Stadtzentrum. Um sieben Uhr ging in fast allen Betrieben Ostberlins nichts mehr. Aber es waren nicht nur die »Werktätigen«, die sich formierten: Schüler und Studenten, Hausfrauen und Rentner schlossen sich bei strömendem Regen dem Zug der Arbeiter an.

Das Fundament des Staates bröckelte. Im ganzen Land legten Arbeiter die Arbeit nieder. Leuna, Buna, die Farbenfabrik Wolfen – vor allem in den Großbetrieben bildeten sich schon früh am Morgen Streikleitungen. Brisante Forderungskataloge wurden

»Scheiterhaufen der Geschichte«: Propagandaparolen der SED-Führung gehen in Flammen auf

erstellt: weitere Normensenkungen und der Rücktritt der Regierung, Auflösung der DDR-Streitkräfte und Freiheit für politische Gefangene, Beseitigung der Zonengrenze, freie Wahlen und – die Wiedervereinigung Deutschlands. Ob Bitterfeld, Halle, Leipzig, Merseburg, der Magdeburger Raum, Jena oder Gera, Brandenburg oder Görlitz – es loderte überall. Aus den jüngst ausgewerteten Akten in den Archiven Ostdeutschlands geht hervor, dass sich zwischen einer und anderthalb Millionen Menschen in über 500 Orten der DDR an den Protesten des 17. Juni beteiligten – weit mehr als bisher angenommen.

Zentrum des Volksaufstands blieb Ostberlin. Hier zogen am frühen Nachmittag 50 000 Demonstranten durch das Brandenburger Tor, vorneweg drei junge Arbeiter mit schwarz-rot-goldenen Fahnen. Aus tausenden Kehlen erklang das Deutschlandlied. Die dritte Strophe fasste die mittlerweile wichtigsten Wünsche der Demonstranten zusammen: Einigkeit und Recht und Freiheit. Unweit entfernt standen vor dem »Haus der Ministerien« 500 Vopos über 25 000 Demonstranten gegenüber. Es kam zu Zusammenstößen, die Polizisten setzten ihre Knüppel ein. Hier und da konnten die Arbeiter die Beamten von ihrer »Sache« überzeugen. Unter dem Jubel der Umherstehenden zogen einige Vopos ihre Uniformen aus und warfen sie weg.

Die Stimmung wurde von Stunde zu Stunde explosiver, aus den Protesten war ein

> **Wir hatten gedacht, jetzt hätten wir's geschafft, jetzt bekommen wir unsere Freiheit. Aber dann ging auch schon die Knallerei los.**
>
> Günter Sandow, Bauarbeiter der Stalinallee

wütender Volksaufstand geworden. Der Zorn der Menschen richtete sich zuallererst gegen die Insignien des SED-Staates. Transparente mit Propagandaparolen wurden ebenso heruntergerissen wie die allgegenwärtigen Fahnen. Parteilokale und Zeitungskioske gerieten in Brand. Schaufensterscheiben der verhassten staatlichen HO-Geschäfte zerbarsten. In Ostberlin wurde das Columbus-Haus ein Opfer der Flammen. Mehr als 20 Gefängnisse wurden in der ganzen DDR gestürmt, rund 1300 Gefangene befreit. Selbst vor Übergriffen auf Menschen machte der Mob nicht Halt. Rund 20 Personen wurden auf offener Straße gelyncht: Vopos, Stasi-Spitzel, SED-Funktionäre. Mittlerweile hatten sich auch zahlreiche Westberliner Jugendliche unter die Demonstranten gemischt.

Die wichtigsten Machtorgane des Regimes versagten in der Krise vollkommen. Das Ministerium für Staatssicherheit verlor die Verbindung zu seinen Außenstellen – gegen Mittag war die Geheimpolizei faktisch isoliert. Die Kasernierte Volkspolizei griff von sich aus nicht ein, um die Volkserhebung zu stoppen. Erst nachdem sowjetische Befehle ergingen, setzten sich die Vopos in Bewegung.

Die SED-Führung hatte sich mittlerweile ins Hauptquartier der Sowjetarmee in Karlshorst geflüchtet. »Wer soll denn später den Kommunismus aufbauen, wenn wir der Konterrevolution zum Opfer fallen?«, sagte Ulbrichts späterer Nachfolger Erich Honecker an diesem Tag. Fassungslos starrten die Funktionäre auf »ihr« Volk, das sich gerade gegen sie erhob.

Die DDR-Regierung war de facto schon entmachtet, als der »Große Bruder« zu Hilfe kam. Schon in den frühen Morgenstunden hatte die Rote Armee an neuralgischen Punkten ihre Positionen bezogen. Sowjetische Panzer rollten über die Straßen im ganzen Land. Die Hälfte der 22 in Ostdeutschland stationierten Divisionen war in Alarmbereitschaft. »Moskau hat die Verhängung des Ausnahmezustands für ein Uhr Mittag angeordnet. Der ›Spuk‹ soll rasch beendet werden.

> **Typisch war auch, dass einige hysterische Weiber, die nicht den Eindruck von Arbeiterinnen, sondern [von] Westberliner Nutten machten, sehr hetzerische Reden gegen die Regierung und SED hielten.**
>
> Protokoll eines FDGB-Funktionärs zum 17. Juni 1953

»Es ist ein Volksaufstand«: Tumulte am Potsdamer Platz, 17. Juni 1953

Ein paar Minuten nach ein Uhr ist die ganze Sache erledigt«, beruhigte Wladimir Semjonow, der Hohe Kommissar der Sowjetunion in Deutschland, die SED-Führung.

Als Horst Ballentin gegen elf Uhr auf dem Brandenburger Tor die rote Fahne herunterholte, war dies – angesichts der nahenden Sowjetpanzer – nur noch ein symbolischer Akt. Der sowjetische Diplomat Valentin Falin erinnert sich: »Als die sowjetische Flagge vom Brandenburger Tor abgerissen worden war, dachte sich jeder: Jetzt war es so weit. Das war nicht mehr eine interne Situation der DDR, es geht hier um etwas anderes.« Die Panzer wurden bald überall gegen die Demonstranten in Bewegung gesetzt. Das Dröhnen der Motoren und das Rasseln der Panzerketten in den Straßenschluchten reichten aus, um die meisten flüchten zu lassen. Die Mutigsten hakten sich unter und gingen immer wieder auf die metallenen Ungetüme zu. Auf dem Potsdamer Platz kämpften einige Unentwegte mit aus dem Straßenpflaster herausgerissenen Steinen gegen die Panzer. Ein Demonstrant versuchte eine Stange ins Räderwerk eines T 34 zu drücken, allerdings ohne Wirkung.

Aus Moskau erging die Anweisung an die Sowjetarmee, »nicht mit Kugeln zu sparen« und »hart zu handeln«. Es gehe nicht um die Zahl der Opfer, es gehe »vielmehr um die Sache«. Der Ausnahmezustand in Ostberlin hatte noch nicht begonnen, da registrierte die Westberliner Polizei um 12.45 Uhr die ersten Schüsse. Derselbe Polizeibericht vermerkt für 14.28 Uhr das erste Todesopfer: »1 Person Kopfschuss (tot).«

Der Aufstand wurde niedergewalzt. Panzer fuhren mitten in Demonstranten. Von allen Seiten war das Rattern von Maschinengewehren, waren Gewehrschüsse zu hören. Auch die Kasernierte Volkspolizei er-

Volkspolizei und, soweit erkennbar, auch Russen schießen in unregelmäßigen Abständen in Höhe Leipziger Straße/Potsdamer Platz auf Demonstranten mit MP und Pistolen.

Protokoll der Westberliner Polizei, 17. Juni 1953, 12.45 Uhr

öffnete das Feuer. »Es war schaurig anzusehen, wie die Salven losgingen und die Menschenmassen zu Boden stürzten. Man sah, wie sich gleich einige auf dem Boden wälzten, blutüberströmt«, beschrieb ein Augenzeuge die Situation am Potsdamer Platz. Panik brach unter den Menschen aus, viele flüchteten über die Sektorengrenze nach Westberlin.

Im Rest des sowjetisch besetzten Deutschland sah es ähnlich aus. Über 167 der insgesamt 217 Stadt- und Landkreise war der Ausnahmezustand verhängt worden. Auch

»12.45 Uhr erste Schüsse«: Westberliner Polizisten helfen einem verletzten Demonstranten

hier siegten Panzer und Gewehre, verloren Menschen ihr Leben.

Die Soldaten, denen unaufhörlich vorgepredigt wurde, welche »Errungenschaften« ihnen die bolschewistische Revolution gebracht habe, hatten plötzlich das Gefühl, die Rolle der zaristischen Truppen übernommen zu haben, die in Petersburg auf die Arbeiter schießen mussten.

EIN NACH DEM 17. JUNI 1953 IN DEN WESTEN GEFLÜCHTETER MAJOR DER SOWJETTRUPPEN

Am Abend des 17. Juni war zumindest in der Hauptstadt alles vorbei – der Aufstand war niedergeschlagen. Um 21 Uhr trafen sich Ulbricht und der Hohe Kommissar Semjonow zu einer Lagebesprechung in Karlshorst. Die Legende vom »Tag X« wurde geboren: dem Tag, an dem »Imperialisten« von Westberlin aus die DDR »aufrollen« wollten, um eine »faschistische Macht« zu etablieren. Dies blieb in der DDR mehr als drei Jahrzehnte lang die offizielle Erklärung für die Volkserhebung.

Der Westen agierte an diesem Schicksalstag ängstlich und übervorsichtig. Washington schätzte die Situation als unberechenbar ein, wollte kein Öl ins Feuer gießen. Präsident Eisenhower und seine Berater fürchteten einen dritten Weltkrieg. Die Westberliner Polizei erhielt die Anweisung, die Sektorengrenze zu sichern, um so die Teilnahme von Westberlinern an dem Aufruhr zu verhindern. Dem Bürgermeister von Westberlin, Ernst Reuter, der auf einer Tagung in Wien weilte, wurde ein Platz in einer amerikanischen Militärmaschine verweigert. Auch die westdeutschen Politiker versuchten, alles zu verhindern, was als Einmischung in die Belange der DDR ge-

»Den Spuk rasch beenden«: Volkspolizei und Sowjetpanzer unterdrücken den Aufstand mit Waffengewalt

wertet werden konnte. Bundeskanzler Konrad Adenauer äußerte seine Sympathie für »die große Bekundung des Freiheitswillens des deutschen Volkes in der Sowjetzone«, hoffte jedoch auch, dass sich keiner »durch Provokationen zu unbedachten Handlungen hinreißen« ließe. Viele wünschten sich vom Bundeskanzler klarere Worte, doch Adenauer waren die Hände gebunden.

Die erste Volkserhebung in einem von den Sowjets unterjochten Land forderte einen hohen Blutzoll: Gingen die Historiker bislang von rund 125 Toten aus, so setzen neue Forschungen die Zahl der Todesopfer doppelt so hoch an. Hunderte erlitten bei den Tumulten teils schwere Verletzungen. 18 sowjetische Soldaten wurden in Magdeburg standrechtlich erschossen, weil sie sich ge-

Was wir hier in Berlin und was wir in der Ostzone erleben, ist eine Mahnung, ist ein Fanal für die ganze freie Welt.

ERNST REUTER, 18. JUNI 1953

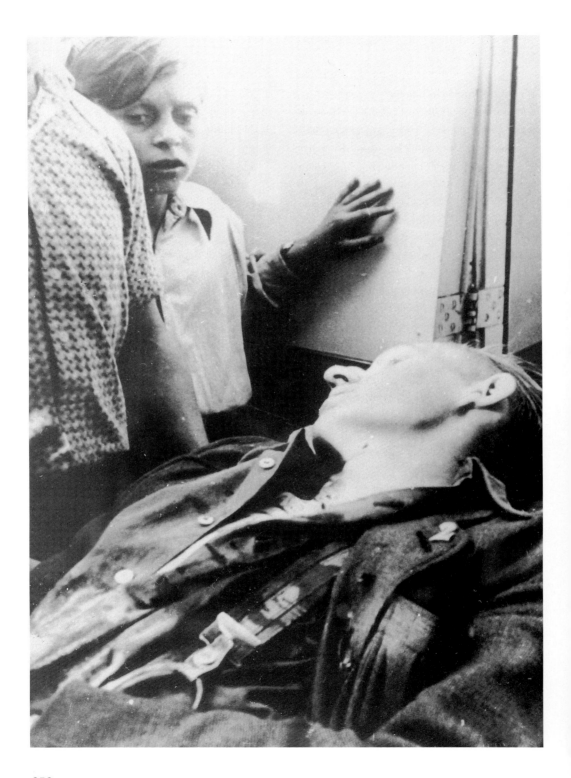

weigert hatten, auf die Arbeiter zu feuern. Auch ein Westberliner wurde hingerichtet. Der Arbeitslose Willy Göttling, der nachweislich als stummer Zuschauer die Proteste verfolgte, war bezichtigt worden, ein »westlicher Organisator des Aufstandes« gewesen zu sein. Im Zusammenhang mit der Erhebung wurden über 6000 Verhaftungen durchgeführt. Gerichte verhängten in Schnellverfahren über 8000 Jahre an Gefängnisstrafen.

Noch Wochen nach dem 17. Juni brachen immer wieder Proteste und Streiks aus, sie blieben aber ohne größere Wirkung.

Unerwarteter »Gewinner« des blutigen Tages war Walter Ulbricht. Der SED-Generalsekretär, der mit seiner desolaten Politik die Erhebung mit provoziert hatte, stand nach dem Aufstand gefestigt da. Die Sowjetführung riskierte nicht mehr, den Sündenbock fallen zu lassen, und stärkte ihm den Rücken. Ulbricht reagierte mit Schärfe gegen seine Gegner und ließ kurzerhand seine Widersacher in der Partei verhaften. Zudem machte er gegen seine Bürger mobil. Binnen weniger Jahre baute er mit der NVA eine reguläre Armee auf. Die Stasi wurde zum »Schild und Schwert der Partei« erhoben, ein perfides Unterdrückungsinstrument in den Händen des Politbüros. Zuletzt mauerte Ulbricht sein Volk ein – einen 17. Juni sollte es nicht wieder geben.

Die Politiker in Westdeutschland erklärten den 17. Juni symbolisch zum »Tag der Deutschen Einheit«. Doch die Wiedervereinigung mit dem Westen war nicht die vorrangige Forderung der Demonstranten an

> **Wir müssen feststellen, dass es uns bis jetzt nicht gelungen ist, nach dem Auftrag des Politbüros die Hintermänner und die Organisatoren des Putsches vom 17. Juli festzustellen.**
>
> Ernst Wollweber, Staatssekretär für Staatssicherheit, auf einer Dienstkonferenz im Dezember 1953

diesem Wendepunkt des Jahres 1953. Die deutsche Einheit war auch eines der erklärten politischen Ziele der SED – wenngleich unter dem Deckmantel der Neutralität. Aber gerade gegen die Partei richtete sich vornehmlich der Zorn der Menschen. Der Ruf nach freien Wahlen überdeckte alles. Der Protest hatte nichts anderes als die Abschaffung des Sozialismus in der DDR zum Ziel. Der 17. Juni 1953 war vor allem eines: ein Fanal für die Freiheit. Doch wirklich freie Wahlen hätten wohl auch die Wiedervereinigung zur Folge gehabt. Ohne das Eingreifen der sowjetischen Militärmacht wäre der Aufstand wahrscheinlich erfolgreich gewesen. Mehr als dreieinhalb Jahrzehnte mussten die Deutschen in Ost und West warten, bis das Schicksal ihnen eine weitere Chance gab. Schließlich, im Herbst 1989, blieben die Panzer in ihren Kasernen. Der Traum von Freiheit und Einheit erfüllte sich.

»Hilflose Trauer um die Opfer«: Ein von sowjetischen Soldaten in Leipzig erschossener Arbeiter

B.Z. Kennedy:
USA verhängen See-Blockade über Kuba

BERLINER MORGENPOST
Kennedy verkündet Blockade der USA gegen Kuba

Anschlag auf die Synagoge von Moskau

Schiffe mit Kriegsmaterial werden zurückgeschickt

Präsident Kennedys größte Entscheidung:
Blockade gegen Kuba

- Seit Mitternacht: Jedes Schiff wird kontrolliert
- Keine Waffen mehr für Castro
- Weltsicherheitsrat einberufen

DIE WELT
UNABHÄNGIGE TAGESZEITUNG FÜR DEUTSCHLAND

Politische Hochspannung in Washington
USA verhängen Blockade über Kuba
Einfuhr von Angriffswaffen wird verhindert

Telegraf
Kennedys Gegenschlag: Kuba wird blockiert
Parlament der Arbeit tagt

DER TAGESSPIEGEL
UNABHÄNGIGE BERLINER MORGENZEITUNG

Präsident Kennedy verhängt Seeblockade über Kuba

Die seltsamen Wege der IG Druck und Papier · Seite 3

DER TAG
UNABHÄNGIGE ZEITUNG FÜR DEUTSCHLAND

Kennedy verhängt Blockade über Kuba
Sondersitzung des UNO-Sicherheitsrates — Dramatische Stunden im Weißen Haus

Beschwörender Appell Nehrus

Spandauer
Kennedy verhängt Blockade gegen Kuba
Ernste Warnung an die Sowjets: Stopp für rote Raketenbasen

Moskau will Teilungsdiktat

Im Oktober 1962 entdeckten US-Flugzeuge, dass die Sowjetunion Mittelstreckenraketen auf Kuba stationierte. Eine tödliche Bedrohung für die USA – denn innerhalb von Minuten hätten die Raketen einen Großteil des Landes verwüsten können. Präsident Kennedy musste handeln. Neue russische Dokumente belegen, wie knapp die Welt damals dem atomaren Inferno entging.

1962 Countdown zum Dritten Weltkrieg

»Wir standen so nah am nuklearen Abgrund. Und verhinderten den atomaren Schlagabtausch nicht etwa durch ein gekonntes Management, sondern durch schieres Glück. Keiner von uns begriff damals wirklich, wie nahe wir am Rand der Katastrophe standen.« Dies sagt kein Geringerer als Kennedys damaliger Verteidigungsminister Robert McNamara im Rückblick auf die Kuba-Krise im Oktober 1962. Der frühere US-General David Burchinal ist völlig anderer Meinung: »Wir waren nie weiter entfernt von einem Nuklearkrieg als während der Kuba-Krise, nie weiter entfernt!« Wer hat Recht?

Heute, nach dem Ende des Kalten Krieges, nachdem die Archive in West und Ost offen stehen, können wir uns ein Bild davon machen, wie glimpflich die Menschheit im Jahr 1962 davonkam. Viele Zeitzeugen äußern sich zum ersten Mal, darunter einige offener als je zuvor, über Motive, Pläne und

»Angst vor dem Atomkrieg«: Westberliner Tageszeitungen berichten über den Beginn der Kuba-Krise

Vorgänge damals, aber auch zu den Gefahren, Fehleinschätzungen und Pannen. Fest steht, dass in entscheidenden Momenten die Kontrahenten in Washington und Moskau erschreckend wenig voneinander wussten, dass die Befehlslage an der potenziellen Front oft unklar war, dass es zu Fehlalarmen kam.

Ziel war es, Kuba vor einer Invasion der Amerikaner zu schützen und unsere Raketen in der unmittelbaren Nähe der USA aufzustellen, um ein Gleichgewicht herzustellen.

OLEG A. TROJANOWSKIJ, AUSSENPOLITISCHER REFERENT CHRUSCHTSCHOWS

Die Geheimdienste waren nicht in der Lage zu entschlüsseln, was die jeweils andere Seite beabsichtigte – auch über die tatsächliche Militärmacht auf Kuba lagen lediglich unzulängliche Informationen vor. Nur ein Beispiel: Dass es auf der Zuckerinsel auch schon vor der Stationierung sowjetischer Mittel- und Langstreckenraketen im Oktober 1962 atomare Gefechtsfeldwaffen gab, die gegen

»Der Beweis«: Mit diesem Foto konnte die Existenz von Mittelstreckenraketen auf Kuba bewiesen werden

eine Invasionsarmee der USA hätten eingesetzt werden können, war in Washington nicht bekannt. Es hätte damals schneller zum Atomkrieg kommen können, als Kennedy und seine Berater ahnten.

Begonnen hatte der »Countdown zum Dritten Weltkrieg« am 14. Oktober 1962. Fotos eines US-Aufklärungsflugzeugs belegten, dass die UdSSR auf Kuba Mittelstreckenraketen stationierte, die binnen weniger Minuten die USA erreichen konnten. Der junge US-Präsident stand vor einer schweren Entscheidung. John F. Kennedy berief einen hochkarätigen Krisenstab ein, das so genannte ExComm. Sollte er die Stationierung zähneknirschend akzeptieren oder Härte zei-

> Wie konnte man das Risiko eines Krieges verhindern und gleichzeitig die Raketen loswerden – das war das Kernproblem.
>
> ROBERT MCNAMARA, US-VERTEIDIGUNGSMINISTER

gen – auf die Gefahr einer Eskalation bis hin zum nuklearen Schlagabtausch? Die Berater waren uneins: Während die »Falken« für Luftangriffe oder gar für eine Invasion plädierten, rieten die »Tauben« zu Verhandlungen mit den Sowjets, notfalls auch zu einer Seeblockade.

Währenddessen konferierte der sowjetische Parteichef Chruschtschow in Moskau mit dem Politbüro. Zunächst gab er sich der Illusion hin, Kennedy könne die Raketen auf Kuba womöglich akzeptieren. Der Mann im Kreml dachte an die amerikanischen Atomraketen vor den eigenen Grenzen. Galt nicht gleiches »Recht« für beide Seiten? Bot sich nicht zudem die Möglichkeit, der Welt zu zeigen: Auch wir sind eine Supermacht? Doch das wollte er den Vereinigten Staaten erst später erklären – die Kuba-Stationierung, die »Operation Anadyr«, war das größte Geheimunternehmen des Kalten Krieges.

Fidel Castro hatte dem Raketenaufbau mit gemischten Gefühlen zugestimmt. Nicht etwa zum eigenen Schutz, wie er sagte, sondern um der größeren Sache willen, der Weltrevolution. Dafür war er zwar bereit, »Opfer zu bringen« – aber bis zur Selbstzerstörung? Später war es kein Geringerer als der Kreml-Chef selbst, der beim Maximo lider eine gewisse Desperadohaltung zu erkennen glaubte.

Doch noch wusste die Öffentlichkeit nichts von der drohenden Eskalation. Am Nachmittag des 18. Oktober empfing Kennedy einen besonderen Gast im Weißen

> **Außenminister Gromyko traf den Präsidenten am Mittwoch vor dem Montag, an dem wir über Fernsehen bekannt gaben, dass wir die Beweisfotos hätten. Und auch Gromyko behauptete, dass es keine Raketen gebe.**
>
> ROBERT MCNAMARA, US-VERTEIDIGUNGSMINISTER

Haus: Andrej Gromyko, Außenminister der Sowjetunion. Gromyko erklärte dem Präsidenten, dass es auf Kuba keine Raketen gebe – eine eindeutige Täuschung. Nach der Verabschiedung entlud sich die ganze Anspannung: »Dieser Lügenbastard!«, hieß es im Weißen Haus. Seitdem traute man dort Gromyko nicht mehr. Kennedy hatte nun zu entscheiden. Jeder falsche Schritt konnte eine Kettenreaktion hervorrufen. Der US-Präsident wusste, dass es um das Leben ganzer Zivilisationen ging.

Die Welt sollte erst am siebten Tag nach der Entdeckung der Raketen von der drohenden Eskalation in Kenntnis gesetzt werden. Alles, was die Öffentlichkeit bis zum Morgen des 22. Oktober erfuhr, war, dass etwas Besonderes in der Luft lag. Die Schlagzeilen der Presse lauteten: »Kennedy spricht zur Nation« und »Angelegenheit von höchster nationaler Bedeutung«.

Für die wenigen noch verbleibenden Stunden bis zur Rede Kennedys war strikte Geheimhaltung gefordert. Der gesamte US-Raketengürtel von Grönland bis zur Türkei wurde aktiviert. Ab 14.00 Uhr nachmittags befand sich die komplette Nuklearstreit-

»Gefährlicher Auftrag«: Der Pilot Richard Heyer schoss das Beweisfoto

257

macht der USA im Verteidigungsstand. Das strategische Luftkommando war in höchster Kampfbereitschaft. Der größte Teil der Bomberflotte bewegte sich nun ständig in der Luft. Sämtliche Aktionen wurden von fliegenden Kommandozentralen aus gesteuert. Alle acht U-Boote kreuzten in Reichweite wichtiger Ziele der Sowjetunion. Sie waren mit 128 Polaris-Raketen bestückt.

Um 18.00 Uhr am Montagabend, eine Stunde vor der Rede John F. Kennedys an die

> Sie haben mich überhaupt nicht informiert. Ich habe später nachgefragt. Das ist natürlich eine einzigartige Situation, wenn der Botschafter nicht informiert ist über die Schlüsselereignisse, die für die Beziehung zwischen den beiden Ländern in diesem Moment entscheidend sind. Ein Botschafter muss informiert sein.
>
> ANATOLIJ F. DOBRYNIN, SOWJETISCHER BOTSCHAFTER IN WASHINGTON

Nation, wurde Sowjetbotschafter Anatolij Dobrynin zum US-Außenminister zitiert. Zum ersten Mal erfuhr der Russe, was die Amerikaner schon seit einer Woche wussten: Auf Kuba befanden sich sowjetische Raketenbasen. Die Reaktion des Präsidenten wurde Dobrynin schriftlich in die Hand gedrückt. Der fiel, wie er heute versichert, aus allen Wolken. »Offen gestanden: Ich war völlig überrascht! Gromyko hatte während seines Besuchs noch nicht einmal mir gegenüber die Raketen erwähnt. Folglich glaubte ich zu jenem Zeitpunkt immer noch, dass es gar keine Offensivwaffen auf Kuba gebe!«

Um 19.00 Uhr informierte Kennedy endlich die Öffentlichkeit: »Guten Abend, meine Mitbürger. Zur Abwehr der Gefahr für unser Land habe ich angeordnet, dass sofort folgende Schritte unternommen werden: Erstens – um die Aufrüstung Kubas zu stoppen, wird eine strikte ›Quarantäne‹ über alle Angriffswaffen verhängt, die nach Kuba unterwegs sind. Schiffe aller Art, aus welchem Land sie auch kommen mögen, werden zurückgeschickt, sofern sie Offensivwaffen geladen haben. Zweitens – ich habe die verstärkte Überwachung Kubas und seiner Aufrüstung angeordnet. Sollten die offensiven militärischen Vorbereitungen weitergehen und damit die Bedrohung für diesen Erdteil verstärken, sind weitere Maßnahmen gerechtfertigt. Drittens – unsere Politik wird sein, jeden Raketenabschuss von Kuba gegen eine Nation der westlichen Welt als Angriff der UdSSR auf die USA anzusehen, der mit einem vollen Vergeltungsschlag gegen die Sowjetunion beantwortet wird…«

> Ein einzelner Mann traf die endgültige Entscheidung über Krieg und Frieden, und dieser eine Mann war der Präsident.
>
> TED SORENSEN, BERATER VON PRÄSIDENT KENNEDY

»Entscheidung über Krieg und Frieden«: Präsident Kennedy vor seiner Rede am 23. Oktober

Kennedy hatte sich für den stufenweisen Schlagabtausch entschieden – wenn nötig, bis zum Äußersten. Blockade, Luftangriffe, Invasion..., wo aber lag die nukleare Schwelle? Sie war niedriger, als man im Pentagon dachte! Wichtiger Faktor waren jene nuklearen Gefechtsfeldwaffen, die bereits vor der »Kuba-Krise« auf der Zuckerinsel stationiert wurden und bei einem Einmarsch US-amerikanischer Truppen zum Einsatz hätten kommen können. Washington erfuhr erst nach der Krise von diesen Waffen, bezog sie somit während der gesamten 15 Tage nicht in die militärischen »Planspiele« ein.

Jede Invasion, die das Castro-Regime und seine sowjetischen Waffenbrüder in Bedrängnis gebracht hätte, konnte zu einer atomaren Reaktion führen – ohne dass die USA darauf vorbereitet gewesen wären, denn solche Waffen gehörten nicht zum »Invasionsgepäck«. Washington wäre nach einem nuklearen Verteidigungsschlag auf Kuba unter Druck geraten.

Robert McNamara erkennt heute das größte, damals nicht bewusste Risiko: »Wenn wir in Kuba einmarschiert wären, hätte das den Atomkrieg gebracht. Gar keine Frage! Wir hätten sofort unsere Flugzeugverbände mit Atomwaffen losgeschickt! Denn können Sie sich vorstellen, dass ein US-Präsident tatenlos der Abschlachtung Zehntausender seiner Soldaten durch, wie wir neuerdings wissen, neun russische taktische Nuklearsprengköpfe zugesehen hätte? Natürlich nicht. Und wie hätten die Sowjets als Nächstes auf die totale Vernichtung ihrer und der kubanischen Truppen auf der Insel reagiert? Wer weiß? Und was wäre mit der NATO geschehen? Was mit Deutschland? Wie wäre die Eskalation des Atomkriegs weitergegangen?

Wer weiß? Das Risiko war damals sehr viel größer, als wir annahmen.«

Bezeichnend ist, dass Chruschtschow und Kennedy somit von verschiedenen Prämissen ausgingen. Und nur Chruschtschow war über die Lage im Bilde. Der Kreml-Chef trug für mehr Wissen Verantwortung, als es Kennedy zu diesem Zeitpunkt möglich war. Aus der Perspektive Moskaus gab es keine konventionelle erste Stufe in dem Konflikt – das musste Chruschtschow in allen Phasen der Eskalation berücksichtigen. Inzwischen

Chruschtschow sagte zu mir: »Jetzt zieht bald ein großer Sturm auf!« Ich antwortete: »Nikita Sergejewitsch, dass nur das Boot nicht kentert!« Und er: »Nun, jetzt ist es schon zu spät, um einen Rückzieher zu machen!«

OLEG A. TROJANOWSKIJ, AUSSENPOLITISCHER REFERENT CHRUSCHTSCHOWS

ist nachweisbar, wie schwer Chruschtschow an dieser Last zu tragen hatte und dass dies eine wesentliche Voraussetzung war zur Kompromissfähigkeit. Was wäre eigentlich passiert, wenn Chruschtschow die Amerikaner über die taktischen Waffen vor Ort informiert hätte? Das Pentagon hätte in diesem Fall eine konventionelle Invasion ausschließen müssen. Von Anfang an einen Atomkrieg wegen Raketen auf Kuba zu führen – hätten das die USA gewagt?

In einigen Hauptstädten Europas gingen Kriegsgegner noch in der Nacht zum Dienstag auf die Straße. In London wurden vor der US-Botschaft amerikanische Fahnen verbrannt. Am nächsten Tag kam es in vielen Ländern zu Hamsterkäufen. Die US-Regierung gab via Fernsehen gute Ratschläge zum Thema »Wie verhält man sich im Atomkrieg richtig?« und präsentierte einen Lehrfilm, dessen Fazit lautete: »Duck and cover!« – (Duck und bedeck dich!) Das diente allenfalls der Selbstberuhigung.

Das offizielle Informationssystem in der Sowjetunion hingegen »funktionierte« vorerst: Die Sowjetbürger blieben zunächst von beunruhigenden Nachrichten über die Krise verschont. Doch hinter den Mauern des Kreml tagte das Politbüro in Permanenz. Chruschtschow war bewusst, dass er mit hohem Einsatz spielte – nicht nur weltpolitisch. Jede Schwäche seinerseits würde seine Widersacher in den eigenen Reihen stärken. Konnte er riskieren, die Quarantäne Kubas im Atlantik mit einer Quarantäne Westberlins zu kontern?

Auch im Schöneberger Rathaus, Amtssitz des Regierenden Bürgermeisters Westberlins, häuften sich die Krisensitzungen. Willy Brandt und seinem Vertrauten Egon Bahr war bewusst, dass Chruschtschow die geteilte Stadt in der Krise als Druckmittel zur Ablenkung oder Vergeltung benutzen könnte. Die Amerikaner fürchteten eine erneute Berlin-

Dass Berlin während der Raketenkrise militärisch so auf dem Präsentierteller lag und unmöglich zu verteidigen war, lastete schwer auf dem Gemüt der Entscheidungsträger.

MAXWELL TAYLOR, US-GENERALSTABSCHEF

Blockade und trafen Vorsorge für eine neue Luftbrücke. Brandt und Bahr überlegten ernsthaft, »über alle erreichbaren Sender zum Aufstand in der Zone aufzurufen und die Volksarmee dazu, Befehle zum Einsatz gegen Berlin zu verweigern und die Gewehre umzudrehen«. Beide waren, so Bahr heute,

überzeugt, dass ein solcher Aufruf befolgt worden wäre.

Am Morgen des 24. Oktober, eines Mittwochs, senkte sich vor Kuba der Blockadevorhang. 19 Schiffe hatten ihre Positionen bezogen. Diese waren so gewählt, dass sie außerhalb der Reichweite der sowjetischen MIG 21 lagen. 800 Kilometer östlich von Kuba legte sich nun ein Ring um die Insel, der fast stündlich an Dichte zunahm. Bald entstand ein zweiter Ring mit zusammen 41 Schiffen und noch einmal 20 000 Mann.

Wir hatten uns die Blockade ausgedacht, um Chruschtschow den Schwarzen Peter zuzuschieben und ihm die Entscheidung zu überlassen, ob wir weiter auf der Leiter der Eskalation nach oben gehen.

TED SORENSEN, BERATER VON PRÄSIDENT KENNEDY

Am Donnerstag, dem 25. Oktober, war kurz vor 8.00 Uhr morgens im Marinekontrollzentrum des Pentagon die Spannung fast greifbar. Nur noch wenige Minuten, dann würde es zur ersten Berührung zwischen einem amerikanischen und einem sowjetischen Schiff kommen. Es war die »Bukarest« – sie gab sich als sowjetischer Öltanker zu erkennen. Aufklärungsflugzeuge bestätigten: keine verdächtige Ladung an Bord. Das Schiff konnte die Sperrlinien passieren. »Wir haben dieses eine Schiff durchgelassen«, erklärt heute Robert McNamara, der damalige Verteidigungsminister, »weil wir befürchteten, dass Chruschtschow möglicherweise nicht genug Zeit geblieben war, um all seinen Kapitänen klare Anweisungen zu geben, oder vielleicht gerade die Funkverbindung zu genau dem Frachter nicht zustande kam, der jetzt schon vor der Küste Kubas kreuzte.« Mit seinen Admirälen, die ihm vorwarfen, er mische sich in ihr Handwerk ein, führte der Verteidigungsminister einen lautstarken Disput. McNamara aber sah die Blockade als Mittel der Politik, nicht als militärische Maßnahme. Das war einigen der Stabschefs zu wenig. Hinter dem Rücken des US-Präsidenten und seiner Minister machten sie aus ihrem Groll keinen Hehl. Zwar wurde die Blockade von Kreml-Chef Chruschtschow trotz gegenteiliger Propaganda hingenommen, doch konnte er sich dies überhaupt noch leisten? Das Material für den Bau von Mittelstreckenwaffen befand sich doch längst auf der Insel.

Was tun, Mr. Präsident? Wie sollte der nächste Schritt im Pokerspiel um Krieg und Frieden aussehen? Im Petersdom zu Rom hatte das II. Vatikanische Konzil gerade begonnen. Während sich Bischöfe aus aller Welt im Petersdom mit der Zukunft der katholischen Kirche befassten, richtete Papst Johannes XXIII. an beide Kontrahenten einen eindringlichen Appell des Friedens. Doch ging die Nervenprobe zunächst weiter: Die gesamten Streitkräfte des Warschauer Paktes wurden in Alarmbereitschaft versetzt. Von Lappland bis zum Schwarzen Meer standen sich zwei hochgerüstete Armeen gegenüber – und warteten auf den Ernstfall.

Im Sicherheitsrat der Vereinten Nationen erreichte die Konfrontation am 25. Oktober mit dem verbalen Schlagabtausch zwischen dem US-Botschafter Stevenson und seinem sowjetischen Kollegen Sorin einen

»Drohgebärden auf hoher See«: Die US-Blockade Kubas

»Diplomatischer Schlagabtausch«: Im UN-Sicherheitsrat werden die amerikanischen Beweisfotos vorgeführt

spektakulären Höhepunkt. Stevenson fragte Sorin im Stil eines Staatsanwalts: »Sir, lassen Sie mich Ihnen eine einfache Frage stellen. Leugnen Sie, Botschafter Sorin, dass die UdSSR Mittelstreckenraketen und Interkontinentalraketen auf Kuba aufgestellt hat und noch immer aufstellt? Ja oder nein?« Sorin erwiderte: »Ich bin hier nicht in einem amerikanischen Gerichtssaal, Sir.« Heute wissen wir, Sorin war tatsächlich ahnungslos. Der Geheimhaltung Moskaus fielen auch die eigenen Botschafter zum Opfer. Manchmal war es wirklich besser, in jenen Tagen nicht alles zu wissen. Dass zur gleichen Zeit ein hungriger Bär in Wisconsin versehentlich einen Atomalarm auslöste, der in letzter Minute abgewürgt wurde, blieb der Weltversammlung verborgen.

Am Morgen des darauf folgenden 26. Oktober drohte gegen 7.00 Uhr 300 Kilometer nordöstlich von Nassau, Bahamas, eine Konfrontation auf See: Der amerikanische Zerstörer »Joseph Kennedy jr.« hisste das internationale Flaggenzeichen für »Beidrehen«. Das Signal galt dem von den Sowjets gecharterten Schiff »Marukla«. Die ganze Nacht über hatte der US-Zerstörer den Frachter beschattet. Nun gab der Präsident persönlich den Befehl: »Entern und durchsuchen!« Doch das war Show, die unverfängliche Ladung bekannt. Was dem Pentagon dagegen entging – die Sowjets hatten atomar bestückte U-Boote in die Karibik geschickt, und US-Zerstörer trieben sie in die Enge. Das war Spiel mit dem Feuer, zu Wasser.

> Es gab keinen Zweifel. Ich wusste, dass das nicht nur ein historischer Moment sein würde, sondern möglicherweise auch eine Konfrontation zwischen den Vereinigten Staaten und der Sowjetunion.
>
> DINO BRUGIONI, CIA-ANALYST

Die Lage spitzte sich zu. Neue Fotos von Erkundungsflügen über Kuba lagen am Nachmittag des 26. Oktober vor. Kein Zweifel: In zwei Tagen wären die auf Castros Insel installierten Mittelstreckenraketen feuerbereit – und dazu in der Lage, in nur sechs Minuten alle amerikanischen Städte im Umkreis von 2500 Kilometern zu erreichen. Die Falken im Pentagon wollten zuschlagen. Von DEFCON 2 zu DEFCON 1, dem Kriegszustand mit der Sowjetunion, war es nur noch ein kleiner Schritt. Zum Glück entging der sowjetischen Aufklärung an diesem Tag ein routinemäßiger US-Raketentest-Abschuss, der missverständlich hätte interpretiert werden können.

Am Abend des 26. Oktober traf unerwartet der beschwichtigende Brief Chruschtschows im Weißen Haus ein. In dem langen, gewundenen Schreiben verlangte der Kreml-Chef von Kennedy, die Situation nicht weiter anzuheizen. »Wird der Knoten jetzt zu fest, dann hilft nur noch das Schwert, ihn aufzulösen.« Mit dem Schreiben einher ging ein Angebot: Abzug der Raketen von der Insel gegen eine Sicherheitsgarantie für Kuba. Denn die Hauptsorge in Havanna und Moskau war ja, dass sich die Vereinigten Staaten des ungeliebten Regimes vor der eigenen Haustür per Handstreich entledigen wollten – einen CIA-gestützten Versuch in der »Schweinebucht« hatte es 1961 ja bereits gegeben.

Doch was sollte man im Weißen Haus von dem Angebot halten? Denn am Samstag, dem 27. Oktober, schockierte eine Nachricht den Krisenstab in Washington: Ein amerikanisches U-2-Spionageflugzeug war über Kuba abgeschossen worden und der Pilot Rudolf Anderson dabei ums Leben gekommen! »Das war ein extrem gefährlicher Augenblick«, erinnert sich Robert McNamara. Am selben Tag drang ein US-Flugzeug unbeabsichtigt in den sowjetischen Luftraum ein. In diese nervöse Krisenatmosphäre platzte ein zweiter Brief Chruschtschows, der viel härter formuliert war als der erste. Er verlangte als Vorbedingung die Beseitigung der

»Es gab keinen Zweifel«: Dino Brugioni wertete die Fotos für das Pentagon aus

amerikanischen »Jupiter«-Raketen in der Türkei. »Dieser zweite Brief«, erinnert sich Ted Sorensen, »schlug im Aktionsausschuss wie eine Bombe ein! Der erste Brief hat uns noch hoffen lassen, nun aber waren wir überzeugt:

Ich denke, dass die USA und die UdSSR am äußersten Rand des Krieges angelangt waren.

SERGO A. MIKOJAN, SOHN VON CHRUSCHTSCHOW-BERATER UND ZK-MITGLIED ANASTAS MIKOJAN

Jetzt kommt das Schlimmste.« Chruschtschow hatte eine Forderung draufgesattelt, nämlich den Abzug von NATO-Raketen vor der eigenen Grenze – und was die Lage erschwerte: Dieses Schreiben wurde der Öffentlichkeit verlautbart. Sollten die USA einlenken und sich somit erpressbar zeigen? Was würden die Partner denken, wenn um der Sicherheit der Vereinigten Staaten willen andernorts die Abwehr reduziert würde? Die Solidarität der Allianz konnte ins Wanken geraten.

Wusste der Kreml, was er tat? Sowjetbotschafter Dobrynin: »Auf unserer Seite fehlte jegliche Planung! Man darf schließlich nicht nur den ersten, sondern muss auch den zweiten und dritten Schritt vorausberechnen. Aber Moskau hatte damals kein Konzept. Man entschied spontan, je nach Lage der Dinge.« Die US-Militärs setzten Kennedy unter Druck. Würde er sich den Forderungen nach einem Militärschlag, gar einer Invasion entziehen können? Fidel Castro wiederum drängte Chruschtschow zum Handeln, versuchte ihm klar zu machen, dass ein Einmarsch seitens der Amerikaner drohe. Der Kreml-Chef verstand das alarmierende Telegramm aus Havanna wie eine Aufforderung zum atomaren Erstschlag. Ihn überkam das

Gefühl, dass ihm die Situation entglitt, er wusste, dass jetzt nicht mehr die Stunden,

Es wäre ein unbegrenzter Atomkrieg geworden, der die Menschheit vernichtet hätte.

ROBERT MCNAMARA, US-VERTEIDIGUNGSMINISTER

sondern die Minuten zählten. Die Entscheidung über Frieden oder Krieg fiel in der Nacht zum Sonntag, dem 28. Oktober, dem 15. Tag. In einer fast schon hoffnungslosen Lage traf sich Präsidentenbruder Bobby Kennedy mit Sowjetbotschafter Anatolij Dobrynin. Der erinnert sich an das inoffizielle Ge-

»Gespielte Einigkeit«: Fidel Castro musste akzeptieren, dass seine Insel zum nuklearen Spielball geriet

264

spräch: »Er begann mit der Forderung, dass die Raketen – so oder so – weg müssten. Und er machte ein Angebot: Wenn Chruschtschow bereit wäre, auf die Raketen zu verzichten, dann würde Amerika nicht nur die Seeblockade beenden, sondern auch eine Garantie abgeben, Kuba nicht zu überfallen.« Damit wies Kennedy einen Weg für Chruschtschow, bei einem Rückzug das Gesicht zu wahren. »Mehr noch: Indem Kennedy zustimmte, ›Jupiter‹-Raketen aus der Türkei abzuziehen, war ganz plötzlich eine echte Chance zur Krisenlösung da.« Jener Raketentausch, der die nachgereichte Forderung Chruschtschows erfüllte, war allerdings an die Auflage striktester Geheimhaltung geknüpft. Washington wollte sein Gesicht nicht verlieren. Was Kennedy vor den Falken in den eigenen Reihen und vor der Öffentlichkeit nicht eingestehen wollte, fand hinter den Kulissen statt. Der Raketendeal war eine verschmerzbare Konzession der USA an Chruschtschow, ein Resultat klassischer »back-channel-diplomacy«. Die Kuba-Krise

Ich fühlte, dass dies das Ende war. Der Krieg war an uns vorbeigegangen. Denn das war eine klare Antwort. Wir würden die Raketen abziehen.

ANATOLIJ F. DOBRYNIN, SOWJETISCHER BOTSCHAFTER IN WASHINGTON

entpuppte sich als spannendes Beispiel, wie hinter einer konstruierten Fassade von »starken Männern« die Hauptakteure Nerven zeigten und zuletzt über die Hintertreppe Lösungen herbeiführten.

Während der US-Generalstab den amerikanischen Luftangriff auf Kuba schon für unvermeidlich hielt, reagierte der sowjetische Parteichef unerwartet rasch und un-

konventionell. Weil die Zeit drängte – und Texte über Telex oft erst nach Stunden oder bruchstückhaft über den Atlantik gelangten – meldete sich die Stimme des Kreml via Rundfunk: »This is radio Moscow…« – »Hier spricht Radio Moskau. Der Vorsitzende Chruschtschow hat eine Nachricht an Präsident Kennedy geschickt. Die sowjetische Regierung hat den Abbau der Waffen auf Kuba sowie deren Verladung und Verschiffung in die Sowjetunion angeordnet.«

Die Welt durfte aufatmen. Kennedy war sichtlich erleichtert. Nachdem ein Pressesprecher das offizielle Ende des Raketenkonflikts verkündet hatte, ging er in die Kirche. Der Kreml-Chef nahm vorlieb mit einer Theatervorstellung. Ein höllisches Theater hatte die Besatzung des Raketenfrühwarnradars in Moorestown, New Jersey, hinter sich, wo durch ein Missverständnis am 28. morgens der Einschlag einer Rakete in Tampa, Florida, für 9.02 Uhr prognostiziert wurde, was sich erst nach telefonischer Rückversicherung vor Ort als Irrtum herausstellte.

Der Dritte Weltkrieg fand nicht statt – auf 13 Tage zwischen Angst und Hoffnung folgte erst einmal Entwarnung. Und es schien weder Sieger noch Besiegte zu geben – auch wenn die Medien es anders sahen. Die Menschheit hatte gewonnen, weil sie überlebte. Der Kalte Krieg der Supermächte hatte seinen Gipfelpunkt erreicht. Er war zugleich eine Wendemarke der Auseinandersetzung. Denn die beiden Großen sagten sich, dass sie nie wieder so nahe an den Rand der atomaren Katastrophe rücken durften.

Heute wissen wir: Nicht menschliche Vernunft hat den globalen Holokaust im Kalten Krieg verhindert, sondern das atomare Patt. Das ist es, was die Kuba-Krise lehrt.

Es war der Jahrhundertmord – der grausame Tod des amerikanischen Präsidenten John F. Kennedy in Dallas. Bis heute gibt es Vermutungen, dass der verdächtige Lee Harvey Oswald nicht der alleinige Täter gewesen sei. Heute liegen neue Fakten auf dem Tisch, die in höchste Regierungskreise verweisen.

1963 Der Mord an John F. Kennedy

Dallas, Texas, 22. November 1963, 12.30 Uhr. Niemand begreift Verbrechen in den Sekunden der Tat, niemand außer den Tätern – manchmal. Verbrechen geschehen meist im Verborgenen, und es vergehen Stunden, Wochen, selbst Jahre, bis die Zusammenhänge, die zu ihnen führten, die Akteure, die sie verübten, Stück für Stück erkennbar werden. Doch es gibt Verbrechen, die sind anders; Attentate, die am hellichten Tag stattfinden, auf der Straßenkreuzung einer pulsierenden Großstadt, inmitten einer ju-

Die Ermordung Kennedys war sicherlich das überwältigendste Ereignis des Jahres. Ihre Plötzlichkeit und Sinnlosigkeit versetzte praktisch die gesamte zivilisierte Welt in einen Schockzustand.

»Encyclopaedia Britannica«, Jahresband 1964, zum vorherigen Jahr

»Bekennender Marxist?«: Foto von Lee Harvey Oswald mit der Tatwaffe des Kennedy-Mords und einer kommunistischen Zeitung

belnden Zuschauermenge. Die Erschießung Kennedys war ein Jahrhundertmord, der von Kameras und Mikrofonen aufgezeichnet wurde und den der gigantische Sicherheitsapparat der Supermacht Amerika binnen weniger Stunden scheinbar löste. In Dallas lief alles nach eigenen Regeln: Mit dem Abstand zum Geschehen wurde nicht das Unklare klarer, sondern das Klare unklarer. Die Grenze zwischen Tätern und Verfolgern verschwamm, und längst ist der böse Verdacht manifest, dass sie in Teilen identisch sind. Es gibt Unentwegte, die noch immer auf der Suche nach der ganzen Wahrheit sind. Mithilfe modernster Technik entschlüsseln sie alte Beweise neu, so erst kürzlich eine rätselhafte Tonaufzeichnung des Attentats. Stein um Stein wird das Mosaik neu geordnet, um endlich und heute das Rätsel zu lösen: Wer hat den Präsidenten ermordet?

Am 22. November 1963 kam John Fitzgerald Kennedy nach Dallas. Sein Besuch in der texanischen Hauptstadt war der Auftakt für den bevorstehenden Wahlkampf im

267

»Überwältigender Empfang«: John F. Kennedy und seine Frau Jacqueline (rechts) in Dallas

»Etwas ist schrecklich falsch...«: Die Präsidentenlimousine unmittelbar nach dem Attentat. Wurde auch von der Seite geschossen?

nächsten Jahr, der dem 35. Präsidenten der Vereinigten Staaten eine zweite Amtsperiode sichern sollte. Kennedy hielt es für klug, zuvor noch einmal die Staaten des Südens zu bereisen, die traditionell als Hochburgen seiner konservativen Gegner galten. Einen Vorgeschmack davon hatte er bereits bekommen. In Florida und im texanischen Fort Worth war er recht kühl empfangen worden. Würde es in Dallas anders sein?

Um 11.03 Uhr traf der Präsident mit seiner Frau Jacqueline auf dem Flughafen Lovefield in Dallas ein. Beide nahmen Platz in einer offenen Limousine, von der auf Wunsch des Präsidenten und wegen des schönen Wetters das Glasdach entfernt worden war. Auf den Sitzen vor dem Präsidentenpaar ließen sich die Gastgeber des Besuches nieder: der Gouverneur von Texas, John Connally, und seine Frau Nellie. Unmittelbar hinter der Limousine folgte ein Fahrzeug des Secret Service mit zehn Leibwächtern. Dahinter fuhren Vizepräsident Lyndon B. Johnson und Senator Ralph Yaborough, auch sie in einer Limousine. Der Empfang in Dallas war überwältigend. Bei strahlendem Sonnenschein waren fast 250 000 Menschen auf den Straßen zusammengeströmt, sie jubelten

Es hat ausgesehen, als würden die Götter auf ihn herablächeln.

OFFICER JAMES LEAVELL, POLIZEI VON DALLAS

und winkten ihrem Präsidenten zu. Als sich die Autokolonne der Kreuzung von Houston und Elm Street näherte, drehte sich Mrs. Connally um: »Herr Präsident, Sie können nicht behaupten, dass Dallas Sie nicht liebt.« »Das ist ganz offensichtlich«, antwortete dieser. Es waren seine letzten Worte.

Unmittelbar darauf, um 12.30 Uhr, bog die Präsidentenlimousine mit 18 Stundenkilometern in die Elm Street ein, vorbei am Texas-Schulbuchlagerhaus an der Dealey Plaza. Passanten machten Fotos. Auf einem Betonsockel stand der Schneider Abraham Zapruder und filmte das Ereignis. Wie er dachten viele: Wer weiß, ob man dem mächtigsten Mann der Welt noch einmal so nahe kommt? In diesem Moment übertönte ein Schuss den Jubel der Menge. Urplötzlich schlug die Stimmung um. Die Stimme des Radioreporters, der den Besuch des Präsidenten live übertrug, überschlug sich: »Etwas ist falsch! Etwas ist schrecklich falsch!«, schrie er in sein Mikrofon. Die nächsten Sekunden, durch Zapruders Film festgehalten und seitdem wieder und wieder analysiert und beschrieben, sind heute so unbegreiflich wie damals. Die Sicherheitsbeamten des Präsidenten wirkten wie gelähmt, der Fahrer seines Wagens drückte instinktiv auf die Bremse – ein

Mein Gott, die bringen uns um!

JOHN CONNALLY, GOUVERNEUR VON TEXAS, WÄHREND DES ATTENTATS

Fehler, der vielleicht entscheidend war. Denn dem ersten Schuss folgten nach einigen Sekunden weitere. Präsident Kennedy griff sich an den Hals, dann wurde sein Körper durch einen Schuss in den Kopf nach hinten geschleudert. Fast zeitgleich wurde auch der vor ihm sitzende Gouverneur Connally durch eine Kugel schwer verletzt und von seiner Frau geistesgegenwärtig aus der Schusslinie gezogen. Im Hinterteil des Wagens sprang die First Lady auf und kroch auf allen vieren über den Fond der Limousine. Ihr rosafarbenes Kostüm war über und über mit Blut- und Knochensplittern bespritzt. »Ich hörte diese schrecklichen Geräusche«, erinnerte sie sich später, »und mein Mann gab keinen Laut von sich. Er hatte so eine Art fragenden Gesichtsausdruck oder so, als hätte er leichte Kopfschmerzen. Ich erinnere mich, dass ich über ihn fiel und sagte: ›O mein Gott, sie haben meinen Mann erschossen.‹«

Um 12.31 Uhr beschleunigte der Fahrer endlich den Wagen. Fünf Minuten später erreichte die Limousine das Memorial Parkland Hospital. Entsetzen, Betroffenheit und Fassungslosigkeit breiteten sich in der Welt aus. In Deutschland war es zeitversetzt 20.38 Uhr, als die Nachricht eintraf. Fernseh- und Radiosender unterbrachen sofort ihr Programm. Die ganze Welt schaute gebannt nach Dallas. Um 13 Uhr endete dort die Ungewissheit. Ein Priester gab der Öffentlichkeit bekannt, dass der Präsident tot war. Im Alter von nur 46 Jahren war er Opfer eines Attentats geworden.

Die Ereignisse überstürzten sich weiter. Um 14.38 Uhr Ortszeit wurde Lyndon B. Johnson an Bord der »Air Force One« zum 36. Präsidenten der Vereinigten Staaten vereidigt. Neben ihm, so zeigt es ein berühmtes Foto, stand die Witwe Kennedys. Mit an Bord der Maschine war auch der Leichnam ihres Mannes, der zur Autopsie nach Washington überführt wurde. Ebenso reibungslos wie die Amtsübernahme schien auch die Aufklärung des Attentats voranzugehen. Fast zeitgleich mit der Vereidigung Johnsons präsentierte die Polizei von Dallas ein klappriges Gewehr

»Sie haben meinen Mann erschossen«: Ein Sicherheitsbeamter versucht Jacqueline Kennedy nach dem Attentat zu schützen

»Verschwörung höchster Regierungskreise?«: An Bord der »Air Force One« wird Lyndon B. Johnson als Kennedys Nachfolger vereidigt

als Tatwaffe und einen schlaksigen jungen Mann als Täter: Lee Harvey Oswald.

> Der Mörder von Präsident Kennedy ist ein bekennender Marxist, der drei Jahre in Russland gelebt hat.
>
> NACHRICHTENMELDUNG DER AGENTUR UPI, 22. NOVEMBER 1963

In kürzester Zeit konnte die Polizei dessen lückenlosen Lebenslauf präsentieren, der sich wie die Bilderbuch-Biografie eines »wirren, fanatisierten Einzeltäters« las, als der Oswald von Anfang an dargestellt wurde: Der 23-jährige ehemalige US-Marineinfanterist, so erfuhr die Öffentlichkeit, habe von 1959 bis 1962 fast drei Jahre lang in der Sowjetunion gelebt und dort eine russische Frau geheiratet. Nach seiner Rückkehr in die USA im Juni 1962 habe der bekennende Marxist und Castro-Anhänger sich heimlich ein Gewehr – die Tatwaffe – beschafft und einen Job im Texas-Schulbuchlager angenommen, von wo aus die tödlichen Schüsse abgefeuert worden seien. Ein Foto, das die Polizei wenig später fand und veröffentlichte, zeigte Oswald in einem Hinterhof mit eben diesem Gewehr und einer Ausgabe der kommunistischen Zeitung *The Daily Worker* in der Hand. Somit ergab sich eine lückenlose Indizienkette, in der scheinbar nur noch das Geständnis fehlte. Denn Oswald beteuerte seine Unschuld. Man wolle ihn zum »Sündenbock« machen, schrie er den Presseleuten entgegen, als er an ihren Reihen vorbei abgeführt wurde. Doch es blieb ihm nicht viel Zeit, um seine Unschuld zu beweisen. Am 24. November, zwei Tage nach dem Attentat, geleiteten

> **1.Die Öffentlichkeit muss überzeugt sein, dass Oswald der Attentäter war, dass er keine Komplizen hatte. … 2. Spekulationen über das Motiv Oswalds sollten unterbunden werden …**
>
> HANDGESCHRIEBENES MANUSKRIPT VON NICHOLAS KATZENBACH, STELLVERTRETENDER US-GENERALSTAATSANWALT, DATIERT ZWEI TAGE NACH DEM ATTENTAT

Polizisten den mutmaßlichen Attentäter im Keller des Polizeigebäudes von Dallas durch ein Spalier von 70 Polizisten und unzähligen Journalisten. »Wir hatten die Anweisung, uns so zu bewegen, dass die Presse ihn filmen und fotografieren konnte«, erinnert sich Officer Leavelle, der Oswald am Arm führte. Da trat plötzlich ein Mann aus der Menge hervor, der später als Jack Ruby, ein stadtbekannter Barbesitzer aus dem Rotlichtmilieu, identifiziert wurde. »Du hast meinen Präsidenten ermordet«, stieß er hervor und erschoss den Gefangenen – vor laufenden Kameras und den Augen von 140 Millionen Fernsehzuschauern.

Weitere Verhöre mit dem Hauptverdächtigen hatten sich erübrigt. Der Fall schien damit aufgeklärt. Die Warren-Kommission, das offizielle Untersuchungsgremium, das Präsident Johnson im Mordfall Kennedy einsetzte, schloss nach zehn Monaten und 26 Bänden Material mit dem Ergebnis der ersten Tage: Lee Harvey Oswald habe den Präsidenten ermordet – und zwar allein. Er habe von einem Fenster im fünften Stockwerk des an der Kreuzung gelegenen Texas-Schulbuchlagers drei gut gezielte Schüsse abgegeben, deren letzter den Präsidenten in den Kopf getroffen und getötet habe.

So weit, so schlecht. Denn das Puzzle, das die Warren-Kommission zusammengefügt hat, will und will nicht recht zusam-

menpassen. Vielleicht hätte man es noch akzeptiert, wenn es nicht die Aufnahmen von Abraham Zapruder gäbe, der den Mord mit seiner Kamera festgehalten hat. Genaue Analysen der Reaktionen der Opfer Kennedy und Connally auf dem tonlosen Farbfilm ergaben, dass alle Schüsse innerhalb von etwa fünf, sechs Sekunden abgefeuert worden sein müssen – schon dies eine äußerst problematische Feststellung, da die Nachladezeit von Oswalds Gewehr nach späteren Tests ein Minimum von 2,3 Sekunden betrug. Gab es also einen zweiten Schützen und damit eine Verschwörung? Oder sollte es dem als mäßigen Schützen bekannten Oswald mit einem veralteten Gewehr in der Tat möglich gewesen sein, in dieser extrem knappen Spanne drei gut gezielte Schüsse auf ein fahrendes Ziel abzugeben? Gegen Oswald als Einzeltäter spricht auch, dass die Zeitspanne zwischen

> **Die Schüsse sind aus verschiedenen Richtungen gekommen. Sie kamen nicht alle aus der Richtung des Schulbuchlagers.**
>
> SAM PATE, AUGENZEUGE

Kennedys und Connallys Reaktion auf ihre jeweiligen Verwundungen unter 2,3 Sekunden lag, das heißt, sie war zu kurz für zwei Schüsse aus Oswalds Gewehr. Die Warren-Kommission hat dieses störende Fakt mit der Theorie von der »magischen Kugel« pariert: Ein und dieselbe Kugel – der zweite Schuss Oswalds – habe eben *beide* getroffen. Die Kugel sei zunächst in einem Winkel von 17 Grad nach unten in den Rücken Kennedys eingedrungen, habe sich von dort aus nach oben bewegt und Kennedys Körper durch die Kehle verlassen. Sie sei dann von hinten in die rechte Achsel Connallys eingetreten, habe

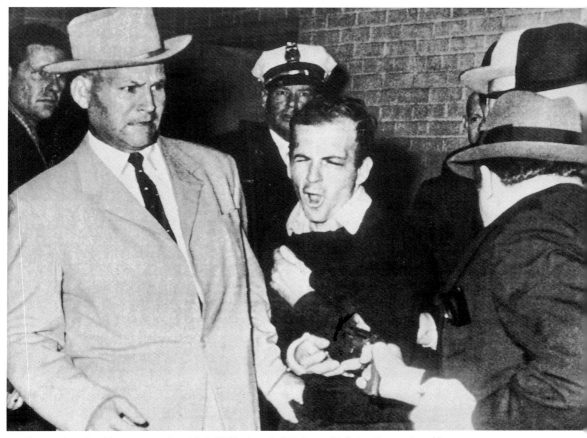
»Du hast meinen Präsidenten ermordet«: Nachtklubbesitzer Jack Ruby erschießt Lee Harvey Oswald

seine fünfte Rippe zertrümmert, um wieder aus der Brust auszutreten und sein linkes Handgelenk zu durchschlagen. Sie sei schließlich in seinem rechten Oberschenkel stecken geblieben, aus dem sie dann im Krankenhaus herausfiel und zufällig in einem fast unbeschädigten Zustand gefunden wurde. Das klingt abenteuerlich, doch in der Theorie natürlich vorstellbar. Jim Garrison, ein US-Staatsanwalt, der 1967 den Fall Kennedy erneut aufrollte, hat hierzu einen treffenden Vergleich geliefert: »In der Theorie ist es auch möglich, dass ein Elefant eine Klippe herunterhängt und sich dabei mit seinem Schwanz an einem Gänseblümchen festhält.« Ganz Unrecht hat er nicht.

Gegen die offizielle Darstellung der Warren-Kommission könnte auch ein Tondokument des Attentats sprechen, das im Dallas Police Department aufgefunden wurde. Dort hatte man zur Tatzeit zufällig den Funkspruch eines Motorradpolizisten aufgezeichnet, der in der Kolonne des Präsidenten mitfuhr. In einer neueren Ausgabe von *Science & Justice*, der Fachzeitschrift der Britischen Forensischen Gesellschaft, kam der US-Wissenschaftler Thomas nach einer mit modernster Technik durchgeführten Unter-

»Oswald hat den Präsidenten ermordet«: Earl Warren, Vorsitzender der Warren-Kommission

suchung dieses Tondokuments zum Schluss, dass es nicht nur drei, sondern vier Schüsse gegeben habe. Einer von ihnen, der ominöse »dritte Schuss« – in einer Studie des US-Justizministeriums in den Siebzigerjahren bis dahin als »Tonstörung« identifiziert – sei jedoch nicht aus dem Texas-Schulbuchlagerhaus abgefeuert worden, sondern aus der Richtung jenes grasbewachsenen kleinen

---

Als die Autokolonne durch die Innenstadt von Dallas auf der Elm Street ungefähr 50 Meter westlich der Kreuzung mit der Houston Street fuhr, fielen drei Schüsse. Zwei Kugeln trafen Präsident Kennedy, und eine verwundete Gouverneur Connally. Der Präsident, der im Auto vorwärts fiel, wurde eilig zum Parkland Memorial Hospital gebracht, wo er gegen 13 Uhr für tot erklärt wurde.

ERSTER FBI-BERICHT ZUM ATTENTAT

Hügels an der Elm Street, der Eingeweihten als »grassy knoll« bekannt ist und der zur Tatzeit rechterhand vor dem Wagen des Präsidenten lag. Dies deckt sich mit Aussagen von Zeitzeugen des Attentats, die Schüsse aus dieser Richtung gehört haben wollen. Im Übrigen würde eine Kugel, die Kennedy von vorne anstatt von hinten (das heißt aus dem Schulbuchlagerhaus) traf, auch plausibler machen, warum dieser durch den Kopfschuss nicht nach vorne, sondern nach hinten geschleudert wurde, wie es auf dem Film Zapruders deutlich zu erkennen ist. Gab es also doch mehr als einen Schützen, und entkam der wahre Mörder Kennedys unerkannt?

Einer, der die Zweifel an der Alleintäterschaft Oswalds besonders anheizte, war sein Mörder Jack Ruby. Als der Barbesitzer und Kennedy-Fan, dem beste Verbindungen zur Mafia nachgesagt wurden, von der Warren-Kommission vernommen wurde, beschwor er deren Vorsitzenden Earl Warren, ihn mit nach Washington zu nehmen, um dort die »Wahrheit« sagen zu können. In Dallas sei sein Leben in Gefahr. Im Mordprozess, der im März 1964 gegen ihn begann, erging er sich dann in düsteren Andeutungen: Wer die

---

Ich bin mir sicher, dass es eine Verschwörung von Leuten aus oberen Regierungskreisen war, die Vizepräsident Johnson nahe standen. Sie wollten Johnson als Präsidenten.

DAVID LIFTON, OSWALD-BIOGRAF

Wahrheit erfahren wolle, müsse diese in höchsten Regierungskreisen suchen, orakelte er vor den Geschworenen. Deren Urteil lautete: schuldig im Sinne der Anklage. Doch bevor das Urteil, Tod auf dem elektrischen Stuhl, vollstreckt werden konnte, starb Ruby im Januar 1967 an Krebs. Man habe ihm

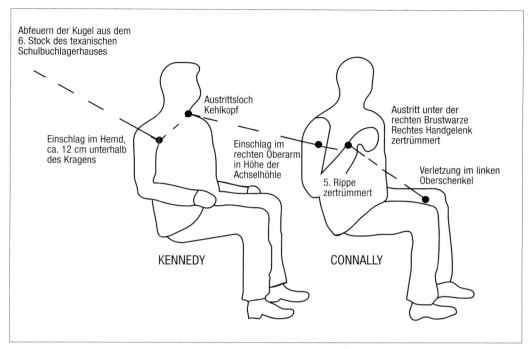

Skizze der mysteriösen Geschossbahn, wie sie von der Warren-Kommission rekonstruiert wurde

Krebszellen injiziert, behauptete er im Gefängnis. Damit hatte der zweite Hauptakteur im Mordfall Kennedy einen vorzeitigen Tod gefunden.

Es sind nicht nur die dunklen Anschuldigungen Rubys und die Schwierigkeit, die Film- und Tondokumente des Attentats mit der offiziellen Version in Einklang zu bringen, welche den Argwohn der amerikanischen Öffentlichkeit bis heute nähren. Ebenso schwer wiegt eine Unzahl von schier unglaublichen Schlampereien, Vertuschungen und Merkwürdigkeiten, die ans Tageslicht kamen, als die Untersuchungen im Fall Kennedy neu aufgerollt wurden. Wie etwa ist es zu erklären, dass die erste, fast zehnstündige Vernehmung Oswalds nicht protokolliert wurde? Immerhin handelte es sich um die Aussage eines Mannes, der angeblich gerade den Präsidenten der Vereinigten Staaten ermordet hatte. Was hat es mit dem berühmten Foto auf sich, das Oswald mit Waffe und kommunistischer Zeitung zeigt und bei dem es sich nachweislich um eine retuschierte Fälschung handelt, wie etwa an den Schatten zu erkennen ist, die in widersprechende Richtungen fallen? Wie ist es zu erklären, dass erste Fotos des aufgefundenen Attentatsgewehrs nicht das Mannlicher-Carcano-Modell zeigen, das Oswald gehörte, sondern ein deutsches Präzisionsgewehr der Marke Mauser, das später spurlos verschwand? Warum hielten FBI und CIA der Warren-Kommission wichtige Beweismittel vor, die der Untersuchung eine völlig andere Richtung hätten geben können? Und wer ließ später das dem toten Kennedy entnommene Gehirn beseitigen, das einen Aufschluss erlaubt

»Die Wahrheit sagen«: Jack Ruby während des gegen ihn angestrengten Prozesses, 1964

hätte, aus welcher Richtung der tödliche Kopfschuss abgefeuert wurde? Fragen über Fragen, Zweifel über Zweifel, die einen Abgeordneten-Untersuchungsausschuss im Jahr 1979 zu einem ganz anderen Schluss als die Warren-Kommission führten: »Der Ausschuss glaubt auf Basis der ihm zur Verfügung stehenden Beweise, dass Präsident John F. Kennedy wahrscheinlich als Ergebnis einer Verschwörung ermordet wurde. Der Ausschuss ist nicht in der Lage, den anderen Schützen oder das Ausmaß der Verschwörung zu identifizieren.«

Ergebnisse wie dieses haben eine Flut von Verschwörungstheorien hervorgerufen. Wer, so forschte man, könnte ein Interesse gehabt haben, Kennedy zu töten? Und wer, so dachte man weiter, hatte die Macht, die Aufklärung des Attentats so wirksam zu verhindern? Für manche kommen hierfür nur höchste Regierungskreise um Kennedys Nachfolger Johnson infrage. Nach der Kuba-Krise, welche die Welt an den Rand eines Atomkriegs führte, habe Kennedy eine Entspannung im Kalten Krieg eingeleitet. Insbesondere habe er einen Abzug der amerikanischen Militärberater aus Vietnam geplant – ein Schock für politische Hardliner und die Rüstungsindustrie, die eine weitere Ausbreitung des Kommunismus und, schlimmer noch, finanzielle Einbußen fürchteten. Diese Kreise hätten sich verschworen, um den politisch genehmeren Vizepräsidenten Johnson an die Macht zu bringen. Mit Erfolg: Gleich nach Kennedys Tod habe Johnson den geplanten Rückzug der Militärberater aus Vietnam gestoppt und sein Land immer tiefer in diesen blutigen Konflikt geführt. Andere Verschwörungstheoretiker sehen ein Amalgam aus CIA und Exilkubanern am Werk, die Kennedys Befehl, weitere Aktionen und Pläne zum Sturz oder zur Ermordung Castros einzustellen, mit blutiger Vergeltung beantwortet hätten. Wieder andere vermuten weiße Rechtsextremisten als die Hintermänner der Tat: Durch seine Schritte zur Gleichberechtigung der Schwarzen habe Kennedy diese gewaltbereite Fraktion, die über beste Verbindungen verfügte, gegen sich aufgebracht. Theorien über Theorien, denen lediglich eines gemeinsam ist: Es fehlen die wirklich stichhaltigen Fakten, um sie zu beweisen.

Sicher ist nur, dass vieles im Umfeld der Ermittlungen im Mordfall Kennedy dubios verlaufen ist. Selbst wenn man nicht an eine bewusst vertuschte Verschwörung glaubt, so ist doch offensichtlich, dass die Verantwortlichen die These vom »wirren Einzeltäter« Oswald so sehr schätzten, dass sie widersprechende Indizien ausblendeten und Spuren, die zu einem anderen Ergebnis hätten führen können, gar nicht erst weiter verfolgten. Aber sind es wirklich diese zweifelhaften Umstände, welche die amerikanische Nation noch heute erregen? Die Genese des »Falls Kennedy« spiegelt, so hat es den Anschein, auch die Geschichte eines Volkes, das nach Erklärungen sucht. Im Rückblick scheint

Wenn einer den Präsidenten der USA erschießen wollte – schwer ist das nicht ... und niemand kann etwas dagegen machen.

John F. Kennedy zu seinem Berater
Kenneth O'Donnel

Präsident Kennedy all das zu verkörpern, was hätte besser laufen müssen im erschütterten Amerika der Sechzigerjahre. Auf den Tod des JFK folgten die Eskalation des Vietnamkriegs, die Rassenunruhen und der Mord an Martin Luther King. Mit Kennedy als Präsident, das glauben nicht wenige Amerikaner, wäre all dies nicht geschehen. Hatte Kennedy nicht die Militärberater aus Vietnam zurückziehen wollen, ohne deren Präsenz der Konflikt nie zum nationalen Trauma hätte geraten können? War er nicht derjenige gewesen, der den unberechenbaren Sowjetchef Nikita Chruschtschow während der Kuba-Krise in seine Schranken gewiesen hatte? War er nicht die Hoffnung des schwarzen Amerika gewesen, indem er ein Ende der jahrzehntelangen Rassendiskriminierung versprochen hatte?

Ein idealisiertes Bild, das mehr über die uneingelösten Hoffnungen der Kennedy-Anhänger als über die historische Wahrheit aussagt. Nicht wenige Historiker heute halten Kennedy für den vielleicht am meisten überschätzten Präsidenten der USA. Kennedy war für sie nur der erfolgreichste Spross einer Dynastie gut aussehender, intelligenter und ehrgeiziger Politiker, die mit dem des Geld ihres Vaters Joseph nach der Macht strebten. Der Absolvent der Eliteschmiede Harvard, der im Südpazifik zum Kriegshelden wurde und politische Bestseller schrieb, hätte mit seinem Charisma auch in Hollywood Karriere machen können – mit der charmanten Gattin Jacqueline an seiner Seite. Jack und Jackie – sie schienen ein Präsidentenpaar wie aus dem Bilderbuch. Was sich wirklich hinter der glamourösen Fassade abspielte, blieb den Augen der Öffentlichkeit verborgen. Kennedy war ein notorischer Schürzenjäger, über

dessen zahllose Affären die respektvolle Presse jener Zeit noch eisernes Schweigen bewahrte. Ebenso verheimlicht wurde sein desolater Gesundheitszustand. Ein angeborener Rückenschaden hätte ihm eine zweite Legislaturperiode wahrscheinlich nur im Rollstuhl ermöglicht. Sein strahlendes Aussehen verdankte der eigentlich schmächtige Präsident jahrelangen Cortison-Dosen gegen die Addisonsche Krankheit. Sie ließen sein Gesicht voller und damit jungenhafter aussehen.

Doch so merkwürdig es ist: All diese späteren Enthüllungen über seine Person haben die kollektive Liebe der Amerikaner für den wohl amerikanischsten aller Präsidenten kaum gemindert. Für sie ist und bleibt John F. Kennedy der Präsident, der im Volk den Glauben an Amerika neu belebt hat. Sein früher gewaltsamer Tod hat ihn endgültig zum Mythos werden lassen, der aller Entzauberung trotzt.

»Später spurlos verschwunden«: Dieses »Mauser«-Gewehr mit Teleskopaufsatz wurde der Öffentlichkeit zunächst als Tatwaffe präsentiert

Was hat die bekannte amerikanische Fernsehserie »Dr. Kimble auf der Flucht« mit Joseph Goebbels zu tun? Auf den ersten Blick nichts. Doch auf den zweiten eine ganze Menge. Denn der Arzt Sam Sheppard, das Vorbild für den Serienhelden, heiratete 1964 die Stiefschwester von Magda Goebbels. Sie unterstützte den als Mörder Verurteilten beim Versuch der Rehabilitierung.

1964 Mit Dr. Kimble auf der Flucht

Millionen Zuschauer fieberten vor ihren Schwarz-Weiß-Geräten mit »Dr. Kimble auf der Flucht«: »The Fugitive« – so der Originaltitel – war in den Sechzigerjahren des 20. Jahrhunderts das erfolgreichste Fernsehdrama in den USA. Auch in Deutschland zog es Millionen Fernsehzuschauer in seinen Bann. David Janssen spielte einen Kinderarzt, der wegen Mordes an seiner Frau zum Tode verurteilt wird. Doch Dr. Kimble ist unschuldig. Auf dem Weg ins Gefängnis kann er fliehen und begibt sich auf die Suche nach dem wahren Mörder seiner Frau – einem Einarmigen. 1993, fast 30 Jahre nach seinem sensationellen Fernsehdebüt, nahm sich Hollywood erneut des »Dr. Kimble« an: Im Kinothriller »Auf der Flucht« spielte Harrison Ford die Rolle des von der Polizei gehetzten mutmaßlichen Mörders und fesselte die Kinobesucher wie einst David Janssen in der legendären Fernsehserie.

»Glücklich vereint«: Sam Sheppard mit seiner Frau Ariane und seinem Sohn Sam Reese, August 1964

»Dr. Kimble auf der Flucht«: Die Fernsehserie mit David Janssen in der Hauptrolle war in den Sechzigerjahren ein Straßenfeger

Soweit die Filmgeschichte. Doch der wahre Fall sah etwas anders aus: Der »echte Dr. Kimble« hieß Dr. Sam Sheppard, war kein Kinderarzt, sondern Neurochirurg, und befand sich nicht auf der Flucht. Auch der Einarmige war eine Erfindung der Filmindustrie. Im wahren Leben wurde Sam Sheppard zu lebenslänglicher Haft wegen Mordes an seiner Frau Marilyn verurteilt. Zehn Jahre lang saß er unschuldig hinter Gittern. Erst die Liebe einer Frau verhalf Sam Sheppard zur

> **Dass ausgerechnet in den USA jemand verurteilt wurde, ohne wirklich Beweise gegen ihn zu haben, hat mich sehr mitgenommen.**
>
> ARIANE SHEPPARD

Freiheit: Eine attraktive junge Deutsche, Ariane Tebbenjohanns, verliebte sich in den gut aussehenden Arzt und investierte ein Vermögen, um neue Beweise für ein Revisionsverfahren zu sammeln – eine »Lovestory«, die in Hollywood erfunden sein könnte. Doch die Geschichte schreibt oft bessere Dramen: Ariane Tebbenjohanns, geborene Ritschel, war nicht irgendeine Deutsche, sondern die Stiefschwester von Magda Goebbels – und damit Schwägerin von Hitlers Propagandaminister. Für die Presse in den USA war dies ein gefundenes Fressen: »Schwägerin von Joseph Goebbels holt ›Dr. Kimble‹ aus dem Gefängnis«, titelten die Blätter – die Sensation war perfekt. Doch anders als in Hollywood gab es für Sam Sheppard, den »echten Dr. Kimble«, und Ariane, die Stiefschwester Magda Goebbels' kein »Happy End«: Der wahre Mörder wurde nie verurteilt, Sam Sheppard starb, ohne wirklich rehabilitiert zu werden.

Ariane, die Sheppards Frau geworden war, verlor mit seinem Tod nicht nur ihre Liebe, sondern auch ihre Illusionen – wie damals, im April 1945: Ariane war mit ihrer Stiefschwester in Hitlers Bunker unter der Berliner Reichskanzlei gezogen, als die Rote Armee immer näher rückte. Die damals 16-Jährige war bereit, wie Magda Goebbels mit Hitler in den Tod zu gehen. Die große Schwester war stets ihr Vorbild gewesen: »Sie war die erste Dame des Reiches«, erinnert sich Ariane Sheppard an Magda Goebbels. »Sie hat alles mitgetragen, was Hitler von ihr verlangt hatte.« Bis zum bitteren Ende: Am 1. Mai 1945 vergiftete Magda Goebbels ihre sechs minderjährigen Kinder, bevor sie sich mit ihrem Mann Joseph Goebbels das Leben nahm. Ariane überlebte – Magda Goebbels hatte sie überredet, den Bunker zu verlassen und die Flucht in Richtung Westen zu wagen. Als bei Kriegsende die Verbrechen des Regimes offenbar wurden, folgte für Ariane der totale Zusammenbruch: »Als wir erfuhren, dass Hitler uns missbraucht und betrogen hatte, habe ich meinen Glauben an Gerechtigkeit in Deutschland verloren. Ich habe damals gedacht, dass Amerika das einzige Land ist, in dem echte Demokratie und Wahrheit herrschen. Das war für mich ein Rest Hoffnung.«

Diese Hoffnung sollte Ende der Fünfzigerjahre schwer enttäuscht werden: Im Wartezimmer einer Zahnarztpraxis las Ariane in einer deutschen Illustrierten über den spektakulärsten Mordprozess der USA: Sam Sheppard gegen den Staat Ohio. Das Blatt machte Stimmung für den verurteilten jungen Arzt: Bei der Beweisaufnahme sei geschlampt worden; die amerikanische Presse habe Sam Sheppard vorverurteilt, die Geschworenen seien parteiisch gewesen. Ariane war entsetzt: »Das hat mich sehr mitgenommen, dass ausgerechnet in den USA jemand verurteilt wurde, ohne wirklich Beweise gegen ihn zu haben.« Der Fall Sam Sheppard

heißer Tag zu Ende. Im Haus der jungen Arztfamilie Sheppard kehrte Ruhe ein. Marilyn Sheppard begann sich für die Nacht vorzubereiten; die junge Mutter sah noch einmal

> Meine Eltern waren ein attraktives, erfolgreiches Paar, zu erfolgreich für eine Kleinstadt wie Bay Village. Als die Presse meinem Vater eine Affäre nachwies, geriet alles außer Kontrolle. Es war wie Lynchjustiz.
>
> SAM REESE SHEPPARD, SOHN VON SAM UND MARILYN SHEPPARD

nach ihrem siebenjährigen Sohn Sam Reese, der bereits im Kinderzimmer schlief. Während sie sich in das Schlafzimmer im ersten Stock zurückzog, blieb ihr Mann Sam noch vor dem Fernseher im Erdgeschoss sitzen. Nach einem anstrengenden Tag im Krankenhaus wollte sich der Chirurg bei einem Spielfilm entspannen – doch schon bald fielen ihm die Augen zu. Als Sam Sheppard wenige Stunden später erwachte, war nichts mehr, wie es einmal war. Er glaubte seine Frau zu hören, die seinen Namen rief, und rannte die Treppe nach oben. Plötzlich sah er »eine Gestalt in heller Kleidung, die mit jemandem rang«, gab er später der Polizei zu Protokoll. Er hörte Schnauben und Stöhnen, dann traf ihn ein Schlag auf den Kopf. Als er wieder zu Bewusstsein kam, lag er im Flur; seine Frau lag blutüberströmt auf ihrem Bett. Der junge Arzt tastete verzweifelt nach ihrem Puls, doch Marilyn Sheppard war tot. Als er aus dem Erdgeschoss des Hauses ein Geräusch hörte, stürzte er die Treppe hinunter und sah, wie »eine Gestalt sich in Richtung See fortbewegte: männlich, weiß, mittelalt, mit buschigen Haaren und weißem Hemd.« Er verfolgte »die Gestalt« bis zum Strand, erwischte sie

»Attraktives Paar«: Sam Sheppard und seine erste Frau Marilyn beim Wasserskifahren

ließ sie fortan nicht mehr los. Nach ihrer Scheidung von einem Erben der Stahlindustrie langweilte sich die damals 30-Jährige in Düsseldorf. Sie begann mit Sheppard zu korrespondieren; schon bald trug er eine Locke ihres Haares im Gefängnis bei sich. Ariane glaubte fest an Sheppards Unschuld: »Wenn ich auch nur den geringsten Zweifel daran gehabt hätte, dass er unschuldig ist, dann hätte mich auch nicht gestört, dass er im Gefängnis sitzt. Dann hätte er die Strafe ja verdient gehabt«, erinnert sich die heute 73-Jährige an ihre Liebe zu dem mutmaßlichen Mörder.

In der Nacht zum 4. Juli 1954 hatte die Tragödie ihren Anfang genommen: In Bay Village, einem kleinen Vorort von Ohio, ging ein

283

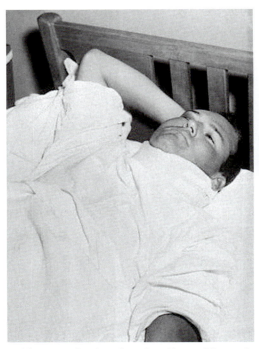

»Nichts war mehr wie vorher«: Sam Sheppard liegt nach dem Mord an seiner Frau verletzt im Krankenhaus

»Sie war entsetzlich zugerichtet«: Marylin Sheppard, das Mordopfer vom 4. Juli 1954

von hinten und kämpfte mit ihr. Dann spürte er, wie er »erdrosselt oder gewürgt« wurde und verlor erneut das Bewusstsein. Als er wieder erwachte und ins Haus zurück stolperte, glaubte er sich in einen Albtraum versetzt: »Erst dachte ich, ich sei desorientiert, und bin hin und her gelaufen. Bis ich begriff, das dies die Realität war«, beschrieb Sam Sheppard später immer wieder den schrecklichsten Moment seines Lebens.

Als wenig später die Polizei eintraf, bot sich ihr ein Bild des Grauens: Marilyn Sheppard war tot – brutal ermordet. 35 Schläge hatten ihren Schädel zertrümmert, sie war an ihrem eigenen Blut erstickt. Fred Drenkhan, erster Polizeioffizier am Tatort und Freund der Familie, erinnert sich: »Die Wände des Schlafzimmers waren blutbespritzt; Marilyn

Marilyn war so brutal zugerichtet worden – man konnte sie nicht einmal mehr identifizieren.

<small>Fred Drenkhan, erster Polizeibeamter am Tatort</small>

war erschlagen worden und entsetzlich zugerichtet. Es war wirklich ein grausiger Fund – wenn du jemanden kennst, aber ihn nicht einmal mehr identifizieren kannst.« Für die Staatsanwaltschaft war von Anfang an der Ehemann der Hauptverdächtige. Seiner Version, ein Einbrecher mit »buschigem Haar« habe ihn überwältigt und seine Frau umgebracht, schenkte niemand Glauben. Als Sheppards Affäre mit der Krankenschwester Susan Hayes bekannt wurde, titelten die Zeitungen: »Schnappt den Mörder!« Die Öffentlichkeit hatte über Sam Sheppard ihr Urteil gefällt, bevor das Gericht zusammen

Get that killer!

SCHLAGZEILE DER *Cleveland Press*, 1954

trat. Am 21. Dezember 1954, drei Tage vor Weihnachten, kamen schließlich auch die zwölf Geschworenen zu einem Schluss. 100 Stunden hatten die Beratungen angedauert, dabei stand das Urteil von Anfang an fest: schuldig – trotz mangelnder Beweise. Für Sam Sheppard bedeutete das: lebenslänglich.

Seinen Sohn, Sam Reese, traf das Urteil am härtesten. Er hatte nicht nur seine Mutter verloren, sondern nun auch seinen Vater: »An Weihnachten waren wir zerschmettert«, erzählt der heute 55-Jährige. « Ich kann mich noch an die Stille im Haus meiner Großeltern erinnern. Es war einfach furchtbar.« Die Familie Sheppards zerbrach – zwei Wochen nach der Urteilsverkündung nahm sich Sam Sheppards Mutter das Leben. In einem Abschiedsbrief hinterließ sie eine Nachricht an ihren Sohn: »Ich kann nicht mehr weitermachen. Danke für alles!« Nur elf Tage später starb auch Sheppards Vater – an Magenkrebs.

»Lebenslänglich hinter Gitter«: Trotz Mangels an Beweisen wurde Sam Sheppard im Dezember 1954 schuldig gesprochen

Die Aufregungen der letzten Monate hatten den Verlauf seiner Krankheit drastisch beschleunigt.

Für den jungen Arzt Sam Sheppard, dem einst eine steile Karriere vorausgesagt worden war, schien das Leben im Gefängnis beendet. Tag für Tag quälte ihn der Gedanke, dass der wahre Mörder seiner Frau noch immer frei herumlief, während er in seiner Zelle des Staatsgefängnisses von Ohio eine Tat verbüßte, die er nicht begangen hatte. Als ihm sein Bruder Briefe einer Deutschen brachte, die an seine Unschuld zu glauben schien, klammerte er sich daran wie ein Ertrinkender an einen Strohhalm. Drei Jahre lang korrespondierten die beiden – dann kündigte die deutsche Brieffreundin einen Besuch im Gefängnis an. Ariane Sheppard erinnert sich an ihr erstes Treffen: »Ich kam in den Besuchersaal hinein, und da saß ein Mann ganz in Weiß an einem kleinen Tischchen. Ich dachte mir, ja das muss er wohl sein. Er strahlte, als ich auf ihn zukam, und dann sagte er zu mir: »Hallo! Wie wäre es mit einem Kuss?« Für Sam war es Liebe auf den ersten Blick. Doch auch auf Ariane hatte die Begegnung großen Eindruck gemacht: »Ich war bewegt, sehr bewegt. Ich konnte meine Gefühle gar nicht erklären. Ich war ja noch nie im Gefängnis gewesen – es war so kalt und so widerlich dort. Und dieser selbstbewusste Mann, der saß da, als ob er dort nicht hingehören würde. Ich weiß noch, dass ich danach zurückgegangen bin ins Hotel. Ich habe in der Halle gesessen und geheult.«

Ariane, die bis dahin ein durchaus luxuriöses Leben genossen hatte, in teuren Hotels an der französischen Riviera abgestiegen war und mit ihrem extravaganten Lebensstil die heimische Boulevard-Presse beschäftigt hatte, investierte ihr Vermögen von

> **Ich war überzeugt davon, dass er unschuldig war.**
>
> ARIANE SHEPPARD

nun an in Anwälte und Privatdetektive, um Sams Unschuld zu beweisen. War das öffentliche Interesse an Sheppard mit den Jahren erlahmt, begann sich die Presse mit dem Erscheinen Arianes in den USA wieder mit dem Mordfall zu beschäftigen: Die mondäne Blondine, reiche Erbin und Schwägerin von Joseph Goebbels, verursachte einen wahren Medienrummel: »Die Presse reagierte wegen meiner Vergangenheit zunächst sehr feindselig«, erinnert sich Ariane. »Sie schrieben, dass ich die neue Symbolfigur der Nazis wäre. Aber zum Glück hörte das sehr bald auf.« Ariane wusste die Aufmerksamkeit der Journalisten geschickt für ihre Sache zu nutzen: »Sie erzählte jedem, dass Vater unschuldig sei«, erinnert sich Sheppards Sohn, Sam Reese. »Mein Vater hatte alle Hoffnung aufgegeben. Das Vertrauen Arianes rettete ihm das Leben, sie gab ihm wieder Hoffnung und half ihm, für seine Freiheit zu kämpfen.«

F. Lee Bailey, ein junger und ehrgeiziger Rechtsanwalt, interessierte sich für den Fall.

> **Die Staatsanwaltschaft hat jede Menge Fehler gemacht. Jeder dieser Fehler war für sich selbst ausreichend, um festzustellen, dass Sam Sheppard keine faire Verhandlung erhalten hatte. Und wenn man alle Fehler zusammen betrachtete, konnte man das Urteil nur noch als Spott der Justiz bezeichnen.**
>
> F. LEE BAILEY, VERTEIDIGER VON SAM SHEPPARD

Er warf dem Gericht vor, die Verhandlung gegen Sam Sheppard sei ein »Medienzirkus« gewesen; Beweise, die für den Angeklagten gesprochen hätten, seien nicht aufgenommen worden, die Staatsanwaltschaft habe grobe Fehler gemacht. »Jeder dieser Fehler«, sagte F. Lee Bailey später, »war für sich selbst ausreichend, um festzustellen, dass Sam Sheppard keine faire Verhandlung erhalten hatte. Und wenn man alle Fehler zusammen betrachtete, konnte man das Urteil nur noch als Verhöhnung der Justiz bezeichnen.« Gemeinsam mit Ariane sammelte er Anhaltspunkte und Beweise, um ein neues Verfahren anzustrengen. Im Juli 1964, genau zehn Jahre nach dem Mord an Marilyn Sheppard, gelang schließlich, wovon Ariane immer geträumt hatte: Das zweite Gericht sprach Sam Sheppard frei.

> **Ich habe nichts gegen Verfilmungen, aber ich will nichts damit zu tun haben.**
>
> SAM REESE SHEPPARD ÜBER »DR. KIMBLE AUF DER FLUCHT«

Mittlerweile war die Fernsehserie »Dr. Kimble« schon in aller Munde. Die Nachricht von Sheppards Freilassung versetzte die Öffentlichkeit in Aufruhr. Dutzende von Journalisten und Schaulustigen drängten sich nach der Verhandlung vor dem Gerichtsgebäude, um einen Blick auf den wahren »Dr. Kimble« und seine Geliebte zu erhaschen. In einem Motel verbrachten Ariane und Sam ihre erste Nacht in Freiheit. Als die beiden am nächsten Tag ihr Hotelzimmer verließen, folgte ihnen ein Tross von Reportern. Es war durchgesickert, dass die beiden heiraten wollten – durch die Straßen von Chicago fand eine filmreife Verfolgungsjagd statt. Sie endete am

»Öffentlichkeit im Aufruhr«: Dutzende Reporter belagern Sam und Ariane an ihrem Hochzeitstag

Hilton-Hotel – hier wurden Ariane und Sam getraut. Lee Bailey und seine Frau waren Trauzeugen, während ein befreundeter Journalist die »Story« telefonisch an seine Redaktion durchgab.

Doch das Happy End währte nicht lange. Sam Sheppard war freigesprochen worden – doch nur »aus Mangel an Beweisen«. Noch immer litt er unter dem Vorwurf, der mutmaßliche Mörder seiner Frau Marilyn zu sein. »Er war nie mehr ganz frei«, erinnert sich Ariane Sheppard, »ein Teil von ihm war mit Marilyn gestorben. Er war verbittert – das spürte man.« Im Gefängnis war Sam Sheppard mit Drogen in Berührung gekommen. Auch in Freiheit versuchte er immer wieder seine quälenden Erinnerungen an die Nacht vom 4. Juli 1954 mit Alkohol und Beruhigungsmitteln zu verdrängen. Nach dem Tod eines Patienten erhielt der einst erfolgreiche Neurochirurg schließlich Berufsver-

> Der Staat Ohio hat das Leben eines unschuldigen Mannes zerstört.
>
> SAM REESE SHEPPARD, SOHN VON SAM SHEPPARD

bot. »Das hat ihm wirklich das Herz gebrochen. Das war der Anfang vom Ende«, ist sein Sohn Sam Reese heute überzeugt. Schließlich versuchte sich der ehemalige Arzt als Profiringer – und nannte sich »Killer Sam«. »Das war eine Verzweiflungstat, ein schlechter Scherz«, sagt Sohn Sam Reese. »Er hatte den Respekt vor sich selbst und vor der Gesellschaft verloren.« Auch die Ehe mit Ariane litt: Im Alkohol- und Drogenrausch

»Killer-Sam«: Die Karriere als Profiringer (rechts) war ein letzter verzweifelter Versuch, wieder auf die Beine zu kommen

kam es immer wieder zu Prügeleien; 1968 reichte Ariane die Scheidung ein. »Ich sagte zu ihm: ›Hör mit den Drogen auf! Ich komme sofort zu dir zurück. Aber nicht, wenn du Drogen nimmst – die sind stärker als ich, stärker als meine Liebe, da komme ich nicht gegen an.‹ Er wollte ja auch aufhören, aber dann haben die Drogen doch gewonnen.«

Am 7. April 1970 fand man Sam Sheppard tot auf: Leberversagen – mit 46 Jahren. Doch Ariane und sein Sohn sind überzeugt: »Mit medizinischen Gründen allein kann man Sams Tod nicht erklären. Er starb an einer Seele, die keinen Trost fand.«

Fast 50 Jahre nach dem Mord an Marilyn Sheppard, im Januar 2000, wurde der Fall erneut vor Gericht verhandelt. Auch Sam Reese Sheppard, Sohn des »echten Dr. Kimble«, ließen die Erinnerungen an den 4. Juli 1954 keine Ruhe: »Es geht mir nicht so sehr darum, den Namen meines Vaters reinzuwaschen«, erklärte er vor der Presse, »er hat sowieso nichts mehr davon. Ich will nur endlich wissen, wer meine Mutter ermordet hat.« Sam Reese Sheppard ließ den Fall noch einmal untersuchen – mit modernsten Methoden. Bei der erneuten Beweisaufnahme waren Blutspuren aufgetaucht, die nicht von seiner Mutter stammen konnten. Sam Reese Sheppard ließ die Leichen seiner Eltern exhumieren – die genetische Untersuchung bewies endgültig: Sam Sheppard senior war nicht der Mörder seiner Frau.

Damit rückte ein ehemaliger Fensterputzer der Sheppards in Verdacht. Richard Eberling war bereits 1959 aufgefallen, als in seinem Besitz ein Ring der ermordeten Marilyn Sheppard gefunden worden war. Sein Blut konnte außerdem an verschiedenen Stellen im Haus der Sheppards nachgewiesen werden. Eberling hatte damals zu seiner Verteidigung ausgesagt, er habe sich einen Tag vor dem Mord beim Fensterputzen in den Finger geschnitten – der Verdacht gegen Eberling wurde damals schließlich fallen gelassen.

Dabei hätte sich ein genauer Blick auf Richard Eberlings Vergangenheit durchaus gelohnt: Der Fensterputzer war bereits vor 1950 der Polizei als Dieb bekannt. 1959 starb seine Freundin Barbara Ann Kinzel bei einem mysteriösen Autounfall – Eberling war der Fahrer und überlebte. Barbara war Krankenschwester am Bay View Hospital gewesen – dem Krankenhaus, an dem auch Sam Sheppard als Neurochirurg gearbeitet hatte.

Später nannte sich der ehemalige Fensterputzer Eberling »Mäzen der Künste«, lebte auf großem Fuß und empfing bekannte Persönlichkeiten in seinem Haus – woher der plötzliche Geldsegen stammte, schien niemanden zu interessieren. 1987 wurde Richard Eberling von der Polizei verhaftet: Er wurde verdächtigt, eine Witwe umgebracht zu haben, um ihr millionenschweres Vermögen zu erben. Auch die beiden Schwestern der Witwe, die auf rätselhafte Weise ums Leben gekommen waren, waren wahrscheinlich Opfer von Eberlings Mord- und Geldgier geworden. 1989 wurde er wegen Mordes zu lebenslanger Haft verurteilt – und geriet in Vergessenheit.

Erst bei der Suche nach neuen Beweisen im Mordfall Sheppard stieß Sam Reese wieder auf den ehemaligen Fensterputzer Eberling. Mehrfach besuchte er den überführten Mörder im Gefängnis, korrespondierte mit

Der 4. Juli 1954 ist noch immer der schlimmste Tag meines Lebens.

SAM REESE SHEPPARD, SOHN VON SAM SHEPPARD

ihm über Jahre hinweg. Immer hoffte Sam Reese Sheppard, von ihm neue Anhaltspunkte über die Nacht zum 4. Juli 1954 zu erhalten – jene Nacht, in der er friedlich im Kinderzimmer geschlafen hatte. Doch was Richard Eberling zu berichten hatte, wurde immer verworrener. Für Sam Reese war es schließlich offenkundig: Richard Eberling war der Mörder von Marilyn Sheppard. Eine Bestätigung dieser These schien sich schließlich aus dem Vaginalabstrich zu ergeben, den man von Marilyns Leiche genommen hatte. Marilyn Sheppard war vor ihrem Tod vergewaltigt worden – die DNA der Flüssigkeit in ihrer Scheide stimmte mit der Eberlings überein. Doch Eberling bestritt alle Vorwürfe. Am 25. Juli 1998 starb Richard Eberling im Alter von 68 Jahren im Gefängnis – ohne Geständnis. Sein Tod beendete jede Chance, das Rätsel um den Mord an Marilyn Sheppard endgültig aufzuklären.

Das schreckliche Geschehen in der Nacht zum 4. Juli 1954 im Hause der Sheppards in Bay Village, Ohio, beschäftigt die Betroffenen noch heute. Auch Ariane Sheppard, die sich in den »echten Dr. Kimble« verliebte und für seine Freiheit kämpfte, lässt der Mordfall nicht los: »Er hat einen Teil meines Lebens ausgemacht«, sagt die heute 73-Jährige. »Fast 30 Jahre habe ich mich damit befasst – das trägt man mit sich, das kann man nicht vergessen. Ich habe mein Bestes gegeben und habe so manchen davon überzeugt, dass Sam kein Killer war. Und es hat sich trotz allem, was geschehen ist, gelohnt – für die wenigen Glücksmomente, die er gehabt hat, als er aus dem Gefängnis entlassen wurde. Und dass er wusste, dass ich ihm zur Seite stand. Das hat ihn sehr glücklich gemacht.«

Er wurde zur Ikone einer ganzen Generation: Che Guevara, der legendäre Rebell mit dem melancholischen Blick. Noch heute ranken sich zahlreiche Mythen um den Tod des Revolutionsführers in Bolivien. Erst jetzt kommt ans Tageslicht: Es gab Verräter in den eigenen Reihen.

1967 Wer verriet Ché Guevara?

Abgemagert, zerlumpt und verletzt – das letzte Foto des noch lebenden Ché Guevara zeigt den Revolutionär als Jagdtrophäe: Die Hände vor dem Bauch mit Handschellen gefesselt, das Haar verfilzt, der Blick zum Boden gesenkt. Die Aufnahme entstand eine Stunde vor seiner Hinrichtung am 9. Oktober 1967 im bolivianischen Dorf La Higuera. Der Mann auf dem Foto links neben Ché ist der Exilkubaner und CIA-Mann Felix Rodriguez. Jahrelang hatten Geheimagenten und Journalisten vergebens nach Ernesto »Ché« Guevara gefahndet – und nun war Amerikas größter Staatsfeind doch noch in die Falle getappt. »Ich hätte nie lebend gefangen werden sollen«, bekannte der einstige Vertraute Fidel Castros im Angesicht des Todes. Doch nun es war zu spät, seine Exekution bereits seit Stunden beschlossene Sache. Der bolivianische Generalstab wollte den Guerilla-Führer, der schon zu Lebzeiten eine Legende war, möglichst schnell loswerden. Ein Prozess gegen den meistgefürchteten Revolutionär der westlichen Hemisphäre, so hieß es, würde zuviel internationales Aufsehen erregen. Deshalb sollte es so aussehen, als sei Ché Guevara

»Unsterblicher Revolutionär«: Das Grab von Ché Guevara in Santa Clara auf Kuba

Ich sagte Terán, er solle Ché nicht ins Gesicht schießen, sondern auf eine Stelle unterhalb des Halses zielen. Es musste der Eindruck entstehen, Che sei in der Schlacht verwundet worden.

FELIX RODRIGUEZ, LA HIGUERA, AM 9. OKTOBER 1967

im Kampf gefallen. Felix Rodriguez, der den Revolutionär während des Verhörs schätzen gelernt hatte, musste dem Gefangenen das Todesurteil mitteilen. Gern hätte er ihn vor der Hinrichtung bewahrt. »Kurz vor ein Uhr ging ich in das Zimmer. Er saß auf einer kleinen Bank. Er stand auf. Ich sagte: ›Kommandant, es tut mir Leid. Ich habe mein Bestes getan.‹ Sein Gesicht wurde weiß wie die Wand. ...Wir gaben uns die Hand und umarmten uns. ... Es war ein sehr bewegender Augenblick für mich. Ich empfand keinen

Hass mehr gegen ihn. Für ihn war die Stunde der Wahrheit gekommen, und er verhielt sich wie ein Mann. Er blickte dem Tod mit Mut und Anstand ins Gesicht.« Als Rodriguez den Raum verließ, stand Feldwebel Mario Terán, der sich freiwillig für die Exekution gemeldet hatte, schießbereit vor der Tür. Seinen Henker Terán soll Ché mit den Worten empfangen haben: »Ich weiß, dass du gekommen bist, mich zu töten. Schieß, du Feigling, du tötest nur einen Mann.« Terán, der offensichtlich angetrunken war, traf zunächst nur Chés Arme und Beine, erst der dritte Schuss war tödlich. Ché Guevara starb mit 39 Jahren. Seine Leiche wurde noch am selben Tag in die Stadt Vallegrande gebracht. Dort ließen ihn die Verantwortlichen öffentlich aufbahren, um der Welt zu beweisen, dass er wirklich tot war. Da lag er nun mit weit aufgerissenen Augen – den Blicken der Neugierigen freigegeben. Militärs, Journalisten und Einheimische schlichen um den Leichnam

> **Wie Jesus Christus sah er aus, und sein Blick verfolgte uns, ob wir auf der einen oder anderen Seite des Raumes standen. Sein Blick traf uns immer wieder. Er hatte langes lockiges Haar, wie Jesus auf den Heiligenbildchen sah er aus.**
>
> Susanna Osinaga, Krankenschwester

herum, der so merkwürdig lebendig wirkte. In Windeseile verbreitete sich das Gerücht, dass Ché große Ähnlichkeit mit Jesus habe. Tatsächlich war er schon kurz nach seiner Hinrichtung auf dem besten Weg, zum Märtyrer zu werden. Frauen schnitten sich Haarlocken des Toten ab, die sie später wie ein Heiligtum bewahrten, Offiziere und Soldaten stritten sich um Chés Pfeife, seine Rolex-Uhr, Waffen und Kleider. Weil Militärs und

CIA fürchteten, dass die Version vom Schlachtentod angezweifelt werden könnte, verscharrten sie die Leiche in einer Nacht-und-Nebel-Aktion an einem geheimen Ort. Es sollte 30 Jahre dauern, bis die sterblichen Überreste gefunden und nach Kuba überführt wurden. Seine letzte Ruhestätte fand Ernesto »Ché« Guevara im kubanischen Städtchen Santa Clara.

Fast scheint es, als hätten alle Personen, die mit Chés Tod zu tun hatten, Profit daraus geschlagen. Die kubanische Revolution hatte ihren Heiligen, die Militärs, die an der Gefangennahme beteiligt waren, machten politi-

> **Er erfüllte die sozialen Utopien und Träume mit Leben, er verkörperte, auf eine fast mystische Weise, den Geist seiner Epoche.**
>
> Jorge G. Castañeda, Biograf

sche Karriere oder schrieben Bücher über ihre Begegnung mit dem legendärsten Guerilla-Kämpfer aller Zeiten, der CIA-Mann Rodriguez avancierte zu einem der gefragtesten Agenten in den USA. Für den Argentinier Ciro Bustos, einen Mitstreiter Chés, der heute im schwedischen Uppsala wohnt, hat das Leben durch den Tod des Revolutionärs allerdings eine tragische Wende genommen. Er soll damals Ché Guevara an das bolivianische Militär verraten haben – ein Vorwurf, den er nie entkräften konnte. Bis ans andere Ende der Welt floh er, doch die Vergangenheit holt ihn immer wieder ein. Erst nach langen Gesprächen war er für *History* zu einem Interview bereit, doch die Erinnerung an den Mann, den er auf dem Gewissen haben soll, schmerzt. »Eines Tages im November hörte ich Nachrichten … Ich hörte die Stimme von Ché. Es war eine Stimme mit einer Botschaft

»Abgemagert, zerlumpt und verletzt«: Das letzte Foto des lebenden Ché Guevara, aufgenommen am 9. Oktober 1967. Links CIA-Agent Felix Rodriguez

»Große Ähnlichkeit mit Jesus«: Der aufgebahrte Leichnam Chés in Vallegrande

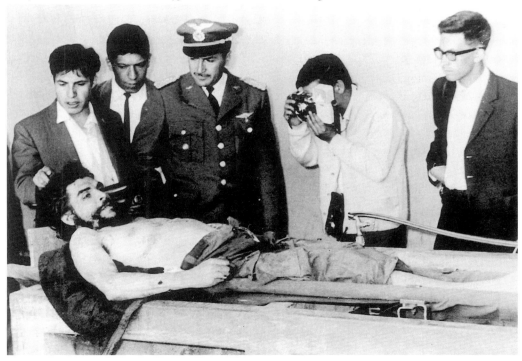

»Schon bald von der Schreibtischarbeit gelangweilt«: Ché Guevara 1964 als kubanischer Industrieminister bei der UN-Vollversammlung in New York

für mich. Es war eine Stimme, die ich nicht nur hörte; sie ging mir förmlich unter die Haut. Die kubanische Revolution und Ché brachten etwas völlig Neues mit sich. Ich ging also nach Kuba, um für die Revolution zu kämpfen.« 1963 lernte er Ché kennen, den Jean-Paul Sartre als den »vollkommensten Menschen unserer Zeit« bezeichnet hatte. Wie die meisten Zeitgenossen war auch der argentinische Maler Bustos von dem charismatischen Revolutionär zutiefst beeindruckt, der nach Fidel Castro der mächtigste Mann Kubas, Präsident der Nationalbank, Industrieminister und Kommandant der Revolutionsarmee war. Doch Ché bedeuteten staatliche Ehren nichts, die Schreibtischarbeit begann ihn schon bald nach dem Sieg in Havanna 1959 zu langweilen. Er war beseelt von dem Wunsch, »eine bessere, gerechte

Welt zu schaffen«. Dafür legte er sich auch mit den Sowjets an. Denen war der unbequeme Unruhestifter schon lange ein Dorn im Auge. Nach einem heftigen Streit mit Fidel Castro im Jahr 1965 gab Ché nicht nur alle Ämter auf, sondern auch seine kubanische Staatsbürgerschaft. Seitdem war er von der Bildfläche verschwunden, sein Aufenthaltsort unbekannt. Tatsächlich verbrachte er als Guerillero mit einigen Getreuen ein Jahr in geheimer Mission im Kongo, musste aber erkennen, dass sich sein Revolutionsmodell nicht auf das afrikanische Land übertragen ließ. Enttäuscht kehrte er inkognito nach Kuba zurück. Zwischenzeitlich hatte der kubanische Geheimdienst ein neues Betätigungsfeld für den prominenten Querulanten gefunden, der um keinen Preis in Kuba bleiben wollte. Ché sollte mit einer klei-

»Die Revolution quer über den Kontinent tragen«: Vor der Abreise nach Bolivien spricht Fidel Castro mit dem verkleideten Ché

Wieder einmal spüre ich zwischen meinen Fersen die Rippen Rosinantes; ich kehre auf den Weg zurück, meinen Schild am Arm.

CHÉ GUEVARA, ABSCHIEDSBRIEF AN DIE ELTERN

nen Guerilla-Gruppe nach Bolivien, das an fünf Länder grenzte, gehen, um von dort aus die Revolution quer über den ganzen südamerikanischen Kontinent zu tragen. Eigentlich wollte der heimatlose Revolutionär direkt nach Argentinien reisen, doch Fidel Castro fürchtete, dass Ché dort gleich erschossen würde, außerdem waren die Sowjets strikt dagegen. Chés Hauptziel war, durch seine Guerilla-Aktivitäten die USA zu einer ähnlichen militärischen Intervention wie in Vietnam zu veranlassen. Er hoffte, die Schlagkraft der amerikanischen Streitkräfte an allen anderen Fronten zu schwächen und den Widerstand der Bevölkerung »gegen die imperialistischen USA« zu mobilisieren. Ciro Bustos, wie Ché Argentinier von Geburt, fiel die Aufgabe zu, parallel dazu den bewaffneten Umsturz in Argentinien vorzubereiten. Bustos erzählt, dass Ché die Rebellen vor dem Guerilla-Kampf gewarnt hatte.

Viele werden mich einen Abenteurer nennen, und ich bin auch einer; aber einer von denen, die ihre Haut riskieren, um ihre Wahrheit zu beweisen.

CHÉ GUEVARA, ABSCHIEDSBRIEF AN DIE ELTERN

»Eine Aufgabe dieser Art birgt Risiken, vor allem das Risiko, getötet zu werden. Bist du nicht gewillt, dieses Risiko einzugehen, nimm nicht daran teil.« Was sich zunächst für die meisten Freiwilligen noch sehr heroisch anhörte, sollte bald bitterer Ernst werden.

Am 3. November 1966 kam Adolfo Mena Gonzales alias Ernesto »Ché« Guevara mit falschem Pass in die bolivianische Hauptstadt La Paz, wo seine Gefolgsleute schon auf ihn warteten. Bis zum Jahresende bestand seine Armee aus 24 Männern, darunter neun Bolivianer; kurze Zeit später waren es 51 Rebellen. Im Urwald nahe des Flusses Nancahnazú errichteten sie ein primitives Lager, das den Bauern der Umgebung schon bald auffiel. Doch die hielten die Guerilleros »nur« für Kokainhändler, nichts Ungewöhnliches in jener Gegend. Mit völlig veralteten Funkgeräten hielt Ché Verbindung zu seinen Kontaktleuten in Kuba und La Paz. Die Deutsche Tanja Bunke, die Ché seit Jahren kannte, hatte den Auftrag, die Versorgung der Truppe zu organisieren. Regis Debray, ein französischer Schriftsteller, war schon vor dem Eintreffen der Guerilla-Gruppe auf der Suche nach einem geeigneten Platz für das Ausbildungslager. Zwar war er alles andere als ein erfahrener Partisan, doch zeichneten ihn seine Beziehungen zu Fidel Castro aus.

Das Erscheinen Debrays und anderer linker Persönlichkeiten in Bolivien im September 1967 sorgte für Unruhe bei den dortigen Kommunisten. Der Führer des linken Flügels der kommunistischen Partei, Mario Monje, betrachtete die ganze Aktion mit äußerster Skepsis. Fidel Castro hatte ihm vorgegaukelt, dass Bolivien einem seiner Leute nur als Durchgangsstation auf dem Weg nach Argentinien dienen sollte. Dagegen hatte Mario Monje nichts einzuwenden. Als er am Silvestertag mit Ché im Guerilla-Lager zusammentraf, erkannte er den Betrug. Er hegte keinerlei Absicht, den bewaffneten Kampf der Guerilla in Bolivien zu unterstützen. Nur scheinbar ging der Kommunisten-

führer auf Chés Vorschläge ein; doch schon am nächsten Tag reiste der Bolivianer ab – und ließ sich nie wieder sehen. Das Ganze kam einer schweren Niederlage gleich, denn ohne die Unterstützung der bolivianischen Kommunisten war das Unternehmen ziemlich aussichtslos geworden. Dringend benötigter Nachschub traf nicht ein. In den Augen Fidel Castros war Mario Monje hauptverantwortlich für den Verrat an Ché und dessen frühen Tod.

Tatsächlich waren die Voraussetzungen für eine Revolution in Bolivien denkbar un-

Mein Vertrauen in den Partisanenkampf ist größer denn je. Aber wir sind damit gescheitert. Ich trage große Verantwortung. Ich werde weder die Niederlage noch die wertvollen Lehren daraus vergessen.

CHÉ GUEVARA, 1966

günstig: Die indianischen Bauern in der Umgebung misstrauten den Fremden, die ihre Sprache nicht sprachen; außerdem dachten sie gar nicht daran, ihren Präsidenten Barrientos zu stürzen, der beim Militär und bei den Bauern großen Rückhalt hatte. Damit entfiel eine weitere wesentliche Bedingung für den revolutionären Kampf. Ché ignorierte zunächst die Probleme, die sich ihm täglich stellten. Das ganze bolivianische Unternehmen war äußerst schlecht vorbereitet. Doch aufzugeben – das verboten der Stolz und die Erinnerung an Kuba, wo es ähnlich schwierige Verhältnisse gegeben hatte. Die Guerillera Tanja war inzwischen nach Argentinien gereist, um den Verbindungsmann Ciro Bustos aufzufordern, ins Lager nach Nancahnazú zu kommen. Währenddessen versuchte Ché, seinen Guerilleros im Urwald so etwas wie revolutionäre Disziplin beizubringen – ein schwieriges Unterfangen, da die Kubaner den Bolivianern nicht trauten und ständig miteinander stritten. Am 1. Februar 1967 brach Ché mit einem Großteil seiner Männer zu einem zweiwöchigen Trainingsmarsch auf. Aus den zwei Wochen wurden qualvolle 48 Tage, denn die Truppe verirrte sich im Dschungel. Hitze, Ungeziefer, Hunger und Krankheiten machten den Guerilleros zu schaffen, zwei Bolivianer ertranken in den Fluten eines reißenden Flusses. Noch bevor die erschöpfte Gruppe am 20. März 1967 ins Guerilla-Lager zurückkehrte, erhielt Ché von seinen Kundschaftern eine Hiobsbotschaft: Zwei bolivianische Guerilleros waren desertiert und beim Versuch, ihre Waffen auf dem Markt in Camiri zu verkaufen, von Soldaten geschnappt worden. Beim Verhör erzählten sie alles, was sie

> Man spürt weiterhin das Fehlen von Neuzugängen aus der Landbevölkerung. Wir befinden uns in einem Teufelskreislauf: Um diese Neuaufnahme zu erreichen, müssen wir permanent unsere Aktionen in einem bevölkerten Gebiet durchführen. Aber dazu brauchen wir mehr Leute.
>
> CHÉ GUEVARA, »Bolivianisches Tagebuch«, 30. JUNI 1967

»In Bolivien ein zweites Vietnam schaffen«: Selbstporträt von Ché Guevara nach seiner Ankunft in La Paz – getarnt als uruguayischer Geschäftsmann

»*Ein miserabler Guerillero*«: Eines der letzten Fotos von Ché Guevara vom September 1967

wussten; erst von ihnen erfuhren die Militärs von der Anwesenheit der Guerilla-Truppe im Land. Sie verrieten den Behörden Chés Decknamen »Ramón« und andere Details.

Die beiden Mitstreiter Regis Debray und Ciro Bustos warteten bereits seit mehreren Tagen zusammen mit Tanja Bunke auf den Guerilla-Führer. Als Ciro Bustos sein großes Vorbild erblickte, reagierte er entsetzt. »Er war vollkommen heruntergekommen, trug praktisch keine Kleidung mehr auf dem Leibe; sein Hemd hing in Fetzen herunter, die Knie lugten aus der Hose heraus, und er sah wirklich abgezehrt aus. Dessen ungeachtet umarmte er mich, was mich sehr bewegte; es geschah ohne Worte.« Ché fragte ihn, warum er nicht früher zu ihm gestoßen sei, immerhin waren drei Monate vergangen, seit er Tanja losgeschickt hatte. Es war eine Frage, die Bustos überraschte, hatte Tanja ihm doch keinen bestimmten Zeitraum für sein Erscheinen im Dschungel genannt. Tanja wurde vor den tobenden Ché zitiert, es kam zu einer lautstarken Auseinandersetzung. Für den Revolutionär war die Angelegenheit damit erledigt. Er machte sich keine weiteren Gedanken darüber, aus welchen Gründen es zu der verspäteten Ankunft seines Kontaktmanns gekommen war. Die CIA ließ später verbreiten, Tanja Bunke habe im Auftrag von Stasi und KGB den Guerilla-Führer bespitzelt – eine Behauptung, die niemals verifiziert werden konnte. Ciro Bustos jedenfalls mochte die junge Deutsche nicht, mit der er und der Franzose Debray mehrere Tage inkognito gereist waren. Für seinen Geschmack benahm sie sich zu amateurhaft und brachte das Unternehmen unnötig in Gefahr.

Nach der Auseinandersetzung mit Tanja nahm Ché seinen Landsmann Ciro Bustos zur Seite und präsentierte ihm seine Pläne. Wie verabredet sollte Bustos in Argentinien Rebellen rekrutieren, sie zu Ché ins Ausbildungslager schicken, um dann mit gemeinsamen Kräften den Umsturz in Argentinien herbeizuführen. Der zweite ausländische Gast, der im Kampf unerfahrene französische Intellektuelle Regis Debray, wollte zunächst bei der Gruppe bleiben und den Kampf kennen lernen, doch hatte Ché andere Pläne mit ihm. Er stellte ihm die Aufgabe, die Guerilleros vom Ausland aus zu unterstützen, indem er in Europa für die Revolution in Südamerika warb. Außerdem benötigte ihn Ché als Kurier für Briefe an Jean-Paul Sartre und Bertrand Russell, die ihrerseits den Freiheitskampf durch die Gründung von Hilfsfonds unterstützen sollten.

Die revolutionäre Idylle wurde empfindlich gestört, als ein Guerillero einen Soldaten tötete. Allen war klar, was das bedeutete: Krieg mit den bolivianischen Militärs. Die Situation verschärfte sich zusehends, als Tanjas Jeep mit allen Dokumenten, Namenslisten und Notizen, die sie unvorsichtigerweise zusammen mit dem Wagen in einer Scheune im Basislager zurückgelassen hatte, entdeckt wurde. Ihre falsche Identität war aufgeflogen, sie musste nun bei der Truppe bleiben. Ché, der in Bolivien akribisch Tagebuch führte, notierte: »Alles deutet darauf hin, dass Tanja aufgeflogen ist. Damit gehen zwei Jahre guter und geduldiger Arbeit verloren.« In den nächsten Tagen kam es zu mehreren Scharmützeln zwischen Chés Guerilla und Soldaten der bolivianischen Armee. Ver-

»Schwerer Schlag«: Die Verhaftung von Chés Mitstreitern Regis Debray (rechts) und Ciro Bustos am 20. April 1967

luste waren auf beiden Seiten zu beklagen. Am 27. März schrieb Ché: »Das gesamte Radioprogramm war voll von Meldungen und Kommentaren, die einander ablösten. ... Zweifellos haben Deserteure oder Gefangene geredet.«

Ciro Bustos und Regis Debray saßen mit den anderen in der Falle. Die Armee kannte dank der Deserteure den Standort der Guerilla und zog das Netz um die Rebellen immer enger. Der Kontakt nach Kuba war abgebrochen, da die Funkgeräte nicht mehr funktionierten. Fidel Castro lehnte es aus »Sicherheitsgründen« ab, die versprochene Freiwilligenarmee nach Bolivien zu schicken. Damit waren Ché und seine Männer auf sich allein gestellt. Aus dem Radio erfuhr der Guerilla-Führer, dass die USA Militärberater nach Bolivien schicken würden, um Elitetruppen für die Guerilla-Bekämpfung auszubilden. Völlig unrealistisch notierte er in sein Tagebuch: »Vielleicht sind wir die Zeugen eines neuen Vietnam.« Für die zunehmende Nervosität von Regis Debray hatte er kein Verständnis. Am 28. März schrieb er voller Verachtung: »Der Franzose hob noch einmal mit übertriebener Deutlichkeit hervor, wie nützlich er draußen sein könnte.« Einige Tage später bot Ché seinen »Gästen« an, sich von der Guerilla-Gruppe abzusetzen, sobald die Situation günstig wäre. Drei Wochen nach dem Gespräch ergab sich eine Gelegenheit. Der Reporter George Andrew Roth hatte es am 19. April geschafft, die Guerilleros aufzuspüren und einen von ihnen zu interviewen. Das brachte Debray und Bustos auf die Idee, sich auch als Journalisten auszugeben und in Begleitung Roths unbemerkt in das nahe gelegene Muyupampa zu gelangen. Doch der Plan misslang. Debray und Bustos

> Er war ein miserabler Guerillero. Das Meiste, was er machte, war falsch. ... Es ist wahrscheinlich der erste Fall in der Geschichte eines Guerilla-Kampfs, in dem nicht ein einziger Bauer rekrutiert werden konnte, außer einem Hund, der auch noch desertierte.

FELIX RODRIGUEZ, CIA-AGENT, ÜBER CHÉ GUEVARA

wurden von bolivianischen Soldaten sofort entdeckt und verhaftet. Für Ché war die Festnahme der beiden ein schwerer Schlag, denn nun war seine letzte Verbindung zur Außenwelt abgebrochen. Frustriert notierte er in sein Tagebuch: »Danton [Debray] und Carlos [Bustos] wurden Opfer ihres eigenen überhasteten, fast verzweifelten Bemühens, hier herauszukommen, und meines Mangels an Energie, sie davon abzuhalten, sodass auch die Verbindung mit Kuba [über Danton] abgeschnitten und das Aktionsfeld Argentinien [über Carlos] verloren ist.« Die Überlebenschancen der zwei Gefangenen beurteilte er sehr nüchtern. Beide führten gefälschte Papiere mit sich. »Schlechte Aussichten für Carlos. Danton dürfte durchkommen«, notierte er in sein Tagebuch. Debray und Bustos hatten Glück im Unglück: Ein Foto der beiden, das in verschiedenen Zeitungen abgedruckt wurde, machte den Fall publik. Zudem intervenierte der amerikanische Botschafter zugunsten der beiden Gefangenen.

In Unkenntnis dieser Vorgänge entschied sich Ché, seine kleine Armee aufzuteilen. Tanja, die schwer krank war, blieb mit einer Gruppe von 14 Männern zurück. Ché versprach, binnen drei Tagen zurückzukommen, doch sie sollten sich nie wieder sehen. Der Guerilla-Führer war durch sein Asthma und schlimme Durchfälle zeitweise so geschwächt, dass er nicht mehr laufen konnte. Seine Asthma-Medikamente waren in die Hände der Militärs gefallen, doch trotz seiner körperlichen Schwäche dachte er nicht ans Aufgeben. Während die Rebellen weiter ums nackte Überleben kämpften, wurden Debray und Bustos von den Militärs und CIA-Männern verhört. Dass beide schließlich geredet haben, lag wohl auch an den brachialen südamerikanischen Vernehmungsmethoden.

Bis heute gilt Ciro Bustos freilich alleine als der Mann, der Ché Guevara an das bolivianische Militär verraten hat. Er war der willkommene Sündenbock. Sein Gesinnungsgenosse Regis Debray machte hingegen später Karriere als Philosoph und Berater von Ministerpräsident Mitterrand. Was sich bei den Verhören genau abgespielt hat, war lange Zeit umstritten. Einer der nicht dabei war, der französische Diplomat und Historiker Pierre Kalfon, schob in seiner Ché-Biografie die ganze Schuld Ciro Bustos in die Schuhe. Der bolivianische Offizier Gary Prado, ein Augenzeuge, der die Verhörprotokolle genauestens studiert hat, kommt hingegen zu dem Schluss: »Ich las damals das Buch. Es gibt Teile, die reine Erfindung sind.« Dieses Buch stempelte Ciro Bustos für die Nachwelt zum Verräter. Wie es sich aus seiner Sicht zugetragen hat, berichtet der Beschuldigte aus seinem schwedischen Exil. »Ich beschloss, mich dumm zu stellen, und sagte, das ist alles ein Irrtum, ich wurde zu Carlos Alberto Fructuoso, der Idiot.« Zu Beginn der Verhöre spielte Bustos den Ahnungslosen. Er sei ein Handlungsreisender, der zufällig in die Fänge der Armee geraten sei. Als nach einigen Wochen seine wahre Identität bekannt wurde, hatte er keine andere Wahl, als die Wahrheit zu sagen. Seine Peiniger hatten

außerdem bei ihm ein Foto mit Frau und Tochter gefunden und erpressten ihn. »Die argentinische Polizei versorgte sie mit meinen Angaben. Wie ich hieß, dass ich Künstler sei und in Mendoza studiert hatte – alles über mich. Quintanilla wollte mich erschießen, und Gonzalez vom CIA war richtig sauer. Ich hatte ihn 20 Tage lang an der Nase herumgeführt.« Da man wusste, dass er Künstler war, sollte er Zeichnungen von allen Rebellen anfertigen, außerdem Karten von den Lagern, was er schließlich auch bereitwillig tat. »Ich dachte mir, welchen haben sie gesehen? Den und den haben sie im Hinterhalt gesehen.

Die Jungs waren außer sich vor Freude. Was für ein Glück! Sie gaben mir Zigaretten. Für sie war es, als hätten sie ein Tor geschossen. Ich hatte jemanden gezeichnet, den es überhaupt nicht gab. Ich wollte der Armee nicht helfen. Ruthmann – diese erfundene Person hat vielen Menschen das Leben gerettet. Das bedeutet mir mehr als die 40 Jahre Leben im Elend, das ich ertragen musste.

CIRO BUSTOS ÜBER SEIN VERHÖR

Die werde ich zeichnen.« Bustos zeichnete auch Fantasiegesichter, mit denen er die CIA-Männer und Militärs auf eine falsche Spur führen wollte. Absolutes Stillschweigen bewahrte Bustos allerdings über die Tatsache, dass er selbst im Zentrum von Chés argentinischem Projekt stand. Am Ende des Prozesses wurden Debray und Bustos zu 30 Jahren Haft verurteilt, kamen aber drei Jahre später, Weihnachten 1970, nach einem Regierungswechsel wieder frei. Seitdem haben sich die beiden nicht mehr getroffen. In den Jahren nach der Haft avancierte Debray zum neuen Helden der internationalen Linken,

Ciro Bustos hingegen begegnete man mit Misstrauen, ihn hielt man für einen Judas, einen Verräter. Dabei hatte die bolivianische Armee verkündet, dass zuerst Debray »gesungen« habe. Am 30. Juni notierte Ché in sein Tagebuch: »Das Wichtigste in politischer Hinsicht ist die offizielle Erklärung [General] Ovandos, dass ich hier bin. ... Er beruft sich auf die Erklärungen Debrays, der offenbar mehr redet als nötig. Freilich können wir weder wissen, welche Konsequenzen das haben wird, noch welches die Umstände waren, unter denen er geredet hat.« Und weiter in seiner Analyse des Monats Juni: »Debray macht weiterhin von sich reden, aber jetzt wird er mit meinem Fall in Zusammenhang gebracht; ich erscheine als Chef dieser Bewegung.« Tatsächlich konnte auch Debray dem Druck der Militärs während des Verhörs nicht standhalten und offenbarte, dass Ché Guevara der Anführer der Guerilleros sei und wie sich die Gruppe zusammensetzte. Debrays Anwalt gab dies gegen den ausdrücklichen Willen seines Mandanten öffentlich bekannt. Gemäß den Verhörprotokollen war es also nicht Ciro Bustos, sondern Regis Debray, der als Erster von der Anwesenheit Chés berichtete. Die Verhörmethoden waren nicht zimperlich. Die Gefangenen wurden überdies mit den Aussagen des jeweils anderen konfrontiert und gegeneinander ausgespielt. Nachdem Ciro Bustos aufgeflogen war, erzählte auch er, wie viele meinen, ohne Not im Detail von den Guerilla-Aktivitäten. Dabei soll er auch Debray belastet haben.

Ché kämpfte währenddessen verzweifelt um das Überleben seiner Truppe. In den letzten Augusttagen fehlte den Guerilleros sogar das Wasser, sodass Ché seinen eigenen Urin trank. Immer wieder kam es zu Scharmützeln mit der Armee. Eine Gruppe von Elendsgestalten war auf der Flucht vor ihren Verfolgern. Am Mittag des 8. Oktober bezogen bolivianische Ranger in der Yuro-Schlucht im Südosten Boliviens Stellung. Ein Bauer hatte die Guerilla-Truppe verraten. Um 13.10 Uhr fielen die ersten Schüsse. Eine Kugel traf Chés linke Wade. Beim Versuch

»Ikone der 68er-Bewegung«: Das berühmte Foto von Alberto Korda

> Sprich mit fünf bolivianischen Beamten oder Militärs, und du erhältst bestimmt fünf verschiedene Darstellungen, auf welche Weise Ché starb. Mache dich an politische Gruppen oder Zeitungsredaktionen heran, und ihre Todesversionen spalten sich in Dutzende von Geschichten auf, die einen glaubhaft, die anderen mehr oder minder fantastisch.
>
> CARLOS VILLA BORDA, 13. OKTOBER 1967

sich zu retten, wurde Ché von einem Solda-ten gestellt. Er soll gerufen haben: »Schießt nicht. Ich bin Ché Guevara und für euch le-bend mehr wert als tot!« Hauptmann Gary Prado erkannte ihn und nahm ihn fest. In der Dorfschule von La Higuera wurde der Gue-rilla-Führer schließlich von CIA-Männern und bolivianischen Militärs verhört. Zu-nächst glaubte Ché noch daran, dass man ihn schonen werde. Doch am nächsten Tag um 12.30 Uhr gab das bolivianische Oberkom-

mando den Befehl, ihn zu liquidieren. Für den Revolutionär endete das Martyrium am 9. Oktober 1967 in der Dorfschule von La Higuera.

Unsterblich gemacht hat ihn das be-rühmte Foto Alberto Kordas. Denn es ist »sein Bild«, das wir immer vor Augen haben: der junge rebellische Mann mit dem sanft-melan-cholischen Blick. Der italienische Verleger Fel-trinelli hatte Castro nach einem Bild Chés ge-fragt, als jener schon in Bolivien kämpfte. Kurz nach der Hinrichtung wurde das Foto in Italien als Poster mit dem Titel »Ché lebt« millionenfach gedruckt. Es kam genau zum richtigen Zeitpunkt – die Revolution der 68er-Generation hatte ihre Ikone. Bis heute ist der Mythos Ché Guevaras ungebrochen.

> Für mich ist Ché Guevara ein Mann, der lebendig ist. Er ist lebendiger als vor seinem Tod. Das, was er getan hat, ist so stark, dass er 30 Jahre tot sein kann.
>
> ALBERTO KORDA, CHÉS FOTOGRAF

Das Frühjahr 1974 war der Tiefpunkt der politischen Karriere von Willy Brandt. Es begann mit der Enttarnung des »Kanzlerspions« Günter Guillaume und endete mit dem Rücktritt des Bundeskanzlers. Leer fühlte er sich in dieser Situation, ausgebrannt, gelähmt. Wollte er seinem Leben ein Ende setzen?

1974 Der Sturz des Willy Brandt

Einsam war er schon immer: der Mann, den viele beneideten. Der charismatische Politiker, der wegen seiner Erfolge bei Wählern und Frauen als der »deutsche Kennedy« betitelt wurde. Der Parteiführer, der als erster Sozialdemokrat nach dem Krieg an die Spitze der Macht im Kanzleramt gelangt war. Doch so verlassen und mutlos wie in diesen ersten Maitagen des Jahres 1974 hatte er sich noch nie gefühlt. Einige in seiner Umgebung spürten, dass er »düsteren Gedanken« nachhing, aber sie konnten ihm nicht helfen. Und als hätte sich alles gegen ihn verschworen, war er gerade jetzt, wo für ihn politisch und persönlich alles auf dem Spiel stand, auch gesundheitlich angeschlagen. Manchmal in diesen Tagen wurde der Drang in ihm übermächtig,

Die Massen konnte er umarmen: Bei einzelnen Menschen aber hatte er Schwierigkeiten.

RUT BRANDT, EHEFRAU

»Erschöpft und müde«: Willy Brandt war häufig Stimmungsschwankungen unterworfen

sich fallen zu lassen, seine Einsamkeit, die ungeheuren Ansprüche seiner Umgebung und die Schmutzkampagne seiner Gegner mit einem Schlag auszulöschen. In diesen Stunden fing er an zu schreiben. Es war ein Brief, der ihm schwerer fiel als alles, was er bislang geschrieben hatte. Es war der Abschiedsbrief an seine Familie. Ein Kanzler kurz vor dem Selbstmord?

Der Auslöser für die schwerste Krise im Leben des Willy Brandt war eine Agentenaffäre, die einmal mehr die Regel bestätigt, dass erfolgreiche Spione nicht wie Spione aussehen. Niemand, der den eher beleibten und recht bieder wirkenden Referenten im Bundeskanzleramt, Günter Guillaume, damals traf, hat ihm ein gefährliches Doppelleben zugetraut. Wie so viele Agentenkarrieren des Kalten Krieges hatte auch seine mit einem unauffälligen Grenzübertritt begonnen. Im Mai 1956 kam der damals 29-jährige gelernte Fotograf mit Volksschulbildung nach Westberlin – ein ganz normaler DDR-Flüchtling, wie es schien, der sich mit seiner Ehefrau

Christel bei der in Frankfurt am Main lebenden Schwiegermutter niederließ. Ein Jahr nach dem Umzug trat Guillaume gemäß Ostberliner Weisung in die Frankfurter SPD ein, in der er es bis zum Stadtverordneten brachte. Hier lernte er Georg Leber kennen und diente sich dem späteren Verkehrsminister als eifriger Wahlkämpfer an. Es war ein Engagement, das sich bezahlt machte. Nach dem Regierungswechsel 1969 revanchierte sich Leber großzügig und beschaffte seinem Schützling einen Posten in Bonn – im Bundeskanzleramt.

Nervenstark bestand Guillaume die Routineüberprüfung der Sicherheitsorgane. Kanzleramtschef Horst Ehmke höchstpersönlich führte die Befragung des bedenklichen Bewerbers durch, dessen Lebenslauf

Auch für die engsten politischen Mitarbeiter wurde er trotz des internen »Du« niemals zum Kumpel. Brandt verfügte über eine antiautoritäre Autorität.

HORST EHMKE, SPD-POLITIKER

einige Unstimmigkeiten aufwies. Guillaume antwortete den Erinnerungen der Anwesenden zufolge gelassen, aber auch wiederum nicht so sicher, dass es Verdacht erregt hätte – ganz normal eben. Und so fiel denn auch die Beurteilung aus: ein ganz normaler Ostflüchtling, wie es unzählige in der Bundesrepublik gab, auch in der Bonner Politiklandschaft. Georg Leber sagte dazu später: »Guillaume war für mich genauso geheuer wie Herr Genscher, wie Herr Mischnick und wie tausend andere Leute, die auch aus dem Osten kamen und denen wir vertrauten.« Die Akte Guillaume wurde geschlossen, das Unheil nahm seinen Lauf. Im Herbst 1972

wurde der neue Top-Spion sogar ins Persönliche Büro des Kanzlers berufen.

Im Intellektuellenkreis um Brandt stellte seine Farblosigkeit eine perfekte Tarnung dar: »Der interessierte mich einfach nicht. Der war per se langweilig«, erinnert sich Brandts Berater Klaus Harpprecht. Guillaume fiel selten auf, war aber immer da. Diensteifrig wuselte er zu jeder Tages- und Nachtzeit durch die Flure des Palais Schaumburg. Auch wenn es abends spät geworden war, Guillaume war oft schon da, wenn der Hausmeister die Türen aufschloss. Und wenn es sein musste, kochte er vor Brandts Arbeitsbeginn auch schon mal ein Kännchen Kaffee oder holte die Brötchen vom Bäcker.

Der war kein Meisterspion, der war ein Würstchen.

KLAUS HARPPRECHT, BERATER BRANDTS

Unentbehrlich war er, aber nicht beliebt. Dem zurückhaltenden Brandt ging seine devote Kumpelhaftigkeit auf die Nerven. Aber für Klagen oder Verdachtsmomente gab es wenig Grund. Theodor Eschenburg hat 1975 die Erscheinung Guillaumes so zusammengefasst: »Er galt als clever und fix, organisationsbefähigt und findig, ständig in Bereitschaft, keine Arbeit scheuend. Dabei war er umgänglich gegenüber Kollegen und Nachgeordneten. Dass er neugierig war, dass ihn alles interessierte, was um ihn herum an Diskretem geschah, fiel nicht allzu sehr auf; so waren auch andere öffentliche Bedienstete.«

Zur Strecke gebracht wurde er schließlich durch Kommissar Zufall. Im Kölner

»Farblosigkeit als perfekte Tarnung«: Günter Guillaume als unentbehrlicher Begleiter, September 1973

Bundesamt für Verfassungsschutz fiel Anfang 1973 einem Beamten auf, dass in drei ihm vorliegenden Spionagefällen der Name Guillaume auftauchte. Irritiert berichtete er einem Kollegen davon. Und das war just der Mann, der in den Fünfzigerjahren drei merkwürdige Funksprüche aus Ostberlin abgefangen hatte. 1956 waren einmal Geburtsgrüße an einen gewissen Georg gegangen, ein andermal an »Chr.«. Ein Jahr später hatte die Zentrale an die gleiche Adresse einen Glückwunsch zum »zweiten Mann« übermittelt. Irgendetwas an der Erzählung seines Kollegen hatten den Beamten an diesen ja immerhin schon fast 15 Jahre zurückliegenden Fall erinnert. Die beiden verglichen die Daten. Und tatsächlich: Die Gratulation für »Georg« war an Guillaumes Geburtstag über den Äther gegangen, auch Christel Guillaume hatte sich an ihrem Wiegenfest der freundlichen Wünsche der Ostberliner erfreuen können. Und beim »zweiten Mann« handelte es sich um Söhnchen Pierre, das am 8. April 1957 geboren worden war. Der Kreis hatte sich geschlossen. Und doch sollte es noch über ein Jahr dauern, bis die Handschellen zuschnappten.

Als Erster bekam der Präsident des Verfassungsschutzes, Günther Nollau, die Ergebnisse der Tüftler auf den Tisch. Ihm schwante, dass sich hier Unheil zusammenbraute. Noch am selben Tag ließ er sich einen Termin bei Innenminister Hans-Dietrich

»Da ist etwas aufgetaucht«: Innenminister Hans-Dietrich Genscher spricht im April 1974 im Bundestag

Er hatte keinen Anlass, keine Schuld. Das Versagen lag beim Innenminister. Das war Genscher. Das Versagen lag bei Nollau. Das Versagen lag bei Herbert Wehner. Und wenn man resümiert, kann man sagen, die drei haben ihn gestürzt.

Günter Grass, Schriftsteller

Genscher geben. Nach Nollaus Bekunden sei Genscher »elektrisiert« gewesen: »Das muss der Kanzler wissen!« Genscher allerdings hat den Vorfall weniger dramatisch in Erinnerung: Er sei von der Tragweite des Berichts nicht völlig überzeugt gewesen, habe es aber trotzdem für nötig gehalten, Willy Brandt zu informieren. Sein nächster Schritt in dieser Frage legt jedenfalls die Vermutung nahe, dass Nollau den Minister nicht nachdrücklich genug auf die gefestigte Überzeugung seiner Beamten hinwies, dass Guillaume immer noch als Spion tätig sei und daher unter aktuellem Tatverdacht stehe. Eher beiläufig nahm Genscher den Kanzler am 29. Mai 1973 nach einem Mittagessen beiseite. Da sei etwas aufgetaucht. Es beziehe sich auf einen Mitarbeiter mit einem französisch klingenden Namen. Es bestehe die Möglichkeit, dass dieser Mitarbeiter für die DDR gearbeitet habe. Brandt wiegelte ab: »Ich halte das für ganz unwahrscheinlich.«

Man kam überein, den Mann zu observieren; Brandt sollte sich nichts anmerken lassen. Der Kanzler spielte mit: Auf fast rührende Weise ordnete er seine Bleistifte in einer nur ihm bekannten Reihenfolge und legte Fädchen auf dem Schreibtisch aus, mit denen er kontrollieren wollte, ob jemand in seinen Sachen gewühlt hatte.

Später hat er sich selbst für diesen Leichtsinn gegeißelt. »Ich Rindvieh«, notierte er, »hätte mich auf diesen Rat eines anderen Rindviehs nie einlassen dürfen«. Offenbar, so die Biografie von Gregor Schöllgen, habe er aus der Schilderung Nollaus und Genschers den Eindruck gewonnen, »dass es sich bei den Vorwürfen gegen den Referenten um einen der ›häufig‹ auftauchenden ›Verdachtsmomente‹ handelte, ›von denen dann meist nichts mehr übrig bleibt‹«. Und da ihm gegenüber nicht von einem aktuellen, beziehungsweise »konkreten Verdacht« gegen Guillaume die Rede gewesen sei, wäre er dem Rat Nollaus und Genschers eben gefolgt und habe den Spion zur Observierung dort gelassen, wo er seit einem halben Jahr war: in seiner engsten Umgebung.

Was aus dem Blickwinkel der wichtigsten Akteure zu jener Zeit wie eine raffinierte Falle aussah, die dem Verdächtigen noch dazu die Unschuldsvermutung zugute hielt, entpuppte sich später als grobe Fahrlässigkeit. In diesem Fall arbeitete die Spionageabwehr der Stasi in die Hand. Man nimmt es Markus Wolf, dem vormals obersten Agentenführer der DDR wohl ab, wenn er versichert, dass er umgekehrt »in keinem Fall eine dringend verdächtige Person in der Nähe des ersten Mannes des Staates belassen« hätte.

Wenig später, im Juli 1973, reiste das Kanzlerpaar in den Ferien nach Norwegen –

nach Hamar, dem Heimatort von Brandts norwegischer Ehefrau Rut. Mit dabei als einziger Mitarbeiter des Kanzleramts war Günter Guillaume – Brandts Referent Wilke wollte lieber mit seiner Familie Urlaub machen. Eine »Sternstunde« nannte der Spion diesen Aufenthalt später. Seine Hauptaufgabe bestand darin, dem Kanzler die aus Bonn eintreffenden Fernschreiben zu überbringen. Das tat er auch geflissentlich, allerdings mit einer kleinen Zeitverzögerung, die er benötigte, um die Kopien der Schreiben im Wäschefach seines Kleiderschrankes zu verstauen.

Man kam gut miteinander aus in diesem Urlaub, auch wenn Rut Brandt mit Guillaume und seiner mitgereisten Gattin Christel nicht richtig warm werden konnte. Sohn Matthias hingegen übernachtete gerne bei den Guillaumes. Allerdings fiel ihm auf, dass die Gastgeber seltsam nachtaktiv waren. Er erinnert sich bis heute: »Der Guillaume war sehr nett. Ich habe mich bloß immer gefragt, warum die nachts immer Schreibmaschine schreiben.«

Es dauerte noch viele Monate, bis das Belastungsmaterial gegen Guillaume Anfang März 1974 dem Generalbundesanwalt übergeben wurde. Noch immer reichten die Beweise nicht aus, um den Spion einwandfrei zu überführen, aber man entschloss sich jetzt doch zum Handeln. Im Morgengrauen des 24. April schreckte die Türklingel Günter Guillaume und seine Frau aus dem Schlaf. Auch Sohn Pierre war wach geworden und lugte im Schlafanzug durch die Tür seines Kinderzimmers. Der Spion öffnete die Wohnungstür. Davor standen ein paar Männer und eine Frau: »Sind Sie Günter Guillaume?« – »Ja, bitte?«, fragte er leise. »Wir haben hier einen Haftbefehl des Generalbundesanwalts.« Guillaume war blass geworden und ein paar Schritte in den Wohnungsflur zurückgetreten. »Ich bitte Sie, ich bin Bürger der DDR und ihr Offizier. Respektieren Sie das«, sagte er laut. Damit war alles klar. Guillaume hatte gestanden. Vielleicht um das Gesicht vor seinem Sohn zu wahren. Vielleicht aber auch erleichtert darüber, dass fast zwei Jahrzehnte der Lüge ein Ende gefunden hatten.

Als Brandt wenig später am Flughafen Köln-Bonn die Hiobsbotschaft erfuhr – er war gerade von einem Staatsbesuch in Ägypten zurückgekehrt –, war er nicht wirklich überrascht oder besorgt. Das Ganze erschien lediglich eine, wenn auch peinliche, Schlappe der Sicherheitsorgane. Wie viel mehr Sprengsatz in dieser Spionageaffäre lag, dämmerte ihm erst, als sich am 1. Mai Genschers persönlicher Referent (und späterer Nachfolger im Auswärtigen Amt) Klaus Kinkel bei ihm meldete und ihm einen an Genscher gerichteten Brief des Chefs des Bundeskriminalamts Horst Herold präsentierte. Daraus ging hervor, dass die amtlichen Ermittler im Zuge der Ermittlung gegen Guillaume auch die Herren von Brandts Begleitkommando vernommen hatten. Und die hatten getreulich berichtet, wer ansonsten so beim Kanzler ein und aus gegangen war – schließlich hätte ja ein weiterer Agent darunter sein können. Ein ganzes Dossier war zusammengestellt worden, das vor allem die weiblichen Besucher im Kanzlerzug wie in den Hotels festhielt – inklusive Verweildauer. Guillaume habe dem Regierungschef Damen zugeführt. Nur wenige konkrete Namen wurden genannt, darunter der einer bundesweit bekannten Journalistin, die der Kanzler nach Guillaumes Aussage

allerdings erst im »zweiten Anlauf geschafft« habe. Ansonsten eine klebrige Mischung aus Fotos, Namen und Verdächtigungen. Brandt war empört. Diese Menschen, die nicht in der Lage gewesen waren, ihm den Spion vom Hals zu halten, hatten offensichtlich ihre Zeit damit vertrödelt, in seinem Privatleben herumzuschnüffeln.

Freilich nicht alles, was darin beschrieben wurde, war »ein Produkt blühender Fantasie« wie Brandt es selber gern dargestellt hat; wohl aber übertrieben und in vielen unbelegbaren Unterstellungen infam.

Dass Brandt ein dem Leben Zugewandter war und auf Frauen einen liebenswürdigen Eindruck machen konnte, dass er auch diesen oder jenen Flirt hatte, wurde in einer Weise hochgegeigt – da spiegelten sich zum einen die Komplexe der Spießer, zum anderen der Graumäuse, die die Regierungsbänke bis heute bevölkern und den Bundestag beherrschen. Bonn ist eine Zuchtanstalt für seelische Impotenz!

KLAUS HARPPRECHT, BERATER BRANDTS

Und was bewies es schon? »Dass der Mann kein Kind von Traurigkeit war, wussten wir. Das war seine Sache. Aber er hat sich dadurch nicht in seinen Pflichten beeinflussen lassen«, resümiert sein enger Weggefährte Egon Bahr. Andere sahen das anders, hielten den Kanzler für erpressbar, wie der Präsident des Bundesamtes für Verfassungsschutz Nollau: »Wenn Guillaume diese pikanten Details in der Hauptverhandlung auftischt, sind Bundesregierung und Bundesrepublik blamiert bis auf die Knochen. Sagt er aber nichts, dann hat die Regierung der DDR, der Guillaume natürlich auch das berichtet hat, ein Mittel, jedes Kabinett Brandt und

»Bitte um Vergebung«: Brandt kniet vor dem Ehrenmal für die Toten des Warschauer Ghettos, 7. Dezember 1970

die SPD zu demütigen«, teilte dieser seinem Mentor, dem SPD-Fraktionsvorsitzenden Herbert Wehner, mit, und der war äußerst alarmiert.

Auch Brandt war jetzt klar, dass sich ein Sturm über ihm zusammenbraute. Was das bedeutete, wusste er besser als jeder andere. Noch unvergessen waren ihm die Schmutz-

> Willys Neigung in diese Richtung war mir nicht unbekannt. Es war entsetzlich, wie diese Dinge in den Zeitungen ausgebreitet und hochgespielt wurden.
>
> Rut Brandt, Ehefrau

kampagnen, die er und seine Familie in den Sechzigerjahren über sich ergehen lassen mussten, als er als Kanzlerkandidat seiner Partei angetreten war. Damals hatte er sich auf sein ruhiges Gewissen verlassen können, aber jetzt gab es wohl tatsächlich ein paar Flecken auf der weißen Weste. In den nächsten Tagen erhielt er einen Vorgeschmack, was für eine Schlammschlacht ihm bevorstand. Die Boulevardpresse probte den Aufstand gegen das bestehende ungeschriebene Gesetz, über eventuelle moralische Verfehlungen hoher Politiker zu schweigen. »Machte der Spion auch Pornofotos?«, lautete ein Titel, und andere berichteten genüsslich, dass »Damen« von zweifelhaftem Ruf gern gesehene Gäste im Kanzlerzug gewesen seien. Und im Nachbarabteil habe der dickliche Spion gewartet, der sich der »überzähligen« Verehrerinnen annahm… Die Zeitungsberichte überschlugen sich.

Das alles hätte er vielleicht durchstehen können, wenn er noch der Willy Brandt der ersten Kanzlerjahre gewesen wäre. Doch die großen Tage des »Visionärs« Brandt, der die neue Ostpolitik gegen den erbitterten Widerstand seiner Gegner durchgesetzt hatte und dafür mit dem Friedensnobelpreis und einem furiosen Wahlsieg belohnt worden war, waren vorbei. In den Niederungen der täglichen Innenpolitik fühlte er sich zunehmend ausgebrannt, gelangweilt, gelähmt. Immer häufiger fiel er in Depressionen. Alles schien ihm nun zu misslingen. Im Februar 1974 setzte die Gewerkschaft ÖTV gegen seinen erklärten Willen eine elfprozentige Lohn- und Gehaltsteigerung durch. Einen Monat später fuhr die SPD bei der Hamburger Bürgerschaftswahl einen Stimmenverlust von zehn Prozent ein – ein Desaster, das ebenfalls dem Kanzler angelastet wurde. Man warf ihm vor, der Realität entrückt zu sein, das Wort von der »Wolke Willy« machte die Runde. Einige in der SPD dachten bereits öffentlich über eine Zeit nach Brandt nach, nicht zuletzt der ehrgeizige Wirtschafts- und Finanzminister Helmut Schmidt oder der knorrige Fraktionsvorsitzende Herbert Wehner. Er war nur noch Kanzler auf Bewährung, und das ließen sie ihn deutlich spüren.

Brandt zweifelte, ob er eine Schmutzkampagne gegen ihn wie in den Sechzigerjahren noch einmal politisch überleben konnte – manchmal in diesen ersten Maitagen fühlte er sich fast zu schwach, um sie persönlich zu ertragen. Noch immer hielt er am Terminkalender fest, versuchte seine Stimmungen zu verbergen oder zu betäuben. Am 1. Mai verlebte er einen feuchtfröhlichen Abend beim SPD-Ortsverein auf der Insel Helgoland. Er trank viel Rotwein, setzte gute Laune auf und sang vor einem schunkelnden Saal den »Hamburger Fährmann«.

> **Er war für einen guten Rotwein und ein gutes Essen, und er war dem Leben gegenüber aufgeschlossen.**
>
> ERNST-DIETER LUEG, JOURNALIST

Doch seine Stimmung kippte ein ums andere Mal. »Scheißleben«, hörte man ihn plötzlich murmeln und im unveröffentlichten Teil seiner Tagebücher steht zu dieser Feier der Satz: »Davor und danach düstere Gedanken.« Sein Biograf Gregor Schöllgen nimmt diese und andere Äußerungen ernst: »Willy Brandt hat damals, am 1. oder 2. Mai, auch einen Abschiedsbrief an die Familie zu Papier gebracht, ihn dann aber doch wieder zerrissen.« Der Kanzler sei kurz vor dem Selbstmord gewesen.

Diese Interpretation ist freilich umstritten. Die letzte Ehefrau des ehemaligen Bundeskanzlers, Brigitte Seebacher-Brandt, hält von Schoellgens These überhaupt nichts. »Das ist doch Quatsch. Vielleicht ist dem Professor da die Fantasie durchgegangen«. Im Nachlass ihres verstorbenen Mannes habe sie jedenfalls nichts gefunden, was Schöllgens These weiter belege. Unterstützt wird dieser aber vom Berliner Historiker Arnulf Baring, der bereits vor etlichen Jahren in seinem Standardwerk »Machtwechsel. Die Ära Brandt-Scheel« über solche Selbstmordgedanken Willy Brandts geschrieben hatte und sich unter anderem auf persönliche Äußerungen Brandts ihm gegenüber berief. Auch Klaus Harpprecht, unter Brandt Leiter der Schreibstube im Kanzleramt, erinnert sich daran, dass sein Chef damals »tiefe Depressionen« gehabt habe. »Die Querelen um seine Person setzten ihm doch sehr zu.« Da sei es schon mal vorgekommen, dass Brandt »Gedanken streiften«, mit allem Schluss zu machen. Dennoch hat Harpprecht Zweifel, ob hinter den Gedanken ein wirklicher Plan stand. »Solche Überlegungen zu haben ist das eine, sie dann auch in die Tat umzusetzen ist noch mal was ganz anderes.«

> Jemand, der seiner Melancholie Termine einräumt, ... jemand, dessen Ausflüchte versperrt sind, der sich nach vorwärts zurückzieht.
>
> GÜNTER GRASS, SCHRIFTSTELLER

Eindeutige Beweise hat keine Seite, und so wird es wohl auch nie mehr ganz zu klären sein, wie ernst die Selbstmordgedanken des Kanzlers waren. Gewiss ist, dass es nur Augenblicke gab, in denen er am Rande des Abgrunds balancierte. Immer wieder bäumte er sich auf. Als er am 4. Mai 1974 am Rande einer DGB-Tagung in Bad Münstereifel Herbert Wehner traf, war er noch nicht entschlossen aufzugeben. Wehner aber, durch Nollau bestens über die pikanten Details der Affäre Guillaume informiert, drang auf eine rasche Entscheidung, ob er den Kampf aufnehmen wolle oder nicht. Er werde in unverbrüchlicher Treue hinter Brandt stehen, egal, wie dieser sich entscheide, versicherte er ihm, aber – es werde »hart werden«. Das war kein »Kanzlermord«, aber zumindest »Sterbehilfe«. Denn Brandt gierte nach Hilfe, nach Unterstützung und Zuspruch. Und genau dies verweigerte der langjährige Weggefährte.

Jetzt warf Brandt endgültig das Handtuch. Als tags darauf Helmut Schmidt in Bad Münstereifel eintraf, stellte er fest, dass die

»Zur raschen Entscheidung gedrängt«: SPD-Fraktionsvorsitzender Herbert Wehner und Willy Brandt nach dessen Rücktritt

Würfel schon gefallen waren. Wehner und Brandt hatten sich darauf geeinigt, dass Schmidt Brandts Stelle einnehmen sollte. Schmidt redete auf den Kanzler ein, schrie ihn an, wegen solch läppischer Frauengeschichten trete man ja wohl nicht zurück. Kanzler wolle er werden, sicherlich, jedoch nicht unter derart anrüchigen Bedingungen. Aber Brandts Entschluss stand fest. Zurück in Bonn, verfasste er handschriftlich eine Rücktrittserklärung an den Bundespräsidenten. Wenig später gab er in der »Tagesschau« eine öffentliche Erklärung ab: »Am Abend des 6. Mai habe ich dem Bundespräsidenten meinen Rücktritt erklärt und damit die Verantwortung für Fahrlässigkeiten im Zusammenhang mit der Agentenaffäre übernommen. Diese Entscheidung konnte mir niemand abnehmen. Es gab Anhaltspunkte, dass mein Privatleben in Spekulationen über den Spionagefall gezerrt werden sollte. Was immer noch darüber geschrieben werden mag: Es ist und bleibt grotesk, einen deutschen Bundeskanzler für erpressbar zu halten. Ich bin es jedenfalls nicht.« Dann kehrte er nach Hause zurück. Die Probleme, die jetzt einer Klärung bedurften, waren privater Natur.

> Wir fühlen Schmerz über das Ereignis, Respekt vor der Entscheidung und Liebe zur Persönlichkeit und zur Politik Brandts miteinander.
>
> HERBERT WEHNER, UNMITTELBAR NACH DEM RÜCKTRITT BRANDTS

Die Ursache für Brandts Demission allein im »Fall Guillaume« zu suchen würde den Tat-

»Die Würfel waren gefallen«: Schmidt dankt Willy Brandt, 16. Mai 1974

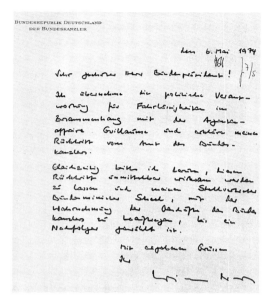

»… übernehme die politische Verantwortung«: Brandts handschriftliche Rücktrittserklärung vom 6. Mai 1974

sachen nicht gerecht. Er selbst ist in den folgenden Jahren wieder und wieder nach den Gründen für seinen Schritt gefragt worden und danach, ob nicht doch alles ganz anders hätte kommen können. Er hat darauf nie präzise geantwortet, gab allerdings zu, dass er in einer anderen psychischen oder physischen Verfassung wohl auch anders gehandelt hätte. Brandt war erschöpft und müde – einfach zu schwach für das, was ihm bevorgestanden hätte. So stürzte er über einen Anlass, wie er nichtiger kaum hätte sein können. Aber wenn es nicht dieser gewesen wäre, dann wohl ein anderer. Und so ist nicht sein Fall das eigentlich Erstaunliche am Ende dieser Affäre, sondern die unerwarteten Selbstheilungskräfte, die dieser in Brandt freisetzte. Kaum einer, der ihm nahe war, hat damals für möglich gehalten, was tatsächlich geschah: Dass Brandt seine schwerste Niederlage als Chance für einen persönlichen und politischen Neuanfang nutzen und noch bis 1987 der Vorsitzende seiner Partei bleiben würde. Am 8. Oktober 1992 ist er in seinem Haus in Unkel am Rhein gestorben.

Im Jahr 1986 häuften sich verheerende Chemieunfälle am Rhein: Sandoz und Ciba-Geigy in der Schweiz, Degussa und Hoechst in Deutschland. Über die Gründe wurde lange gerätselt – und doch blieben zahlreiche Fragen offen. Der ehemalige Chef der Terrorabwehr des US-Geheimdienstes CIA präsentiert jetzt eine überraschende Antwort.

1986 Die Stasi-Verschwörung

Es muss kurz vor Mitternacht gewesen sein, als der Brand ausbrach. Die Katastrophe geschah in der 6000 Quadratmeter großen Lagerhalle 956 des Chemiekonzerns Sandoz, Teil des Chemiewerks Schweizerhalle bei Basel. Keiner hatte zunächst etwas bemerkt. Die Halle war nicht mit automatischen Brandmeldern ausgerüstet. Eine Sprinkleranlage fehlte. Zwar hatten die Männer der Feuerwehr noch wenige Wochen zuvor einen Kontrollgang unternommen. Doch die Mängel blieben. Die Lagerhalle erhielt sogar das Sicherheitsprädikat »gesetzeskonform«. Dabei hatten es die Produkte in Halle 956 in sich: Von den insgesamt 1351 Tonnen bildeten allein 930 mit unterschiedlichen Pestiziden und Insektiziden ein gewaltiges Gefährdungspotenzial. Die Chemikalien hätten ausgereicht, die gesamte Bevölkerung Europas auszurotten.

»Hochgiftige Chemikalien«: Aufräumungsarbeiten nach dem Brand bei Sandoz in Basel am 1. November 1986

> Pausenlos Explosionen, 30, 40 Meter hohe Feuerbälle, grellgelb aus schwarzem Rauch hervorbrechend, stundenlang.

EIN AUGENZEUGE DES UNFALLS,
IM NOVEMBER 2000

20 Minuten nach Mitternacht entdeckten Sandoz-Angestellte den Brand. Die 15 Mann starke Werksfeuerwehr löste Großalarm aus und ging sofort an die Arbeit. Zunächst wurde Löschschaum gespritzt. Doch der zerstäubte wirkungslos. Inzwischen schlugen die grellgelben Flammen bis zu 40 Meter hoch. Die Löschmannschaften, bald 160 Feuerwehrleute, setzten Wasser ein. Die Chemikalien, unter ihnen zumeist hochgiftige Phosphorsäureester, brannten ungewöhnlich intensiv. Dafür sorgten die vier Tonnen Lösungsmittel Petrol und Isopar aus dem Hause Esso. Giftfässer flogen wie Torpedos durch die Luft. Pausenlos kam es zu Explosionen. Noch wussten die Feuerwehrmänner nicht, welche Stoffe sie mit Wasser übersprühten, kannten also nicht die chemi-

»Flammen bis 40 Meter«: Feuerwehrleute versuchen, das Feuer bei Sandoz zu löschen

schen Reaktionen. Während sie hektoliterweise Wasser in die Flammen spritzten, prüfte die Katastrophenleitung die Belastung der Luft. Um drei Uhr an jenem frühen Samstagmorgen des 1. November 1986 setzte sich der kantonale Luftchemiker Roberto Mona in seinen Wagen und fuhr Richtung Basel, sechs Kilometer vom Brandort Schweizerhalle entfernt. Er kurbelte das Fenster herunter, streckte die Nase nach draußen und sog die Luft ein: kein Geruch, also keine Giftgaswolke, so der messerscharfe Schluss. Rasch teilte die Sandoz-Unternehmensleitung mit, die frei gewordenen chemischen Substanzen seien »größtenteils harmlos«. Doch immer mehr Basler klagten über beißenden Gestank. Er erinnerte an verfaulte Pilze. Endlich verhängten die Verantwortlichen über die ganze Region Katastrophenalarm. Das aber sprach sich nur schleppend herum. Viele Sirenen waren gerade in Reparatur, und die Lautsprecher der Polizei zu leise. Wenigstens übers Radio war in 15-Minuten-Abständen zu hören: »Chemiealarm, bitte Fenster schließen und das Haus nicht verlassen!« Die Experten fürchteten Reizungen von Haut und Atemwegen. Den zuständigen Kantons-Chemiker von Basel-Stadt, Martin Schüpbach, bewegten Horrorvisionen. »Ich dachte immer wieder, hoffentlich ist die Giftwolke nicht tödlich«, berichtete er später. Der öffentliche Verkehr wurde eingestellt. Um 7.02 Uhr verkündete die Einsatzleitung, der Brand sei gelöscht. Die Basler hatten Glück. Zwar klagten viele über Kopfschmerzen, Bindehautentzündungen und Asthmaanfälle, einige Dutzend übergaben sich, doch die Ärzte diagnostizierten insgesamt nur »leichte Vergiftungen«. Glück auch, dass sich die Tanks mit dem tödlichen Nervengas Phosgen, die gerade mal gut 200 Meter von der Brandhalle entfernt lagen, nicht entzündeten. Sonst hätte eine Katastrophe wie im indischen Bhopal gedroht, wo ein Phosgen-Unfall im Chemiewerk von Union Carbide 3272 Todesopfer und hunderttausende Verletzte gefordert hatte.

Der Sandoz-Unfall war gleichwohl das größte Umweltdesaster der Schweiz und eine der schlimmsten Umweltkatastrophen der Achtzigerjahre für die angrenzenden Länder Frankreich und Deutschland. 13 Millionen Liter kontaminiertes Löschwasser mit gefährlichen Chemikalien flossen in den Rhein, inklusive 200 Kilogramm hochgiftiges, krebserregendes reines Quecksilber. Sie färbten Deutschlands meistbesungenen Fluss stellenweise blutrot, machten ihm beinahe den Garaus.

Nicht der Brand war die eigentliche Katastrophe, sondern vielmehr die Ermittlungen.

EHEMALIGER RANGHOHER MITARBEITER DES POLIZEI-CORPS BASLERSTAB, DER UNGENANNT BLEIBEN MÖCHTE, IM NOVEMBER 2000 ÜBER DIE DAMALIGEN ERMITTLUNGEN

Sechs Jahre lang, bis 1992, forschten die Schweizer Behörden nach den Ursachen der Katastrophe. Ohne Ergebnis. Als wahrscheinlichen Grund nannten die Experten, dass sich der chemische Stoff »Berliner Blau« womöglich selbstständig entzündet hatte. Und Brandstiftung? »Für diese These«, so Untersuchungsrichter Toni Thüring, »wurden keine Anhaltspunkte gefunden.« Ein Unfall also? Oder ein Sabotageakt? Doch von wem? Wer hätte ein Interesse haben können, eine solche Katastrophe zu inszenieren?

Viel schneller als erwartet war die Giftwelle gleich nach dem Unglück rheinabwärts geschwappt. Nur 15 Stunden benötigte sie für die etwa 450 Kilometer bis zum Siebengebirge und zur damaligen Bundeshauptstadt Bonn. Der rheinland-pfälzische Umweltminister Klaus Töpfer hatte in allen Tiefbrunnen am Rhein die Pumpen abstellen lassen.

Sabotage wurde mit dem Ziel betrieben, um in Westeuropa und der Bundesrepublik eine Krisensituation herbeizuführen.

THOMAS AUERBACH, MITARBEITER DER BSTU

Und die Hochbehälter konnten in der Kürze der Zeit nicht mehr aufgefüllt werden. Die Folge: Alle Wasserhähne blieben trocken. Zehntausende von Rheinanliegern zwischen

»Größtes Umweltdesaster«: Noch monatelang wurden aus dem Rhein tote Fische geborgen

Bonn und Koblenz konnten mehrere Tage lang nur mit Notrationen der Feuerwehr versorgt werden. Zum Waschen und Duschen fuhren manche in Bonner Schwimmbäder. Wäschereien mussten schließen. Salat und Gemüse, die gewaschen werden mussten, vertrockneten in den Regalen. Autowaschen war verboten. Gefragt waren Kartoffeln im Glas und Tiefkühlkost. Mehr als eine halbe Million Fische verendete: Aale, Hechte, Forellen, Weißfische. Der Rhein geriet zu einem Fluss des Todes. Zu den Geschädigten zählten Sport- und Berufsfischer entlang des Stroms, die Wasserwerke der am Rhein liegenden Bundesländer, aber auch die Brauereien, die ihre rheinnahen Brunnen vorsorglich schließen mussten. Es dauerte zehn Jahre, ehe sich der Rhein von den Umweltschäden erholt hatte. Aus Sandoz war inzwischen längst Novartis geworden. Der Name Sandoz war verbrannt.

Und er schien vergessen, ebenso wie die Tatsache, dass der Chemieunfall nie hundertprozentig aufgeklärt worden war. Die Jahre vergingen – und das Erinnerungsvermögen schwand. Dem Rhein ging es stetig besser. Immer mehr Menschen wagten an heißen Tagen schon einmal ein Bad im Strom. Angler meldeten stolz steigende Fangquoten, sogar bei Lachsen. Doch dann plötzlich, 14 Jahre später, im November 2000, wurde die Sandoz-Katastrophe wieder zum Thema. *History*-Reporter hatten einen Kronzeugen gefunden, der für den geheimnisumwitterten Unfall von 1989 eine höchst spektakuläre Erklärung präsentierte. Vincent Cannistraro war kein Geringerer als der ehemalige Chef der Terrorabwehr beim US-Geheimdienst CIA. Was er offenbarte, klang atemberaubend: Der Chemieunfall bei Sandoz war

»Ablenkung von Tschernobyl?«: War das Reaktorunglück Anlass für Sabotageaktionen der Stasi?

Staatsterrorismus, ein perfides Schurkenstück, ausgedacht vom sowjetischen Geheimdienst KGB und durchgeführt von der Staatssicherheit der DDR, der Stasi. Seine brisanten Informationen, so der Amerikaner, stammten von einem früheren KGB-Offiziellen, den Cannistraro 1991 kennen gelernt hatte. Der CIA-Experte war nach dem Ableben der Sowjetunion 1991 mehrere Male nach Moskau eingeladen worden, um den Russen bei einer Reihe von Problemen zu helfen, inklusive der Terrorabwehr. Bei einem dieser Treffen habe ihm ein Ex-KGB-Offizieller die wahren Hintergründe verraten. Cannistraro: »Die Stasi heckte eine Sabotageaktion gegen das Sandoz-Werk aus. Sie han-

320

> **In Moskau unterhielt ich mich mit meinen ehemaligen Gegnern von KGB. Ich fragte einen der Offiziere nach den Chemieunfällen 1986. Die Antwort war nur: »Tschernobyl!«**
>
> VINCENT CANNISTRARO, EHEMALIGER LEITER
> DER TERRORABWEHR DER CIA

delte auf Anweisung des KGB. Die Russen wollten damit von der Kritik an der Tschernobyl-Katastrophe ablenken.« Die Katastrophe um den sowjetischen Atommeiler hatte sich im April 1986 ereignet, nur ein halbes Jahr zuvor. »Die Russen«, so Cannistraro, »konnten Tschernobyl zu ihrem Leidwesen nicht totschweigen, die gesamte Weltpresse berichtete über die zahlreichen Opfer und die gewaltigen Umweltschäden – für die sowjetischen Machthaber ein großes Problem. So entschloss man sich, den Spieß umzudrehen und den Westen mit seinen eigenen Umweltfehlern an den Pranger zu stellen.«

Die Stasi verfügte seit 1963 über eine entsprechende Sondereinheit. Die AGMS (Arbeitsgruppe Minister-Sonderfragen) war vom Minister für Staatssicherheit (MfS) Erich Mielke gegründet worden und bestand aus Einzelkämpfern und Einsatzgruppen, die für Sabotageaufträge im Westen ausgebildet waren. Eine Abteilung, für die schmutzige

> **1982 gab es eine Liste mit 346 Zielobjekten in der bundesdeutschen Infrastruktur, darunter Kernkraftwerke oder Kernforschungsanlagen.**
>
> THOMAS AUERBACH, MITARBEITER DER BStU

Tricks zum Tagesgeschäft gehörten. Thomas Auerbach, AGMS-Experte bei der Berliner Gauck-Behörde zur Aufarbeitung der Stasi-Unterlagen: »Die Kämpfer waren für Einsätze in der Bundesrepublik und Westberlin trainiert, um dort die neuralgischen Punkte der gesamten deutschen Infrastruktur zu zerstören.« Ausgebildet wurden die Agenten in geheimen Lagern. An Puppen übten sie, wie man Menschen erschlägt, ertränkt, erwürgt, ersticht. Ein ehemaliger Ausbilder verriet später: »Die DDR hat diese Kräfte für den Ernstfall ausgebildet. Sie mussten Kenntnis haben, wie man an bestimmten Punkten wirksam wird, um dem Gegner zu schaden.«

Der Hauptgegner befand sich natürlich im Westen, vor allem in der Bundesrepublik. Dort setzte die Stasi mehrere zehntausend inoffizielle Mitarbeiter (IM) ein, die überwachten und bespitzelten, fotografierten und fotokopierten, konspirierten und intrigierten. Eindrucksvolle Belege für die flächendeckende Observierung finden sich im Buch des Historikers Hubertus Knabe (»*Die unterwanderte Republik – Stasi im Westen*«). Bis zum Ende der DDR waren 15 Abhörstationen im Einsatz, mit deren Hilfe bis zu 5000 Verbindungen gleichzeitig aufgezeichnet werden konnten: Gespräche von Politikern mit ihren Ehefrauen oder Geliebten, vertrauliche Unterhaltungen zwischen Partei- und Industriebossen – ob via Telefon, Autotelefon, Fax oder über den gesamten Richt- und Satellitenfunkverkehr. So ist beispielsweise ein Telefonat zwischen Kurt Biedenkopf und dem damaligen CDU-Vorsitzenden Helmut Kohl aus dem Jahre 1974 dokumentiert. Dabei warf Biedenkopf vom Autotelefon aus dem am Festnetzapparat sprechenden Kohl Mangel an Konzeption, Stehvermögen, Disziplin und Willenskraft vor. Kurz vor Kohls Nominierung zum Kanzlerkandidaten spielte die Stasi den Wortlaut unter anderem dem *Stern* zu, der dies dann veröffentlichte. Noch

321

direkter griff der DDR-Geheimdienst in eine der wichtigsten und spektakulärsten Bundestagsabstimmungen ein: Als 1972 die Union mit einem konstruktiven Misstrauensvotum Bundeskanzler Willy Brandt stürzen wollte, verweigerten völlig überraschend einige Unionsabgeordnete ihrem Kandidaten Rainer Barzel die Stimme und erhielten damit der SPD die Macht. Einer der Umfaller war

> Unsere Aufgabe war, Mitarbeiter auszubilden, die im Verteidigungsfall in der Lage waren, Aufgaben durchzuführen, die sonst nicht unbedingt zum täglichen Arbeitsgebiet gehörten.
>
> GERHARD J., EHEMALIGER MFS-MITARBEITER

CDU-Mann Julius Steiner. Nach dem Ende der DDR kam heraus, dass er für sein Votum gegen den eigenen Kandidaten von der Stasi mit 50 000 Mark geschmiert worden war: große Wirkung für (relativ) kleines Geld. Die DDR sah seinerzeit ihre Interessen von der SPD-geführten Bundesregierung mit ihrer neuen Ostpolitik besser vertreten als von einer CDU-Regierung.

Als die Stasi nach der Wende aufgelöst wurde, hinterließ sie 178 Kilometer Akten – ohne jene interessante Kilometerware, die von den Verantwortlichen noch eben schnell geschreddert wurde. Jeder noch erhaltene laufende Meter fasst bis zu 70 Vorgänge, umgerechnet an die 10 000 Blatt Papier mit einem Gewicht von zirka 30 Kilogramm. Der gesamte Aktenberg wiegt etwa 5340 Tonnen. Bearbeitet wird er von der Gauck-Behörde, benannt nach ihrem ersten Bundesbeauftragten Joachim Gauck. Mit rund 2600 Mitarbeitern beschäftigt dessen Nachfolgerin Marianne Birthler mehr Personal als das Bundesinnenministerium, dem die Behörde unterstellt ist. Seit Inkrafttreten des Stasi-Unterlagengesetzes am 29. Dezember 1991 wurden fünf Millionen Anträge auf Akteneinsicht gestellt, fast zwei Millionen davon von Privatleuten. Durchschnittlich 10 000 Privatpersonen im Monat begehren Einsicht in ihre Unterlagen. Wissenschaftler und Journalisten reichten bislang 16 000 Rechercheaufträge ein. Einer von ihnen war der Journalist Heribert Schwan, der jahrelang Stasi-Akten wälzte, um den mysteriösen Fall Eigendorf zu klären. Der Fußballer Lutz Eigendorf spielte zu DDR-Zeiten beim BFC Dynamo Berlin, dem Stasi-Klub. Er galt als »Beckenbauer der DDR«. Zu den leidenschaftlichen Bewunderern seiner Kick-Kunst zählte Dynamo-Vorsitzender Erich Mielke – bis zum 21. März 1979. Da spielten die Ostberliner beim 1. FC Kaiserslautern. Eigendorf blieb nach dem Spiel gleich dort: Republikflucht. Der Stasi-Chef schäumte vor Wut. Am 7. März 1983, der Spieler war mittlerweile vom 1. FC Kaiserslautern zu Ein-

»Todeskampf von anderthalb Tagen«: Das völlig zerstörte Wrack des Alfa-Romeo von Lutz Eigendorf

tracht Braunschweig gewechselt, starb Eigendorf nach einem Todeskampf von anderthalb Tagen im Alter von nur 26 Jahren. Er hatte

> … leitete die Staatssicherheit ihre menschenverachtende Berechtigung ab, Individuen in kollektive Anpassung zu zwingen oder im Verweigerungsfall als Feinde zu liquidieren.
>
> Udo Scheer, Autor der *Thüringischen Landeszeitung*, im Februar 2002 über die Selbstrechtfertigung der Stasi

mit seinem schwarzen Alfa-Romeo auf der Braunschweiger Forststraße eine Rechtskurve verpasst und war gegen einen Baum geprallt. Die Blutprobe wies einen Promillegehalt von 2,2 auf. Der Blutwert dürfte zum Zeitpunkt des Unfalls noch höher gelegen haben, da dem lebensgefährlich Verletzten bereits am Unfallort ein Tropf angelegt werden musste. Danach hätte Eigendorf vorher ca. fünf Liter Bier oder zweieinhalb Liter Wein getrunken haben müssen: Alkoholmengen, die er nach Aussagen seiner Frau

> Im AGMS-Handbuch steht ganz klar drin, was »liquidieren« bedeutet: physische Vernichtung durch ertränken, erstechen, erschießen und so weiter.
>
> Thomas Auerbach, Mitarbeiter der BStU

Josi niemals konsumiert hätte. Bald kam der Verdacht auf, die Stasi habe Eigendorf ermorden lassen. Nun erinnerte sich auch der ebenfalls aus der DDR geflohene Ex-Weltmeister im Kugelstoßen, Wolfgang Schmidt, an ein Vier-Augen-Gespräch mit Mielke zwei Jahre nach Eigendorfs Flucht. Da hatte ihm der MfS-Chef zugeraunt: »Wenn ich will, spielt Eigendorf keinen Fußball mehr.« Doch erst Heribert Schwan hat mit einer aufwändi-

»Beckenbauer der DDR«: Lutz Eigendorf im Trikot der DDR-Nationalmannschaft

gen Recherche den Verdacht so erhärtet, dass heute kaum mehr jemand am Stasi-Mord zweifeln kann. Nach jahrelanger Arbeit hatte Schwan aus Stasi-Akten und Gesprächen mit Zeitzeugen ein Indizienpuzzle zusammengefügt, das schließlich keinen anderen Schluss mehr übrig ließ als einen Stasi-Mord.

So fand der Journalist eine handschriftliche Aufzeichnung, die alle möglichen Methoden einer gezielten »Personengefährdung« auflistete. Dabei war von Giften, Gasen und Verbrennungen die Rede – sowie unter den Stichworten »Unfallstatistiken, von außen ohnmächtig?« der Begriff »verblitzen«. Dahinter stand Eigendorfs Name. In der Rekonstruktion des Unfallhergangs fehlte eine Stunde. Wo sich Eigendorf zwischen 22.00 und 23.00 Uhr vor der Unglücksfahrt aufgehalten hatte, blieb im Dunkeln. Mutmaßlich pumpten ihn seine

Mörder während dieser Zeit gewaltsam mit Alkohol und einem Betäubungsmittel voll. Nach Schwans Recherchen waren fünf höhere Offiziere des Ostberliner Staatssicherheitsdienstes sowie drei IM an der Aktion beteiligt. Einer von ihnen, ein ehemaliger DDR-Boxmeister im Fliegengewicht namens Karl-Heinz Felgner, daheim vorbestraft wegen Körperverletzung und Unzucht, wurde 1980 mit dem Auftrag in die Bundesrepublik geschickt, sich an den »Verräter« Eigendorf heranzumachen. Der Plan gelang. Felgner wurde Eigendorfs Freund und berichtete alles über dessen Privat- und Sportlerleben nach Ostberlin. Dort liefen beim Führungsoffizier Heinz Heß alle Fäden zusammen. Am Tag, als Lutz Eigendorf starb, erhielt Oberstleutnant Heß eine Prämie von tausend Mark.

Die Opfer sind in Beweisnot, weil sie die Folterwerkzeuge nicht vorweisen können und ihre Folterknechte nicht kennen.

PROF. KLAUS-DIETMAR HENKE, ZEITHISTORIKER DER
TECHNISCHEN UNIVERSITÄT DRESDEN, IM MÄRZ 2002 ÜBER
DIE SITUATION DER OPFER VON STASI-VERBRECHEN

»Bei der Stasi«, so der Historiker Knabe, »kann man nichts ausschließen.« Deshalb ist es für ihn auch vorstellbar, dass die Staatssicherheit Anschläge auf Chemiekonzerne wie Sandoz initiierte. Zumal sich nach den Aussagen von CIA-Mann Vincent Cannistraro die Stasi-Aktionen nicht allein auf Sandoz beschränkten. Auch die Unfälle in anderen Chemiewerken entlang des Rheins – so bei Degussa, Ciba-Geigy und Hoechst – im selben Jahr seien Sabotageakte gewesen. Sie alle ereigneten sich innerhalb von sechs Monaten nach dem nuklearen GAU in der Ukraine. Drei Wochen nach dem Sandoz-Unglück

sind aus dem Werk Schweizerhalle der Ciba-Geigy phenolhaltige Zersetzungsprodukte entwichen, die in der Region Basel penetrante Geruchsimmissionen auslösten. Die Gaswolke, so die Firmenleitung, sei für die Bevölkerung unbedenklich gewesen. Hauptleidtragender war wiederum der Rhein, der bei dem Unfall 400 Kilogramm Unkrautvertilger schlucken musste.

Nachdem Cannistraros Aussagen publik wurden, waren die Schweizer Untersuchungsbehörden gezwungen, sich noch einmal mit der Sandoz-Katastrophe zu beschäftigen. So mancher Beobachter gewann indes den Eindruck, dass die Aufklärer den aktuellen Zeugenaussagen dabei nicht mit letzter

Die Sache mit der Stasi hat eine gewisse Logik. Sie passt gut in das politische Klima jener Zeit.

TONI THÜRING, BEZIRKSGERICHTSPRÄSIDENT
ARLESHEIM, IM NOVEMBER 2000
ÜBER DIE THESEN CANNISTRAROS;
1986 ZUSTÄNDIGER UNTERSUCHUNGSRICHTER

Konsequenz nachgingen. Toni Thüring etwa, seinerzeit verantwortlicher Untersuchungsrichter und inzwischen Bezirksgerichtspräsident in Arlesheim, stellte in einem Zeitungsinterview gar die Echtheit des Vincent Cannistraro infrage: »Es existiert nur die Aussage eines angeblichen CIA-Mitarbeiters. Nicht einmal die Identität dieses Geheimagenten konnte ich bisher überprüfen.« Eine solche Recherche hätte freilich auch ein Praktikant der *Basler Zeitung* bewältigen können. Viel mehr schien dagegen die Behörden nach der Veröffentlichung der Stasi-Variante zu interessieren, »inwieweit welche Verjährungsfristen tangiert und eventuell bereits eingetreten sind« (so das Verfahrensgericht

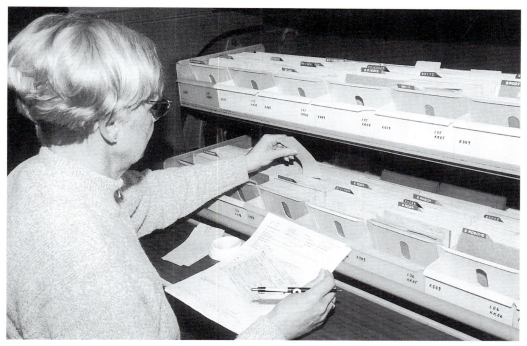

»Flächendeckende Observierung«: Für die »Westarbeit« der Stasi finden sich in den Karteischränken der Gauck-Behörde zahlreiche Hinweise

in Strafsachen im Kanton Basel-Land). Die Untersuchungen währten denn auch nicht lange und brachten für die Schweizer Behörden »keine neuen Erkenntnisse«. Als wahrscheinliche Unglücksursache muss daher weiterhin eine Palette mit der Chemikalie »Berliner Blau« herhalten, die sich angeblich auch noch selbst entzündet haben soll. Eine Annahme, die auf wackligen Beinen steht. So konnten CIA-Spezialisten bei einem Experiment die Chemikalie weder zum Kokeln geschweige denn zum Entflammen bringen.

> Terroristische Vorfälle aus den Siebziger- oder Achtzigerjahren in der Bundesrepublik müssen jetzt ganz anders betrachtet werden.
>
> THOMAS AUERBACH, MITARBEITER DER BStU

Die Ungewissheit bleibt also, ebenso wie die Erinnerung an eine der größten Umweltkatastrophen der Achtzigerjahre des 20. Jahrhunderts. Erst zwei Drittel des Aktenbestands der Stasi-Hinterlassenschaft sind bisher erschlossen. Vieles, was in der Gauckbeziehungsweise Birthler-Behörde, jenem fensterlosen Neubau in der ehemaligen Berliner Stasi-Zentrale an der Normannenstraße schlummert, ist noch immer unentdeckt, ungelesen, ungeprüft. Doch falls Marianne Birthlers Mitarbeiter eines Tages auch die entscheidenden Beweise für eine Beteiligung von KGB und Stasi an den rheinischen Chemieunfällen anno 1986 in schriftlicher Form finden sollten – für die Schweizer Behörden gilt der Fall Sandoz seit dem 1. November 2001 als verjährt.

Der Weg zur deutschen Einheit wäre im Frühjahr 1990 beinahe zu einer Sackgasse geworden. Während die Menschen in der DDR voller Hoffnung auf die Straße gingen und die Politiker aus Ost und West schon über die Wiedervereinigung verhandelten, planten sowjetische Militärs einen Putsch gegen Gorbatschow. Hätten sie das Rad der Geschichte noch zurückdrehen können?

1990 Der Militärputsch fand nicht statt

Logisch und folgerichtig – im Rückblick scheint der Weg zur deutschen Wiedervereinigung fast zwangsläufig. Wie anders hätte die Entwicklung, die am 9. November 1989 mit der Maueröffnung einen ersten Höhepunkt erreichte, auch enden sollen, wenn nicht mit einem Freudenfeuerwerk, das am 3. Oktober 1990 das Brandenburger Tor erleuchtete? Die große Politik schien die Weichen für eine friedliche Wiedervereinigung gestellt zu haben. Geradlinig und störungsfrei – so wird der Weg zur Einheit heute beschrieben. Zu keinem Zeitpunkt schien ernsthaft die Gefahr eines Scheitern zu drohen. Und doch hätte alles ganz anders verlaufen können. Dass hinter den Kulissen mächtige Hindernisse aufgetürmt wurden, um den Zug zur Einheit entgleisen zu lassen, blieb lange Zeit ein wohlgehütetes Geheimnis.

»Wer zu spät kommt …« Michail Gorbatschow und Erich Honecker bei den Feiern zum 40. Jahrestag der DDR, 7. Oktober 1989

Es war ein historisches Ereignis in einer Kette von historischen Ereignissen: Am 12. September 1990 unterzeichneten die Außenminister der beiden deutschen Staaten und der vier Siegermächte des Zweiten Weltkriegs in Moskau den Zwei-plus-Vier-Vertrag. Der »Vertrag über die abschließende Regelung in Bezug auf Deutschland« besiegelte die folgenreichste Veränderung der europäischen Nachkriegsordnung. Deutschland erlangte wieder seine volle Souveränität. 40 Jahre lang hatte es zwei Deutschland gegeben. Eines war fest verankert in die Familie der westlichen Demokratien, das andere fest angebunden im sozialistischen Lager. Nun sollte wahr werden, was knapp zehn Monate zuvor die Demonstranten in Leipzig gefordert hatten: Deutschland, einig Vaterland.

Nach der Unterzeichnung des Vertrages traf Condoleezza Rice, außenpolitische Beraterin des US-Präsidenten George Bush, noch einmal mit Sergej Achromejew, Marschall der Sowjetunion, zusammen. Während die Saaldiener die Utensilien des feierlichen Ak-

»Wir hätten es verhindern müssen«: Unterzeichnung des Zwei-plus-Vier-Vertrags in Moskau, 12. September 1990

tes wegräumten, unterhielten sich die beiden Vertreter der beiden Supermächte im fast leeren Konferenzraum. Es war die Zeit der Bewertungen: »Nun haben Sie Ihre Politik durchgesetzt. Wir hätten das verhindern können. Vielleicht hätten wir es verhindern müssen«, gab Gorbatschows Berater resignierend zu. Die Vertraute des amerikanischen Präsidenten fragte nach: »Mit Gewalt? Einer militärischen Aktion gegen die eigene Führung? Wir haben immer befürchtet, dass so etwas geschehen könnte.«

Die amerikanische Sicherheitsexpertin ahnte nicht, wie groß diese Gefahr gewesen war, wie nahe am Abgrund der Prozess der friedlichen Wiedervereinigung gestanden hatte – und sie konnte nicht wissen, wie tief

> **Gorbatschow hat im Zusammenhang mit der deutschen Einheit gesagt: Wenn Deutschland wiedervereinigt wird, wird ein Marschall meinen Platz einnehmen.**
>
> Condoleezza Rice, Sicherheitsberaterin von US-Präsident George Bush

der Mann, mit dem sie sprach, in dieses gefährliche Spiel verstrickt war.

Nach dem Fall der Mauer hatte weltweit ein intensives Tauziehen begonnen. In den Kabinetten der vier Siegermächte herrschte Hektik. Die unvorbereiteten politischen Eliten suchten nach der Lösung eines internationalen Problems – womöglich einvernehmlich, und doch zunächst im jeweils eigenen, nationalen Interesse. In London war die Eiserne Lady not amused über ein wiedererstarktes Deutschland. Margaret Thatcher verfolgte die Entwicklung auf dem Kontinent mit Unbehagen. In Paris saß ein verärgerter François Mitterrand. Der französische Staatschef liebte in de Gaullescher Tradition Deutschland so sehr, dass er froh war, weil es zwei davon gab. Nun aber war die »Grande Nation« in eine Zuschauerrolle gedrängt. In Washington zauderte die westliche Führungsmacht zunächst noch. Die Bush-Administration war auf die Ereignisse in der DDR ebenso wenig vorbereitet wie die Partner in Europa. Doch der Schlüssel zur Einheit lag in Moskau. Das Pulverfass, das den Traum von der deutschen Wiedervereinigung zerplatzen lassen konnte, stand am Roten Platz. Und eine Detonation hätte nicht nur die deutsche Einheit verhindert, sie hätte den Frieden in Europa gefährdet.

Im Kreml tobte hinter den Kulissen ein erbitterter Machtkampf. Dabei ging es nicht allein um das Überleben des SED-Regimes in Ostberlin, es ging um die Zukunft des kommunistischen Systems in Europa. Denn auch wenn für Moskau die deutsche Frage nur eines von vielen Problemen war, die Demonstranten in Leipzig hatten die Gretchenfrage gestellt: Freiheit oder Unterdrückung? Damit stellte sich die Existenzfrage für das kommunistische System – und für diejenigen, die es stützten, die an es glaubten oder zumindest von ihm profitierten: die Amtsträger in Partei, Staat und nicht zuletzt – in der Armee.

Konservative und Reformer, Falken und Tauben, Hardliner und Realisten lieferten sich auf vielen Schauplätzen immer wieder Kämpfe um die immer gleiche Sache. Inmitten der widerstreitenden Interessen stand Michail Gorbatschow, seit 11. März 1985 Ge-

»Innerparteilicher Machtkampf«: Jegor Ligatschow (rechts) war als Nachfolger Gorbatschows vorgesehen

> In den oberen Etagen der Sowjetunion gab es Leute, die nicht bereit waren, die Scheuklappen abzulegen.
>
> VALENTIN FALIN

neralsekretär der KPdSU. Der starke Mann der sowjetischen Supermacht war Realist und Visionär – und damit zugleich ein Hasardeur. Er hatte erkannt, dass es mit dem alten sowjetischen Machtgehabe so nicht mehr weitergehen konnte. Der kommunistische Koloss stand auf tönernen Füßen. Wirtschaftlich war die militärische Supermacht pleite. Politisch begann das Riesenreich an den Rändern auszufransen. Nur noch Gewalt hielt das System zusammen. Gorbatschow hatte Perestrojka und Glasnost zu seinem Programm gemacht, hatte Umgestaltung und Offenheit auf seine Fahne geschrieben. Die Tür zur deutschen Einheit konnte sich nur deshalb einen Spalt öffnen, weil er das Haus Russland von Grund auf renovieren wollte. Im Kampf um innenpolitische Reformen vollzog Gorbatschow dabei eine Veränderung der bisherigen deutschlandpolitischen Grundkonzeption. Er wagte ein gefährliches Spiel. Denn die Erneuerung des Systems, der Umbau der »alten« UdSSR in eine moderne Sowjetunion war eine Kriegserklärung an die alten Kader, die vom siechenden System profitierten. Dem Widerstand der »Orthodoxen« musste der gewiefte Taktiker geschmeidig begegnen, wollte er seiner neuen Politik zum Erfolg verhelfen. Seinen neuen Kurs versteckte er deshalb zunächst in Andeutungen.

»Wir zweifeln nicht, dass die SED imstande ist, Antworten auf die Fragen zu finden, die ihre Bürger bewegen«, hatte Gorbatschow in Ostberlin bei der Feier des 40.

Jahrestags der Gründung der DDR gesagt. Den Sprengstoff verbarg er in einem Nebensatz: »Die Probleme der DDR werden nicht in Moskau, sondern in Berlin entschieden.« Dieser Satz markierte eine Revolution. Er brach mit einer vierzigjährigen Tradition. Seit dem Zweiten Weltkrieg bestimmte Moskau, was im Ostblock geschehen durfte und was zu unterbleiben hatte. Die Breschnew-Doktrin von der »eingeschränkten Souveränität der sozialistischen Staaten« sicherte die Macht der kommunistischen Herrschaft. Jeder Ruf nach Freiheit hinter dem Eisernen Vorhang war von Moskau mit Gewalt erstickt worden: Im Juni 1953 retteten sowjetische Panzer die SED im »Arbeiter-und-BauernStaat« vor den aufbegehrenden deutschen Arbeitern. 1956 erstickte die Sowjetarmee den ungarischen Freiheitskampf, 1968 zermalmten sowjetische Tanks die zarten Freiheitsblüten des Prager Frühlings.

Im Herbst 1989 war alles anders. Schon Ende August 1989 hatten die sowjetischen Streitkräfte in der DDR den Befehl erhalten, in den Kasernen zu bleiben. Ein militärisches Engagement hätte das Ende des Reformkurses bedeutet, hätte Gorbatschows Reden Lügen gestraft. Die neue Losung hieß: »Wer zu spät kommt, den bestraft das Leben.« Eine Mahnung an die orthodoxen SED-Führer in

> Am 15. November 1989 hat Gorbatschow in seinem Vortrag vor Studenten gesagt, die Wiedervereinigung sei keine akute Aufgabe der Politik. Sein Anliegen war die Perestrojka in der DDR.
>
> WJATSCHESLAW DASCHITSCHEW, BERATER GORBATSCHOWS UND SCHEWARDNADSES, ZUR ZIELSETZUNG DES SOWJETISCHEN GENERALSEKRETÄRS UNMITTELBAR NACH DER MAUERÖFFNUNG

»Mit Helmut Kohl muss Klartext gesprochen werden«: Deutschland-Experte Valentin Falin war zunächst gegen eine deutsche Wiedervereinigung

Ostberlin, mit Reformen ihr eigenes Überleben zu sichern.

Denn aufgeben wollte Gorbatschow die DDR eher nicht. Er hoffte noch, dass neue Köpfe an der Spitze der SED die sozialistische Herrschaft würden sichern können. »Als ich mich in die Lösung der deutschen Frage einschaltete, handelte ich im Sinne der zwingenden Logik der Geschichte«, schreibt Michail Gorbatschow über die deutsche Wiedervereinigung in seinem 1999 erschienenen Buch »*Wie es war*«. Ganz so war es nicht, zumindest nicht von Anfang an.

Als die Leipziger Montagsdemonstrationen begannen, ahnte auch Gorbatschow nicht, welche Dynamik diese Entwicklung entfalten würde. Eines aber wusste er: »Es ist kaum möglich, dass diese Republik so bleibt, wie sie war«, gestand er Valentin Falin auf dem Rückflug von der 40-Jahr-Feier der DDR. Der sowjetische Deutschland-Experte brachte die übereinstimmende Einschätzung in Moskau und Ostberlin auf den Punkt: »Man muss dafür Sorge tragen, dass die DDR eine neue Führung bekommt.« Etwas anderes plante Gorbatschow nicht. »Am 15. November 1989 hat er in seinem Vortrag vor Studenten gesagt, die Wiedervereinigung sei keine akute Aufgabe der Politik. Sein Anliegen war die Perestroika in der DDR«, beschreibt Wjatscheslaw Daschitschew, ein Berater Gorbatschows und Schewardnadses, die Zielsetzung des sowjetischen Generalsekretärs unmittelbar nach der Maueröffnung. Folgerichtig lehnte Gorbatschow die Aufgabe der DDR intern als »unkalkulierbares und gefährliches Unterfangen« ab. Immer wieder versicherte er dem Zentralkomitee der KPdSU: »Wir werden die DDR nicht im Stich lassen.« Gorbatschow musste gegenüber den Falken im Kreml sein Gesicht wahren, der starke Mann der Sowjetunion wusste um die Schwäche der eigenen Position. »Helfen Sie mir, die Wiedervereinigung zu verhindern«, bat er bei einem kurzfristig angesetzten Besuch den französischen Staatschef François Mitterrand am 6. Dezember 1989 in Kiew. »Wenn das nicht gelingt, wird ein Marschall der Sowjetunion meinen Platz einnehmen.«

Gorbatschow bewegte sich auf dünnem Eis. Auch ohne die deutsche Frage gab es großen Widerstand in den Reihen der alten sowjetischen Nomenklatura. Die Elite der Partei wusste, dass ihre Macht vor allem auf den Panzern und Raketen der Sowjetarmee beruhte. Die Militärs waren die gehätschelten Lieblinge der politischen Klasse. Deren Position beschrieb Eduard Schewardnadse, Außenminister der UdSSR, im Nachhinein: »Mit einer kleinen Verspätung entstand der militärische Widerstand gegen den Kurs der Perestrojka. Dann waren schon die Drohungen zu vernehmen: entweder Kurswechsel oder Machtwechsel.« Denn nicht nur die Nahtstelle zwischen Ost und West schien zu

»Gefährlich, nichts zu tun«: Soldaten der in der DDR stationierten Westgruppe der sowjetischen Streitkräfte bei einer Übung

brechen, sogar das eigene Staatsgebiet war von Auflösung bedroht.

Während mit der DDR das westliche Bollwerk des Kreml wankte, liebäugelten die sowjetischen Republiken Estland, Lettland, Litauen mit der Unabhängigkeit von Mos-

Die Stimmung in der Westgruppe ist schlecht. Unsere Offiziere und Soldaten fürchten, dass sie die ersten Opfer der Vereinigung werden.

VALENTIN FALIN ZU MICHAIL GORBATSCHOW

kau. »Was wird Gorbatschow in Litauen unternehmen? Die KP dort wird sich in ein paar Tagen von Moskau abspalten. Bald werden sie die Unabhängigkeit fordern in Wilna«, fragte ein hoher General der Roten Armee im Winter 1989 nahe Moskau in einem vertraulichen Gespräch Marschall Achromejew. Dann wies er auf eine besondere Gefahr hin: »Und wenn wir die DDR verlieren? Die Westgruppe der Sowjetunion wird das nicht kampflos hinnehmen.«

Die sowjetischen Streitkräfte in der DDR hätte zu den großen Verlierern der Wiedervereinigung gezählt. Anatolij Tschernajew hatte als außenpolitischer Berater Gorbatschows den Kreml-Chef auf dieses Problem aufmerksam gemacht: »Die haben sich an die Bedingungen gewöhnt, die viel besser waren als bei uns zu Hause.« Eine gefährliche Interessenlage, die erklärt, warum Nikolai Portugalow, der als Sprachrohr des Gorbatschow-Beraters Falin galt, in West und Ost im Lauf des Jahres 1989 immer wieder versicherte, die DDR stehe »nicht zur Disposition«. Doch plötzlich klang alles ganz anders.

»Wenn das Volk die Einheit will, kommt sie,« erklärte Portugalow am 24. Januar 1990 öffentlich in der *Bild*-Zeitung. Woher dieser Sinneswandel? In der ersten Dezemberwoche hatten sich in der DDR die Ereignisse überschlagen. Am 3. Dezember waren Politbüro und Zentralkomitee der SED zurückgetreten. Einige Funktionäre flohen, andere wurden verhaftet. Erich Honecker stand unter Hausarrest, sein Nachfolger Egon Krenz trat am Nikolaustag zurück. Überall in der DDR ging es drunter und drüber. Überall wurden Akten vernichtet. Überall hatten die staatlichen Behörden die Kontrolle verloren. In vielen Städten zwischen Suhl und Rostock gingen die Menschen auf die Straße und forderten freie Wahlen – und die deutsche Einheit. Der Versuch einer Reform des alten Systems durch Austausch der Köpfe an der Spitze war gescheitert.

Ich habe immer gesagt, wir dürfen die DDR nicht preisgeben.

MICHAIL GORBATSCHOW AM 26. JANUAR 1990 BEI EINER VERTRAULICHEN SITZUNG IM KREML

Der neue Mann, der die Macht des alten Systems retten sollte, erfuhr vom geänderten Kurs bei einem Gespräch am 30. Januar 1990 in Moskau. »Gorbatschow hat mir gesagt, dass die Deutschen die deutsche Frage in Selbstbestimmung entscheiden. Da dachte ich mir: ›Aha, Nachtigall, dir höre ich singen‹«, schildert der DDR-Ministerpräsident Modrow die entscheidende Passage. Er wusste, was das hieß: Die UdSSR würde keine grundsätzlichen Einwände gegen die Wiedervereinigung erheben. Umgekehrt rechtfertigte Gorbatschow diese Einschätzung später mit Äußerungen Modrows: »Er hat gesagt: ›Die Deutschen sind für die Vereinigung. Sie wollen jetzt nicht einmal die Union zweier deutscher Staaten akzeptieren. Sie sind für die Fusion.‹ Seine Worte haben uns viel bedeutet.«

Was Gorbatschow mitteilte, war das Ergebnis einer Besprechung, die vier Tage zuvor noch unter den mächtigsten Männern der Sowjetunion stattgefunden hatte. Allen Beteiligten war klar: Die DDR zerfiel, ein Staat mit diesem Namen würde nicht mehr lange existieren. KGB-Chef Wladimir Krjutschkow bestätigte: »Die SED ist kein wirklicher Machtfaktor mehr.« Alle Teilnehmer wussten, dass am Ende des Weges die deutsche Wiedervereinigung stehen würde. Aus dieser gemeinsamen Einsicht zogen die Teilnehmer

»Die Rote Armee ist kein Haufen von Putschisten«: Sergej Achromejew, Marschall der Sowjetunion

»Deutschland in die NATO …«: Michail Gorbatschow und George Bush in Washington, 1. Juni 1990

in einer hitzig geführten Debatte unterschiedliche Schlussfolgerungen: »Es spricht alles dafür, die DDR zu entlassen. Bei dem heutigen Stand der Militärtechnologie spielt es keine Rolle, ob ein Land da oder dort ist«, erklärte Wladimir Tschernajew. Während die einen die Realität akzeptierten, beharrten die anderen auf alten Frontstellungen. Valentin Falin widersprach vehement: »Das ist eine absurde Logik. Dann könnten auch die Amerikaner die Bundesrepublik entlassen.«

Doch auch er wusste nicht, wie dieser Prozess noch hätte aufgehalten werden können. Zwar schlug er eine Konföderation vor. Doch die Zeit für Stufenpläne war vorbei. Die Geschichte hatte ihr Tempo beschleunigt. Nicht kleine Schritte waren gefragt, sondern ein großer Wurf. Und wenn schon Deutschlands Einheit nicht mehr aufzuhalten war, sollte man sie sich dann nicht wenigstens teuer bezahlen lassen?

Während die politische Spitze nach dem richtigen Weg suchte, rumorte es an der Basis. Von einem alten Freund erfuhr Marschall Achromejew Ende Januar 1990 von den Ängsten der sowjetischen Offiziere in der DDR. Die vertraulichen Gespräche hatten besondere Brisanz: Der General der Westgruppe der Streitkräfte warnte Achromejew unmissverständlich: »Für die Armee könnte es gefährlicher sein, nichts zu tun.«

Die Gegner des Gorbatschow-Kurses formierten sich. Valentin Falin formulierte eine Reihe von Denkschriften an Gorbatschow. Vor einem Gespräch des Generalsekretärs mit dem deutschen Bundeskanzler schrieb Falin: »Von allen Staaten Mittel- und Osteuropas hat die DDR für die Sowjetunion die größte Bedeutung. Die BRD verhält sich verantwortungslos. Sie schafft eine Situation, in der uns selbst der einseitige Abzug der sowjetischen Truppen aus Deutschland als die optimale Lösung erscheint. Mit Helmut Kohl muss Klartext gesprochen werden.«

Gorbatschow ignorierte diesen Rat. Nach dem Besuch trat der deutsche Kanzler am 10. Februar 1990 um 22.04 Uhr in Moskau vor die internationale Presse: »Generalsekretär Gorbatschow und ich stimmen darin überein, dass es das alleinige Recht des deutschen Volkes ist, die Entscheidung zu treffen, ob es in einem Staat zusammenleben will.« Allen war klar: Die Entscheidung der Deutschen würde eindeutig sein. Die Nachricht, dass Gorbatschow der Wiedervereinigung zustimmte, alarmierte die innenpolitischen Gegner des Generalsekretärs. Wenn die

> Ich glaube, dass es zwischen der Sowjetunion, der Bundesrepublik und der DDR keine Meinungsunterschiede über die Einheit gibt und über das Recht der Menschen, über die weitere Entwicklung selbst zu entscheiden.
>
> MICHAIL GORBATSCHOW

Wiedervereinigung kommen würde, musste es aus Sicht der Konservativen in Moskau um Schadensbegrenzung gehen. Und das hieß: Das wiedervereinigte Deutschland durfte nicht Mitglied der NATO werden.

Die Entscheidung fiel auf höchster Ebene. Am 31. Mai 1990 sprachen US-Präsident George Bush und Generalsekretär Gorbatschow in Washington im kleinen Kreis über die Zukunft Deutschlands. Im Vorfeld hatte erneut Valentin Falin versucht, den Generalsekretär für eine andere Sicht auf sow-

»Druck von der Straße«: Bei den Leipziger Montagsdemonstrationen wurde immer wieder die Einheit Deutschlands gefordert

335

jetische Sicherheitsinteressen zu sensibilisieren. In zwei Denkschriften am 10. Februar und 18. April hatte er die militärische Komponente als Kern der Deutschlandfrage beschrieben. Er kritisierte alle Bestrebungen, »das DDR-Gebiet in den Geltungsbereich der NATO« einzugliedern, und forderte eine »Blockfreiheit« und damit die deutsche Neutralität mit begrenzten Streitkräften. Vergeblich. Gorbatschow erklärte in Washington: »Die Vereinigten Staaten und die Sowjetunion sprechen sich dafür aus, dem vereinten Deutschland selbst die Entscheidung zu überlassen, zu welchem Bündnis es gehören will.«

Gegenüber der amerikanischen Sicherheitsberaterin Condoleezza Rice erklärte Achromejew am Rande der Gespräche: »Wenn die Deutschen sich vereinigen wollen, dann werden sie es tun. Aber sie dürfen nicht dem westlichen Block angehören. Wenn Deutschland Mitglied der NATO wird, hat die Sowjetunion den Krieg am Ende doch verloren.« Als Rice darauf hinwies, dass Gorbatschow diese Meinung nicht zu teilen schien, entgegnete Achromejew: »Die Frage ist, ob der Generalsekretär noch für die sowjetische Führung spricht.«

KGB-Chef Wladimir Krjutschkow ist sich heute im Nachhinein sicher: »Auf Seiten Gorbatschows standen damals noch ein, zwei Personen, die ihn bei der Umsetzung seiner Politik aktiv unterstützten. Und auf der anderen Seite stand die überwältigende Mehrheit unserer Führung, die nicht einverstanden war mit seinen Methoden und mit seinen Handlungen.«

Anfang Mai 1990 erfuhr Marschall Achromejew von seinem Vertrauten aus der militärischen Spitze bei der Westgruppe der sowjetischen Streitkräfte: »Wir müssen Gorbatschow stürzen. Er wird Litauen verlieren, er wird die DDR verlieren, er wird die Rote Armee zerstören.«

> **Unser Generalsekretär hat lange gesagt, wir dürften die DDR unter keinen Umständen preisgeben. Das würde uns das sowjetische Volk nicht verzeihen.**
>
> <small>Sergej Achromejew, Marschall der Sowjetunion</small>

Achromejew zögerte. »Wir müssen lernen, unsere Konflikte friedlich zu lösen.« Die Antwort war eindeutig: »Ich will keinen Krieg, ich will aber auch keine Führung, die die elementaren Interessen der Sowjetunion verrät.« Achromejew riet zum Abwarten. Er setzte seine Hoffnungen auf den Parteitag der KPdSU im Juli. Dort sollte sich der innerparteiliche Widerstand gegen Gorbatschow formieren und einen neuen Kurs einschlagen. Der Mann, der diesen Kurswechsel durchführen sollte, stand bereit: Jegor Ligatschow.

Am 1. Juli begann in Moskau der 28. Parteitag der KPdSU. Nach kontroversen Diskussionen und spannenden Wahlen applaudierten zwölf Tage später die Delegierten ihrer neu gewählten Führung. Der neue Mann, der die Ovationen des Parteitages entgegen nahm, war der alte: Michail Gorbatschow hatte sich gegen seine innerparteilichen Widersacher durchgesetzt und war in seinem Amt bestätigt worden. Sein Gegenspieler Jegor Ligatschow erklärte später die Gründe seines Scheiterns: »Wir waren nicht bereit, einen aktiven politischen Kampf zu führen. Solche Erfahrungen hatten wir nicht. Die Politbüromitglieder waren ziemlich isoliert voneinander. Außerdem konnten wir bis zum letzten Augenblick uns nicht vorstellen,

»Mit Gottes Hilfe am Ziel«: Helmut Kohl zu Besuch bei Gorbatschow, 16. Juli 1990

dass Gorbatschow bereit wäre, alles zu zerstören, dem er eigentlich sein Leben gewidmet hatte.«

Auch hinter den Kulissen des Parteitags war der Kampf um den künftigen Kurs weitergegangen. Am 9. Juli setzte Falin zu einem erneuten Versuch an, Gorbatschow zu einer Kursänderung zu bewegen. Nachdem er in einem ausführlichen Memorandum versucht hatte, die Probleme bei den bevorstehenden Verhandlungen mit der deutschen Regierung zu schildern, beließ er es diesmal nicht mehr bei schriftlichen Vorstößen, sondern suchte den direkten Kontakt. Um Mitternacht klingelte das Telefon im Büro des Generalsekretärs. Falin beschwor Gorbatschow, die Mitgliedschaft Deutschlands in der NATO zu verhindern. Und wenn das nicht möglich sei, dann doch wenigstens den französischen Status für die wiedervereinigte Bundesrepublik in der NATO anzustreben. Gorbatschow reagierte zurückhaltend: »Ich werde tun, was ich kann. Nur fürchte ich, dass der Zug schon abgefahren ist.«

Der Zug hatte längst Fahrt aufgenommen. Seit dem 31. Mai ging es nicht mehr um das Wohin, sondern nur noch um das Wie. Beim nächsten deutsch-sowjetischen Gipfeltreffen im Juli 1990 suchten die Beteiligten eine Lösung, damit die sowjetische Führung ihr Gesicht wahren konnte. Der Rückzug der sowjetischen Truppen aus der DDR durfte nicht als Niederlage empfunden werden. Es ging nicht mehr um strategische, sondern vor allem um taktische Fragen. »Dieses Treffen definierte, nach welcher Methode der Rückzug der sowjetischen Truppen geschehen muss«, erklärte der sowjetische Außenminister Eduard Schewardnadse. »Die Deutschen haben eine Formel akzeptiert, die den Rückzug unserer Truppen erleichterte. Sie haben eine Methode ausgearbeitet, damit diese Soldaten Deutschland als Freunde und nicht als Feinde verlassen können.« Die Formel umfasste einen zweistelligen Milliardenbetrag. Die Deutschen retteten die Sowjetunion vor der drohenden Zahlungsunfähigkeit. Sie stellten Geld zur Verfügung, um die notwendige Infrastruktur zu schaffen, damit die abziehenden Einheiten der Roten Armee entsprechenden Platz im Haus von Mütterchen Russland finden konnten. Doch würde das reichen, die Gegner Gorbatschows zu besänftigen?

Im August traf Marschall Achromejew erneut mit seinem Gesprächspartner aus der Westgruppe der Roten Armee zusammen. Der Armeegeneral schien zu allem entschlossen: »Es ist alles vorbereitet. Ich fliege in sechs Stunden zurück nach Berlin. Es ist unsere letzte Chance. Gorbatschow hat die Interessen der Sowjetunion verraten. Wir dürfen nicht zulassen, dass diese Verträge in Kraft treten.« Achromejew zögerte: »Die Rote Armee ist kein Haufen von Putschisten.«

Die Putschabsichten machte Valentin Falin erst zehn Jahre später im ZDF öffentlich: »Ich habe Gorbatschow im Jahr 1990 eine sehr vertrauliche Information geliefert: dass man ihn in die DDR einladen will auf Initiative unserer Truppengruppe dort. Und während dieses Aufenthaltes sollte er dort verhaftet werden.« Gorbatschow habe ungläubig reagiert und darauf verwiesen, dass

der KGB keine Informationen über solche Putschabsichten habe. Dennoch bat er Falin, nach Deutschland zu fahren, um diese Sache aufzuklären.

Nach seinem Besuch signalisierte Falin Entwarnung. Die Informationen, die er Gorbatschow gab, waren zwar dürftig, aber beruhigend: »Es gab ein Gespräch zwischen einigen Generälen der Nationalen Volksarmee und einigen unserer Militärs in der Richtung. Doch es besteht keine Gefahr. Sie haben kein Konzept, sie haben keinen Kopf. Es gibt keine Namen.« Marschall Achromejew hätte die Putschisten führen können. Doch er wollte nicht.

Immerhin musste Gorbatschow erkennen, dass es in den oberen Etagen der politischen und militärischen Führung der Sowjetunion Leute gab, die ernsthaft darüber nachdachten, militärisch gegen den Generalsekretär der KPdSU vorzugehen. Der Putsch fand damals nicht statt. Die Putschisten setzen auf Unterstützung aus Moskau, die aber ausblieb. »Ich habe tatenlos dabei zugeschaut, wie ein mächtiges Reich in Windeseile verschleudert wird. Das war die schwerste Entscheidung, die ich je treffen musste«, gestand General Achromejew am 12. September 1990 im Gespräch mit Condoleezza Rice, nach der Unterzeichnung des entscheidenden Vertrags.

Ich denke, dass unsere Handlung im Großen und Ganzen adäquat war, weil wir einsahen, dass diese Bewegung, diese Prozesse, die sich in Gang gesetzt hatten, von den Völkern selbst eingeleitet wurden. So gesehen, haben wir große Verantwortung an den Tag gelegt und großen Respekt diesen Völkern gegenüber erwiesen.

MICHAIL GORBATSCHOW

Wie anders wäre die Geschichte verlaufen, hätten die Generäle ihr Vorhaben umgesetzt? Ein Putsch in Moskau hätte die Einheit verzögert, und Verzögerung hätte leicht Verhinderung bedeutet. Denn die Tür zur Einheit stand nur einen Spalt breit offen, und nur kurze Zeit. Ohne Gorbatschow und Schewardnadse hätte sie in Moskau kaum Befürworter gefunden.

Doch im Sommer 1990 blieb es bei bloßen Plänen. Erst ein Jahr später rollten Panzer durch Moskau. Am 19. August 1991 stellten Putschisten den angeblich »erkrankten« Generalsekretär unter Hausarrest. Doch der Spuk dauerte nur drei Tage. Dann hatte das Volk auf der ganzen Linie gesiegt. Gorbatschow kehrte nach Moskau zurück. Er war frei – und doch geschlagen. Der neue starke Mann hieß Boris Jelzin, der zum unbefristeten Generalstreik aufgerufen hatte und damit zum Symbol des Widerstands wurde. Marschall Achromejew, an dessen Zögern der Putsch ein Jahr zuvor gescheitert war, erhängte sich nach dem gescheiterten Aufstand gegen Gorbatschow am 23. August 1991. Nun hatte er geputscht – aber zu spät.

Im wiedervereinigten Deutschland galten die Sympathien Michail Gorbatschow, dem Mann, der 1989/90 die Tür zur Einheit offen gehalten hatte. Der Putsch, mit dem diese Tür im Sommer 1990 zugeschlagen werden sollte, fand nicht statt. Und erst heute ist es offenkundig, dass die letzten Kalten Krieger schon die Klinke in der Hand hatten.

Textnachweis

Alexander Berkel	1933	Die Hammerstein-Papiere;
	1939	Hitlers Helfer IBM;
	1939	Hitlers lästige Familie;
	1945	Die rote Fahne auf dem Reichstag
Stefan Brauburger	1941	Die Legende vom Präventivkrieg;
	1942	Das Geheimnis von U 166;
	1962	Countdown zum Dritten Weltkrieg
Christian Deick	1946	Die Gehlen-Story
Friederike Dreykluft	1938	Das Geheimnis des Heinz Rühmann
Anja Greulich	1944	Die Wahrheit über Nemmersdorf;
	1964	Mit Dr. Kimble auf der Flucht
Rudolf Gültner	1945	Hitlers Ende;
	1990	Der Militärputsch fand nicht statt
Peter Hartl	1938	Das tödliche Schweigen der Magda Goebbels
Annette von der Heyde	1901	Das Geheimnis der Queen Victoria;
	1907	Die Legende Rasputin
Sönke Neitzel	1914	Wie es zum Ersten Weltkrieg kam;
	1944	Die Legende von den »Wunderwaffen«;
	1945	Die deutschen »Kamikaze«
Patrick Obrusnik	1953	Ein Aufstand für die Freiheit
Karl-Walter Reinhardt	1937	Der letzte Flug der »Hindenburg«;
	1941	»Fanta« und die Nazis;
	1948	Das D-Mark-Wunder;
	1986	Die Stasi-Verschwörung

Friedrich Scherer	1963	Der Mord an John F. Kennedy;
	1974	Der Sturz des Willy Brandt
Mario Sporn	1938	Neckermann macht's möglich
Annette Tewes	1967	Wer verriet Ché Guevara?

Literaturverzeichnis

Zu Kapitel 1: Queen Victoria

Gerste, Ronald D.: Queen Victoria – Die Frau hinter dem Mythos. Regensburg 2000

Lamont-Brown, Raymond: John Brown – Queen Victoria's Highland Servant. Stroud 2000

Lotz, Jürgen: Victoria. Hamburg 2000

Reid, Michaela / Ask, Sir James: Sir James Reid – Personal Physician to Queen Victoria and Physician-in-Ordinary to Three Monarchs. London 1990

Tetzeli von Rosador, Kurt / Mersmann, Arndt (Hrsg.): Queen Victoria – Ein biographisches Lesebuch. München 2000

Zu Kapitel 2: Rasputin

Fülöp-Miller, René: Der heilige Teufel – Die Wahrheit über Rasputin. Leipzig 1994

Heresch, Elisabeth: Rasputin – Das Geheimnis seiner Macht. München 2000

Radsinski, Edward: Die Geheimakte Rasputin – Neue Erkenntnisse über den Dämon am Zarenhof. München 2000

Troyat, Henri: Rasputin – Eine Biographie. München 1998

Zu Kapitel 3: Erster Weltkrieg

Berghahn, Volker R.: Sarajewo, 28. Juni 1914 – Der Untergang des alten Europa. München 1999

Förster, Stig: Im Reich des Absurden – Die Ursachen des Ersten Weltkrieges. In: Bernd Wegner (Hrsg.): Wie Kriege entstehen – Zum historischen Hintergrund von Staatenkonflikten. Paderborn 2000, S. 211–252.

Neitzel, Sönke: Kriegausbruch 1914 – Deutschlands Weg in die Katastrophe. Zürich, München 2002

Zu Kapitel 4: Hammerstein-Papiere

Janssen, Karl-Heinz: »Der große Plan«. In: Die Zeit, 7. März 1997, S. 15

Müller, Reinhard: »Hitlers Rede vor der Reichswehrführung 1933 – Eine neue Moskauer Überlieferung«. In: Mittelweg 36, Zeitschrift des Hamburger Instituts für Sozialforschung, Februar/März 2001, S. 73–90.

Thamer, Hans-Ulrich: Verführung und Gewalt. Deutschland 1933–1945. Berlin 1998

Zu Kapitel 5: »Hindenburg«

Archbold, Rick / Marschall, Ken: Luftschiff »Hindenburg« und die große Zeit der Zeppeline. Augsburg 1997

Sammt, Albert: Mein Leben für den Zeppelin. Wahlwies 1980

Schiller, Hans von: Zeppelin – Wegbereiter des Luftverkehrs. Bad Godesberg 1966

Waibel, Barbara: Zu Gast im Zeppelin –

Reisen und Speisen im Luftschiff »Graf Zeppelin«. Weingarten 1998

Zu Kapitel 6: Magda Goebbels

Behrend, Auguste: »Meine Tochter Magda Goebbels«. In: *Schwäbische Illustrierte*, Stuttgart 1952

Klabunde, Anja: Magda Goebbels – Annäherung an ein Leben. München 1999

Knopp, Guido: Hitlers Frauen ... und Marlene. München 2001

Meissner, Hans-Otto: Magda Goebbels – Ein Lebensbild. München 1978

Die Tagebücher von Joseph Goebbels. Sämtliche Fragmente, hrsg. von Elke Fröhlich im Auftrag des Instituts für Zeitgeschichte. Teil I, Aufzeichnungen 1924–1941. München, New York, London, Paris 1987

Zu Kapitel 7: Heinz Rühmann

Görtz, Franz Josef / Sarkowicz, Hans: Heinz Rühmann – Der Schauspieler und sein Jahrhundert. München 2001

Rühmann, Heinz: Das war's. Frankfurt am Main, Berlin 1982

Sellin, Fred: Ich brech die Herzen ... Das Leben des Heinz Rühmann. Reinbek 2001

Körner, Torsten: Ein guter Freund – Heinz Rühmann. Berlin 2000

Zu Kapitel 8: Josef Neckermann

Neckermann, Josef: Erinnerungen – Aufgezeichnet von Karin Weingart und Harvey T. Rowe. Frankfurt am Main, Berlin 1990

Mönninghoff, Wolfgang: Enteignung der Juden – Wunder der Wirtschaft, Erbe der Deutschen. Hamburg, Wien 2001

Zu Kapitel 9: Hitlers Familie

Gardner, David: The Last of the Hitlers. London 2001

Hamann, Brigitte: Hitlers Wien – Lehrjahre eines Diktators. München 2000

Kershaw, Ian: Hitler 1889–1936. Stuttgart 1998

Ryback, Timothy: »Hitler's Lost Family«. In: *The New Yorker*, 17. Juli 2000

Zu Kapitel 10: IBM

Aly, Götz / Roth, Karl-Heinz: Die restlose Erfassung – Volkszählen, Identifizieren, Aussondern im Nationalsozialismus. Berlin 1984

Black, Edwin: IBM und der Holocaust – Die Verstrickung des Weltkonzerns in die Verbrechen der Nazis. München, Berlin 2001

Zu Kapitel 11: Fanta

Allan, Frederick: Coca-Cola Story – Die wahre Geschichte. Köln 1994

Biedermann, Ulf: Ein amerikanischer Traum – Coca-Cola. Die unglaubliche Geschichte eines 100-jährigen Erfolges. Hamburg 1985

Jeier, Thomas / Fischer, Hans-Georg: Das Coca-Cola-Kultbuch – 100 Jahre Coke. München 1986

Murken-Altrogge, Christa: Coca-Cola Art –
Konsum, Kult, Kunst. München 1991

Pendergast, Mark: Für Gott, Vaterland und
Coca-Cola – Die unautorisierte Geschichte der Coca-Cola Company. Wien
1993

Zu Kapitel 12: Präventivkrieg

Knopp, Guido: Der verdammte Krieg – Das
»Unternehmen Barbarossa«. München
1991

Pietrow-Ennker, Bianka (Hrsg.): Präventivkrieg? Der deutsche Angriff auf die Sowjetunion. Frankfurt am Main 2000

Post, Walter: Unternehmen Barbarossa.
Deutsche und sowjetische Angriffspläne
1940/41. Hamburg 1995

Ueberschär, Gerd R. / Bezymenski, Lew A.
(Hrsg.): Der deutsche Angriff auf die Sow-
jetunion 1941 – Die Kontroverse um die
Präventivkriegsthese. Darmstadt 1998.

Ueberschär, Gerd R. / Wette, Wolfram (Hrsg.):
Der deutsche Überfall auf die Sowjet-
union. Unternehmen Barbarossa 1941.
Frankfurt am Main 1991

Zu Kapitel 13: U 166

Blair, Clay: Der U-Boot-Krieg. 2 Bände,
München 1998/1999

Gannon, Michael: Operation Paukenschlag.
Der deutsche U-Boot-Krieg gegen die
USA. Berlin 1998

Rohwer, Jürgen / Hümmelchen, Gerhard:
Chronology of the War at Sea – The Naval
History of World War Two. London 1992

Zu Kapitel 14: Nemmersdorf

Benz, Wolfgang (Hrsg.): Die Vertreibung
der Deutschen aus dem Osten – Ursachen,
Ereignisse, Folgen. Frankfurt am Main
1985

Fisch, Bernhard: Nemmersdorf, Oktober
1944 – Was in Ostpreußen tatsächlich geschah. Berlin 1997

Knopp, Guido: Die große Flucht – Das
Schicksal der Vertriebenen. München 2001

Schieder, Theodor (Bearb.): Dokumentation
der Vertreibung aus Ost-Mitteleuropa.
Bd. I, 1–3: Die Vertreibung der deutschen
Bevölkerung aus den Gebieten östlich der
Oder-Neiße. Bonn 1953–1960

Zeidler, Manfred: Kriegsende im Osten – Die
Rote Armee und die Besetzung Deutsch-
lands östlich von Oder und Neiße 1944/45.
München 1996

Zu Kapitel 15: Wunderwaffen

Hölsken, Heinz Dieter: Die V-Waffen – Ent-
stehung, Propaganda, Kriegseinsatz. Stuttgart 1984

Schabel, Ralf: Die Illusion der Wunderwaffen
– Die Rolle der Düsenflugzeuge und Flug-
abwehrraketen in der Rüstungspolitik des
Dritten Reiches. München 1994

Zu Kapitel 16: »Kamikaze«

Gellermann, Günther W.: Moskau ruft Heeresgruppe Mitte ... Was nicht im Wehrmachtbericht stand – Die Einsätze des
geheimen Kampfgeschwaders 200 im
Zweiten Weltkrieg. Koblenz 1988

Hermann, Hajo: Bewegtes Leben. Stuttgart 1984

Rose, Arno: Radikaler Luftkampf. Stuttgart 1977

Zu Kapitel 17: Hitlers Ende

Axmann, Artur: Das kann doch nicht das Ende sein. Koblenz 1995

Bezymenski, Lew: Der Tod des Adolf Hitler – Unbekannte Dokumente aus Moskauer Archiven. Hamburg 1968

Bihl, Wolfdieter: Der Tod Adolf Hitlers – Fakten und Überlebenslegenden. Wien 2000

Fest, Joachim: Der Untergang – Hitler und das Ende des Dritten Reiches. Berlin 2002

Joachimsthaler, Anton: Hitlers Ende – Legenden und Dokumente. München 1995

Kempka, Erich: Ich habe Adolf Hitler verbrannt. München 1950

Kershaw, Ian: Hitler 1936–1945. München 2001

Zu Kapitel 18: Rote Fahne

Hahn, Gerhard: Die Reichstagsbibliothek zu Berlin – Ein Spiegel deutscher Geschichte. Düsseldorf 1997

Volland, Ernst / Krimmer, Heinz (Hrsg.): Von Moskau nach Berlin – Bilder des russischen Fotografen Jewgenij Chaldej. Berlin 1999

Wefing, Heinrich (Hrsg.): »Dem Deutschen Volke« – Der Bundestag im Berliner Reichstagsgebäude. Bonn 1999

Zu Kapitel 19: Gehlen

Gehlen, Reinhard: Der Dienst – Erinnerungen 1942–1971. München, Zürich 1977

Gehlen, Reinhard: Verschlusssache. Mainz 1980

Reese, Mary Ellen: Organisation Gehlen – Der Kalte Krieg und der Aufbau des deutschen Geheimdienstes. Berlin 1992

Ulfkotte, Udo: Verschlusssache BND. München 1998

Zolling, Hermann / Höhne, Heinz: Pullach intern – General Gehlen und die Geschichte des Bundesnachrichtendienstes. Hamburg 1971

Zu Kapitel 20: D-Mark

Bickerich, Wolfgang: Die D-Mark – Eine Biografie. Berlin 1998

Diwok, Fritz: Die DM-Legende – Deutsche Währung in kritischer Phase. München 1974

Holtfrerich, Carl-Ludwig / James, Harold / Pohl, Manfred: Requiem auf eine Währung – Die Mark 1873–2001. Stuttgart, München 2001

Möller, Hans (Hrsg.): Zur Vorgeschichte der Deutschen Mark – Die Währungsreformpläne 1945–1948. Tübingen 1961

Riehl, Hans: Die Mark – Die aufregende Geschichte einer Weltwährung. Hannover 1978

Roeper, Hans: Die D-Mark – Vom Besatzungskind zum Weltstar. Frankfurt am Main 1978

Sprenger, Bernd: Das Geld der Deutschen – Geldgeschichte Deutschlands. Paderborn 1995

Zu Kapitel 21: Aufstand in der DDR

Baring, Arnulf: Der 17. Juni 1953. Stuttgart 1988

Diedrich, Torsten: Der 17. Juni 1953 in der DDR. Berlin 1991

Hagen, Manfred: DDR, Juni '53 – Die erste Volkserhebung im Stalinismus. Stuttgart 1992

Herrnstadt, Rudolf: Das Herrnstadt-Dokument – Das Politbüro der SED und die Geschichte des 17. Juni 1953. Hamburg 1990

Hildebrandt, Rainer: Der 17. Juni. Berlin 1983

Kowalczuk, Ilko-Sascha / Mitter, Armin / Wolle, Stefan (Hrsg.): Der Tag X – 17. Juni 1953. Berlin 1996

Mitter, Armin / Wolle, Stefan: Untergang auf Raten – Unbekannte Kapitel der DDR-Geschichte. München 1993

Ostermann, Christian F. (Ed.): Uprising in East Germany 1953 – The Cold War, the German Question, and the First Major Upheaval Behind the Iron Curtain. New York 2001

www.17juni53.de

Zu Kapitel 22: Dritter Weltkrieg

Brauburger, Stefan: Die Nervenprobe. Schauplatz Kuba – Als die Welt am Abgrund stand. Frankfurt am Main 2002

Chang, Laurence / Kornbluh, Peter: Cuban Missile Crisis, 1962 – A National Security Archive Documents Reader. New York 1998

Fursenko, Aleksandr / Naftali, Timothy: One Hell of a Gamble – The Secret History of the Cuban Missile Crisis. New York 1998

Zu Kapitel 23: Kennedy-Attentat

Garrison, Jim: Wer erschoss John F. Kennedy? Bergisch Gladbach 1992

Hamilton, Nigel: John F. Kennedy. Wilde Jugend – Leben und Tod eines amerikanischen Präsidenten. Frankfurt/Main 1993

Klein, Edward: Jack & Jackie – Die Kennedys. Traumpaar im Zentrum der Macht. Berlin 2001

Knopp, Guido: 100 Jahre. München 1999

Lane, Mark: Warum musste John F. Kennedy sterben? Düsseldorf 1994

Zu Kapitel 24: Dr. Kimble

Bailey, F. Lee / Aronson, Harvey: The Defense Never Rests. New York 1971

Cooper, Cynthia / Sheppard, Sam Reese: Mockery Of Justice – The True Story of the Sam Sheppard Murder Case. New York 1997

Gaibraith, Jane: »Dr. Richard Kimble – Meet Dr. Sam Sheppard«. In: *Los Angeles Times*, 13. September 1993, S. 67 ff.

Holmes, Paul: The Sheppard Murder Case. New York 1961

McKnight, Keith: »Haunting Questions – The Sam Sheppard Case«. Eight Part Series. In: *Akron Beacon Journal*, 30. Juni 1996 – 7. Juli 1996

Zu Kapitel 25: Ché Guevara

Anderson, Jon Lee: Ché. Die Biografie, München 2002

Castañeda, Jorge G.: Ché Guevara – Biografie. Frankfurt am Main 1998

García, Fernando Diego / Sola, Oscar (Hrsg.): Ché – Der Traum des Rebellen. Berlin 1997

Ryan, Henry Butterfield: The Fall of Ché Guevara – A Story of Soldiers, Spies and Diplomats. Oxford, New York 1998

The Complete Bolivian Diaries of Ché Guevara and other Captured Documents. New York 2000

Zu Kapitel 26: Willy Brandt

Baring, Arnulf: Machtwechsel – Die Ära Brandt-Scheel. Stuttgart 1982

Harpprecht, Klaus: Im Kanzleramt – Tagebuch der Jahre mit Willy Brandt. Reinbek 2000

Knopp, Guido: Kanzler – Die Mächtigen der Republik. München 1999

Schoellgen, Gregor: Willy Brandt. Berlin 2001

Zu Kapitel 27: Stasi-Verschwörung

Knabe, Hubertus: Die unterwanderte Republik – Stasi im Westen. München 1999

Schwan, Heribert: Tod dem Verräter – Der lange Arm der Stasi und der Fall Lutz Eigendorf. München 2000

Wanitschke, Matthias: Methoden und Menschenbild des Ministeriums für Staatssicherheit der DDR. Köln, Weimar 2002

Zu Kapitel 28: Militärputsch

Falin, Valentin: Konflikte im Kreml. München 1997

Gorbatschow, Michail: Wie es war – Die deutsche Wiedervereinigung. Berlin 1999

Luks, Leonid: Geschichte Russlands und der Sowjetunion – Von Lenin bis Jelzin. Regensburg 2000

Rice, Condoleezza / Zelikow, Philip: Sternstunden der Diplomatie – Die deutsche Einheit und das Ende der Spaltung Europas. München 1997

Personenregister

Kursive Seitenangaben verweisen auf Abbildungen

Achromejew, Sergej 11, 327, 332, *333*, 334, 338f.
Adelt, Gertrud 59
Adelt, Leonhard 57, 59
Adenauer, Konrad 216, 219, 223, 239, 251
Albert (Gemahl Queen Victorias) *13*, 14, 17, 19, 21
Alexandra (Gemahlin Nikolaus' II.) 23, *28*, 29f.
Alexej (russ. Thronfolger) 25, *28*
Anderson, Rudolf 263
Andropow, Jurij 200
Anusciewicz, Richard 143
Arlosoroff, Lisa 66f., *67*
Auerbach, Thomas 319, 321, 323, 325
Axmann, Artur 188

Bacon, Paul 127f.
Bahr, Egon 246, 260, 310
Bailey, F. Lee 286f.
Bailey, Petit 147
Ballentin, Horst 241, 250
Barczatis, Elli 218, 220
Baring, Arnulf 312
Bartlett, Billy 77
Barzel, Rainer 237, 322
Baumbach (Luftwaffenoberst) 188
Becker, Murray 53
Beer, Mathias 164
Beichel, Ernst 189
Beimler, Hans 50
Below, Nicolaus von 184
Benjamin, Hilde 218
Bennett, Jack 234
Benzinger, Theo 179, 187
Berija, Lawrentij 243
Bernheim, Maria 75ff., *76*, 82f., *83*
Besymenski, Lew 197f.
Bethmann Hollweg, Theobald von 35, 37, 41
Biedenkopf, Kurt 321

Birthler, Marianne 322
Bismarck, Otto von 14
Black, Edwin 112, 115, 116
Blomberg, Werner von *43*
Blum, Eberhard 222
Boetius, Eduard 53,, 58
Boggs, George 144, 150
Borda, Carlos Villa *302*
Bormann, Martin *135*, 194, 215
Brandt, Rut 305, 309, 311
Brandt, Willy 216, 260, 305f., *305*, 308–315, *311*, *313*, *314*, 322
Braun, Eva 193f., 196, 200
Braun, Wernher von 167, *177*
Brausetter, Hans 75
Bremser, Werner 231
Breschnew, Leonid 200, 330
Brown, John 16, 18, 20f.
Brückner, Richard 88
Brugioni, Dino 263, *263*
Buchanan, George 31
Bunke, Tanja 296, 298ff.
Burchinal, David 255
Bush, George 328f., *334*
Bustos, Ciro 292, 294f., 298ff.

Cannistraro, Vincent 10, 320f., 324
Castaneda, Jorge G. 292
Castro, Fidel 257, 264, *264*, 277, 291, 294, 296, 300
Chaldej, Jewgenij 10, 203, *203*, 204f., 207, 211
Charlton, Marshall 151
Chruschtschow, Nikita 222, 243, 256, 259ff., 263ff., 277
Church, Robert 143
Churchill, Mary *170*
Churchill, Winston 16, 63, 75, *170*
Clasen, Adolf 153
Clausewitz, Carl von 184
Clay, Lucius D. 231, 233
Clemens, Hans *220*

Colm, Gerhard 233
Connally, John 269, 272

Dahl (Luftwaffenmajor) 182
Daschitschew, Wjatscheslaw 330
Dawley, George C. 227f., 230
Debray, Regis 296, 299ff., *299*
Deichmann (Luftwaffengeneral) 189
Dieckmann, Max 61
Dimitri (russ. Großfürst) 30
Dobrynin, Anatolij F. 258, 264f.
Dodge, Joseph M. 231
Dolan, Burtis 57
Dönitz, Karl 143, 146f., 175
Dowling, Brigid 101, *105*
Dowling, Thomas 105
Drenkhan, Fred 284

Eberling, Richard 288f.
Eckener, Hugo 56, *56*, 61f.
Eggers, Kurt 162
Ehmke, Horst 306
Eichmann, Adolf 115
Eigendorf, Lutz 322ff., *323*
Eisenhower, Dwight D. 251
Erhard, Ludwig 227, 231, 239

Fairbanks, Douglas jr. 61
Falin, Valentin 247, 250, 330ff., *331*, 337f.
Falkenhayn, Erich von 41
Fechner, Max 218
Feiler, Hertha 76, 83
Felfe, Heinz 222f., *220*
Felgner, Karl-Heinz 324
Filippow (Rasputins Verleger) 24
Fischer, Fritz 39, 41
Fjodorowna, Alexandra 23
Ford, Harrison 281
Frank, Karl-Friedrich 98
Franz Ferdinand (Erzherzog) 33f., *35*

Franz Joseph I. (österr. Kaiser) 36
Friedländer, Istvan 117
Friedländer, Lotte 73
Friedländer, Magda 66
Friedländer, Richard 65f., 68, *70*, 71, *72*, 73
Fritsch, Willy 49, 77
Fructuoso, Carlos Alberto 301

Gable, Clark 102
Galland, Adolf 174f., 182, *182*, 184
Gardner, Dave 107
Garrison, Jim 273
Gauck, Joachim 322
Gaulle, Charles de 329
Gebhardt, Karl 162
Gehlen, Reinhard 25, 213f., *214*, *215*, 216, 218, 220, 222ff.
Genscher, Hans-Dietrich 306, 308ff., *308*
Gerhard, Walter 245
Giffard, Henri 63
Godiva (Lady) 15
Goebbels, Holde 65
Goebbels, Johanna Maria Magdalena 65
Goebbels, Joseph 65, 69, 71f., 78, 80, *68*, 110, *131*, 134, 139f., 160f., 164, 169f., 173, 176, 188, 192f., 199, 281, 286
Goebbels, Magda 65, *68*, 69ff., 73, 112, 281f.
Goldsmith, Raymond W. 233
Gonzalez, Adolfo Mena 296, 301
Gorbatschow, Michail 9, 327, *327*, 328–339, *334*, *337*
Göring, Hermann 61f., *81*, 111, 161, 174, 188, 192, 194
Göttling, Willy 253
Grant, George 59
Grass, Günter 308, 313
Grey, Sir Edward 37
Grez, Andrei 155
Gromyko, Andrej *257*, 258
Grotewohl, Otto 218, 244f.
Grözinger, Alfred 54, 59f.
Gründgens, Gustaf 82
Guderian, Heinz 132

Guevara, Ernesto Ché 291f., *291*, 294f., *293*, *294*, *295*, 297–303, *297*, *298*
Guillaume, Christel 305, 309
Guillaume, Günter 305, *306*, 308ff., 313
Günsche, Otto 196f., 199f.

Hahn, Gerhard 206
Halder, Franz 138, 140
Hamm-Brücher, Hildegard 231
Hammerstein, Franz von 49
Hammerstein, Helga 45, 47, 51
Hammerstein, Kunrat 50
Hammerstein, Ludwig 50
Hammerstein, Marie Louise 45, 47, 51
Hammerstein-Équord, Kurt von 43f., *45*, 49
Harpprecht, Klaus 306, 312f.
Härtel, Hans 184
Harvey, Lilian 77f.
Hayen, Susan 284
Heidinger, Willy 110, 113f.
Heinz, Friedrich Wilhelm 213
Henke, Klaus-Dietmar 324
Hennig, Rotraud 153
Hentschel, Johannes 192
Hermann, Hajo 183f., 186
Herold, Horst 310
Herrnstadt, Rudolf 244
Heß, Heinz 324
Heß, Rudolf 103, 215
Hewel, Walter 193
Heydrich, Reinhard 141
Heyer, Richard 257
Hiedler, Johann Georg 99
Hiedler, Nepomuk 100
Hilberg, Raul 118
Hildebrandt, Dieter 230f.
Himmler, Heinrich 141, 162, 192, 194, 216
Hindenburg, Paul von 49, 54
Hitler, Adolf 9, 43ff., *43*, *44*, 48f., 51, 68f., 78, 91, 97f., 100, *101*, 102ff., *102*, 106, 109, 111f., *112*, 114, 119, 121, 131, 135f., *135*, 138ff., 148, 168–174, 176, 179, *187*, 188, 191f., *193*, 194ff., 198ff., 203, 208ff., 213, 282
Hitler, Angela 100

Hitler, Johann Georg 100
Hitler, Paula 100
Hitler, William Patrick 97, 101–107, *105*, *106*
Hoffmann, Helmut 160ff.
Hollaender, Friedrich 77
Hollerith, Hermann 109f., 114
Honecker, Erich 249, *327*, 333
Hoover, Herbert 233
Hoover, J. Edgar 106
Hoppe, Marianne 237
Hötzendorf, Franz Conrad Freiherr von 33

Imhof, Emilie 57
Irion, Jack 145

Janssen, David 281
Jegorow, Michail 205, 211
Jelzin, Boris 339
Joel, Alexander *94*
Joel, Billy 85, 88, *94*
Joel, Helmuth 90, 92, 94, *94*
Joel, Karl Amson 86, *87*, *88*, 90, 92, *85*, 88ff., 93f.
Joel, Meta 86, 90, 94
Johannes XXIII. (Papst) 261
John, Otto 216
Johnson, Lyndon B. 269f., 272, 276f.
Jussupow, Felix 29, *30*
Jussupow, Irina 29, *30*

Kaiser, Jakob 246f.
Kakijivo (Admiral) 189
Kalfon, Pierre 301
Kantarija, Militon 205ff., 211
Kastner, Hermann 219
Katzenbach, Nicholas 272
Keitel, Wilhelm 140, 194
Keith, Max 122, *123*, 124ff.
Kelly, Gene 124
Kempka, Erich 196
Kennedy, Robert (»Bobby«) 264
Kennedy, Jacqueline 268, 270
Kennedy, John F. 222, 256ff., *258*, 263ff., 267, *268*, 272, 275ff., 279
Keppler, Wilhelm 125
Kielmansegg, Johann Graf von 217

349

King (US-Admiral) 148, *148*
King, Martin Luther 277
Kinkel, Klaus 310
Kinzel, Barbara Ann 289
Knabe, Hubertus 321, 324
Koch, Erich 157
Kohl, Helmut 321, *331*, 335, 337
Köhler, Klemens 206
Koller (Luftwaffengeneral) 188
Konitzer, Klaus 245
Korda, Alberto 303
Kornatzki (Luftwaffenmajor) 180
Korobuschin, Varfolomej 156
Korten, Günther 187
Krajewskij (Oberstleutnant) 197
Kretschmer, Gustav 157, 159, 162
Kreul, Erich 189, *189*
Krjutschkow, Wladimir 333, 336
Kuhlmann, Hans-Günther 146f., *149*, 152

Landwehr, George 148
Lange, Heinrich 179, 187
Leavell, James 269
Leber, Georg 239, 306
Lee, Robert E. 145, 153
Lehmann, Ernst 58
Lenin, Wladimir Iljitsch 23, 207
Leopold II. (belg. König) 14
Liebmann (Generalleutnant) 43f., 47
Lieven, Albert 80
Lifton, David 274
Ligatschow, Jegor 329
Linge, Heinz 196f., *197*, 200
Liszt, Franz 134
Lloyd George, David 40
Löbel, Bruni 76, 81ff.
Loest, Erich 242

Ludendorff, Erich 213
Lueg, Ernst-Dieter 312

Malenkow, Georgij 243
Manson, Anton 117
Maranz (Major) 197

Marenbach, Leny 82
Marshall, George C. 233
Marx, Karl 19
Mashburn, Robert 128
Mata Hari 213
Mather, Margret 58
Maupaussant, Guy de 13
May, Jakob 145ff., 150f.
McNamara, Robert 255ff., 259ff., 263f.
Meczulat, Gerda 157, 159, 162
Mende, Erich 134, 237
Merizzi, Erik von 34
Methmann, Otto 148f., 151
Metzdorf, Alfred 244
Michael von Kent (engl. Herzog) 20
Michel, Bernard 148
Michell, Albro 148
Mielke, Erich 220ff.
Mikojan, Sergo A. 264
Milch, Erhard 180, *181*
Mitterrand, François 301, 331
Mitscherlich, Margarete 66
Model, Walter 138
Modrow, Hans 333
Molotow, Wjatscheslaw M. *132*, 134
Moltke, Helmuth von 39
Mona, Roberto 318
Monje, Mario 296
Morrison, Herbert 53
Müller, Reinhard 44
Mutter Teresa 9

Nauckhoff, Rolf von 82
Neckermann, Josef 85, *85*, 87f., 90f., 93ff.
Nehlson, Charlie 55
Nikolajewitsch, Nikolai 28
Nikolaus II. (russ. Zar) 23, 25, 28
Nollau, Günther 308ff., 313
Nolte, Ernst 39

O´Donnel, Kenneth 277
Ohlendorf, Otto 91
Osinaga, Susanna 292
Ostrander, Taylor 234
Oswald, Lee Harvey *267*, 271f., *273*, 275, 277
Ovando Candia, Alfredo 302

Oven, Wilfred von 161
Owens, Jesse 61

Paris, Hanns-Joachim 161, 163
Pate, Sam 272
Pemberton, John Stith 122
Pendergast, Mark 126
Petacci, Clara194
Pete, Guy 149
Pieck, Wilhelm 245
Pjatnitzki, Jossif 44, 47
Poltrow, Wladimir 117
Pölzl, Klara 100, *100*
Portugalow, Nikolai 332f.
Potiorek, Oskar 33
Potrek, Karl 164
Powers, Ray Rivington 123f.
Prado, Gary 301, 303
Princip, Gavrilo 34, *35*
Pruss, Else 60, 63
Pruss, Max 53, 55, 60
Pruss, Wolfgang 63

Quandt, Günther 67f., *68*

Rädel, Gerhard 145, 147, 149, 151
Rasputin, Alexandra 25, 26
Rasputin, Grigorij *23*, 24f., *24*, 27, *27f.*, 29ff.
Raubal, Angela 101
Rauch, Kathie 61
Redlich, Joseph 36
Reichenau, Walther von 48
Reid, James *13*, 21
Reitsch, Hanna 187, *187*
Renger, Annemarie 238
Reuter, Edzard 230
Reuter, Ernst 251
Rice, Condoleezza 327, 328, 336
Richter, Otto 122
Riezler, Kurt 35
Rodriguez, Felix 291, 292, *293*, 300
Roosevelt, Franklin D. 106, 148
Rose, Arno 186
Rosenberg, Alfred 79
Rosendahl, Charles 55, 59
Rostow, Walter 222, 233
Roth, George Andrew 300
Roth, Leo 47, 50f.

Ruby, Jack 272f., 274, *276*
Rueter, Ernst 251
Rühmann, Heinz 75, *75*, *76*, 77–83, *79*, *80*, *81*
Russell, Bertrand 299
Ryback, Timothy 102

Salomon, Maria 98
Sammt, Albert 58
Sandow, Günter 249
Sarre, Erika 246
Sartre, Jean-Paul 294, 299
Sasonow, Sergej D. 37, 40
Schacht, Hjalmar 111
Schatilow (General) 206
Schaub (Hitlers Adjutant) 193
Scheer, Upo 323
Schenck, Günther 196
Schewardnadse, Eduard 331, 338f.
Schickedanz, Gustav 87
Schicklgruber, Alois *97*, 99f., *100,* 105
Schicklgruber, Anna Maria 99
Schieder, Theodor 164
Schiller, Hans von 58
Schirdewan, Karl 244
Schkarawskij, F.J. 197
Schlecht, Otto 237
Schlesinger, Helmut 236
Schmeling, Max 55, 61
Schmidt, Helmut 312ff., *314*
Schmidt, Wolfgang 323
Schmidt-Eenboom, Erich 216
Schnee, Adalbert 175f.
Scholem, Werner 47
Schoellgen, Gregor 309, 312
Schukow, Georgij 132, 136f., 192, 205
Schulenburg, Friedrich Werner Graf von der 134f.
Schüpbach, Martin 318
Schwan, Heribert 322ff.
Seebacher-Brandt, Brigitte 312
Selbmann, Fritz 245
Selder, Emanuel 137
Sellin, Fred 76, 78, 83
Semjonow, Wladimir 219, 250f.
Sheppard, Ariane 69, *281*, 282f., 285ff.

Sheppard, Marilyn 282, *283*, 284, *284*, 287, 289,
Sheppard, Sam 70, 73, 281–289, *281*, *283*, *284*, *285*, *287*
Sheppard, Sam Reese 286, 288f.
Sieber, Josef 75
Simanowitsch, Aron 25f.
Singer, Gerda 88
Sintschenko (Oberst) 205f., 209
Sonnemann, Emmy 82
Sophie (Gattin von Großherzog Franz Ferdinand) *34*
Sorensen, Ted 258, 260
Sorge, Richard 132
Spaatz (General) 187
Speck, Willy 56
Speer, Albert 91, 171, *181*, 210
Spender, Stephen 208
Stalin, Josef W. 9, 48, 131ff., 141, 191, *241*
Stammberger (Justizminister) 224
Starke, George 152f.
Steiner, Julius 322
Stephanus, Heinrich 201
Stevenson, Adlai 261f.
Storp (Oberst) 188
Strauß, Franz Josef 223f.
Streicher, Helmuth 86, 88
Streicher, Julius 86
Strik-Strikfeldt, Wilfried 215
Stumpenhorst, Marianne 157
Szápáry (Graf) 36

Talley, Lee 125
Taylor, Maxell 260
Tebbenjohanns, Ariane 282
Tenenbaum, Edward A. 228, 234f., *234*, 239
Tenenbaum, Jeanette 235, 239
Terán, Mario 291f.
Thatcher, Margaret 329
Thomas (US-Wissenschaftler) 273
Thüring, Toni 319, 324
Timoschenko 132, 136f.
Tirpitz, Alfred von 39

Tiza, Stephan 36
Tjutschewa, Sophija 26
Töpfer, Klaus 319
Topp, Erich 153
Traun, Hans 146, 153
Traun, Ursula 146, 153
Trojanowskij, Oleg A. 255, 259
Tschejitzer, Israelitsch 10, 203
Tschernajew, Anatolij 332
Tschernajew, Wladimir 334
Tutsch, Michael 73
Tutuso (Oberst) 217

Ulbricht, Walter 219, 242ff., 247, 251, 253
Urban, Herbert 217

Vaeth, Gordon 147
Veesenmayer, Edmund 115
Veidt, Conrad 77f.
Victoria (brit. Königin) 13, 17f., *19*, 20f., *21*
Viktoria von Sachsen-Coburg-Saalfeld 13
Volk, Karl 50

Wahl, Manfred 118
Warren, Earl *274,* 276
Watson, Thomas J. 109ff., *112*, 119
Wehner, Herbert 48, 308, 312ff., *313*
Weidling (General) 204
Werchoturje, Simeon von 25
Wilhelm II. (deutscher Kaiser) 13, 19, *20*, 38, *38*
Wilke (Brandts Referent) 309
Winnier, Joseph 152
Wolf, Markus 309
Wolkogonow, Dimitrij 137
Wollweber, Ernst 220, 253
Woodruff, Robert 123f., 127
Woolner, Frank 167

Yaborough, Ralph 269

Zaisser, Wilhelm 244
Zammit, Emanuel 147
Zapruder, Abraham 269, 272
Zeppelin, Ferdinand Graf von 61
Zimmermann, Walter 123, 126

351

Bildnachweis

AFP Photo 299
AKG 156, 163
AP 112 o., 116, 144, 151, 290
Archiv Tutsch 70
Archive Hulton/Getty Stone 17, 24, 30, 152, 173, 207, 208 li., 276
Bayerische Staatsbibliothek 68 u., 100 li.
Bildarchiv Preußischer Kulturbesitz 99, 113, 208 r., 236
Bundesarchiv 68 o. (68/101/5 A), 79, 154 (101 I/464/385 I/24), 228 r. (V-6411), 232 u., (76/142/37)
Central Zionist Archives Jerusalem, 67
Coca Cola GmbH 123, 124, 125, 127, 128
Corbis 13, 15, 18, 57, 106, 120, 150, 166, 170, 190, 210, 250, 251, 258, 280, 283, 284 r., 284 li., 285, 287, 288, 298, 334
Cuban Council of State Office of Historical Affairs 295
Deutsche Bundesbank-Bildarchiv 234
Dino Brugioni 263
dpa 302
dpa-Bildfunk 243, 281
dpa-Fotoreport, 85
Félix Rodríguez 293 o.
First Look 94
Friedrich Ebert Stiftung/Archiv der Soz. Demokratie 240
H. Müller 138
Hulton-Deutsch Collection/Corbis 19, 20, 21, 96, 105

Keystone 27, 74, 84, 93, 248, 256, 270, 311, 316, 319, 325
Landesarchiv Berlin 246, 249
National Archives 183
privat 83
Reuters 108, 112 u.
Richard Dindo 297
Russisches Historisches Staatsarchiv St. Petersburg 28
Süddeutscher Verlag Bilderdienst 81 r., 101, 219, 261, 262
Timepix 148, 181
Ullstein, 22, 32, 34, 35, 39 r., 39 li., 41, 42, 44, 45, 46, 52, 54, 56, 59, 62, 64, 69, 76, 81 li., 92, 100 r., 102, 111, 117, 130, 133, 135, 136, 139, 140, 141, 158, 160, 168, 169, 172, 175, 177, 178, 180, 181, 182, 185 o., 185 u., 187 o., 187 u., 193, 197, 198, 199, 202, 209, 212, 214, 215, 217, 221, 223, 226, 228 li., 229, 230, 232 o., 237, 238, 242, 252, 254, 266, 268 o., 268 u., 271, 273, 274, 278, 293 u., 294, 304, 307, 308, 313, 314, 318, 320, 322, 323, 326, 328, 329, 331, 332, 333, 335, 337
ZDF 50 r., 50 li., 66, 72, 86, 87, 88, 89, 142, 145, 146, 149, 189, 195, 200, 201, 211, 216, 224, 257, 264, 299

Wir haben uns bemüht, mit allen Inhabern von Urheberrechten in Kontakt zu treten. Der Verlag ist gern bereit, bei weiteren Auflagen Korrekturen oder Ergänzungen vorzunehmen, die ihm zur Kenntnis gelangen.